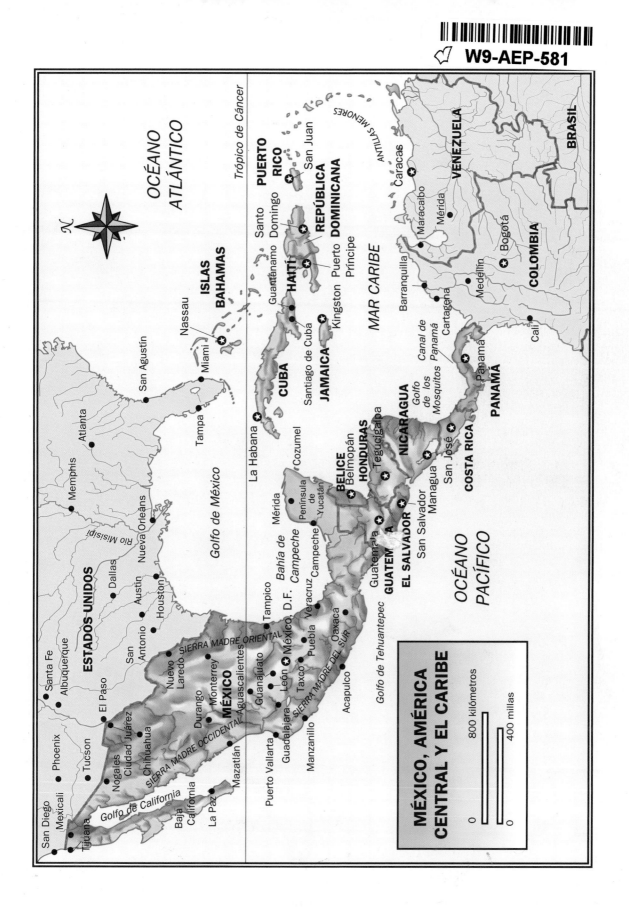

W9-AEP-581

MÉXICO, AMÉRICA CENTRAL Y EL CARIBE

IMPORTANT

HERE IS YOUR REGISTRATION CODE TO ACCESS MCGRAW-HILL PREMIUM CONTENT AND MCGRAW-HILL ONLINE RESOURCES

For key premium online resources you need THIS CODE to gain access. Once the code is entered, you will be able to use the web resources for the length of your course.

Access is provided only if you have purchased a new book.

If the registration code is missing from this book, the registration screen on our website, and within your WebCT or Blackboard course will tell you how to obtain your new code. Your registration code can be used only once to establish access. It is not transferable

To gain access to these online resources

1. **USE** your web browser to go to: **mhhe.com/vistazos2**

2. **CLICK** on "First Time User"

3. **ENTER** the Registration Code printed on the tear-off bookmark on the right

4. After you have entered your registration code, click on "Register"

5. **FOLLOW** the instructions to setup your personal UserID and Password

6. **WRITE** your UserID and Password down for future reference. Keep it in a safe place.

If your course is using WebCT or Blackboard, you'll be able to use this code to access the McGraw-Hill content within your instructor's online course.

To gain access to the McGraw-Hill content in your instructor's WebCT or Blackboard course simply log into the course with the user ID and Password provided by your instructor. Enter the registration code exactly as it appears to the right when prompted by the system. You will only need to use this code the first time you click on McGraw-Hill content.

These instructions are specifically for student access. Instructors are not required to register via the above instructions.

The McGraw-Hill Companies

Mc Graw Hill **Higher Education**

Thank you, and welcome to your McGraw-Hill Online Resources.

0-07-313336-1 t/a
VanPatten
Vistazos; Un curso breve, 2/E

Vistazos

Un curso breve

Vistazos
Un curso breve

SECOND EDITION

BILL VANPATTEN
University of Illinois at Chicago

JAMES F. LEE
Indiana University, Bloomington

TERRY L. BALLMAN
California State University, Channel Islands

Boston   Burr Ridge, IL   Dubuque, IA   Madison, WI   New York   San Francisco   St. Louis
Bangkok   Bogotá   Caracas   Kuala Lumpur   Lisbon   London   Madrid   Mexico City
Milan   Montreal   New Delhi   Santiago   Seoul   Singapore   Sydney   Taipei   Toronto

The McGraw·Hill Companies

 **Higher Education**

This is an ⌐BI book.

Vistazos
Un curso breve

Published by McGraw-Hill, an imprint of The McGraw-Hill Companies, Inc., 1221 Avenue of the Americas, New York, NY 10020. Copyright © 2006, 2002 by The McGraw-Hill Companies, Inc. All rights reserved. No part of this publication may be reproduced or distributed in any form or by any means, or stored in a database or retrieval system, without the prior written consent of The McGraw-Hill Companies, Inc., including, but not limited to, in any network or other electronic storage or transmission, or broadcast for distance learning.

This book is printed on acid-free paper.

2 3 4 5 6 7 8 9 0 DOW DOW 0 9 8 7 6 5

ISBN 0-07-299050-3 (Student Edition)
ISBN 0-07-313069-9 (Instructor's Edition)

Vice president and Editor-in-chief: *Emily G. Barrosse*
Publisher: *William R. Glass*
Sponsoring editor: *Scott Tinetti*
Development editor: *Allen J. Bernier*
Editorial coordinator: *Letizia Rossi*
Senior media producer: *Allison Hawco*
Media project manager: *Kathleen Boylan*
Executive marketing manager: *Nick Agnew*
Project manager: *Mel Valentín*

Production supervisor: *Tandra Jorgensen*
Senior supplement coordinator: *Louis Swaim*
Senior designer: *Violeta Díaz*
Interior designer: *Linda Robertson*
Cover designer: *Violeta Díaz*
Photo research coordinator: *Natalia Peschiera*
Art editor: *Emma Ghiselli*
Compositor: *The GTS Companies/York, PA Campus*
Printer: *RR Donnelly–Willard*

Cover art: *Nido de conspiradores* by Humberto Calzada

Because this page cannot legibly accommodate all the copyright notices, credits are listed after the index and constitute an extension of the copyright page.

LIBRARY OF CONGRESS CATALOGING-IN-PUBLICATION DATA

VanPatten, Bill.
  Vistazos : un curso breve / Bill VanPatten, James F. Lee, Terry L. Ballman.
    p. cm.
  Abridged ed. of: Sabías que— ? / Bill VanPatten. 4th ed. 2004.
  "This is an EBI book"—T.p. verso.
  Spanish and English.
  Includes index.
  ISBN 0-07-299050-3 (Student ed. : hardcover)
    1. Spanish language—Textbooks for foreign speakers—English. I. Lee, James F. II.
  Ballman, Terry L. III. VanPatten, Bill. Sabías que— ? IV. Title.

PC4128.S23 2005
468.2'421—dc22   2004065598

www.mhhe.com

CONTENTS

Contents **ix**

UNIDAD TRES: EN LA MESA

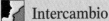

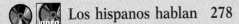

When we wrote the first edition of *¿Sabías que... ?* in 1992, our goal was to create a package of instructional materials that would truly make a difference in the classroom to instructors frustrated with grammar-based approaches. Our thought was simply this: without a change in approach, there can be no change in classroom instruction. We believe that the overwhelming success of *¿Sabías que... ?* through four editions speaks to this thought.

Now, fourteen years later, requests from professionals around the country for a shorter version of *¿Sabías que... ?* have lead us to offer the second edition of the present textbook, *Vistazos: Un curso breve*. Just like *¿Sabías que... ?*, the briefer *Vistazos:*

- encourages students to concentrate on exchanging real-life information about each other and the world around them
- makes as much use of class time as possible to communicate ideas
- is at times provocative
- is filled with engaging activities

Vistazos retains the hallmark information exchange and task-oriented nature of *¿Sabías que... ?* But in response to professionals' requests for something shorter and simpler; we have:

- removed long readings but retained the shorter ones (**¿Sabías que... ?** boxed features)
- reduced the amount of material in the final unit and condensed it into a single **Lección final**
- trimmed selected activities or portions of activities to make them briefer and easier to manage in class

The end result is a book that can be more easily used in intensive one-semester courses or regular courses that meet only three days a week. *Vistazos* contains most basic grammar points and vocabulary topics that are typical of a first-year syllabus. With its emphasis on the meaningful use of language, it also is a fun yet serious introduction to the Spanish language and to Hispanic cultures. We hope that you'll share our enthusiasm for *Vistazos* and that you and your class will enjoy many hours of both learning Spanish and learning about each other.

Organization of the Text

Vistazos consists of a preliminary lesson (**Lección preliminar**), five units of three lessons each, and a final lesson (**Lección final**). Each of the five units presents a general theme that is explored in its three lessons.

The organization of the major sections of each lesson allows instructors to organize class meetings better and develop course syllabi (see the *Instructor's Manual* for ideas on lesson and syllabus planning). Each of these major sections is described in the Guided Tour through *Vistazos* on the following pages. The first two lessons of every unit include:

- three **Vistazos** sections (**Vistazos I, II, and III**)
- vocabulary (**Vocabulario**) and grammar (**Gramática**) presentations within each **Vistazos** section
- a lesson-ending task (**Intercambio**)

The third lesson of each unit includes:

- two **Vistazos** sections
- **Vocabulario** and **Gramática** presentations
- a brief lesson-ending task (**Situación**)
- a cultural spread (**Vistazos culturales**) with follow-up activities

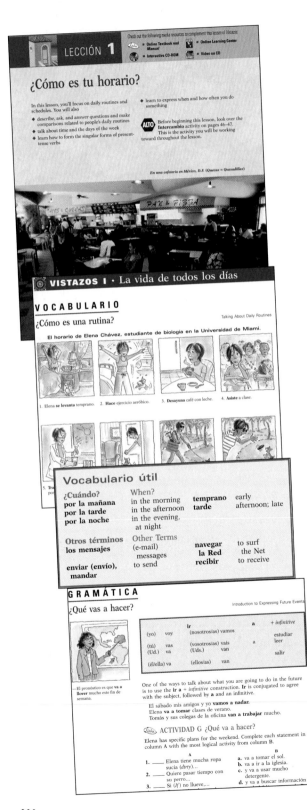

Lesson-Opening Page Each lesson-opening page contains an advance organizer that informs students about what they will be focusing on in the current lesson. Another feature included on each lesson-opening page is a stopsign icon that references the **Intercambio** or **Situación** activity at the end of the lesson. This offers students a "preview" of what they will learn in the lesson and gives them a task to work toward.

Vistazos I, II, III Each Vistazos section introduces a subtopic of the lesson theme through the **Vocabulario** and **Gramática** presentations.

Vocabulario Each **Vocabulario** presents new active vocabulary related to the lesson theme and is followed by activities that encourage students to use the new vocabulary in context.

Some **Vocabulario** sections include **Vocabulario útil** boxes. These boxes highlight additional active vocabulary that students can use in the activities of the lesson.

Gramática A highlighted box accompanying many **Gramática** sections focuses on the presentation material in an easy-to-follow format. Grammar explanations are succinct and the activities that follow allow students to use the grammar in meaning-based exchanges.

Vistazos does not offer purely mechanical grammar practice, such as transformation and substitution drills. Grammar is presented bit by bit, with points explained only as necessary for students to perform the various tasks in the lesson.

Intercambio, Situación   **Intercambio** and **Situación** are the culminating activities found in the first two lessons and last lesson of each unit respectively. Designed for partner/pair or small group work, the **Intercambios** draw upon the vocabulary and grammar structures presented in the lesson while the **Situación** activities are more open-ended and may call upon vocabulary and grammar structures learned in preceding lessons as well.

Comunicación   These activities are done with a partner or in small groups. Although all activities in *Vistazos* are meaning-based in nature, **Comunicación** activities involve more interaction with classmates.

¿Sabías que… ?   **¿Sabías que… ?** boxes highlight facts about Hispanic cultures as well as the world around us. All **¿Sabías que… ?** boxes are accompanied by an activity or appear as part of the new **Vistazos culturales** sections.

En tu opinión, Observaciones   These are optional, open-ended activities. They contain thematically linked questions or observations for partner/pair or small group discussion that can then lead to whole-class discussion.

Así se dice, Consejo práctico, Nota comunicativa
Así se dice boxes provide additional information about Spanish vocabulary and grammar. **Consejo práctico** boxes provide helpful advice to students about learning Spanish and about approaching tasks and activities. **Nota comunicativa** boxes present words and phrases to help students complete communicative tasks.

Icons   Icons identify Web, video and CD-ROM activities and features, classroom activities that require a separate sheet of paper, group work or listening to information from the instructor, and activities that can be found in the new **Quia™** Online Textbook Activities.

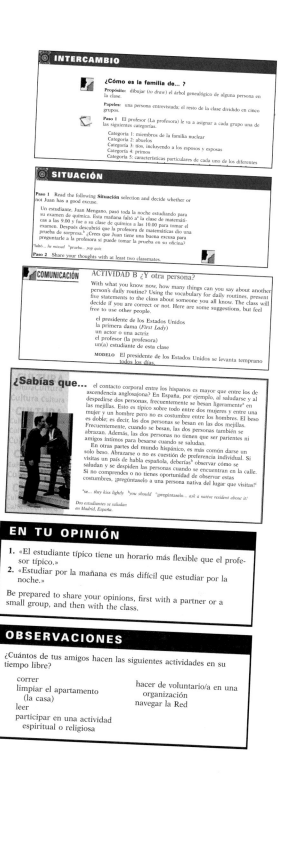

Vistazos culturales New to the second edition, this informative and colorful two-page cultural section appears near the end of each unit and at the end of the **Lección preliminar** and **Lección final** and addresses a specific theme as it applies to a variety of Spanish-speaking countries. Each **Vistazos culturales** is followed by comprehension questions in **¿Qué recuerdas?** and a **Navegando la Red** activity in which students complete a project and present their findings to the class. This complete **Navegando la Red** activity and some possible starting links are available in the Student Edition of the *Vistazos* Online Learning Center at **www.mhhe.com/vistazos2.**

Grammar Summary A grammar summary concluding each unit highlights the major grammar points presented in the preceding lessons and offers students a handy summary guide to help them improve upon their knowledge of grammatical structures in Spanish.

What's New to the Second Edition?

In addition to the all new design and colorful new art for the second edition of *Vistazos,* we have made the following changes in response to instructor feedback on the first edition.

- The thematic focus of **Unidad 5** is now on humans and their personalities. Students no longer read or talk about animals. They now discuss the issues of people, personalities, and how personalities are formed.

- Some of the grammar explanations have been clarified and some new grammar points have been added in lessons where there is a natural link between thematic focus and the grammar point. Some of the new grammar points include: additional uses of **estar,** some work with **por** and **para,** additional work with reflexive verbs, and hypothetical situations and the past subjunctive.

- Culminating activities, **Intercambio** in the first two lessons of each unit and **Situación** in the last, offer students opportunities to use the vocabulary and grammar presented in the current lesson, and sometimes preceding lessons in an exciting lesson-ending task.

- An exciting new cultural feature, **Vistazos culturales,** appears at the end of the **Lección preliminar,** at the end of each unit, and at the end of the **Lección final.** Each of these colorful two-page spreads presents a cultural or social topic through photos, maps, charts, and text boxes. Also, instead of limiting the focus to only one country, multiple countries are represented simultaneously as each topic is examined and applied to the Spanish-speaking world. Topics include: Spanish as a World Language, **El mestizaje,** Art and Literature, and others. Each **Vistazos culturales** is followed by comprehension questions and a web-based, project-oriented activity (**Navegando la Red**) that will take students beyond the scope of the presented information.

- The **Los hispanos hablan** sections now appear as integral parts of each lesson along with their corresponding pre- and postviewing activities. These video interviews with Spanish speakers from around the world, including the new segments filmed for **Lección 14** and **Lección 15** can be seen on the new *Vistazos* Video, Video on CD, Interactive CD-ROM, or Online Learning Center described later in this preface. Addition-ally, audio-only recordings of the **Los hispanos hablan** interviews are available on the Online Learning Center or on a separate audio CD included in the *Vistazos* Audio Program.

- Finally, many activities and other proven features from the first edition have been revised to keep the textbook fresh and up-to-date for the many loyal users of *Vistazos.*

New Media Supplements

There are some exciting new or updated media supplements for the second edition.

- McGraw-Hill is proud to partner with **Quia**™ in the development of the new *Online Manual que acompaña Vistazos.* Carefully integrated with the textbook, this robust digital version of the printed *Manual* is easy for students to use and great for instructors who want to manage students' coursework online. Identical in practice material to the print version, the *Online Manual* contains the full audio program and provides students with automatic feedback and scoring of their work. The Instructor's Workstation contains an easy-to-use gradebook and class roster system that facilitates course management.

- Another exciting new **Quia**™ product for the second edition are the *Online Textbook* Activities. This Web-based ancillary contains select activities that lend themselves to the online format and that do not require work with a partner. Instructors are encouraged to assign such activities, identified by the **Quia**™ logo in the printed textbook, for work outside of class to save time for the pair and group activities in the classroom. The *Online Textbook* Activities offer the same robust environment and automatic feedback to students and utilizes the same Instructor Workstation with gradebook and class roster system as the *Online Manual.*

- A new interactive CD-ROM, available for student purchase, features additional practice with each **Vocabulario** and **Gramática** section presented in the textbook. There are exercises and games related to each **Vistazos culturales** section, and students can watch the **Los hispanos hablan** video segments and complete pre- and postviewing activities. Finally, all exercises offer immediate feedback and correction.

- The new Video and Video on CD contain the **Los hispanos hablan** interviews as well as new **Vamos a ver** video segments shot on location that examine particular themes within each unit and include interviews with Spanish speakers.

- A redesigned and expanded Online Learning Center offers even more practice with the grammar and vocabulary presented in the textbook. It also contains video or audio-only files of the **Los hispanos hablan** interviews as well as some sample links to various websites that students can use as a starting point to further explore the cultural themes presented in the new **Vistazos culturales** sections.

Premium Content on the Online Learning Center

If you have purchased a *new* copy of *Vistazos: Un curso breve* you have access free of charge to premium content on the Online Learning Center at **www.mhhe.com/vistazos2**. This includes, among other items, the complete audio program that supports the *Manual*. The card bound inside the front cover of this book provides a registration code to access the premium content. *This code is unique to each individual user.* Other study resources may be added to the premium content during the life of the edition of the book.

If you have purchased a *used* copy of *Vistazos: Un curso breve* but would like to also have access to the premium content, you may purchase a registration code for a nominal fee. Please visit the Online Learning Center for more information.

If you are an instructor, you do not need a special registration code for premium content. Instructors have full access to all levels of content via the Instructor's Edition link on the homepage of the Online Learning Center. Please contact your local McGraw-Hill sales representative for your password to the Instructor's Edition.

Supplements

As a full-service publisher of quality educational products, McGraw-Hill does much more than just sell textbooks to your students. We create and publish an extensive array of print, video, and digital supplements to support instruction on your campus. Orders of new (versus used) textbooks help us to defray the cost of developing such supplements,

which is substantial. Please consult your local McGraw-Hill representative to learn about the availability of the supplements that accompany this second edition of *Vistazos: Un curso breve.*

For Instructors *and* for Students

- The *Manual que acompaña Vistazos* offers additional practice with vocabulary, grammar, and listening comprehension.

- The new *Online Manual que acompaña Vistazos,* produced in collaboration with **Quia™,** offers the same outstanding practice as the printed *Manual* with many additional advantages such as on-screen links to corresponding audio files, immediate feedback and scoring for students, and an easy-to-use gradebook and class roster system for instructors. To gain access students purchase a unique *Student Book Key* (passcode). Instructors should contact their local McGraw-Hill sales representative for an *Instructor Book Key.*

- The new *Online Textbook* Activities, also produced by **Quia™** and meant to be used in conjunction with the printed textbook, contain select activities that instructors can assign as homework and/or have students complete on their own outside of class in preparation for the partner/pair and group activities that will take place in the classroom.

- The *Audio Program* to accompany the *Manual* provides additional listening comprehension practice outside of the classroom. Included in the *Audio CD Program* is the *Textbook Audio CD,* which contains audio versions of the **Los hispanos hablan** video interviews.

- The *Interactive CD-ROM to accompany Vistazos* is available in a multiplatform format and offers students opportunities to review the grammar, vocabulary, and cultural topics presented in the textbook, all in an engaging multimedia environment.

- The Student Edition of the *Vistazos Online Learning Center* provides even more practice with the grammar and vocabulary presented in the textbook. It also helps students bring the Spanish-speaking world into their language-learning experience through a variety of cultural resources and activities. (Please see the section about premium content on the Online Learning Center earlier in this preface.) The

Instructor's Edition contains many resources to assist instructors in getting the most out of the *Vistazos* program.

- The *Video* and *Video on CD to accompany Vistazos* contain the **Los hispanos hablan** interviews as well as six exciting new segments (**Vamos a ver**) shot on location that examine particular themes within each unit and include interviews with Spanish speakers.

- *Sin falta* is a new Spanish writing program that contains the following features: a word processor; a simple method for using accented characters; a bilingual Spanish-English dictionary with over 250,000 entries including slang, technical terms, idioms, and more; a complete online Spanish grammar reference; spelling and basic grammar check functions; automatic verb conjugations for thousands of verbs; correction of common beginners' errors; and, sample letters for correspondence in Spanish.

- Three *cultural and literary readers* are available to supplement first- and second-year Spanish instruction. Written in Spanish, these readers offer the chance for students to broaden their knowledge of the richness of the cultures of the Spanish-speaking world as well as to increase their developing reading skills.

1. *El mundo hispano: An Introductory Cultural and Literary Reader* contains cultural information on the six major regions of the Spanish-speaking world, including the United States, as well as excerpts from Spanish-language literary classics with accompanying comprehension questions.

2. *Mundos de fantasía: Fábulas, cuentos de hadas y leyendas* contains popular Hispanic fables, fairy tales, and legends.

3. *Cocina y comidas hispanas* highlights favorite recipes from around the Hispanic world.

For Instructors Only

- The annotated *Instructor's Edition* contains detailed suggestions for carrying out activities in class. It also offers options for expansion and follow-up.

- The combined *Instructor's Manual and Testing Program* expands on the methodology of *Vistazos*. Among other things, it offers suggestions for carrying out the activities in the textbook and suggests ways to provide students with appropriate feedback on their compositions.

The *Testing Program* includes sample quizzes for each lesson as well as unit tests. The *Testing Program* is also available in an electronic format so that you can modify the tests to best suit the needs of your students.

- The *Audioscript* contains the material on the audio program that accompanies the *Manual*.

- The new *Instructor's Resource CD-ROM* includes MSWord files of the *Instructor's Manual / Testing Program* and the *Videoscript* of the **Los hispanos hablan** and **Vamos a ver** video segments, Adobe PDF files of the *Audioscript* as well as JPG files of select line art (e.g., the drawings of Elena and Tomás from **Lección 3**) that you can use to create overhead transparencies or exciting PowerPoint presentations if you have access to a mediated classroom.

- Adopters of *Vistazos* may purchase the *Destinos Video Modules*, developed by Bill VanPatten. This set of four modules (Vocabulary, Situations, Functional Language, Culture), accompanied by supplementary activities, can be used to increase student proficiency.

Acknowledgments

We would like to thank the following instructors for reviewing the first edition of *Vistazos*. The appearance of their names does not necessarily constitute an endorsement of the text or its methodology.

Kathryn Birkhead, *Pikes Peak Community College*
Ronald P. Leow, *Georgetown University*
Susan McMillan Villar, *University of Minnesota*
Renato B. Rodríguez, *Parkland College*

We would also like to thank the following instructors and students who participated in a series of surveys and reviews of previous editions of *¿Sabías que... ?* Their insightful comments were indispensable in the development of the fourth edition of *¿Sabías que... ?* and consequently in the development of this second edition of *Vistazos*.

Matthew C. Alba, *University of New Mexico, Albuquerque*
Susan Lynne Albertal, *Southern Connecticut State University, New Haven*
Jennifer L. Baker, *State University of New York, Albany*
Emily A. Ballou, *University of Massachusetts, Amherst*

Alicia Barron, *University of New Mexico, Albuquerque*

Kathleen J. "Kit" Brown, *Ohio University, Athens*

Patricia Ann Carrano, *Southern Connecticut State University, New Haven*

Lisa C. Celona, *Southern Connecticut State University, New Haven*

Paul Chandler, *University of Hawaii*

Students of Andrew Farley, *University of Notre Dame*

Gayle Fiedler Vierma, *University of Southern California*

Roberto Fuertes-Manjón, *Midwestern State University*

Deborah Jean Gill, *Pennsylvania State University, DuBois*

Ruth J. Hoff, *Wittenberg University*

Manel Lacorte, *University of Maryland, College Park*

Frances M. Matos-Schultz, *University of Minnesota*

Susan McMillen Villar, *University of Minnesota*

James Michnowicz, *University of Virginia, Wise*

Donald W. Mueller, *University of Virginia, Wise*

Dora V. Older, *Brandeis University*

Catalina Pérez Abreu, *University of New Mexico, Albuquerque*

Silvia Rodríguez, *College of Charleston*

Paula Straile, *Hampton University, Yorktown, VA*

Andrea Topash-Ríos, *University of Notre Dame*

María Magdalena Uzín, *University of Maryland, Mt. Rainier*

Many other individuals deserve our thanks and appreciation for their help and support. First, we are thankful to Trisha Dvorak who worked with us on the first edition of *¿Sabías que... ?* and encouraged us to keep pursuing our ideas. We thank Gregory Keating for his work on the original manuscript for the new **Vistazos culturales** sections. Thanks go to Michael J. Leeser, Mark Overstreet, and Julie Sellers for their work on portions of the original manuscript for the new interactive CD-ROM. For creating the original quizzes found on the new Online Learning Center, we thank Deborah Gill, Gayle Vierma, and Julie Sellers. We extend special thanks to the people who shared their thoughts and generously gave their time to be interviewed for the six new **Vamos a ver** videos and the **Los hispanos hablan** segments. We also thank Laura Chastain (El Salvador), whose careful reading of the manuscript for details of style, clarity, and language added considerably to the quality of the final version.

Thanks are due to the entire production team at McGraw-Hill, especially Mel Valentín, Emma Ghiselli, Natalia Peschiera, Tandra Jorgensen, and Louis Swaim as well as to Violeta Díaz for the new visually pleasing design of this second edition.

We are grateful to our publisher William R. Glass and to Nick Agnew and the rest of the McGraw-Hill Marketing and Sales team for their unflagging support and promotion of the *Vistazos* program. Very special thanks are also due to the editorial team of Allen J. Bernier, Scott Tinetti, and Letizia Rossi for a wonderful editing job and helping this edition move so smoothly on its path from manuscript to publication.

Last, but not least, we would like to thank our family and friends who have given us a great deal of support over the years. You know who you are and we care a great deal about you all!

DEDICATIONS

To my sister, Gloria, who has always been there for me. Love you lots, sis.
—Bill VanPatten

To Bill and Terry for their enduring friendships and the stimulation that working with them always brings me. To **las chiquitas** for the promise of what will be. And to Murphy who, when the kids scream, just gets up and calmly leaves the room.
—James F. Lee

To Brian, Alex, and Nick, the loves of my life.
—Terry L. Ballman

LECCIÓN
preliminar

Check out the following media resources to complement this lesson of *Vistazos*:

- **Online Textbook and Manual**
- **Interactive CD-ROM**
- **Online Learning Center**
- **Video on CD**

¿Quién eres?

In this lesson, as you will get to know your classmates, you will share information about yourself and

- ◆ ask your classmates their names and where they are from
- ◆ ask about their majors, what classes they are taking, and which subjects they especially like or dislike
- ◆ learn the forms and uses of the verb **ser**
- ◆ learn the subject-pronoun system in Spanish
- ◆ learn to use the verb **gustar** to talk about yourself and someone you know
- ◆ learn about gender and number of articles as well as descriptive and possessive adjectives
- ◆ learn the numbers 0–30
- ◆ learn the verb **hay**

 Before beginning this lesson, look over the **Intercambio** activity on pages 18–19. This is the activity you will be working toward throughout the lesson.

Un saludo típico

VOCABULARIO

¿Cómo te llamas? ¿De dónde eres?

Introducing Yourself

—**Hola. Me llamo** Luz.
¿Cómo te llamas?
—**Soy** Ricardo.
—**¿De dónde eres,** Ricardo?
—**De** Puerto Rico. **¿Y tú?**
—**Soy de** California. **Mucho gusto.**
—**Encantado.**

In Spanish, you can use the following expressions to introduce yourself to others.

    Hola. Soy ____. *verb ser—To be, 1st person*
or Me llamo ____. *" llamar—to call, 1st pers, reflexive*
or Mi nombre es ____. *" ser , 3rd pers, or 2nd formal*

To find out another person's name, you can ask

    ¿Cómo te llamas?
or ¿Cómo se llama usted?

¿Cómo te llamas? is used with a person your own age or with a friend or someone with whom you are on familiar speaking terms. **¿Cómo se llama usted?** is generally used with someone older than yourself or when there is a bit of formality or social distance between you and the other person.

To find out where someone is from, you can ask

    ¿De dónde eres? *verb ser, 2nd pers,*
or ¿De dónde es usted? *" ", 3rd " or 2nd formal*

¿De dónde eres? is used with the same people as **¿Cómo te llamas?** **¿De dónde es usted?** is used with the same people as **¿Cómo se llama usted?** (You will learn more about this in **Lección 1.**)

To respond to these questions, say

    Soy de ____ (*place*).

or simply

    De ____ (*place*).

To report someone else's information, you can say

    Se llama ____ (*name*).
Es de ____ (*place*).

To respond to an introduction, you can say

    Mucho gusto.
Encantado. (*if you're a man*)
or Encantada. (*if you're a woman*)

ACTIVIDAD A ¡Hola!

Below you will find the beginnings of several conversations. Choose the expression that would most likely follow each one.

1. E1:* ¿Cómo te llamas?

   E2: _____

   ☐ Mi nombre es Carlos.

   ☐ Mucho gusto.

   ☐ Soy de Chicago.

2. E1: Hola. Soy Adriana.

   E2: _____

   ☐ Hola. ¿Cómo te llamas?

   ☐ De Minnesota.

   ☐ Mucho gusto. Soy Daniel.

Así se dice

Me llamo literally means *I call myself.* (Don't make the mistake of thinking **me** = *my* and **llamo** = *name!*) **Mi nombre es,** literally translated, means *My name is.* Study the following expressions.

Me llamo…
I call myself . . .

Mi nombre es…
My name is . . .

Se llama…
He/She calls himself/herself . . .

Su nombre es…
His/Her name is . . .

Nota comunicativa

You know how to say *hello* to a friend, but there are a variety of other greetings that you will find useful in Spanish. Here are some very common ones.

Hola. ¿Qué tal?	*Hi. What's up? (How's it going?)*
Buenos días.	*Good morning.*
Buenas tardes.	*Good afternoon.*
Buenas noches.	*Good evening.*

To say *good-bye,* there are a number of leave-taking expressions that you can use, depending on the situation. Here are some frequently used ones.

Adiós. Hasta pronto.	*Good-bye. See you soon.*
Hasta mañana.	*See you tomorrow.*
Chau. Nos vemos. *verb ver, 1st pers. pl.*	*Ciao. We'll be seeing each other.*

ACTIVIDAD B ¿Qué sigue?°

¿Qué... *What follows?*

Match each expression from column A with a logical response from column B.

A	B
1. _____ Hola. ¿Cómo te llamas?	a. De Nueva York.
2. _____ ¿De dónde eres?	b. Mucho gusto.
3. _____ Soy de Tucson.	c. Soy Rodrigo. ¿Y tú?
4. _____ Mi nombre es Teresa.	d. Soy la profesora Gómez.
5. _____ ¿Cómo se llama usted?	e. Ah, de Arizona.

Nota comunicativa

Here are two expressions you may find useful in the classroom. To ask a question, you can say

Tengo una pregunta, por favor.
I have a question, please.

To ask how to say a particular word in Spanish, you can ask

¿Cómo se dice _____ en español?
How do you say _____ in Spanish?

---

*E1 and E2 will be used throughout *Vistazos* as abbreviations for **Estudiante 1** and **Estudiante 2.**

ACTIVIDAD C ¿Cómo te llamas? ¿De dónde eres?

Paso (*Step*) 1 Introduce yourself to three people you don't know in your class, and find out where each is from. Write down their names and hometowns.

1...   2...   3...

Paso 2 Now be prepared to introduce one or two of your classmates to everyone else. Follow the model.

> MODELO   Clase, les presento a (*I'd like to introduce you to*) un amigo (una amiga). Se llama _____ y es de _____.

GRAMÁTICA

¿Ser o no ser?

Forms and Uses of **ser**

subject pronouns

—¡Ramón! ¿**Eres** tú?
—Sí, **soy** yo.

yo (*I*)	soy	nosotros/nosotras (*we*)	somos
tú (*you*)	eres	vosotros/vosotras (*you* [*pl.*])	sois*
usted (*you*)	es	ustedes (*you* [*pl.*])	son
él (*he*) / ella (*she*)	es	ellos/ellas (*they*)	son

The verb **ser** generally translates into English as *to be*. (Another verb, **estar**, also translates as *to be*. You will learn the differences between the two in later lessons.) In this lesson you have already seen some forms of **ser**. See the shaded box for all of its forms.

Ser is a common verb in Spanish and serves to express a variety of concepts. *general characteristics*

1. to tell what someone or something is

   María **es** estudiante.

2. to say where someone or something comes from

   Soy de California. ¿De dónde **eres** tú?

3. to indicate possession

   ¿Las fotografías? **Son** de Carmen.

4. to describe what someone or something is like

   Ana Alicia **es** inteligente.

4. To tell time

*****Vosotros** forms are not actively used in *Vistazos*. They are provided for recognition only. It will be for your instructor to decide whether he or she wishes for you to learn these forms.

see footnote pg.55 in Spain

Lección preliminar   ¿Quién eres?

By now, you have noticed subject pronouns such as **tú** (*you*). The complete list of subject pronouns in Spanish is provided on the previous page. In contrast to English, Spanish allows for the deletion of subject pronouns. In many instances, subject pronouns are used only to emphasize or clarify to whom the speaker is referring. Compare the following.

Soy estudiante.

I am a student. (It is obvious from the verb that you are only talking about yourself.)

Yo soy estudiante pero **él** es profesor.

I am a student but he is a professor. (Here you are emphasizing the differences.)

Nota comunicativa

Here are several useful expressions to ask someone to repeat a statement that you didn't understand.

Repita, por favor.
Repeat, please.

Otra vez, por favor.
Again, please.

¿Cómo?
Pardon me?

¿Cómo dice?
What did you say?

ACTIVIDAD D ¿Qué opinas?° ¿Qué... *What do you think?*

Paso 1 Tell how you feel about each item or person listed. Choose from the list of adjectives provided. Use the correct form of **ser** in your responses.

MODELO el presidente de la universidad
   a. tonto (*foolish*)   **b.** inteligente   **c.** sincero →
   El presidente de la universidad es inteligente.

1. mis clases

   a. interesantes   **b.** buenas (*good*)   **c.** aburridas (*boring*)

2. Nueva York

   a. atractiva   **b.** cosmopolita   **c.** espantosa (*scary*)

3. mi familia

   a. aburrida   **b.** atractiva   **c.** simpática (*nice*)

4. yo

   a. una persona optimista   **b.** una persona pesimista   **c.** una persona realista

Paso 2 Compare your opinions with those of two classmates. How many opinions do you have in common?

ACTIVIDAD E ¡A conocernos!° ¡A... *Let's get acquainted!*

COMUNICACIÓN

Paso 1 Interview someone in the class you do not know. Be sure to greet the person, introduce yourself, find out where he or she is from, and tell where you are from.

Paso 2 With the information you obtained in **Paso 1,** complete the paragraph below.

Mi nombre es _____ y mi compañero/a de clase se llama _____. Él (Ella) es de _____ y yo soy de _____.

Consejo práctico

Spanish and English share many cognates, words that look or sound alike in various languages. Generally, these words have the same meaning. See whether you can guess the meanings of these Spanish words.

bicicleta	confusión	examinar
cámara	diccionario	malicioso
cancelar	disco	revolución

When spoken, some cognates may not sound like cognates to you because of the differences between Spanish and English pronunciation. Here are some examples.

gen (*gene*)   jirafa (*giraffe*)   rifle

Some cognates are "false" cognates; their meanings are different in the two languages. Here are four common examples.

conferencia	*lecture*	librería	*bookstore*
fábrica	*factory*	pariente	*relative*

Most cognates, however, will share the same meaning and thus will be useful tools in helping you comprehend written and spoken Spanish.

VISTAZOS II · Las carreras y las materias

VOCABULARIO

¿Qué estudias?

Courses of Study and School Subjects

Here is a list of courses of study and subjects in Spanish.

Las ciencias naturales
la astronomía   la física
la biología   la química

Las ciencias sociales
la antropología   la historia
las ciencias políticas   la psicología
la economía   la sociología
la geografía

Las humanidades (Las letras)

el arte
la composición
las comunicaciones
la filosofía
los idiomas, las lenguas
  extranjeras (*foreign languages*)
    el alemán (*German*)
    el español
    el francés
    el inglés
    el italiano
    el japonés
    el portugués

la literatura
la música
la oratoria (*speech*)
la religión
el teatro

Otras materias y especializaciones

la administración de
  empresas (*business
  administration*)
la agricultura, la agronomía
el cálculo
la computación, la
  informática (*computer science*)
la contabilidad (*accounting*)
la educación física

la enfermería (*nursing*)
la ingeniería
la justicia criminal
las matemáticas
el mercadeo (*marketing*)
el periodismo (*journalism*)

ACTIVIDAD A ¿Quién?°   *Who?*

Listen as your instructor names a subject or field of study. Can you
identify who in the following list is most closely associated with each
subject named?

1. Albert Einstein
2. Picasso
3. Galileo
4. Margaret Mead
5. Florence Nightingale
6. Marie Curie
7. Sigmund Freud
8. Cervantes
9. Mozart

Nota comunicativa

Here are two expressions you will find useful when you simply don't understand
what someone says to you, and you would like clarification.

No entiendo. }
No comprendo. }   *I don't understand.*

If you understand what's been said, but don't know the answer, you can simply say

No sé.   *I don't know.*

Lección preliminar ¿Quién eres?

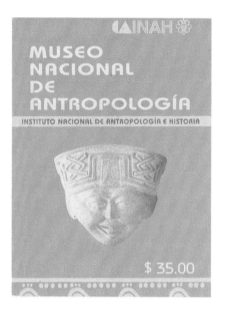

MUSEO NACIONAL DE ANTROPOLOGÍA

INSTITUTO NACIONAL DE ANTROPOLOGÍA E HISTORIA

$ 35.00

COMUNICACIÓN

ACTIVIDAD B «Firma aquí, por favor.»°

«Firma... *"Sign here, please."*

Think of a particular subject. Then survey your classmates to find five who are taking this subject this semester. Number a sheet of paper from 1 to 5. Then walk around the room and interview your classmates.

MODELO —¿Tienes clase de ____ este semestre (trimestre)?
—¿Sí, tengo clase de ____. *o* —No, no tengo.

If a person answers **Sí,** say **Firma aquí, por favor,** and have him or her sign your sheet. If a person answers **No,** ask someone else. Be sure to thank each classmate. (**Gracias.**) Do not return to your seat until you have at least five signatures.

Así se dice

Have you noticed that in Spanish all nouns have grammatical gender and number? Gender means that all nouns are considered either masculine or feminine, whether they have masculine or feminine qualities or not. Number means they are either singular or plural. Like English, Spanish has articles that are used with nouns. In English, the articles are *the* (definite article) and *a/an* (indefinite articles).

DEFINITE ARTICLE	MASCULINE	FEMININE
SINGULAR	**el** diccionario	**la** computadora
PLURAL	**los** diccionarios	**las** computadoras

INDEFINITE ARTICLE	MASCULINE	FEMININE
SINGULAR	**un** profesor	**una** profesora
PLURAL	**unos** profesores	**unas** profesoras

Note that **unos** and **unas** are the equivalent of *some* in English.

As a general rule, nouns that end in **-o** are masculine and those that end in **-a** are feminine. When you learn a new noun, be sure to learn the definite article that goes with it!

GRAMÁTICA

¿Te gusta?

Discussing Likes and Dislikes

me gusta(n)	nos gusta(n)
te gusta(n)	os gusta(n)
le gusta(n)	les gusta(n)
le gusta(n)	les gusta(n)

[handwritten notes:] ∈ indirect object, may be with an infinitive
similar verbs – pg. 155, 216
may be conjugated pg. 286, 292

[handwritten:] 3rd person singular (plural) things (subject)
cf. pp. 216, 217, 293

[handwritten:] → pg. 54

—¿Qué materias **te gustan**?
—Pues, **me gusta** mucho la
educación física y...

—¿Y **te gustan** las ciencias políticas?

—¡Huy, no! **¡No me gustan para
nada!**

Spanish has no exact equivalent for the English verb *to like*. Instead, the
verb **gustar** (literally: *to please* or *to be pleasing*) is used. For example,
to say that you like history, you would say

   Me gusta la historia.   *History is pleasing to me.*

If more than one thing pleases you, the verb takes the plural form **gustan.**

   Me gustan las ciencias.   *Sciences are pleasing to me.*

To ask another person about his or her likes, you can say

   ¿Te gusta la clase de español?
   ¿Te gustan las matemáticas?

To report on what he or she says, you can say

   Le gusta la clase de español.   *Spanish class pleases him/her.*

   Le gustan las matemáticas.   *Math pleases him/her.*

pg. 54 – other instances
88

If you mention the person's name, you must place an **a** before the name.

> **A** Roberto **le gustan** las ciencias.
> **A** Luisa **le gusta** la clase de oratoria.

Me, te, and **le** are called indirect object pronouns. As you can see, they precede the verb forms **gusta** or **gustan.** (You will learn more about indirect object pronouns in later lessons.)

pg. 105, 158

COMUNICACIÓN

ACTIVIDAD C Una encuesta°

survey

Here is a rating scale for your likes and dislikes regarding subjects of study. Circle a number to indicate how you feel about each subject. Fill in the blank with any other subject you may be taking.

	5 (CINCO) *Me gusta(n) mucho.*	4 (CUATRO) *Me gusta(n).*	3 (TRES) *Me da igual.* (It's all the same to me.)	2 (DOS) *No me gusta(n).*	1 (UNO) *No me gusta(n) para nada.*
Administración de empresas	5	4	3	2	1
Computación	5	4	3	2	1
Física	5	4	3	2	1
Historia	5	4	3	2	1
Idiomas	5	4	3	2	1
Inglés	5	4	3	2	1
Matemáticas	5	4	3	2	1
Química	5	4	3	2	1
_____	5	4	3	2	1

ACTIVIDAD D Los hispanos hablan

Paso 1 Read the **Los hispanos hablan** selection on page 11. Then answer the following questions.

1. Mónica probablemente (*probably*) es una estudiante _____.

    a. excepcional   **b.** horrible   **c.** regular (*so-so*)

2. ¿Cuál es la oración (*sentence*) correcta?

    a. A Mónica le gustan todas las materias por igual (*the same*).

    b. Mónica tiene varias opiniones sobre las materias.

    c. A Mónica no le gustan para nada todas las materias.

3. Mónica usa una palabra que es un sinónimo (*synonym*) de **materias.** ¿Qué palabra usa? _____

Los hispanos hablan

¿Qué materias te gusta estudiar?

Nombre: Mónica Prieto
Edad:[a] 24 años[b]
País: España

«Me gusta mucho estudiar, pero algunas cosas me gustan más que otras. Por ejemplo,[c] no me gustan para nada las matemáticas porque me parecen[d] muy difíciles.»

...

«En España estudiábamos[e] el latín, el griego,[f] el inglés. Y otras asignaturas que tenía[g] eran la religión y la filosofía. La religión me parece aburrida pero la filosofía me parece muy interesante. Sin embargo,[h] mi favorita son los idiomas.»

---

[a]*Age* [b]*years (old)* [c]*Por... For example* [d]*me... they seem to me* [e]*we used to study*
[f]*Greek* [g]*I used to have* [h]*Sin... Nevertheless*

Paso 2 Now watch the complete segment before answering the following questions.

Vocabulario útil

más o menos	more or less
estudiaba	I used to study
me encantan	I love (*lit.* they enchant me)

1. ¿Qué prefiere Mónica, las matemáticas o las ciencias?

2. ¿Qué le gusta más, la química o la física?

3. ¿Qué materia prefiere, la religión o la filosofía?

4. De todas las materias, ¿cuál es su favorita? Da ejemplos (*Give examples*).

Paso 3 Complete the paragraph with information about yourself.

Soy (diferente de / similar a) _____ Mónica porque (sí/no) _____ me gustan mucho los idiomas y no me gusta(n) mucho _____.

VOCABULARIO

¿Qué carrera haces?

Talking About Your Major

—Mamá, quiero presentarte aª
Segismundo, mi **compañero
de cuarto.**
—Mucho gusto, Segismundo.
—Igualmente, señora Méndez.
—¿**Qué carrera haces,**
Segismundo?
—**Estudio** ingeniería.
—¡Qué bien!

ªquiero... *I want to introduce
you to*

To inquire about a classmate's major, you can ask

¿Qué estudias?	*What are you studying?*
¿Qué carrera haces?	*What's your major? (lit. What career are you doing?)*

*hacer → to make
to do*

To tell what your major is, you can use either of the following expressions.

Estudio biología.	*I'm studying biology.*
Soy estudiante de historia.	*I'm a history student.*

If you don't have a major yet, you can say

No lo sé todavía.	*I don't know yet. (I still don't know.)*

direct object

ACTIVIDAD E ¿Cómo respondes?°

¿*Cómo... How do
you answer?*

Give a logical response based on the contexts provided.

1. —¿Qué estudias?
   —_____. (*You're a history major.*)
2. —¿Qué carrera haces?
   —_____. (*You haven't declared a major.*)
3. —¿Estudias psicología?
   —_____. (*No, you're studying journalism.*)

ACTIVIDAD F ¿Sabías que... ?

Read the **¿Sabías que... ?** selection on the following page. Then answer
these questions.

1. ¿Es administración de empresas la carrera más popular en tu
   universidad?
2. ¿Es posible tomar (*to take*) «cursos electivos» en tu carrera? Si existe
   un requisito (*requirement*), ¿es posible seleccionar entre (*among*)
   varios cursos diferentes?

COMUNICACIÓN

ACTIVIDAD G ¡A conocernos mejor!°

¡*A... Let's get
better acquainted!*

Using everything you now know how to say in Spanish, introduce yourself to three people in the class whom you haven't met yet. Ask them for
the information requested in the chart and fill it in.

NOMBRE	DE...	CARRERA
_____	_____	_____
_____	_____	_____
_____	_____	_____

¿Sabías que... la carrera más popular entre los estudiantes universitarios de Latinoamérica es derecho[a]? En los Estados Unidos,[b] la carrera más popular es administración de empresas.

En muchos países de habla española,[c] un estudiante escoge[d] la carrera al comienzo[e] de los estudios universitarios. En esta situación, el plan de estudios es predeterminado y el estudiante no tiene muchas oportunidades para explorar «cursos electivos». No existe el concepto de «educación general».

[a]*law*   [b]Estados... *United States*   [c]países... *Spanish-speaking countries*   [d]*chooses*
[e]al... *at the beginning*

VISTAZOS III · Más sobre las clases

GRAMÁTICA

¿Son buenas tus clases?

Describing

Descriptive Adjectives

sincero *m* *sing.*	interesante *sing.*
sincera *f*	interesante
sinceros *m* *plural*	interesantes *plural*
sinceras *f*	interesantes

As you have probably noticed, Spanish nouns (for example, **la historia, los idiomas**) show gender and number. Similarly, descriptive adjectives, which are words that describe someone or something (for example, **interesante, sincero, optimista**), also show gender and number.

	MASCULINE	FEMININE
Singular	un amigo sincero	una clase aburrida
Plural	unos amigos sinceros	unas clases aburridas

Adjectives that end in **-e** and most that end in consonants only show number.

	MASCULINE	FEMININE
Singular	un amigo inteligente	una clase difícil
Plural	unos amigos inteligentes	unas clases difíciles

Have you noticed that these descriptive adjectives tend to follow the noun rather than precede it?

Possessive Adjectives

SINGULAR	PLURAL
mi	mis
tu	tus
su	sus
nuestro/a	nuestros/as

number of noun possessed

familiar

formal

You may have noticed that certain possessive adjectives, those that indicate ownership, show number (singular or plural) only. One exception is **nuestro** (*our*), which reflects both number and gender agreement: **nuestro profesor, nuestras clases.**

> **Mi clase** es interesante.
> ¿Son aburridas **tus clases**?
> **Nuestra profesora** es inteligente.
> **Nuestros compañeros** son dedicados.

Notice that **su** and **sus** can be used to describe what belongs to him, her, or them. Do not think that **sus** means only *their!* (You will learn more about the possessive adjectives **su** and **sus** in later lessons.)

pg. 98

su	clase	*his/her/their class*
sus	clases	*his/her/their classes*

ⓠ ACTIVIDAD A ¿Cuál° es tu opinión?   *What*

Indicate your opinion by checking each statement as true (**cierto**) or false (**falso**). As you do the activity, notice the form and placement of the adjectives.

	CIERTO	FALSO
1. La cafetería de la universidad es buena.	☐	☐
2. Mis profesores son justos (*fair*).	☐	☐
3. Los estudiantes de mi clase de español son dedicados.	☐	☐
4. Mi clase de español es interesante.	☐	☐

ⓠ ACTIVIDAD B ¿De qué habla tu profesor(a)?°

¿De... What is your professor talking about?

Listen as your instructor makes a statement. Based on what you know about descriptive adjectives, decide which of the choices given refers to what the statement is talking about.

> **MODELO** **PROFESOR(A):** Son muy serios.
> **ESTUDIANTE:** **a.** la profesora   **c.** el libro
> **b.** las enciclopedias   ⓓ los profesores

1. a. la historia   **b.** las comunicaciones   **c.** el arte   **d.** los idiomas
2. a. la profesora   **b.** las profesoras   **c.** el profesor   **d.** los profesores
3. a. la estudiante   **b.** las profesionales   **c.** el estudiante   **d.** los actores
4. a. la clase   **b.** las computadoras   **c.** el inglés   **d.** los estudiantes

ACTIVIDAD C Entrevista

Interview two classmates to find out how they feel about each item or person listed. The people interviewed can choose an adjective from the list provided. Make sure your classmates use logical adjectives in their correct form. Jot down each person's responses. Remember to greet each person before asking him or her the question below.

> **MODELO** **E1:** ¡Hola! ¿Qué opinas de tus clases/profesores?
> **E2:** Son...

Adjetivos

aburrido/a	**divertido/a** (*fun*)	**interesante**	**regular**
bueno/a	**inteligente**	**malo/a** (*bad*)	**tonto/a**

	E1	E2
1. tus clases/profesores este semestre	____	____
2. la pizza de (nombre de un restaurante)	____	____
3. los políticos (*politicians*) en la capital	____	____
4. la MTV	____	____

pg. 4, 88

pg. 88

Así se dice

Use the verb **ser** to describe general characteristics.

Mi clase de cálculo **es** buena.

Use the verb **estar** to describe variable conditions.

Estoy contenta con mi clase de historia.

Así se dice

Not all adjectives in Spanish follow a noun. Here are some adjectives that generally precede nouns.

poco/a (*little*)	Juan tiene **poco** tiempo (*time*) para estudiar.
pocos/as (*few*)	Hay **pocas** profesoras de ingeniería.
mucho/a (*much*)	El chico (*boy*) tiene **mucha** paciencia.
muchos/as (*many*)	**Muchos** estudiantes son de California.
algunos/as (*some*)	**Algunos** estudiantes son de Colorado.
este/a (*this*)	**Este** libro es interesante.
ese/a (*that*)	**Esa** materia es fascinante.
estos/as (*these*)	**Estos** estudiantes son de China.
esos/as (*those*)	**Esas** chicas son de Bolivia.

VOCABULARIO

¿Cuántos créditos?

Numbers 0–30

—¿**Cuántas** clases **tienes** este semestre, Vicente?
—**Cuatro. Tengo doce** créditos en total.

—Pues yo **tengo diecinueve.** ¡Mucho trabajo!

—¿**Diecinueve** créditos? ¡Pobrecito!

Knowing the numbers 0 through 30 will enable you to talk about the number of classes and credits you are taking this term.

0 cero	8 ocho	16 dieciséis	24 veinticuatro
1 uno	9 nueve	17 diecisiete	25 veinticinco
2 dos	10 diez	18 dieciocho	26 veintiséis
3 tres	11 once	19 diecinueve	27 veintisiete
4 cuatro	12 doce	20 veinte	28 veintiocho
5 cinco	13 trece	21 veintiuno*	29 veintinueve
6 seis	14 catorce	22 veintidós	30 treinta
7 siete	15 quince	23 veintitrés	

*****Veintiuno** becomes **veintiún** when used with masculine nouns (**veintiún profesores**) and **veintiuna** when used with feminine nouns (**veintiuna profesoras**).

ACTIVIDAD D ¿Cuántos créditos?

Your instructor will read a series of questions. Base your answer on the courses and credit systems at your institution.

> MODELO   PROFESOR(A): Si un estudiante tiene una clase de matemáticas, una de biología y una de alemán, ¿cuántos créditos tiene?
>
> ESTUDIANTE: Tiene doce.

1...   2...   3...   4...   5...

ACTIVIDAD E ¿Cuántas clases?

COMUNICACIÓN

¿Cuántas? is used to express *How many?* when the item in question is feminine plural (**las clases, las ciencias**). **¿Cuántos?** is used with masculine plural items (**los estudiantes, los números**). Following the model, interview three classmates and fill in the chart. Don't forget to introduce yourself if you haven't met the person yet!

> MODELO   E1:
>   Hola. Me llamo _____.
>   ¿Cómo te llamas?
>   ¿Cuántas clases tienes?
>   ¿Y cuántos créditos?
>
>   E2:
>   Me llamo _____.
>   Tengo _____.
>   _____ créditos.

NOMBRE DEL ESTUDIANTE (DE LA ESTUDIANTE)	NÚMERO DE CLASES	NÚMERO DE CRÉDITOS
_____	_____	_____
_____	_____	_____
_____	_____	_____

GRAMÁTICA

¿Hay muchos estudiantes en tu universidad?

The Verb Form **hay**

To express the concept *there is* or *there are*, Spanish uses the verb **hay** (pronounced like English *eye*). **Hay** is used for both singular (*there is*) and plural (*there are*). In Spanish, **h** is silent, so do not pronounce it when you say the word **hay**.

ACTIVIDAD F ¿Cierto o falso?

Is each statement about your Spanish class true (**cierto**) or false (**falso**)?

—¿Cuántos estudiantes **hay** en tu clase de inglés?
—**Hay** veintiocho.

	CIERTO	FALSO
1. Hay treinta estudiantes en mi clase de español.	☐	☐
2. Hay más hombres (*men*) que mujeres (*women*) en esta clase.	☐	☐
3. Hay en total tres exámenes (*tests*) en esta clase.	☐	☐
4. Hay estudiantes que tienen seis clases este semestre (trimestre).	☐	☐

 **COMUNICACIÓN**

ACTIVIDAD G ¿Dónde hay... ?

Interview a classmate to find out his or her responses to the following questions. Jot down your partner's answers. Then, switch roles. Do you agree?

1. ¿En qué clases hay muchos estudiantes?

2. ¿En qué clases hay pocos estudiantes?

3. ¿Dónde hay mucha acción en el *campus*?

4. ¿Dónde hay poca acción en el *campus*?

5. ¿ ?

INTERCAMBIO

Para mi profesor(a)

Propósito (*Purpose*):   to provide your instructor with some basic information on a classmate.

Papeles (*Roles*):   two people, the interviewer and one who is interviewed.

Paso 1 Look over the chart below. A little later you will fill in a similar chart with information about a classmate (**un compañero [una compañera] de clase**).

Paso 2 Before you begin, think about the questions you will need to ask your classmate. How do you ask in Spanish what a person's major is? How do you find out how many credits someone is taking? Think through all of your questions before you interview your partner.

Paso 3 Pair up with someone. As you conduct the interview, jot down all the information you receive.

Me llamo _____.

Mi compañero/a de clase

Mi compañero/a de clase se llama _____.

Es de _____ (*place*).

Su especialización: _____

Clases que tiene este semestre (trimestre): _____

_____

_____

_____

Total de sus créditos este semestre (trimestre): _____

Su materia favorita: _____

Paso 4 Turn in the chart to your instructor. You have just done your instructor a big favor—you've helped him or her get to know the members of the class!

Así se dice

Written accent marks in Spanish usually show a shift from normal patterns of stress in spoken words and tell you on which vowel to place stress if a word does not follow these patterns. However, a handful of words are pronounced the same whether they carry a written accent or not. The words are different in meaning, so the written accent is a spelling device. Have you noticed any of the following in **Lección preliminar?**

sí (*yes*)   si (*if*)
tú (*you*)   tu (*your*)
qué (*what*)   que (*that* [*conjunction*])
cómo (*how*)   como (*like, as*)

See whether you can spot others like this as you learn Spanish.

¿Qué clases tiene tu compañero/a este semestre (trimestre)?

Vistazos culturales

El español como lengua mundial

¿Sabías que... después del inglés el español es la lengua de más difusión mundial[a]? Aunque muchos dicen que el chino es la lengua más hablada[b] del mundo, con más de mil millones[c] de hablantes,[d] el español se habla en muchos otros países[e] en cinco continentes. En total, unos 450 millones de personas hablan español en el mundo entero. Con tantos[f] hablantes y con tanta difusión, hay mucha variación dialectal.

[a]*in the world* [b]*spoken* [c]*mil... one billion* [d]*speakers* [e]*countries* [f]*so many*

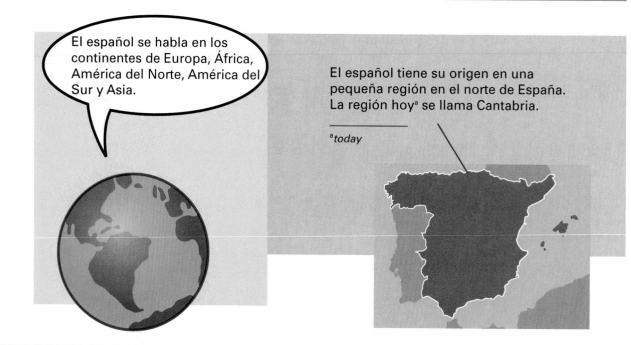

El español se habla en los continentes de Europa, África, América del Norte, América del Sur y Asia.

El español tiene su origen en una pequeña región en el norte de España. La región hoy[a] se llama Cantabria.

[a]*today*

Países de habla española y su población* en millones de habitantes

Argentina	37,3	El Salvador	6,2	Panamá	2,8
Bolivia	8,3	España	40,0	Paraguay	5,7
Chile	15,3	Guatemala	12,9	Perú	27,4
Colombia	40,3	Guinea Ecuatorial	0,45	Puerto Rico	3,9
Costa Rica	3,7	Honduras	6,4	República Dominicana	8,5
Cuba	11,1	México	101,8	Uruguay	3,3
Ecuador	13,1	Nicaragua	4,9	Venezuela	23,9
Estados Unidos	28,1				

*Poblaciones estimadas en el año 2001.

You can investigate these cultural topics in more detail on the *Vistazos* Online Learning Center: **www.mhhe.com/vistazos2.**

En México, Venezuela y muchos otros países: **una naranja**[a]

En Puerto Rico: **una china**

_____

[a]*orange*

En Colombia, Cuba, el Perú y los Estados Unidos: **ustedes son**

En España: **vosotros sois** o **ustedes son**

En España: **guisantes**[a]

En México: **chícharos**

_____

[a]*peas*

El vocabulario

En España, México y muchos otros países: **tú eres**

En la Argentina, el Uruguay y Costa Rica: **vos sos**

La gramática

En Nicaragua: **un niño**[a]

En España: **un nene**

En Chile: **una guagua**

_____

[a]*child (young boy, infant)*

Las diferencias dialectales

En el Paraguay, El Salvador y muchos otros países:
  • Hasta luego.[a]
En el norte de España:
  • Hasta luogo.

_____

[a]Hasta... *See you later.*

En el Perú, México y muchos otros países: **s** final pronunciado casi siempre[a]
  • tú ere**s**
  • lo**s** e**s**tudiante**s**
  • veintidó**s** libro**s**
En el Caribe y el sur de España: **s** final no pronunciado con mucha frecuencia
  • tú ere'
  • lo' e'tudiante'
  • veintidó' libro'

_____

[a]*always*

La pronunciación

En Los Ángeles (chicanos) y muchos otros lugares:[a] **ll** y **y** pronunciados como la *y* de *yoga* en inglés
  • **Y**o me **y**amo [llamo] Juan.
En la Argentina y el Uruguay: **ll** y **y** pronunciados como la *s* de *treasure* o como la *ss* de *mission* en inglés
  • **Zh**o me **zh**amo Juan.
  • **Sh**o me **sh**amo Juan.

_____

[a]*places*

Quia ACTIVIDAD ¿Qué recuerdas?

Indicate whether each statement is true (**cierto**) or false (**falso**).

	CIERTO	FALSO
1. En Puerto Rico una **china** es una naranja.	☐	☐
2. Hay más hispanohablantes (personas que hablan español) en México que en cualquier otro (*any other*) país del mundo.	☐	☐
3. El chino se habla en más países que el español.	☐	☐
4. En el Caribe la tendencia es pronunciar claramente la **-s** al final de las palabras.	☐	☐
5. En la Argentina y el Uruguay se dice **vos sos** y en Cuba y España se dice **tú eres.**	☐	☐
6. El español se originó en Sevilla, España.	☐	☐
7. El país de habla española más pequeño (por su población total) es la Guinea Ecuatorial.	☐	☐

NAVEGANDO LA RED

Complete *one* of the following activities. Then present your information to the class.

1. Look for about eight Spanish words spoken by Chicanos in the United States and jot down their equivalents in English.

2. Look for information about the **Real Academia Española.** Then jot down the following details.
   a. cuándo se fundó (*when it was founded*)
   b. en qué ciudad (*city*) está
   c. su misión

3. Choose a country or dialect from the Spanish-speaking world and look for 5–6 Spanish words that are unique to that country or dialect.

¡Hola!

¿Cómo te llamas?
¿Cómo se llama usted?
¿Cuál es tu nombre?

Me llamo _____.
Mi nombre es _____.
Soy _____.
Se llama _____.
Su nombre es _____.
Mucho gusto.
Encantado/a.
Igualmente.
¿De dónde eres?
¿De dónde es usted?
Soy de _____.
¿Y tú?
¿Y usted?

Hello!

What's your name?

My name is _____.

I'm _____.

His/Her name is _____.

Pleased to meet you.

Likewise.

Where are you from?

I'm from _____.

And you?

Saludos y despedidas

Buenos días.
Buenas tardes.
Buenas noches.
¿Qué tal?

Adiós.
Chau.
Hasta mañana.
Hasta pronto.
Nos vemos.

Greetings and Leave-takings

Good morning.
Good afternoon.
Good evening.
What's up? How's it going?
Good-bye.
Ciao.
See you tomorrow.
See you soon.
We'll be seeing each other.

En (la) clase

¿Cómo?
¿Cómo dice?
¿Cómo se dice _____ en español?
No comprendo.
No entiendo. — *not pres. part.*
No sé. *stem change*
Otra vez, por favor.
Repita, por favor.
Tengo una pregunta, por favor.

In Class

Pardon me?
What did you say?
How do you say _____ in Spanish?

I don't understand.

I don't know.
Again, please.
Repeat, please.
I have a question, please.

Verbos

hay
ser (*irreg.*)
tengo *(irreg.)*
tienes

Verbs

there is, there are
to be
I have *tener, pg. 32*
you have *stem-changing irregular*

Carreras y materias *cf. pg. 350*

Majors and Subjects

Las ciencias naturales
la astronomía
la biología
la física
la geografía
la química

Natural Sciences
astronomy
biology
physics
geography
chemistry

Las ciencias sociales
la antropología
las ciencias políticas
la economía
la historia
la psicología
la sociología

Social Sciences
anthropology
political science *?s*
economics
history
psychology
sociology

Las humanidades (las letras)
el arte
la composición
las comunicaciones
la filosofía
los idiomas
las lenguas extranjeras
el alemán
el español
el francés
el inglés
el italiano
el japonés
el portugués
la literatura
la música
la oratoria
la religión
el teatro

Humanities (Letters)
art
writing
communications
philosophy
foreign languages
German
Spanish
French
English
Italian
Japanese
Portuguese
literature
music
speech
religion
theater

Otras materias y especializaciones	Other Subjects and Majors	**Pronombres de sujeto**	Subject Pronouns
la administración de empresas (companies)	business administration	**yo**	I
la agricultura		**tú**	you (*fam. s.*)
la agronomía	agriculture	**usted, Ud.**	you (*form. s.*)
el cálculo	calculus	**él, ella**	he, she
la computación	computer science	**nosotros/as**	we
la contabilidad	accounting	**vosotros/as**	you (*fam. pl. Sp.*)
la educación física	physical education	**ustedes, Uds.**	you (*form. pl.*)
la enfermería	nursing	**ellos, ellas**	they
la informática	computer science		
la ingeniería	engineering	**Adjetivos descriptivos**	Descriptive Adjectives
la justicia criminal	criminal justice	**aburrido/a**	boring
las matemáticas	mathematics	**bueno/a**	good
el mercadeo	marketing	**espantoso/a**	scary
el periodismo	journalism	**malo/a**	bad
		tonto/a	foolish

Cognados: atractivo/a, cómico/a, cosmopolita, famoso/a, favorito/a, insincero/a, inteligente, interesante, optimista, pesimista, raro/a, realista, serio/a, sincero/a

Más sobre las clases	More About Classes	**Adjetivos de posesión**	Possessive Adjectives
el/la compañero/a de clase	classmate	**mi(s)**	my
el/la estudiante	student	**tu(s)**	your (*fam. s.*)
el libro	book	**su(s)**	your (*form. s., pl.*), his, her, their
el/la profesor(a)	professor		

¿Qué carrera haces?	What is your major?	**Adjetivos de cantidad**	Quantifying Adjectives
¿Qué estudias?	What are you studying?	**algunos/as**	some
Estudio _____.	I am studying _____.	**mucho/a**	much
Soy estudiante de _____.	I am a(n) _____ student.	**muchos/as**	many
No lo sé todavía.	I don't know yet.	**poco/a**	little
		pocos/as	few

Preferencias	Preferences	**Adjetivos demostrativos**	Demonstrative Adjectives
¿Te gusta(n) _____?	Do you like _____?	**este/a**	this
Sí, me gusta(n) _____.	Yes, I like _____.	**estos/as**	these
No me gusta(n) _____.	I don't like _____.	**ese/a**	that
No me gusta(n) para nada.	I don't like it (them) at all.	**esos/as**	those

Los números 0 a 30 Numbers 0–30

cero	ocho	dieciséis	veinticuatro
uno	nueve	diecisiete	veinticinco
dos	diez	dieciocho	veintiséis
tres	once	diecinueve	veintisiete
cuatro	doce	veinte	veintiocho
cinco	trece	veintiuno	veintinueve
seis	catorce	veintidós	treinta
siete	quince	veintitrés	

Artículos indefinidos

un(a)	a, an
unos/as	some

Indefinite Articles

Artículos definidos

el, la
los, las } the

Definite Articles

Otras palabras y expresiones útiles

el/la amigo/a	friend
el/la chico/a	boy, girl
el/la compañero/a de cuarto	roommate
el examen	test
el país	country

Other Useful Words and Expressions

aquí	here
¿cuántos/as?	how many?
de	of; from
gracias	thank you, thanks
mucho	a lot, very much *cf. pg. 24*
muy	very
no	no
o	or
por favor	please
que	that, when
¿qué?	what?
¿quién?	who?, whom?
sí	yes
y	and

Entre nosotros

El camión (1929) por Frida Kahlo (mexicana, 1907–1954)

La biblioteca de la Universidad Nacional Autónoma de
México (UNAM) en México D.F.

LECCIÓN 1

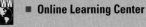

¿Cómo es tu horario?

In this lesson, you'll focus on daily routines and schedules. You will also

- ◆ describe, ask, and answer questions and make comparisons related to people's daily routines
- ◆ talk about time and the days of the week
- ◆ learn how to form the singular forms of present-tense verbs

- ◆ learn to express when and how often you do something

ALTO Before beginning this lesson, look over the **Intercambio** activity on pages 46–47. This is the activity you will be working toward throughout the lesson.

En una cafetería en México, D.F. (Quecas = Quesadillas)

VOCABULARIO

¿Cómo es una rutina?

Talking About Daily Routines

El horario de Elena Chávez, estudiante de biología en la Universidad de Miami.

1. Elena **se levanta** temprano.

2. **Hace** ejercicio aeróbico.

3. **Desayuna** café con leche.

4. **Asiste** a clase.

5. **Trabaja** en un laboratorio por la tarde.

6. **Regresa** a casa.

7. **Da** un paseo con su perro Duque.

8. **Juega** con el perro.

9. **Come** pizza en casa.

10. **Lee** su correo electrónico.

11. **Estudia** mucho.

12. **Se acuesta** a las 11.00.

El horario de Tomás Menéndez, diseñador (*designer*) de software y estudiante de noche en la Universidad de Santo Domingo.

1. Tomás **se despierta** tarde.

2. **Lee** el periódico.

3. **Va** en carro a la oficina La Computación.

4. **Habla** por teléfono.

5. **Almuerza** con una amiga.

6. **Sale** de la oficina.

7. **Asiste** a una clase.

8. **Duerme** en clase.

9. **Cena** con dos amigos.

10. **Mira** la televisión en casa.

11. **Escucha** música y **estudia.**

12. **Se acuesta** muy tarde.

Consejo práctico

Although learning how to speak is the goal of many students of Spanish, acquisition of a language is actually dependent on opportunities to hear or read language in context. For this reason, in *Vistazos* you always begin learning new vocabulary or grammar by listening to or reading the new items in context.

Vocabulario útil

¿Cuándo?	When?		
por la mañana	in the morning	**temprano**	early
por la tarde	in the afternoon	**tarde**	afternoon; late
por la noche	in the evening, at night		

Otros términos	Other Terms		
los mensajes	(e-mail) messages	**navegar la Red**	to surf the Net
enviar (envío), mandar	to send	**recibir**	to receive

Note in the **Vocabulario útil** box above that the word **tarde** as a noun means *afternoon* (**la tarde**), and as an adverb means *late*. (**Tomás se despierta tarde.**)

 ACTIVIDAD A ¿Cierto o falso?

Look at the drawings of Elena and Tomás on pages 28–29 and listen as your instructor reads statements about them. Is each statement **cierto** or **falso?** Correct the false statements.

> MODELOS   PROFESOR(A): En el número ocho, Tomás duerme en clase.
>   ESTUDIANTE: Cierto.
>
>   PROFESOR(A): En el diez, Elena come.
>   ESTUDIANTE: Falso. Elena lee su correo electrónico.

Elena: 1...   2...   3...   4...   5...   6...
Tomás: 1...   2...   3...   4...   5...   6...

COMUNICACIÓN

ACTIVIDAD B ¿Y otra persona?

With what you know now, how many things can you say about another person's daily routine? Using the vocabulary for daily routines, present five statements to the class about someone you all know. The class will decide if you are correct or not. Here are some suggestions, but feel free to use other people.

el presidente de los Estados Unidos
la primera dama (*First Lady*)
un actor o una actriz
el profesor (la profesora)
un(a) estudiante de esta clase

> MODELO   El presidente de los Estados Unidos se levanta temprano todos los días.

1...   2...   3...   4...   5...

GRAMÁTICA

¿Trabaja o no? — Talking About What Someone Else Does

All forms with stress somewhere on stem except 1st, 2nd pers. pl. (pg. 124)

(yo)	-o	(nosotros/as)	-amos, -emos, -imos
(tú)	-as, -es	(vosotros/as)	-áis, -éis, -ís
(Ud.)	-a, -e	(Uds.)	-an, -en
(él/ella)	trabaja se acuesta come escribe	(ellos/ellas)	-an, -en

As in many languages, Spanish verbs (words that express actions, states, processes, and other events) consist of a stem (the part that indicates the action, state, or event) and an ending. In the verb form **trabaja, trabaj-** is the stem (it means *work*) and **-a** is the ending that tells you several things: present tense, third person singular (some other person is doing the working).

Verbs can be conjugated, that is, they can indicate who or what the subject is (as in **trabaja**) or they can be in the infinitive. Infinitives in English are usually indicated with *to: to run, to get up, to sleep.* Spanish infinitives end in **-r** and belong to one of three classes: **-ar (trabajar), -er (leer),** or **-ir (salir).**

To talk about someone else, a conjugated verb is used. It is called *third person singular.* Take the stem and add **-a** or **-e** as shown in the shaded box. (Note that **-er** and **-ir** verbs share the same ending in this case.)

Some Spanish verbs have stem-vowel changes. You will simply have to memorize these.

o → ue
acostarse → se ac**ue**sta   *to go to bed*
dormir → d**ue**rme   *to sleep*

e → ie
tener (*to have*) → t**ie**ne

e → i
pedir (*to ask for, request*) → p**i**de

If you see a third person singular verb form that has a **ue, ie,** or **i** in the stem, chances are that in the stem of the infinitive there is an **o, e,** or **e,** respectively! *Pg. 89*

Here are other stem-changing verbs you will find useful.

o → ue
jugar* (*to play*)
poder (*to be able to, can*)
volver (*to return*)

e → i
vestirse (*to get dressed*)

e → ie
pensar (*to think*)
entender (*to understand*)
querer (*to want*)
preferir (*to prefer*)
venir (*to come*)

Notice that the present tense in Spanish is used to talk about (1) habitual actions and (2) things that are happening *right now*.

ACTIVIDAD C ¿Son típicos o no?

Based on your general assumptions about instructors and students, decide if each of the following statements relates more to a typical instructor or a typical student. Which statements apply to both? (Note that all verbs in the following statements are stem-changers.)

P = El profesor típico (La profesora típica)...
E = El estudiante típico (La estudiante típica)...

1. _____ se acuesta temprano.
2. _____ se viste de manera (*manner*) informal.
3. _____ prefiere la música *rock* a (*to*) la música clásica.
4. _____ almuerza en la cafetería.
5. _____ pide explicación cuando no entiende la lección.
6. _____ no duerme lo suficiente (*enough*).[†]

ACTIVIDAD D ¿Y los perros°?

dogs

See whether you can talk about the daily life of a dog by using correct verb forms in logical sentences. While you may use any of the daily activities and verbs you have learned so far, below are some new verbs and words that may be useful. Afterwards, decide if the same is true for a cat (**un gato**).

Vocabulario útil

el agua	water	**correr**	to run
el cartero	mail carrier	**ladrar**	to bark
la pelota	ball	**al...**	to the . . . / at the . . .
beber	to drink	**con**	with

---

*Jugar follows the pattern of **o → ue** verbs although its stem vowel is **u.** It is the only verb in Spanish that does so.

[†]Negative sentences are formed by placing **no** before the conjugated verb. If there is a reflexive verb like **se levanta** or **se acuesta,** the **no** precedes the **se.** Notice that Spanish does not have a support verb equivalent to *does* or *do.*

Tomás **no se acuesta** temprano. *Tomás doesn't go to bed early.*
Elena **no trabaja** por la mañana. *Elena doesn't work mornings.*

COMUNICACIÓN

VOCABULARIO

¿Con qué frecuencia?

Talking About How Often People Do Things

You have learned how to say whether an event takes place in the morning, afternoon, or evening. To talk about routine activities that occur every day (night, and so forth) you can use either **todos los** _____ or **todas las** _____.*

Tomás…

se levanta tarde **todas las mañanas.**
almuerza en un café **todas las tardes.**
se acuesta tarde **todas las noches.**
escucha música **todos los días.**

To refer to a frequent activity, you can use the words **frecuentemente, generalmente, regularmente,** and **normalmente.**

Elena come pizza **frecuentemente.**

To talk about how often you do an activity, you may use the following expressions.

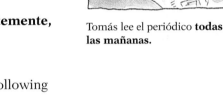

Tomás lee el periódico **todas las mañanas.**

siempre	*always*
con frecuencia	*frequently*
a veces	*sometimes*
de vez en cuando	*from time to time*
pocas (raras) veces	*rarely*
nunca	*never*

Así se dice

Do you remember the irregular verb **ser** from **Lección preliminar (soy, eres, es, es, somos, sois, son, son)**? Another highly irregular verb is **ir** (*to go*).

(yo)	voy	(nosotros/as)	vamos
(tú)	vas	(vosotros/as)	vais
(Ud.)	va	(Uds.)	van
(él/ella)	va	(ellos/ellas)	van

*__Todos los__ and **todas las** are equivalent to *every* in English in these contexts.

ᗤᵘⁱᵃ ACTIVIDAD A ¿Cierto o falso?

Read the following statements about a typical week in the life of a student at your institution. Are they **cierto** or **falso?**

El estudiante norteamericano
(La estudiante norteamericana)...

	C	F
1. se levanta temprano todos los días.	☐	☐
2. no va a clases regularmente y está ausente (*is absent*) frecuentemente.	☐	☐
3. siempre duerme ocho horas todas las noches.	☐	☐
4. escribe sus composiciones a computadora normalmente.	☐	☐
5. no mira (*doesn't watch*) la televisión nunca.	☐	☐
6. lee novelas cuando (*when*) no estudia.	☐	☐
7. se acuesta muy tarde con frecuencia.	☐	☐

COMUNICACIÓN

ACTIVIDAD B Mi profesor(a) de español

Paso 1 Interview a classmate to find out how often he or she thinks your Spanish instructor does the following activities. Use a different expression from the following list in each question and answer.

> todos los días
> todas las mañanas/tardes/noches
> frecuentemente, regularmente, generalmente
> a veces
> pocas (raras) veces
> nunca

> **MODELO** mira la televisión →
> **E1:** ¿Mira la televisión frecuentemente el profesor (la profesora)?
> **E2:** Sí, todos los días.
> (No, no mira la televisión frecuentemente.)

1. desayuna

2. come chocolate

3. mira la televisión en español

4. habla por teléfono

5. se acuesta temprano

6. navega la Red

Paso 2 Be prepared to read aloud to the class your questions and answers from **Paso 1.** After your classmates share their opinions about the instructor's routine, he or she will say if you were right!

VOCABULARIO

¿Qué día de la semana?

Days of the Week

LOS **DÍAS LABORALES** (*WORKDAYS*)

   lunes   martes   miércoles   jueves   viernes

LOS DÍAS DEL **FIN DE SEMANA** (*WEEKEND DAYS*)

   sábado   domingo

To ask what day it is, you say

   ¿Qué día es hoy?

To respond, say

   Hoy es domingo.
   (**Mañana es** lunes.)

Así se dice

As you've noticed, speaking and understanding Spanish does not involve a word-for-word translation of English. Here's an example of this. When you want to express *on Monday* or *on Mondays,* you simply use a definite article (**el** or **los**) and not **en.**

   Mi profesora tiene horas de oficina **los martes.**

   Hay un examen **el miércoles.**

ACTIVIDAD C Las clases de Elena

Your instructor will make a series of statements about Elena's class schedule. Indicate whether they are **cierto** or **falso,** according to the schedule below.

1...   2...   3...   4...   5...

LUNES	MARTES	MIÉRCOLES	JUEVES	VIERNES
Biología II	Biología II	Biología II	Biología II	
	Cálculo avanzado		Cálculo avanzado	
Entomología		Entomología		Entomología
Geografía de las Américas		Geografía de las Américas	La destrucción del planeta	Geografía de las Américas

ACTIVIDAD D La semana del profesor (de la profesora)

As a class, see whether you can piece together your instructor's weekly schedule by asking only yes/no questions. Several examples are provided for you. As you get information, write it into a calendar like the one on the following page. See how much the class can find out in eight to ten minutes.

   MODELOS   ¿Tiene Ud. una clase los lunes por la mañana?

                 ¿Tiene Ud. horas de oficina los lunes? ¿los martes?

COMUNICACIÓN

	LUNES	MARTES	MIÉRCOLES	JUEVES	VIERNES
por la mañana					
por la tarde					
por la noche					

GRAMÁTICA

¿Y yo?

Talking About Your Own Activities

(yo)	trabaj**o** me acuest**o** com**o** escrib**o**	(nosotros/as)	-amos, -emos, -imos
(tú) (Ud.) (él/ella)	-as, -es -a, -e -a, -e	(vosotros/as) (Uds.) (ellos/ellas)	-áis, -éis, -ís -an, -en -an, -en

Así se dice

You will encounter another irregularity in Spanish. Most verbs in Spanish that end in **-cer** or **-cir** will end in **-zco** in the **yo** form.

conocer (*to know*):
No **conozco** al
presidente.

conducir (*to drive*):
Conduzco rápidamente.

See whether you can give the **yo** form for the verbs below.

producir (*to produce*)
traducir (*to translate*)
deducir (*to deduce*)

—**Estudio** por la tarde o por la noche. No **salgo** porque **me levanto** muy temprano todas las mañanas.

—Normalmente no **duermo** mucho porque **trabajo** mucho y **estudio**.

You have already learned to form verbs ending in **-a** and **-e** to talk about someone else's daily activities. To talk about what *you* do, most verbs will end in **-o**, as illustrated in the shaded box. Note that stem-vowel changes also appear in the **yo** form of the verb, also called *first person singular*.

Normalmente, **estudio** por la noche.
Duermo una hora todas las tardes.
Me levanto temprano los sábados.

Did you catch that a verb that takes **se** in the third person form will take **me** in the first person singular form? Here is another example.

Normalmente, **me acuesto** a las 11.30.

Several of the verbs with which you are familiar have slightly altered stems.

Hago ejercicio con frecuencia.
No **salgo** mucho con mis amigos.
Tengo mucho trabajo esta semana.

Remember the irregularity of **ir?**

Voy al laboratorio para practicar el español.

Another common verb, **decir** (*to say; to tell*) is also highly irregular. It has more than one kind of change!

—¿Qué **dices**?
—¿Yo? Yo no **digo** nada.

ACTIVIDAD E ¿En qué orden?

Paso 1   Number these activities from 1 to 10 in the order in which *you* would do them.

_____ Me acuesto.
_____ Voy en carro a la universidad.
_____ Ceno.
_____ Regreso a casa (al apartamento, a la residencia [*dormitory*]).
_____ Leo el periódico.
_____ Estudio.
_____ Almuerzo.
_____ Desayuno.
_____ Navego la Red.
_____ Hago ejercicio por quince minutos.

Paso 2   Tell the class the order you decided on. Did many of your classmates put the activities in a similar order? Is there a more logical order than the one you came up with?

Paso 3   Given the information you received from your classmates, which statement applies to you?

☐ Mi horario es un horario típico.
☐ Mi horario no es un horario típico.

→pg. 53

ACTIVIDAD F Los hispanos hablan

Paso 1 Read the following **Los hispanos hablan** selection. The blank represents a deleted word. Based on what you read, what is the missing word?

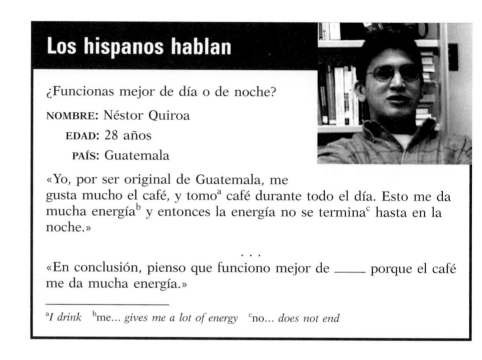

Los hispanos hablan

¿Funcionas mejor de día o de noche?

NOMBRE: Néstor Quiroa

EDAD: 28 años

PAÍS: Guatemala

«Yo, por ser original de Guatemala, me gusta mucho el café, y tomoᵃ café durante todo el día. Esto me da mucha energíaᵇ y entonces la energía no se terminaᶜ hasta en la noche.»

. . .

«En conclusión, pienso que funciono mejor de _____ porque el café me da mucha energía.»

_____
ᵃ*I drink* ᵇ*me... gives me a lot of energy* ᶜ*no... does not end*

Paso 2 Now watch the complete segment. Is your answer to **Paso 1** correct?

Vocabulario útil

el día siguiente   the next day
las hijas   daughters

1. Fill in the following grid with information about Néstor. Be sure to include one activity he does in the morning, one he does in the afternoon, and three activities he does at night.

Néstor...

POR LA MAÑANA...	POR LA TARDE...	POR LA NOCHE...

2. ¿Cierto o falso?

_____ Néstor toma café frecuentemente.
_____ Se acuesta a las 3.00 ó 4.00 de la mañana.
_____ Néstor es más activo por el día que por la noche.

Paso 3 Do you and your classmates function better during the day or at night? Quickly survey six of your classmates and jot down their answers. Use the following question to interview your classmates.

¿Funcionas mejor de día o de noche?

PERSONA	1	2	3	4	5	6
de día						
de noche						

ACTIVIDAD G Tú y yo

Paso 1 Here is a list of typical daily activities. See if you can find someone in the class who matches you on at least three. Follow the model.

caminar (*to walk*) a la
   universidad
dormir en una clase
llegar (*to arrive*) tarde al
   trabajo (a una clase)
soñar (ue) despierto (*to
   daydream*)
tomar (*to drink*) café

MODELOS **E1:** Siempre tomo café por la mañana. ¿Y tú?
E2: Yo también. / Yo no.

E1: No duermo en la clase de español.
E3: Yo sí. / Yo tampoco. (*Neither do I.*)

Paso 2 When you have found someone with whom you share three activities, report to the class.

MODELO Yo siempre tomo café. Roberto también.

*Esta mujer lee su correo electrónico
mientras toma su primer café del día.*

VOCABULARIO

¿A qué hora... ?

Telling When Something Happens

To express what time of day you do something, use the expressions **a la** and **a las.**

—Asisto a mi primera (*first*) clase **a las ocho.**

—Almuerzo con mi amigo **a la una.**

Use **cuarto** and **media** to express *quarter hour* and *half hour.*

> **y cuarto**
> **y media**
> **menos cuarto**

—Llego a la oficina **a las diez menos cuarto.**

—Estudio **a las once y media.**

To express other times, add the number of minutes to the hour or subtract the number of minutes from the next hour.

—Leo mi correo electrónico **a las seis menos diez.**

—Hablo con una amiga **a las diez y veinte.**

 ACTIVIDAD A ¿A qué hora?

Elena mentions at what time she does certain activities. How does she logically complete each statement? Match the time to the appropriate activity. (See the drawings on page 28 for reference.)

1. _____ Hago ejercicio aeróbico...
2. _____ Trabajo en el laboratorio...
3. _____ Prefiero levantarme...
4. _____ Escribo la tarea...
5. _____ Me acuesto...

a. a las once de la noche.
b. a las nueve de la noche.
c. a las seis de la mañana.
d. a las dos de la tarde.
e. a las seis y media de la mañana.

¿A qué hora sale el autobús?

 ACTIVIDAD B ¿Sabías que... ?

Paso 1 Read the **¿Sabías que... ?** selection on page 42. Then answer the following questions.

1. ¿Quién tiene una vida «más activa» por la noche, el español o el norteamericano?

2. ¿Quién cena (*eats dinner*) temprano y quién cena tarde?

3. ¿Quién pasa (*spends*) todo el día en el trabajo sin salir?

Lección 1 ¿Cómo es tu horario?

Paso 2 Using the question below, see whether you can find five people in class who prefer the Spanish schedule.

> **MODELO** ¿Cuál de los dos horarios prefieres, el horario español o el norteamericano?

¿Sabías que...

el horario de actividades diarias de un individuo varía de cultura a cultura?

En España y otros países hispanos, por ejemplo, generalmente uno se levanta por la mañana, trabaja hasta[a] la 1.00 o las 2.00 y va a almorzar a casa. Después, descansa[b] hasta las 4.00 y regresa al trabajo. No termina de trabajar hasta las 8.00 ó 9.00 de la noche. Cena tarde, normalmente a las 10.00, y frecuentemente sale después con sus amigos.

En este país, en cambio, una persona generalmente se levanta por la mañana, pasa ocho horas en el trabajo, regresa a casa a las 5.00, cena a las 6.00 ó 6.30, mira la televisión y se acuesta a las 11.00.

¿Cuál de los dos horarios prefieres?

[a]*until* [b]Después,... *Afterward, he or she rests*

COMUNICACIÓN

ACTIVIDAD C Tu primera clase

Get into pairs. In two minutes, ask your partner when his or her first class is on each day of the week. Jot down his or her responses. Be prepared to report the results to the class.

> **MODELO** **E1:** ¿A qué hora es tu primera clase los lunes?
> **E2:** A las nueve.

GRAMÁTICA

¿Y tú? ¿Y usted?

Addressing Others

—Pepe, **tú sales** de la universidad a las 2.00, ¿no?
—Sí. ¿Por qué **preguntas**?

(yo)	-o	(nosotros/as)	-amos, -emos, -imos
(tú)	estudi**as** te levant**as** le**es** asist**es**	(vosotros/as)	-áis, -éis, -ís
(Ud.)	estudi**a** se levant**a** le**e** asist**e**	(Uds.)	-an, -en
(él/ella)	-a, -e	(ellos/ellas)	-an, -en

Lección 1 ¿Cómo es tu horario?

You may have noticed that Spanish has several ways of expressing *you*. **Tú** implies less social distance between the speakers. **Usted** (generally abbreviated **Ud.**) indicates a more formal relationship and more social distance. The rules of usage vary from country to country and even within countries, but you can follow this rule of thumb: Use **tú** with your family, friends, anyone close to your own age—and with your pets. Use **Ud.** with everyone else.

For example, to ask a classmate about something, use **tú**. To get the **tú** verb form, add an **-s** to the final vowels **-a** or **-e** of the third person forms.

¿**Miras** la televisión todas las noches?
¿**Cenas** en restaurantes frecuentemente?

Certain verbs are used with **te.**

¿A qué hora **te levantas**?
¿**Te acuestas** tarde o temprano?

When speaking with someone whom you address as **Ud.,** use the same verb form as with **él** or **ella.**

¿**Trabaja** Ud. en la biblioteca?
Ud. **sale** con los amigos todos los días.

Note the use of **se** with some verbs in the **Ud.** form.

¿**Se levanta** Ud. tarde frecuentemente?
¿A qué hora **se acuesta** Ud.?

—Profesora, ¿**es usted** del Perú?
—No, Eva. Soy de Bolivia. ¿Y **tú**?

ACTIVIDAD D ¿Y tú? ¿Y usted?

Look at the following questions. Check the box that indicates whether each question is appropriate to ask a friend (**Para un amigo [una amiga]**) or your instructor (**Para mi profesor[a]**).

	PARA UN AMIGO (UNA AMIGA)	PARA MI PROFESOR(A)
1. ¿Te levantas temprano los lunes?	☐	☐
2. ¿Habla varios idiomas?	☐	☐
3. ¿Va frecuentemente al cine (*movies*)?	☐	☐
4. ¿Miras la televisión todos los días?	☐	☐
5. ¿Haces ejercicio regularmente?	☐	☐
6. ¿Empiezas (*Do you begin*) todas las mañanas de buen humor (*in a good mood*)?	☐	☐
7. ¿Lees el periódico todos los días?	☐	☐

ACTIVIDAD E ¿A qué hora?

Pair up with a classmate you haven't already interviewed to find out at what time (**a qué hora**) he or she does the following things. Write down the information. Then switch roles.

> MODELO   E1: ¿A qué hora almuerzas?
> E2: A las doce.

¿A qué hora...

1. te levantas los lunes?
2. vas a tu clase favorita?
3. te acuestas los jueves?
4. vas a la universidad los miércoles?

5. regresas a casa los viernes?
6. miras la televisión, generalmente?

GRAMÁTICA

¿Qué necesitas hacer?

Talking About What You Need or Have to Do on a Regular Basis

Tomás **tiene que trabajar...**

...y **estudiar** todos los días.

In order to talk about activities that you have to do, need to do, should/ought to do, prefer to do, want to do, and can do, use the appropriate verb in its conjugated form followed by an infinitive. Look at the following examples:

> Elena **tiene que** (*has*) trabajar todas las tardes.
> ¿**Necesitas** (*Do you need*) estudiar mucho?
> **Debo** (*I should*) leer el periódico más.
> **Prefiero** (*I prefer*) estudiar en la biblioteca (*library*).

Notice that when a reflexive verb such as **acostarse** or **levantarse** is used, the pronoun can follow and be attached to the infinitive:

> Tomás **no puede** (*cannot*) acostarse temprano.
> Elena **quiere** (*wants*) levantarse temprano todos los días.

(Reflexive verbs will be discussed in more detail in later chapters.)

ACTIVIDAD F ¿Quién?

Read each of the statements below, then decide if each more likely refers to a student, a dog, or a professor.

a. una estudiante **b.** un perro **c.** un profesor

1. _____ Debe estudiar todos los días.
2. _____ Necesita corregir (*correct*) tarea con frecuencia.
3. _____ Puede dormir dieciocho horas al día.
4. _____ Quiere sacar notas (*grades*) buenas en sus clases.
5. _____ Tiene que proteger (*protect*) la casa.
6. _____ Prefiere salir con los amigos, pero no sale porque tiene que estudiar para un examen.
7. _____ Debe memorizar los nombres de sus estudiantes.
8. _____ No puede hablar por teléfono, navegar la Red ni (*nor*) leer el correo electrónico.

ACTIVIDAD G ¿Qué haces regularmente?

Paso 1 Think of activities you do regularly, whether you want to or not. Then complete each of the following statements with truthful information about your activities. Try to think of a different activity for each item.

1. Debo _____ todos los días, pero (*but*) generalmente no lo hago (*I don't do it*).
2. Tengo que _____ todas las tardes, pero no me gusta.
3. Prefiero _____ más, pero no tengo que hacerlo (*to do it*).
4. Quiero _____ frecuentemente, pero no debo hacerlo.
5. Necesito _____ todos los días.
6. No puedo _____ todas las tardes.

Así se dice

You have already learned several useful expressions such as **con frecuencia, frecuentemente, generalmente, normalmente,** and **regularmente** to express habitual or recurring actions. Another way to express actions you perform regularly is to use a form of the verb **soler** plus an infinitive. Note that **soler** has several English equivalents.

Suelo estudiar por la mañana.	*I generally study in the morning.*
¿Cuántas horas **sueles** dormir?	*How many hours do you normally sleep?*
Suelo dormir seis horas.	*I usually sleep six hours.*

INTERCAMBIO

Preguntas para un examen

Propósito: to form series of questions about two schedules.

Papeles: two people, the interviewer and one who is interviewed.

Paso 1 Fill in a schedule with at least two things you do in the morning, afternoon, or evening any two days of the week (except weekends). Include such things as when you get up, when you go to bed, when you arrive at school, and when you have lunch.

	LUNES	MARTES	MIÉRCOLES	JUEVES	VIERNES
por la mañana					
por la tarde					
por la noche					

Paso 2 Interview someone with whom you have not worked in this lesson. Find out when he or she does the same or similar things as you on the same two days and jot down the information in the chart. Then make clean copies of your schedule and the schedule of the person you have just interviewed. (Don't forget to use **yo** forms for yourself and **él/ella** forms for your partner.)

	LUNES	MARTES	MIÉRCOLES	JUEVES	VIERNES
por la mañana					
por la tarde					
por la noche					

Paso 3 Using the two schedules, make up the following test items.

three true/false statements of a comparative nature

MODELOS   Yo me levanto muy temprano por la mañana, pero Juan se levanta tarde.

Yo tengo que trabajar todos los días, pero Ana sólo necesita trabajar los jueves y viernes.

two questions that require an answer with a specific activity

MODELO   Yo prefiero hacer esta actividad por la mañana, pero Juan prefiere hacer esto por la tarde. ¿Qué es? (estudiar)

Paso 4 Turn in both the schedules and the test items to your instructor.

VOCABULARIO COMPRENSIVO

La vida de todos los días	Everyday Life
abrir	to open
acostarse (ue)	to go to bed
almorzar (ue)	to have lunch
asistir (a)	to attend
cenar	to have dinner
cerrar (ie)	to close
comer	to eat
conducir (conduzco)	to drive
conocer (conozco)	to know (*someone*)
deber + *inf.*	ought to, should, must (*do something*)
desayunar	to have breakfast
descansar	to rest
despertarse (ie)	to wake up
dormir (ue) *dormirse (ue,u)*	to sleep *To fall asleep pg. 37*
entender (ie)	to understand
enviar (envío)	to send
escribir	to write
escuchar	to listen to
estudiar (R)*	to study
hablar	to speak
hablar por teléfono	to talk on the phone
hacer (*irreg.*)	to do; to make
hacer ejercicio	to exercise
hacer ejercicio aeróbico	to do aerobics
ir (*irreg.*)	to go
jugar (ue) (a)	to play (*sports*)
leer	to read
levantarse	to get up

mandar	to send
manejar	to drive
mirar (la televisión)	to look at, watch (TV)
navegar la Red *ver pg. 58*	to surf the Net
necesitar	to need
pasar	to spend (*time*)
pedir (i)	to ask for, request
pensar (ie) (en)	to think (about)
poder (ue)	to be able, can
preferir (ie)	to prefer
preguntar	to ask (*a question*)
querer (ie)	to want
recibir	to receive
regresar	to return (*to a place*)
salir (*irreg.*)	to go out, leave
soler (ue) + *inf.*	to be in the habit of (*doing something*)
tener (*irreg.*)	to have
tener que + *inf.*	to have to (*do something*)
tocar (la guitarra)	to play (the guitar)
trabajar	to work
venir (*irreg.*)	to come
vestirse (i)	to get dressed
volver (ue)	to return (*to a place*)
¿Cuándo?	When?
durante	during
mañana	tomorrow
(muy) tarde	(very) late
(muy) temprano	(very) early
por la mañana	in the morning

*Words that appear with an (R) in a lesson vocabulary list are review **(Repaso)** words that were active in a previous lesson. They are included in these lists when they thematically fit the lesson.

por la tarde	in the afternoon
por la noche	in the evening, at night

¿Con qué frecuencia? — How Often?

a veces	sometimes
con frecuencia	often
de vez en cuando	from time to time
frecuentemente	frequently
generalmente	generally
normalmente	normally
nunca	never
pocas (raras) veces	rarely
regularmente	regularly
siempre	always
todas las mañanas (tardes, noches)	every morning (afternoon, night)
todos los días	every day

¿Qué día es hoy? — What Day Is It Today?

lunes	Monday
martes	Tuesday
miércoles	Wednesday
jueves	Thursday
viernes	Friday
sábado	Saturday
domingo	Sunday
el día laboral	workday
el fin de semana	weekend
Hoy es...	Today is . . .
Mañana es...	Tomorrow is . . .

¿Qué hora es? — What Time Is It?

Es la una.	It's one o'clock.
Son las (dos, tres).	It's (two, three) o'clock.
menos cuarto	quarter to
y cuarto	quarter past
y media	half past

¿A qué hora? — At What Time?

A la una.	At one o'clock.
A las (dos, tres).	At (two, three) o'clock.

Otras palabras y expresiones útiles

la biblioteca	library
el correo electrónico	e-mail
el cuarto	room
el laboratorio	laboratory
el mensaje	message
el periódico	newspaper
la rutina	routine
la tarea	homework
bueno/a (buen) (R)	good
en casa	at home
con	with
en	in; at
más	more
menos	less
para	for
pero	but
por	during; for
porque	because

pg. 37, 53, 188

Check out the following media resources to complement this lesson of *Vistazos:*

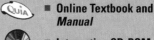

- **Online Textbook and Manual**
- **Interactive CD-ROM**
- **Online Learning Center**
- **Video on CD**

¿Qué haces los fines de semana?

The focus of this lesson is weekend activities. In exploring this topic, you will

- learn how to talk about weekend activities
- describe your ideal weekend and make comparisons about how people spend their leisure time
- learn words of negation and how to use them
- learn more about the verb **gustar** and how to talk about likes/dislikes
- talk about the weather and discuss how it affects your free time

- learn more present tense verb forms
- talk about the seasons and months
- learn to talk about things you are going to do

ALTO Before beginning this lesson, look over the **Intercambio** activity on page 67. This is the activity you will be working toward throughout the lesson.

En un lago de Sevilla, España

VOCABULARIO

¿Qué hace una persona los sábados?

Talking About Someone's Weekend Routine

El sábado de Elena

1. Por la mañana, Elena **corre** tres millas.

2. Después, **participa** en una sala de charla.

3. Por la tarde, **toma** café con dos amigos.

4. Por la noche, **baila** en un club de música latina.

El sábado de Tomás

1. Por la mañana, Tomás **limpia** su apartamento.

2. Luego, **hace de voluntario.**

3. Por la tarde, **saca** vídeos.

4. Por la noche, **se queda** en casa. (No **sale.**)

El domingo de Elena

1. Por la mañana, Elena **va** a la iglesia.

2. Después, **juega** al voleibol con sus amigas.

3. Luego, **nada** en el mar.

4. Más tarde, **charla** con una amiga.

El domingo de Tomás

1. Por la mañana, Tomás **lava** su ropa.

2. Luego, **no hace nada** en particular.

3. Por la tarde, **va de compras** al supermercado.

4. Por la noche, **hace** la tarea para mañana.

ACTIVIDAD A ¿Qué día es?

Listen as your instructor reads statements about the typical weekend activities of Elena and Tomás. Then identify which day each statement refers to, according to the information in the drawings.

> MODELO PROFESOR(A): Tomás limpia su apartamento.
> ESTUDIANTE: Es sábado.

1... 2... 3... 4... 5... 6...

ACTIVIDAD B ¿Quién es?

Look again at the drawings. Your instructor will read several statements. Give the name of the person doing the activities described in each statement.

1... 2... 3... 4... 5... 6... 7... 8...

Así se dice

As you know, the phrase **dar un paseo** means *to take a walk.* The simple verb **dar** is usually translated as *to give,* but in expressions like **dar un paseo,** you will not see the word *give* in the translation. Here are some other expressions that use **dar.**

dar igual
to be all the same, make no difference

dar la mano
to shake hands

darse cuenta de
to realize (make a mental note of)

 ACTIVIDAD C ¿Elena o Tomás?

Look again at the pictures of Elena and Tomás. Indicate two or three activities you have in common with either Elena or Tomás and two or three you don't have in common. Write your activities down, using the following models. Remember to put the verbs in the correct **yo** form. In class, compare your activities to those of your classmates.

MODELOS   Yo también corro los sábados.

Normalmente no lavo mi ropa los domingos.

VOCABULARIO

¿No haces nada?

Negation and Negative Words

—Esto **no me gusta para nada. No quiero hacer nada** esta noche.

—Ay, eres imposible. **No hay nadie** como tú.

You know that the word **nunca** means *never*. A synonym of **nunca** is **jamás**. Note that **nunca** or **jamás** can precede a verb or follow it. If they follow a verb, then a **no** is required before the verb.

Nunca puedo dormir bien. / **No** puedo dormir bien **nunca.**

Jamás me quedo en casa los sábados. / **No** me quedo en casa los sábados **jamás.**

Here are some other negative words that function like **nunca** and **jamás**. Note how in English some of these words have several translations.

nada	*nothing, not anything*
nadie	*no one, not anyone*
ninguno/a	*none, not any*
tampoco	*neither, not either*
No quiero hacer **nada.**	*I don't want to do anything.*
¿Quién se levanta temprano? **¿Nadie? ¿Nadie** se levanta temprano? / ¿**No** se levanta **nadie** temprano?	*Who gets up early? No one? Doesn't anyone get up early?*
No voy a **ningún*** lugar este fin de semana.	*I'm not going anywhere this weekend.*
Yo (**no** voy a **ningún** lugar) **tampoco.**	*I'm not (going anywhere) either.*

---

*Ninguno is shortened to **ningún** before singular masculine nouns.

Así se dice

You have learned that **por** is used in expressions of time to mean *during* and *for*:

> Elena toma café **por** la tarde y después estudia **por** dos horas.
> *Elena drinks coffee during the afternoon and then studies for two hours.*

One of the uses of **para** is in reference to a future deadline:

> Tomás hace la tarea **para** mañana.
> *Tomás is doing the homework for tomorrow.*

(You will learn more about **por** and **para** in future lessons of *Vistazos*.)

ACTIVIDAD D ¿Qué hace los fines de semana?

Listen as your instructor reads statements about several types of students. Circle the letter of the person described.

1. **a.** el estudiante dedicado   **b.** el estudiante no dedicado
2. **a.** el estudiante sociable   **b.** el estudiante solitario
3. **a.** el estudiante activo   **b.** el estudiante sedentario

ACTIVIDAD E Mis fines de semana

Indicate whether each statement is true or false according to your weekend routines.

	C	F
1. Nunca me acuesto antes de (*before*) la 1.00 de la mañana los sábados.	☐	☐
2. No limpio la casa los fines de semana.	☐	☐
3. Nunca me quedo en casa los viernes por la noche.	☐	☐
4. Tampoco me quedo en casa los sábados por la noche.	☐	☐
5. No saco vídeos con mucha frecuencia.	☐	☐
6. Tampoco veo la televisión mucho.	☐	☐
7. Jamás voy a la biblioteca los sábados.	☐	☐

ACTIVIDAD F Los fines de semana del profesor (de la profesora)

COMUNICACIÓN

Paso 1 What are your instructor's weekends like? With two other people, make up four statements using some negative expressions (**nada, nadie, nunca,** and so forth) to describe your instructor's typical weekend.

Paso 2 Each group should present its statements to the rest of the class, who then decide if each statement is true or not. Your instructor will react. Who knows him or her the best?

GRAMÁTICA

¿A quién le gusta... ?

A Elena y a sus amigos **les gusta** bailar.

To talk about another person's likes or dislikes in Spanish is to talk about what pleases him or her. To do this, use **le gusta** or **le gustan.**

> A Elena **le gusta** hacer ejercicio temprano. *indirect object pg.10*
> A mi compañero de cuarto **no le gustan** los lunes. *pg.10*

Note that in the first example, **gustar** is in the singular form (**gusta**) because **hacer ejercicio** is singular and is the subject of the sentence. Translated literally, the sentence means *Exercising early is pleasing to Elena.*

To talk about what is pleasing to two or more people, you can use **les gusta** or **les gustan.**

> A mis amigos **no les gusta** levantarse temprano nunca.
> A muchos argentinos **les gustan** las películas norteamericanas.

To express what is pleasing to you and someone else (pleasing to us), you should use **nos gusta** or **nos gustan.**

> **Nos gusta** mucho pasar tiempo con la familia los fines de semana.
> **No nos gustan** los quehaceres domésticos (*household chores*).

Remember that **gustar** does not mean *to like,* although it is often translated that way. Remember that **le, les,** or **nos** is used depending on to whom something is pleasing, and **gusta** or **gustan** is used depending on who or what is pleasing.

Así se dice

pg.10

Did you notice the **a** before names or the mention of specific people in the sentences with **gustar?** Since **gustar** actually means *to please* or *be pleasing,* the **a** is used to mark *to* whom or *to* what something is pleasing.

A los profesores les gusta explicar la gramática.

¿A quiénes les gusta no hacer nada por la noche?

A nosotros nos gusta lavar la ropa los sábados.

¿A Uds. les gusta limpiar la casa?

ACTIVIDAD G Estudiantes y profesores

The following are five statements that you might make as students. First decide in groups of three or as a class if they are true. Make any changes necessary. Then complete the second sentence in a logical manner and see how your instructor responds. (**¡OJO!** Be sure to pay attention to how **gustar** is used in each sentence and what the word order looks like!)

1. A nosotros los estudiantes no nos gusta tomar (*to take*) exámenes finales. No sabemos (*We don't know*) si a los profesores les gusta...

2. A nosotros los estudiantes no nos gusta levantarnos temprano para ir a clases. No sabemos si a los profesores les gusta...

3. A nosotros los estudiantes no nos gusta tener clases los viernes por la tarde. No sabemos si a los profesores les gusta...

4. A nosotros los estudiantes no nos gusta estudiar los sábados. Probablemente a los profesores no les gusta...

COMUNICACIÓN

ACTIVIDAD H Una encuesta

Paso 1 Find two people who answer **Sí** to the following questions and report your findings to the class.

1. ¿Te gusta levantarte muy tarde los sábados?

2. ¿Te gusta quedarte en casa los fines de semana?

3. ¿Te gustan los conciertos de música *rock*?

Paso 2 How would you and your friends respond to the questions in **Paso 1?**

MODELOS   Sí, nos gustan los conciertos de música *rock*.

Sí   No nos gusta quedarnos en casa los fines de semana.

VISTAZOS II · Las otras personas

GRAMÁTICA

¿Qué hacen?

Talking About the Activities of Two or More People

(yo)	-o	(nosotros/as)	-amos, -emos, -imos
(tú)	-as, -es	(vosotros/as)	-áis, -éis, -ís
(Ud.)	-a, -e	(Uds.)	-an, -en
(él/ella)	-a, -e	(ellos/ellas)	limpi**an**
			se qued**an**
			corr**en**
			asist**en**

When your instructor describes the actions of two or more people, you may have noticed that a particular verb form is used. That is, if more than one person is the subject of the sentence, an **-n** is added to the final vowel of the verb. For example, **estudia** → **estudian; come** → **comen.** This is known as the *third person plural* or **ellos/ellas** form.

Los domingos por la tarde, Elena y sus amigas siempre **juegan** al voleibol.
Los domingos por la tarde, Tomás y un amigo **van** al supermercado.

Note that **se** is used before the third person plural form of verbs like **acostarse.**

El sábado, Tomás y sus amigos **sacan** vídeos y **se quedan** en casa por la tarde.

Así se dice

Don't confuse **ellos/ellas** with **Uds.** just because they share the same verb form! **Ellos/Ellas** is used to talk *about* two or more people, while **Uds.** is equivalent to *you all* and is used to talk *to* two or more people.*

¿Qué hacen tus amigos?
What are your friends doing?

¿Qué hacen Uds.?
What are you all doing?

Se quedan en casa.
They're staying home.

Uds. se quedan en casa, ¿no?
You all are staying home, right?

---

*In Spanish America **Uds.** is used for *you all.* In Spain **vosotros/as** is used for two or more people singularly addressed as **tú; Uds.** is used for two or more people singularly addressed as **Ud.**   pg. H

Lección 2   ¿Qué haces los fines de semana?

ACTIVIDAD A ¿Quiénes?

For each statement, decide whether the weekend activity is typical of students, of people who work full-time, or could easily refer to both groups.

1. Juegan a los videojuegos.

2. Limpian la casa.

3. Se quedan en casa y miran la televisión por la noche.

4. Lavan la ropa.

5. Visitan a parientes.

6. Trabajan en el jardín (*yard*).

7. Duermen más que (*more than*) durante la semana y se levantan más tarde.

8. Van de compras.

ACTIVIDAD B Los hispanos hablan

Paso 1 Read the **Los hispanos hablan** selection on page 57. Then answer the following questions.

1. Según Begoña, ¿qué hacen los españoles cuando salen?

2. Según Begoña, ¿por qué salen los norteamericanos*?

Paso 2 Now watch the segment and answer the following questions.

Vocabulario útil

más destacables	**más notables**	**se cierran**	(they) close
muy poco común	**muy raro**	**hacer fiestas**	to have parties

1. ¿Cierto o falso?

   _____ Los españoles salen hasta más tarde que los norteamericanos.

   _____ Los bares en España se cierran más temprano.

2. ¿Cuál es otra diferencia entre España y los Estados Unidos que nota Begoña?

---

*Throughout *Vistazos*, the term **norteamericano/a** is used to refer to citizens of either Canada and the United States or the United States only. Context will determine the intended meaning.

Los hispanos hablan

En general, ¿qué diferencias has notado entre salir en los Estados Unidos y salir en España?

NOMBRE: Begoña Pedrosa

EDAD: 24 años

PAÍS: España

«Bueno, una de las diferencias que más me ha llamado la atención[a] es que en España la gente sale, va a los bares, charla con los amigos, baila, para aquí para allá,[b] y la gente por supuesto sale hasta muy tarde. Es más,[c] hasta por la mañana. Sin embargo, en los Estados Unidos, la gente sale solamente por el hecho[d] de beber y beber y beber... »

---

[a]más... *I've noticed most*   [b]para... *(go) here and there*   [c]Es... *What's more*   [d]*reason*

Paso 3 Begoña dice: «En los Estados Unidos la gente sale solamente por el hecho de beber y beber y beber.» ¿Estás de acuerdo (*Do you agree*)?

Completa la siguiente oración:

Cuando (mis amigos / mi familia) _____ y yo salimos por la noche, las actividades en que participamos son: _____, _____ y _____.

ACTIVIDAD C ¿Qué actividades tienen en común°?   en... *in common*

COMUNICACIÓN

Paso 1 Here is a list of activities that some people do on weekends. Read the list and make sure you understand each item before going on to **Paso 2.**

1. Sacan muchos vídeos del videoclub y se quedan enfrente del televisor (*in front of the TV set*) todo el fin de semana.

2. Limpian la casa, lavan la ropa y van al supermercado porque no tienen tiempo durante la semana.

3. Se quedan en casa, escuchan la radio y leen sin parar (*without stopping*).

4. Practican un deporte (*sport*) o hacen ejercicio.

5. No hacen absolutamente nada. Son perezosos (*lazy*).

6. Van al cine.

Paso 2 Make a list of six questions to ask classmates about their weekend activities, based on the preceding statements.

MODELOS   ¿Practicas algún deporte los fines de semana?

¿Haces ejercicio?

Leave space for two people's names after each question.

Paso 3 The first person who finds two people who answer **Sí** for each of the six questions shouts **"¡Ya lo tengo! ¡Ya lo tengo!"** and presents the findings to the class, following the model.

MODELO _____ y _____ sacan vídeos del videoclub y se quedan enfrente del televisor todo el fin de semana.

GRAMÁTICA

¿Qué hacemos nosotros?

Talking About Activities That You and Others Do

(yo)	-o	(nosotros/as)	limpi**amos** nos qued**amos** corr**emos** asist**imos**
(tú)	-as, -es	(vosotros/as)	-áis, -éis, -ís
(Ud.)	-a, -e	(Uds.)	-an, -en
(él/ella)	-a, -e	(ellos/ellas)	-an, -en

When talking about the actions of a group of people that includes yourself, use the following verb forms.

For **-ar** verbs, add **-amos** to the stem.
For **-er** verbs, add **-emos** to the stem.
For **-ir** verbs, add **-imos** to the stem.

For example:

gastar → **gastamos**
leer → **leemos**
salir → **salimos**

This is known as the first person plural or **nosotros/nosotras** form of the verb.

Todos los sábados, mi compañera de cuarto y yo **vamos*** de compras y **gastamos** (*we spend*) mucho dinero.
Luego **almorzamos** en un restaurante.
Frecuentemente, por la tarde **asistimos** a una conferencia (*lecture*) en el museo de arte.
Cuando **salimos** del museo, **regresamos** al apartamento.

Verbs with a vowel change in the stem, such as **me acuesto** and **suelo,** don't have a vowel change in the **nosotros/as** form.

or vosotros
pg. 89

Nos acostamos muy tarde todos los sábados porque **solemos** salir con los amigos.

---

*Note the **nosotros/as** forms for two irregular verbs you know: **vamos (ir)** and **somos (ser).**

Lección 2 ¿Qué haces los fines de semana?

ACTIVIDAD D Dos estudiantes argentinos

In a recent interview, two brothers, both Argentine college students, described their typical weekend activities. But the activities they mentioned are not in logical order. Assign each of the following a number from 1 to 6, with 1 being the first activity and 6 being the last activity they do.

_____ Dormimos hasta muy tarde el domingo.

_____ Damos un paseo por las calles (*streets*) el viernes por la noche. Siempre hay muchas personas allí.

_____ Leemos y estudiamos el domingo por la noche.

_____ Regresamos a la universidad el domingo por la tarde.

_____ El viernes por la tarde salimos de la universidad y vamos a visitar a la familia.

_____ Salimos a bailar el sábado. Volvemos a casa a las 4.00 ó 5.00 de la mañana.

ACTIVIDAD E ¿Qué hacemos los fines de semana?

Paso 1 Write three statements that describe what you and your friends or family tend to do on weekends.

MODELO Practicamos un deporte los fines de semana.

Paso 2 Now, search for at least one classmate with whom you have in common two activities from **Paso 1.** Ask questions using **Uds.**

MODELO Tus amigos y tú, ¿practican un deporte los fines de semana?

Paso 3 Now share your information with the class. What activities do *most* people have in common?

VOCABULARIO

¿Qué tiempo hace?

Talking About the Weather

To talk about the weather and how it affects what people do, the following expressions are used in Spanish.

Hace sol. Hace buen tiempo. Está despejado.

Llueve. (Está lloviendo.) Hace mal* tiempo. Está nublado.

Hace viento.

fixed expressions

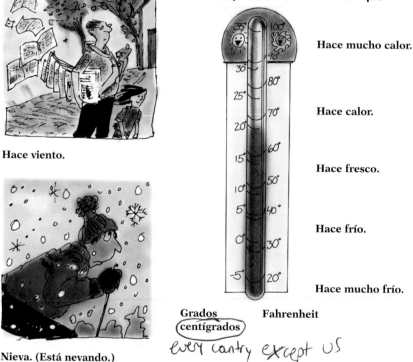

Nieva. (Está nevando.)

La temperatura	El tiempo
	Hace mucho calor.
	Hace calor.
	Hace fresco.
	Hace frío.
	Hace mucho frío.

Grados centígrados   **Fahrenheit**

every country except US

***Malo/a** (*Bad*) is shortened to **mal** before a masculine singular noun: **un mal día, una mala semana.**

Note that the verbs **hacer** and **estar** are both translated as *to be* in these expressions. (You will learn more about **estar** later in this lesson.)

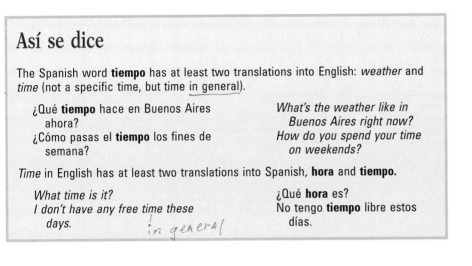

Así se dice

The Spanish word **tiempo** has at least two translations into English: *weather* and *time* (not a specific time, but time in general).

¿Qué **tiempo** hace en Buenos Aires ahora?

¿Cómo pasas el **tiempo** los fines de semana?

What's the weather like in Buenos Aires right now?

How do you spend your time on weekends?

Time in English has at least two translations into Spanish, **hora** and **tiempo**.

What time is it?

I don't have any free time these days.   in general

¿Qué **hora** es?

No tengo **tiempo** libre estos días.

ACTIVIDAD A El tiempo

Listen as your instructor describes the weather conditions in the following pictures. Give the number of each picture being described.

1.   2.   3.   4.

5.   6.   7.   8.

Así se dice

Did you notice that Spanish does not use an equivalent of *it* in phrases like *it's raining* or *it's sunny*? These are both examples of the indefinite *it* used as a subject of a verb in English. While English requires the indefinite subject *it,* Spanish does not. The following are examples of sentences in which Spanish prohibits the subject *it*.

Hace calor.
Está lloviendo.
Va a nevar.
Es la una y cuarto.
Es necesario leer este libro.

ACTIVIDAD B ¿Qué tiempo hace?

Look over the weather information at the bottom of this page for Buenos Aires, Argentina, for a Monday. See whether you can guess the meaning of several terms, such as **parcialmente nublado, humedad, visibilidad,** and **soleado.** Then answer the following questions.

1. ¿Qué tiempo hace hoy en Buenos Aires?
   a. Hace buen tiempo.
   b. Hace mal tiempo.
   c. No hace ni buen tiempo ni mal tiempo.

2. ¿En qué ciudad hace más frío?
   a. Buenos Aires b. Córdoba c. Mendoza d. Río Gallegos

3. ¿Está lloviendo en alguna ciudad?
   ☐ Sí ☐ No

4. ¿Está nevando en alguna ciudad?
   ☐ Sí ☐ No

Ciudad de Buenos Aires

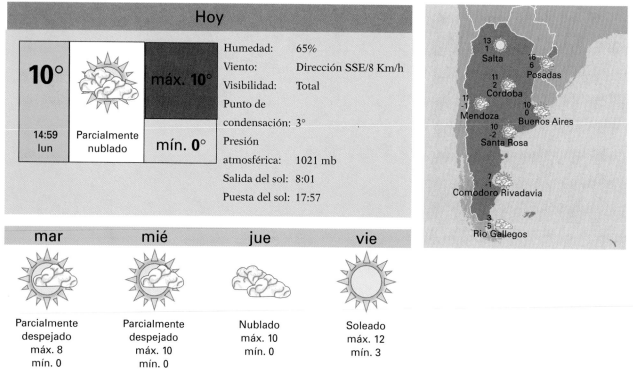

Hoy

10° 14:59 lun	Parcialmente nublado	**máx. 10°** **mín. 0°**

Humedad: 65%
Viento: Dirección SSE/8 Km/h
Visibilidad: Total
Punto de condensación: 3°
Presión atmosférica: 1021 mb
Salida del sol: 8:01
Puesta del sol: 17:57

mar	mié	jue	vie
Parcialmente despejado máx. 8 mín. 0	Parcialmente despejado máx. 10 mín. 0	Nublado máx. 10 mín. 0	Soleado máx. 12 mín. 3

ACTIVIDAD C ¿Qué te gusta hacer los fines de semana?

Paso 1 Take the following survey yourself. Then interview someone else and note his or her responses.

MODELO ¿Te gusta estudiar hasta muy tarde los sábados si hace buen tiempo? ¿y si hace mal tiempo?

	...si hace buen tiempo		...si hace mal tiempo	
Los sábados	SÍ	NO	SÍ	NO
1. Me gusta ir al cine...	☐	☐	☐	☐
2. Me gusta lavar la ropa...	☐	☐	☐	☐
3. Me gusta dormir mucho...	☐	☐	☐	☐
4. Me gusta ir de compras y gastar dinero...	☐	☐	☐	☐
Los domingos				
1. Me gusta charlar con mis amigos...	☐	☐	☐	☐
2. Me gusta sacar vídeos...	☐	☐	☐	☐
3. Me gusta no hacer nada...	☐	☐	☐	☐
4. Me gusta practicar un deporte...	☐	☐	☐	☐

Paso 2 Now decide where you fall on the following scale.

NUESTRA REACCIÓN AL TIEMPO Y LAS ACTIVIDADES QUE HACEMOS SON IGUALES.			NUESTRA REACCIÓN AL TIEMPO Y LAS ACTIVIDADES QUE HACEMOS SON MUY DIFERENTES.	
5	4	3	2	1

Así se dice

You have learned that **está lloviendo** means *it's raining.* The **-ndo** forms of many verbs can be used with **estar** to express something that is occurring *right now.* Some **-ndo** forms have slight irregularities.

¿Qué estás **haciendo**?
What are you doing?

Estoy **leyendo** el periódico.

Estoy **viendo** la televisión.

You will learn about the use of **-ndo** forms in a later lesson.

also generally pg. 65

present progressive pg. 135

VOCABULARIO

¿Cuándo comienza el verano?

Talking About Seasons of the Year

To talk about the months and seasons of the year, you can use these terms.

Los meses y las estaciones del año

el otoño	el invierno	la primavera	el verano

septiembre, octubre, noviembre   **diciembre, enero, febrero**   **marzo, abril, mayo**   **junio, julio, agosto**

ACTIVIDAD D ¿Qué estación es?

Read over the following statements and decide which season is being described.

1. En los meses de junio, julio y agosto, suele hacer mucho calor. En esta estación, muchos estudiantes están de vacaciones.

2. Esta estación se asocia con la lluvia, las flores y el amor. Comprende los meses de marzo, abril y mayo.

3. En esta estación hay viento y las hojas (*leaves*) cambian (*change*) de color. Incluye los meses de septiembre, octubre y noviembre.

4. Los meses de esta estación son diciembre, enero y febrero, y hace frío.

Consejo práctico

The acquisition of grammar is a slow and somewhat piecemeal process. Errors in speaking are natural and even expected. The best thing you can do, as suggested earlier, is to work at linking meaning with form. Thus, don't memorize a verb paradigm, simply memorize that **dormimos** means *we sleep* or *we're sleeping,* while **duerme** means *someone else sleeps.* Practice by looking at pictures and seeing whether you can say what someone is doing. As you go to sleep at night, say to yourself **Ahora me acuesto.** In this way you will be using grammar to express meaning.

ACTIVIDAD E ¿Sabías que... ?

Read the **¿Sabías que... ?** selection. Then listen to the statements your instructor reads and say whether each refers to **España** or **la Argentina.**

MODELO   PROFESOR(A): Es enero y hace calor.
               ESTUDIANTE: Estamos en la Argentina.

¿Sabías que...

en lugares como la Argentina las estaciones están invertidas en relación con la época en que ocurren en países como España y México? El mundo está dividido en dos hemisferios: el hemisferio norte y el hemisferio sur. Cuando es verano en el hemisferio norte, es invierno en el hemisferio sur. Y cuando es invierno en el hemisferio norte, es verano en el hemisferio sur. Durante las Navidades (25 de diciembre), por ejemplo, en Buenos Aires hace mucho calor y los estudiantes tienen las vacaciones de verano. ¡No hay clases y todos van a la playa!

ACTIVIDAD F Encuesta

Using the following table as a guide, find out from two people about their favorite and least favorite seasons and weather. Then fill in the same information for yourself. How do the three of you compare? Write a short paragraph with the results. The following are some questions to help you begin your interview.

MODELOS   ¿Cuál es tu estación preferida?
              ¿Qué estación prefieres más?
              ¿Te gusta el invierno?
              ¿ ?

COMUNICACIÓN

	E1	E2	YO
nombre			
estación preferida			
tiempo preferido			
estación menos preferida			
tiempo menos preferido			

Así se dice

You can also use **pasar** with **-ndo** forms to talk about how you or other people spend time. See if you can determine the meaning of the sentences below.

> **Paso** mucho tiempo **estudiando.**
> *I spend a lot of time studying.*
>
> Mi perro **pasa** mucho tiempo **durmiendo.**
>
> **Paso** todo el día **trabajando.**

GRAMÁTICA

¿Qué vas a hacer?

Introduction to Expressing Future Events

—El pronóstico es que **va a llover** mucho este fin de semana.

	ir			**a**	*+ infinitive*
(yo)	voy	(nosotros/as)	vamos		
					estudiar
(tú)	vas	(vosotros/as)	vais	a	leer
(Ud.)	va	(Uds.)	van		
					salir
(él/ella)	va	(ellos/as)	van		

One of the ways to talk about what you are going to do in the future is to use the **ir a** + *infinitive* construction. **Ir** is conjugated to agree with the subject, followed by **a** and an infinitive.

> El sábado mis amigos y yo **vamos a nadar.**
> Elena **va a tomar** clases de verano.
> Tomás y sus colegas de la oficina **van a trabajar** mucho.

 ACTIVIDAD G ¿Qué va a hacer?

Elena has specific plans for the weekend. Complete each statement in column A with the most logical activity from column B.

A	**B**
1. _____ Elena tiene mucha ropa sucia (*dirty*)…	**a.** va a tomar el sol.
2. _____ Quiere pasar tiempo con su perro…	**b.** va a ir a la iglesia.
3. _____ Si (*If*) no llueve,…	**c.** y va a usar mucho detergente.
4. _____ Como quiere hacer algo espiritual,…	**d.** y va a buscar información en la biblioteca o en la Red.
5. _____ Tiene que hacer investigaciones (*research*),…	**e.** y va a dar un paseo con él.

COMUNICACIÓN

ACTIVIDAD H ¿Qué van a hacer Uds.?

Paso 1 Think of a particular season (**la primavera, el verano, el otoño** or **el invierno**). Create a list of six activities, five that you plan to do during this season, and one that you do *not* plan to do. Do not mention the season in your descriptions.

> **MODELO** Voy a _____, pero no voy a _____.

Paso 2 Read your statements to a partner, who will identify the season in which you plan (do not plan) to do your activities. Then, switch roles.

Paso 3 Complete the following paragraph, based on your partner's and your information.

> _____ (*Name of partner*) y yo vamos a _____ y _____, pero no vamos a _____. _____ (Él/Ella) va a _____ y yo voy a _____.

OBSERVACIONES

¿Cuántos de tus amigos hacen las siguientes actividades en su tiempo libre?

correr
limpiar el apartamento
  (la casa)
leer
participar en una actividad
  espiritual o religiosa

hacer de voluntario/a en una
  organización
navegar la Red

INTERCAMBIO

¡Un fin de semana ideal!

Propósito: to guess the authorship of various descriptions of an ideal weekend.

Papeles: everyone writes something and the entire class guesses.

Paso 1 Sit back and visualize yourself spending an ideal weekend. What are you doing? For how long? With whom? What is the weather like? What month is it? Are you imagining a Saturday or Sunday?

Paso 2 Write a paragraph describing a day of your ideal weekend. Include all the information suggested in **Paso 1.** Then place your composition face down on your instructor's desk. Do not write your name on it.

Paso 3 One by one, each person in the class goes up to the instructor's desk and selects a composition other than his or her own. Read the one you have chosen and try to find the person in the class who wrote it.

1. First, think of all the questions you can ask to find the author. The only question you cannot ask is **¿Qué te gusta hacer los fines de semana?** It may help to write out some of the questions. You can begin the process of elimination by asking people whether they prefer Saturday or Sunday.

2. Do not show the composition to anyone.

3. When you think you have found the author, write that person's name at the top of the composition and write your name underneath it. Do not tell the author that you think you have found him or her. Place the composition face down on the instructor's desk.

Paso 4 When all compositions have been returned to the instructor, he or she will call on you to announce the author of the composition and to tell the clues that led you to your decision (for example, **porque le gusta practicar deportes los sábados**). Your instructor will then ask that person if he or she is the author.

Actividades para el fin de semana — Weekend Activities

bailar	to dance
correr (R)	to run
charlar	to chat
dar (*irreg.*) **un paseo**	to take a walk
gastar (dinero)	to spend (money)
ir (R)	to go
a la iglesia	to church
al cine	to the movies
de compras	shopping
jugar (ue) (R)	to play
al fútbol	soccer
al fútbol americano	football
lavar (la ropa)	to wash (clothes)
limpiar	to clean
(el apartamento)	(the apartment)
nadar	to swim
no hacer nada	to do nothing
practicar un deporte	to practice, play a sport
quedarse (en casa)	to stay (at home)
sacar vídeos	to rent videos
tomar (un café)	to drink (a cup of coffee)
ver (*irreg.*) **la televisión**	to watch television

mirar pg. 49

Palabras de negación — Words of Negation

jamás / **nunca** (R)	never
nada	nothing, not anything
nadie	no one, not anyone
ninguno/a	none, not any
tampoco	neither, not either

¿Qué tiempo hace? — What's the Weather Like?

Hace (mucho) calor.	It's (very) hot.
Hace fresco.	It's cool.
Hace (mucho) frío.	It's (very) cold.
Hace sol.	It's sunny.
Hace viento.	It's windy.
Hace buen tiempo.	The weather's good.
Hace mal tiempo.	The weather's bad.
Está despejado.	It's clear.
Está nublado.	It's cloudy.
Llueve. (Está lloviendo.)	It's raining.
Nieva. (Está nevando.)	It's snowing.
la temperatura	temperature

Los meses y las estaciones del año — Months and Seasons of the Year

enero, febrero, marzo, abril, mayo, junio, julio, agosto, septiembre, octubre, noviembre, diciembre

la primavera	spring
el verano	summer
el otoño	fall, autumn
el invierno	winter

Otras palabras y expresiones útiles

la discoteca	discotheque
la fiesta	party
cada	each
después	after
hasta (muy) tarde	until (very) late
luego	then; therefore
también	also

LECCIÓN 3

Check out the following media resources to complement this lesson of *Vistazos*:

- **Online Textbook and Manual**
- **Interactive CD-ROM**
- **Online Learning Center**
- **Video on CD**

¿Qué hiciste ayer?

preterite

In this lesson, you will look into what you and your classmates did in the recent past. As part of this lesson, you will

◆ ask and answer questions about last night's activities

◆ ask and answer questions about last weekend's activities

◆ talk about some special events from the past

◆ learn how to use a past tense called the preterite to ask questions and to talk about yourself and others

 Before beginning this lesson, look over the **Situación** activity on page 83. This is the activity you will be working toward throughout the lesson.

En un café de Toledo, España

VOCABULARIO

¿Qué hizo Elena ayer?

Talking About Activities in the Past

cf. pgr 28 — present
here — preterite

Ayer Elena...

1. **...se levantó** temprano.

2. **...hizo** ejercicio aeróbico.

3. **...caminó** a la universidad.

4. **...participó** en clase.

5. **...trabajó** en el laboratorio por la tarde.

6. **...volvió** a casa a las 5.00.

7. **...dio** un paseo con su perro.

8. **...leyó** su correo electrónico.

9. **...pagó** unas cuentas.

10. **...hizo** su tarea.

11. **...cenó** tarde.

12. **...se acostó** temprano.

cf. pg. 29

Ayer Tomás...

1. ...**se levantó** tarde.

2. ...**leyó** el periódico.

3. ...**fue** en carro a la oficina.

4. ...**trabajó** mucho en la computadora.

5. ...**almorzó** con una cliente en un restaurante.

6. ...**salió** de la oficina.

7. ...**llegó** tarde a una clase.

8. ...**se durmió** en clase.

9. ...**llamó** a una amiga.

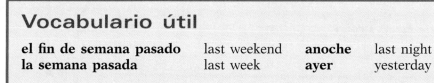
10. ...**vio** la televisión y **comió.**

11. ...**escuchó** música y **estudió.**

12. ...**se acostó** muy tarde.

Vocabulario útil

el fin de semana pasado	last weekend	**anoche**	last night
la semana pasada	last week	**ayer**	yesterday

Consejo práctico

Elena's and Tomás's activities are presented in a past tense called the *preterite.* You will learn about the preterite in this lesson. For now, pay particular attention to the meanings of the verb forms.

Remember that, in general, it is a good idea to learn a grammar point by associating its form with its meaning in context. Memorization of verb endings may be useful for taking a test on verbs, but it is not the best way to learn grammar for communication.

ACTIVIDAD A ¿Elena o Tomás?

Here is a list of things that either Elena or Tomás did yesterday. According to the drawings at the beginning of this section and what you know from previous lessons, was it Elena or Tomás who did each activity?

	ELENA	TOMÁS
1. Trabajó en el laboratorio.	☐	☐
2. Hizo ejercicio aeróbico.	☐	☐
3. Se durmió en clase.	☐	☐
4. Dio un paseo en el parque.	☐	☐
5. Caminó a la universidad.	☐	☐
6. Se levantó temprano por la mañana.	☐	☐
7. Se acostó tarde por la noche.	☐	☐
8. Almorzó en un restaurante.	☐	☐

Así se dice

preterite ir (and also ser)

As you may have noticed, **fue** is the past tense of **va** (*he or she goes*).

Ayer Elena **fue** a la biblioteca.

Tomás **fue** a la oficina ayer por la mañana.

You have also seen **hizo** in the expression **hizo ejercicio.** Because **hacer** often means *to do,* the form **hizo** can be used to ask what someone *did.*

¿Qué **hizo** Elena ayer?

¿Qué **hizo** la profesora anoche?

Quia ACTIVIDAD B ¿En qué orden?

Read over the list of activities that Tomás did yesterday. Number each item from 1 to 8, with 1 being the first activity Tomás did in the day, and 8 being the last activity he did.

Tomás...

_____ fue a la oficina.   _____ almorzó con una cliente.
_____ se acostó.   _____ se levantó.
_____ salió de la oficina.   _____ se durmió en clase.
_____ vio la televisión.   _____ estudió.

COMUNICACIÓN

ACTIVIDAD C En tu clase

Your instructor will select a student to come to the front of the class. Last night, did he or she do anything similar to Elena or Tomás in the drawings?

MODELO   **E1:** Creo que Roberto vio la televisión anoche.
    PROFESOR(A): Roberto, ¿es verdad?
    ROBERTO: No, no es verdad.

GRAMÁTICA

¿Salió o se quedó en casa?

Talking About What Someone Else Did Recently

All forms with stress somewhere on ending pg. 194

(yo)	-é, -í	(nosotros/as)	-amos, -imos
(tú)	-aste, -iste	(vosotros/as)	-asteis, -isteis
(Ud.)	-ó, -ió	(Uds.)	-aron, -ieron
(él/ella)	habl**ó**	(ellos/ellas)	-aron, -ieron
	se levant**ó**		
	com**ió**		
	sal**ió**		

—¿**Salió** Alicia anoche?
—No, pero sí **estudió** hasta muy tarde.

past

? past perfect

Spanish has a past tense called the preterite (**el pretérito**), which has different forms from those of the present tense.

The preterite has several equivalents in English. For example, **se acostó** can either mean *he went to bed* or *he did go to bed*. Normally the preterite is used to report actions, events, and states that are viewed as having been completed in the past. You will learn other meanings of the preterite in subsequent lessons. For now, you only need to know how to talk about what another person did last night, last weekend, or last week, that is, to express actions completed at some point in the past.

As you have seen, most third person preterite verbs end in a stressed or accented vowel, with **-ar** verbs ending in **-ó**, and **-er** and **-ir** verbs ending in **-ió.** (That's right, **-er** and **-ir** verbs share the same endings, making it easier for you to remember them!)

El estudiante **se levantó** tarde, **comió** en la cafetería y **salió.**

When talking about Tomás's activities, did you happen to notice that the verb **leyó** has a **y** in it? This is a spelling convention used to keep from having three consecutive vowels (**le-** + **-ió** = **leyó**).

Another aspect of the preterite is that no stem-vowel changes are carried over from the present tense for **-ar** and **-er** verbs. However, **-ir** verbs with stem changes do have a vowel shift in the third person *pg. 195* preterite forms. Two examples are **durmió** (**u** instead of **o** in the stem), and **pidió** (**i** instead of **e** in the stem).

You have already learned two irregular preterite forms, **hizo** (**hacer**) and **fue** (**ir**). Note that **ser** has the same forms as **ir** in the preterite; context will help you understand the meaning (**Ana fue** *ir* **al cine** vs. **José fue estudiante**). Although regular third person preterite forms have a stressed vowel at the end, most irregular *pg. 74* verbs do not. You will learn other irregular preterite forms as you go along. *ser*

Así se dice

In this **Gramática** section, you learn about third person singular **-ir** preterite verbs that have a stem-vowel change. Here are several verbs that experience this change.

durmió (dormir)
pidió (pedir)
sirvió (servir = *to serve*)
corrigió (corregir = *to correct*)
se vistió (vestirse)

Así se dice

Most irregular preterite verbs do not have a stressed vowel ending. Here is a list of some common irregular third person preterite verbs.

anduvo (andar = *to walk*)
condujo (conducir)
dio (dar = *to give*)
dijo (decir = *to say, tell*)
estuvo (estar)
fue (ir, ser)
hizo (hacer)
pudo (poder)
supo (saber = *to know*)
tuvo (tener)
vino (venir)

pg. 237

¡OJO! The preterite of **saber** means *found out* and not *knew*. The preterite of **poder** means *managed* or *was finally able to*.

Supo eso anoche.
She found that out last night.

Por fin **pudo** dormir bien.
He finally managed to sleep well.

Here is a list of verbs you will find useful. They are organized by infinitive endings, **-ar, -er,** and **-ir.**

	-ó (-ar)	-ió (-er)	-ió (-ir)
	almorzó	comió	asistió
	charló	leyó	salió
	escuchó	vio	
él/ella	estudió	volvió	
	manejó		
	sacó		
	se despertó		
	se quedó		

If you're wondering why **vio** doesn't have a written accent, it's because it's a one-syllable word and doesn't need one.

ACTIVIDAD D ¿Cómo fue la noche del profesor (de la profesora)?

Paso 1 In groups of three, guess what your instructor did last night. Here are some possibilities. Your instructor may add to the list! (Make sure to pay close attention to the verb forms.)

☐ Corrigió (*He/She corrected*) unas composiciones.
☐ Salió con unos amigos (unas amigas).
☐ Charló con los vecinos.
☐ Preparó la cena.
☐ Leyó un periódico o una revista de noticias internacionales.
☐ Practicó un deporte.
☐ Habló con un(a) colega (*colleague*) por teléfono.
☐ Pagó unas cuentas (*bills*).

Paso 2 A person from one group stands up and presents that group's list of possibilities to the class. Does everyone agree with that list?

ACTIVIDAD E ¿Quién hizo qué?

Match the event in column A to the person in column B. (Be sure to pay special attention to the verb forms as you do the activity!)

A	B
1. _____ Fue el primer hombre que anduvo en la Luna.	**a.** Martin Luther King, Jr.
2. _____ Dijo: «Yo tengo un sueño (*dream*)... »	**b.** Desi Arnaz
3. _____ Pudo convencer a Fernando e Isabel de su plan.	**c.** Eva Perón
4. _____ Fue actor. Trabajó en programas de televisión con Lucy.	**d.** Neil Armstrong
	e. César Chávez
	f. Cristóbal Colón

5. _____ Tuvo mucha influencia en la política de la Argentina.

6. _____ Hizo mucho por defender los derechos (*rights*) de los trabajadores de la tierra (*farmworkers*).

Quia ACTIVIDAD F ¿Sabías que... ?

Paso 1 First read the entire **¿Sabías que... ?** selection. Then, circle all the preterite, third person singular (**él/ella**) forms that you can find. Do you know what each one means?

¿Sabías que... Gloria Estefan y Jennifer López tienen mucho en común? Además de ser grandes artistas, las dos son latinas y bilingües y las dos cantan[a] y actúan.[b] Pero hay varias diferencias entre[c] las dos. Gloria nació[d] en 1957 en La Habana y durante la revolución de Castro se fue de Cuba con su familia para vivir en Miami. Jennifer, o «J. Lo», es de ascendencia puertorriqueña y nació en 1970 en el Bronx de Nueva York. Gloria se casó[e] en 1978 con Emilio Estefan Jr. y tienen dos hijos. J. Lo se casó en febrero de 1997 con el modelo Ojani Noa, pero al final del año se divorció de él. Después, se casó con el coreógrafo Christopher Judd en septiembre de 2001, pero este matrimonio terminó en divorcio el año siguiente. Luego, se casó con Marc Anthony, un cantante hispano famoso, en junio de 2004. Gloria ganó[f] popularidad durante los años 80 con el *Miami Sound Machine*. Jennifer recibió atención nacional por su actuación en la película *Selena* (1997), basada en la breve vida de la cantante[g] tejana.

[a]*sing* [b]*act* [c]*between* [d]*was born* [e]*se... got married* [f]*gained* [g]*singer*

Paso 2 Indicate whether the following events apply to Gloria Estefan or to Jennifer López, according to the **¿Sabías que... ?** selection.

	GLORIA	JENNIFER
1. Nació en Nueva York y es de ascendencia puertorriqueña.	☐	☐
2. De niña salió de Cuba.	☐	☐
3. Se casó en 1978.	☐	☐
4. Empezó a tener fama por su trabajo como actriz.	☐	☐
5. Ganó popularidad inicial con el grupo musical *Miami Sound Machine*.	☐	☐

ACTIVIDAD G ¿Qué hizo ayer?

In groups of four, agree on a famous person. (You may choose someone from the following list or think of someone else.) Using the table provided, create a list of at least eight activities that this person probably did yesterday. Do not mention the person's name in your description. Can the class guess whom you are describing?

el presidente de los Estados Unidos
el gobernador (la gobernadora) de tu estado
Enrique Iglesias
Penélope Cruz
tu profesor(a) de español
¿otra persona? _____

	AYER
por la mañana	
por la tarde	
por la noche	

GRAMÁTICA

¿Salí o me quedé en casa?

Talking About What You Did Recently

(yo)	hablé me quedé comí salí	(nosotros/as)	-amos, -imos
(tú)	-aste, -iste	(vosotros/as)	-asteis, -isteis
(Ud.)	-ó, -ió	(Uds.)	-aron, -ieron
(él/ella)	-ó, -ió	(ellos/ellas)	-aron, -ieron

Así se dice

You have probably noticed that the verbs that undergo spelling changes in the first person preterite like **saqué** and **jugué** are **-ar** verbs that take the **-é** ending. Here are some common verbs that undergo spelling changes in the **yo** form of the preterite.

bus**qu**é (buscar)
practi**qu**é (practicar)
sa**qu**é (sacar)

ju**gu**é (jugar)
lle**gu**é (llegar)

empe**c**é (empezar)

—Mire Ud., profesor, no **escribí** mi composición por muy buenas razones. Ayer **trabajé** cuatro horas en el Café San Francisco. Y anoche **toqué** mi guitarra en un club, pues me gustaría ser músico, ¿sabe? Cuando **llegué** a casa, mi mamá llamó con unas noticias muy importantes y...

To talk about things you did in the past, use the first person singular (**yo**) preterite verb forms. The verb endings are **-é** for **-ar** verbs (**hablar** → **hablé**), and **-í** for **-er** and **-ir** verbs (**comer** → **comí** and **salir** → **salí**).

> Anoche no **hice** nada especial. **Me quedé** en casa sin tener nada que hacer. **Miré** la televisión un rato y **leí** el periódico. **Me acosté** temprano y **dormí** unas siete horas.

As you probably noticed, **hice** is the preterite **yo** form of **hacer.** To talk about where you went, use **fui,** a form of **ir.** Note that **ser** has the same forms as **ir** in the preterite, so **fui** can mean *I went* or *I was.* Context will determine the meaning.

> Anoche **fui** a un concierto de música andina.
> En el pasado (*past*) **fui** estudiante de francés.

Note that irregular verb forms like **hice** and **fui** have no written accent. You will become familiar with other irregular preterite verbs in this lesson.

You will notice that some verb stems undergo spelling changes in the **yo** form. Among these are **saqué, jugué,** and **llegué.** You will soon learn the reasons for these spelling changes.

You will be delighted to know that there are no stem-vowel changes of any sort with preterite **yo** forms!

Here is a list of a few useful regular verbs.

	-é (-ar)	-í (-er)	-í (-ir)
yo	hablé	comí	asistí
	llamé	leí	dormí
	trabajé	corrí	salí
	estudié	volví	
	me desperté	vi	
	me quedé		

Vi, because it is a one-syllable verb, does not have a written accent.

Así se dice

Here are the **yo** forms for some common verbs that are irregular in the preterite.

> anduve (andar)
> conduje (conducir)
> di (dar)
> dije (decir)
> estuve (estar)
> fui (ir, ser)
> hice (hacer)
> pude (poder)
> supe (saber)
> tuve (tener)
> vine (venir)

ACTIVIDAD H Yo también...

Here is a list of things done yesterday by a student who attends the same university as Elena. For each of his statements, write whether or not you did the same thing.

MODELO Asistí a una clase de lenguas extranjeras. →
Yo también asistí a una clase de lenguas extranjeras. Asistí a la clase de español.

1. Estudié un poco en la biblioteca.

2. Durante el día, comí en un restaurante de comida rápida.

3. Fui a una conferencia pública en la universidad.

4. Llamé a un amigo y hablé con él por quince minutos.

5. Jugué a los videojuegos y gasté mucho dinero.

6. Hice ejercicio.

7. Me acosté a las 12.00.

ACTIVIDAD I Una vez...

With a partner, describe three or four activities from the following list that you have (supposedly) done in the past. Make sure at least one of the activities you describe is *not* true! It will be up to your partner to decide if each activity is true or not. The last one is for you to invent.

MODELO Una vez yo...

1. conocer (*to meet*) a una persona famosa.
2. hacer un viaje (*to take a trip*) a un país de habla española.
3. escribir un poema de amor.
4. recibir un poema de amor.
5. mentirle* (*to lie*) a un profesor (una profesora).
6. ¿ ?

VISTAZOS II · Ayer y anoche (II)

GRAMÁTICA

¿Qué hiciste anoche?

Talking to a Friend About What He or She Did Recently

—Sí, sí. Y la última vez que no **hiciste** la tarea fue porque **trabajaste** cinco horas la noche anterior...

(yo)	-é, -í		(nosotros/as)	-amos, -imos
(tú)	trabaj**aste** te qued**aste** com**iste** sal**iste**		(vosotros/as)	-asteis, -isteis
(Ud.) (él/ella)	-ó, -ió -ó, -ió		(Uds.) (ellos/ellas)	-aron, -ieron -aron, -ieron

To ask a classmate what he or she did in the past, use the **tú** form of the preterite. **Tú** forms end in **-aste** for **-ar** verbs and **-iste** for **-er** and **-ir** verbs. **Fuiste** and **hiciste** are useful irregular **tú** forms for you to know.

¿Qué **hiciste** anoche? ¿Te **quedaste** en casa o **saliste**? ¿**Fuiste** a alguna fiesta?

****Le** is an indirect object pronoun that means *to, for,* or *from him* (*her*). In Spanish it is usually obligatory with **entregar** (*to turn in, hand over*), **dar,** and certain other verbs. **Le mentí** = *I lied to him* (*her*).

ACTIVIDAD A ¿Y qué más?

Imagine that someone makes the following statements to you. What follow-up question would you logically ask after each statement?

1. _____ Fui al cine anoche.
2. _____ Tuve un examen esta mañana.
3. _____ Hice ejercicio esta mañana.
4. _____ Anoche comí en un restaurante elegante.
5. _____ Anoche llamé a mis padres por teléfono.
6. _____ La semana pasada no asistí a clases.

a. ¿Estuvo buena la comida?
b. ¿Hablaste mucho tiempo con ellos?
c. ¿Por qué? ¿Estuviste enfermo/a?
d. ¿Qué viste?
e. ¿Estudiaste mucho anoche?
f. ¿Corriste o nadaste?

> ### Así se dice
>
> Remember that when talking to someone with whom you have some social distance, you use **Ud.** The **Ud.** form in all tenses is the same as the **él/ella** verb form.
>
> ¿A qué hora **salió Ud.** de casa?
>
> ¿**Fue** en carro o **caminó** al trabajo?

ACTIVIDAD B Los hispanos hablan

Paso 1 Read the following **Los hispanos hablan** selection. Then answer this question: **¿Qué compró Marita?**

Los hispanos hablan

¿En qué gastaste tu primer sueldo[a]?

NOMBRE: Marita Romine

EDAD: 41 años

PAÍS: el Perú

«Cuando comencé a asistir a la universidad quise mudarme a un apartamento y lo que hice con mi primer sueldo fue comprar cosas para la casa —sábanas, toallas y comestibles,[b] y... »

---
[a]*paycheck* [b]sábanas... *sheets, towels, and food*

Paso 2 Now watch the complete segment. Then answer the following questions.

1. ¿Qué más (*What else*) hizo Marita con su primer sueldo?

2. Según lo que compró, se puede concluir que Marita es una persona...

☐ práctica.

☐ generosa con sus amigos.

☐ práctica y también generosa con sus amigos.

Paso 3 Ask five classmates the same question: **¿En qué gastaste tu primer sueldo?** Jot down what each person says. Then check the appropriate box.

En sus respuestas...

☐ mis compañeros son como Marita.

☐ mis compañeros son más o menos como Marita.

☐ mis compañeros son diferentes de Marita.

ACTIVIDAD C Tú y yo

Paso 1 Write four sentences about things you did yesterday.

1... **2**... **3**... **4**...

Paso 2 Find different people in the class who did the things you listed in **Paso 1.**

ACTIVIDAD	OTRA PERSONA QUE TAMBIÉN HIZO LA ACTIVIDAD
1. _____	_____
2. _____	_____
3. _____	_____
4. _____	_____

GRAMÁTICA

¿Salieron ellos anoche?

Talking About What Two or More People Did Recently

(yo)	-é, -í	(nosotros/as)	-amos, -imos
(tú)	-aste, -iste	(vosotros/as)	-asteis, -isteis
(Ud.)	-ó, -ió	(Uds.)	-aron, -ieron
(él/ella)	-ó, -ió	(ellos/ellas)	trabaj**aron** com**ieron** sal**ieron** se vist**ieron**

—¿**Salieron** ellos anoche?
—¡Sí! Y no **regresaron** a casa hasta las 3.00 de la mañana.

When you describe what two or more people did in the past, you use the **ellos/ellas** form of the preterite. All regular preterites end in **-aron** for **-ar** verbs, and **-ieron** for **-er** and **-ir** verbs.

—¿**Salieron** Rodrigo y Sonia anoche?
—No, **se quedaron** en casa y **estudiaron.**

The same stem-vowel and spelling changes that occur in the third person singular also occur in the third person plural of the preterite.

Anoche los estudiantes **leyeron** mucho y **durmieron** poco.

Most irregular preterites end in **-ieron,** but there are some exceptions. Two of these are **ir** and **decir.**

Ayer mis compañeros hicieron todos los ejercicios y después **fueron** al cine.

¿**Dijeron** la verdad (*truth*) los estudiantes que estuvieron ausentes?

Así se dice

Remember that stem changes in the preterite that occur in third person singular (**él/ella**) forms also occur in third person plural (**ellos/ellas**) forms. This is also true of irregular preterite verbs. Here are third person plural preterite forms of some common stem-changing and irregular verbs.

anduvieron	estuvieron	pudieron
dieron	fueron	supieron
dijeron	hicieron	tuvieron
durmieron	pidieron	vinieron

Así se dice

You may remember from **Lección 1** that when you want to ask a question of more than one person, you need to use the second person plural or **Uds.** forms. The **Uds.** forms are identical to the third person plural (**ellos/ellas**) forms.

¿**Salieron Uds.** o **se quedaron** en casa?
¿**Fueron Uds.** al cine o **miraron** un vídeo en casa?

ACTIVIDAD D ¿Qué hicieron ayer?

Read each of the following statements and decide which group(s) probably did each activity yesterday.

	ESTUDIANTES	PROFESORES	SECRETARIOS
1. Se acostaron tarde.	☐	☐	☐
2. Miraron una telenovela (*soap opera*).	☐	☐	☐
3. Durmieron mucho.	☐	☐	☐
4. Fueron a la biblioteca.	☐	☐	☐
5. Navegaron la Red.	☐	☐	☐

ACTIVIDAD E ¿Qué hicieron anoche?

Paso 1 Get into groups of four. Take out one sheet of paper to be shared in the group. Everyone in the group will take turns writing a sentence describing an activity he or she and some friends did last night. Each person will have 30 seconds to write a sentence. After writing a sentence, each person will fold the page so that others cannot read what has been written. After writing a sentence, that person will pass the folded paper to the person on his or her left (in a clockwise direction).

MODELO Anoche mis amigos…

Paso 2 When your instructor indicates, one member of your group should open the sheet of paper and read the sentences. As a group, put the sentences in logical order, and delete or modify sentences that do not make sense. Be ready to read your list to the class.

COMUNICACIÓN

GRAMÁTICA

¿Qué hicimos nosotros?

Talking About What You and Someone Else Did Recently

—¿Recuerdas cuando **fuimos** a España? Ay, ¡qué recuerdos (*memories*)! **Comimos** bien, **conocimos** a tantas personas interesantes, ¡y los lugares que **vimos**! ¡Quiero volver!

(yo)	-é, -í		(nosotros/as)	almorz**amos** volv**imos** asist**imos** nos vest**imos**
(tú)	-aste, -iste		(vosotros/as)	-asteis, -isteis
(Ud.)	-ó, -ió		(Uds.)	-aron, -ieron
(él/ella)	-ó, -ió		(ellos/ellas)	-aron, -ieron

When you talk about what you and another person did, you use the **nosotros/as** form of the preterite. All regular **-ar** preterites end in **-amos** (just like the present tense). All regular **-er** and **-ir** **nosotros/as** forms end in **-imos.** There are no stem-vowel or other changes for these verb forms!

> Ayer Pepe y yo **almorzamos** en la cafetería.
> Mi compañera de cuarto y yo no **salimos** anoche.

Irregular preterite verbs end in **-imos.**

> **Fuimos** al cine el sábado pasado.
> **Tuvimos** un examen en la clase de química la semana pasada.

ACTIVIDAD F Todos nosotros...

Paso 1 Decide which of the following activities you think every student in the class did yesterday and/or last night.

Todos nosotros...

- ☐ estudiamos.
- ☐ fuimos a un bar.
- ☐ miramos una telenovela.
- ☐ gastamos dinero en ropa.
- ☐ tuvimos un examen.
- ☐ fuimos a la biblioteca.
- ☐ comimos en un restaurante de comida rápida.
- ☐ hicimos ejercicio.
- ☐ leímos el periódico.
- ☐ asistimos a dos clases (por lo menos).

Paso 2 One of you should volunteer to read out loud the list of items you checked. After each statement, those who did the activities should raise their hands. Was the volunteer correct?

Paso 3 Repeat **Pasos 1** and **2,** this time including your instructor as one of the group!

Así se dice

Remember that irregular **nosotros** preterite verbs end in **-imos.** Here is a list of some common irregulars.

dijimos (decir)
fuimos (ir, ser)
hicimos (hacer)
tuvimos (tener)
vinimos (venir)

See whether you can give the **nosotros** form of the preterite for these irregular verbs.

| andar | poder |
| conducir | saber |

ACTIVIDAD G ¿Qué actividades hicimos?

Paso 1 Interview a classmate and find out what you each did during the week. Here is a list of sample activities. Feel free to come up with others!

asistir a una conferencia pública
bailar en una fiesta
correr cinco millas
hacer de voluntario/a

ir a un restaurante
navegar la Red
practicar un deporte
ver una telenovela

MODELO La semana pasada, ¿bailaste en una fiesta? ¿Corriste cinco millas?

Paso 2 Now with your partner find two other people who did at least two of the same activities that you two did.

MODELO E1: Nosotros estudiamos para un examen, practicamos un deporte, vimos una telenovela y fuimos a un restaurante.
        E2: Nosotros también estudiamos para un examen y practicamos un deporte, pero no vimos una telenovela ni fuimos a un restaurante.

Así se dice

You already know what **ayer, anoche,** and **la semana pasada** mean. To express a particular day of last week you use the definite article with *the day of the week* + **pasado.**

El lunes pasado fui a la casa de mis padres.

To express how long *ago* something was done, you use the verb **hace** + *a unit of time.*

Vine a esta universidad **hace un año.**
Empecé a estudiar **hace unos minutos.**

SITUACIÓN

Paso 1 Read the following **Situación** selection and decide whether or not Juan has a good excuse.

Un estudiante, Juan Mengano, pasó toda la noche estudiando para su examen de química. Esta mañana faltó a[a] la clase de matemáticas a las 9.00 y fue a su clase de química a las 10.00 para tomar el examen. Después descubrió que la profesora de matemáticas dio una prueba de sorpresa.[b] ¿Crees que Juan tiene una buena excusa para preguntarle a la profesora si puede tomar la prueba en su oficina?

[a]faltó... *he missed* [b]prueba... *pop quiz*

Paso 2 Share your thoughts with at least two classmates.

Vistazos culturales

La vida diaria en el mundo hispano

¿Sabías que... el horario diario en el mundo hispano es muy diferente que el de este país? En muchos países hispanos la gente come, trabaja, va de compras,[a] y sale con amigos más tarde. Por ejemplo, en España es común cenar entre las 9.00 y 10.00 de la noche, mientras que[b] aquí la costumbre es cenar entre las 5.00 y 7.00 de la tarde. Sin embargo, en el mundo hispano hay diferencias de costumbre de país a país y de individuo a individuo como es el caso en este país.

[a]ir... *going shopping* [b]mientras... *whereas*

En la mayoría de los países hispanos la comida más fuerte[a] del día es el almuerzo. Por lo general la gente[b] hispana come el almuerzo más tarde que la gente norteamericana. La siguiente tabla resume las diferencias generales entre los horarios de este país, España y México.

[a]comida... *heaviest meal* [b]*people*

En México el horario de las comidas varía según[a] la región. En el norte de México, por ejemplo en Monterrey, el horario es más parecido[b] al de los Estados Unidos y el Canadá. El almuerzo se come[c] a las 12.30 o la 1.00 de la tarde y la cena es a las 6.00. En la parte central del país, por ejemplo en la Ciudad de México, las comidas se sirven[d] más tarde. El almuerzo se sirve entre las 2.00 y 4.00 de la tarde y la cena es entre las 8.00 y 10.00 de la noche.

[a]*according to* [b]*similar* [c]se... *is eaten* [d]se... *are served*

PAÍS	EL DESAYUNO	EL ALMUERZO	LA CENA
los Estados Unidos y el Canadá	7.00–9.00	11.00–1.00	5.00–7.00
España	9.00–11.00	2.00–4.00	9.00–11.00
México (parte central)	7.00–9.00	2.00–4.00	8.00–10.00

Un almuerzo típico en México

En los Estados Unidos y el Canadá es típico que el almuerzo sea[a] una comida rápida que dura entre 30 minutos y una hora. En muchos países hispanos, el almuerzo puede durar un par[b] de horas. La gente no se marcha[c] inmediatamente después de comer. Se queda un rato[d] para conversar con la familia.

[a]*is* [b]un... *a couple* [c]no... *don't leave* [d]Se...*They stay awhile*

Lección 3   ¿Qué hiciste ayer?

You can investigate these cultural topics in more detail on the *Vistazos* Online Learning Center: **www.mhhe.com/vistazos2.**

El horario oficial en muchos países hispanos se divide[a] en veinticuatro horas y no hay distinción entre A.M. y P.M. Por ejemplo, un autobús que sale a las 15.00, comienza su viaje[b] a las 3.00 de la tarde. Este sistema de tiempo se usa en los horarios del cine, del transporte público, de las tiendas[c] y de los bancos, etcétera.

_____

[a]se... *is divided* [b]*trip* [c]*stores*

Pullman de Morelos ¡ *Placer al Viajar !*

CUERNAVACA
AEROPUERTO DE LA CD. DE MEXICO

AEROPUERTO - CUERNAVACA		CUERNAVACA - AEROPUERTO	
6:30	15:45	4:00	12:00
7:30	16:30	4:30	12:40
8:15	17:15	5:00	13:20
9:15	18:00	5:30	14:15
10:30	18:45	6:00	15:00
11:15	19:30	7:00	16:00
12:00	20:15	8:00	16:40
12:45	21:00	9:00	17:15
13:30	22:00	10:00	18:15
14:15	23:00	10:40	19:30
15:00		11:20	

MEXICO D.F. **55-49-35-05 AL 08**
CUERNAVACA (73) **18-46-38 Ó 18-91-87**
TIEMPO APROX. DE RECORRIDO: **1 HR. 40 min.**

En España, México y otros países las discotecas suelen abrirse[a] a las 11.30 de la noche y se cierran a eso de[b] las 4.30 ó 5.00 de la mañana. En este país muchos clubes y discotecas se abren y se cierran más temprano.

_____

[a]*open* [b]a... *around*

Aunque el día se divide en veinticuatro horas para los horarios, este sistema no se usa con mucha frecuencia para decir la hora. A la pregunta «¿Qué hora es?», se contesta[a] normalmente: «Son las 10.00 (de la noche)» y no «Son las 22.00.»

_____

[a]se... *one answers*

La vida nocturna

La hora

Los horarios diferentes

De compras

En este país el día laboral comienza a eso de las 8.00 de la mañana y termina a eso de las 6.00 de la tarde. En España el día laboral comienza a las 8.00 de la mañana pero termina a eso de la 1.30 cuando la gente come y toma una siesta. Después de la siesta, a eso de las 3.00 ó 4.00 de la tarde, la gente vuelve al trabajo donde permanece[a] hasta las 7.00 u[b] 8.00 de la tarde.

_____

[a]*(they) stay* [b]*or*

El día laboral

En el mundo hispano las tiendas suelen abrirse entre las 9.00 y 10.00 de la mañana y se cierran a las 2.00 de la tarde para la siesta. Se abren otra vez a eso de las 4.00 ó 5.00 y no se cierran hasta las 8.00 de la noche. También[a] muchas tiendas tienen horarios limitados los sábados y están cerradas los domingos.

_____

[a]*Also*

La **siesta** es un descanso de un par de horas en que los trabajadores suelen regresar a casa para almorzar, convivir[a] con la familia y descansar antes de regresar al trabajo. (Desafortunadamente, esta costumbre se está desapareciendo con las demandas y el ritmo acelerado de la sociedad del siglo XXI.)

_____

[a]*spend time*

ACTIVIDAD ¿Qué recuerdas?

Answer the following questions by completing each sentence.

1. ¿A qué hora termina el día laboral en España?

Termina a eso de las _____ u _____ de la noche.

2. ¿Cómo son los horarios de las tiendas hispanas los fines de semana?

Están abiertas los _____ pero cerradas los _____.

3. ¿A qué hora suele almorzar la gente del norte de México?

Suele almorzar a las _____ o a la _____ de la tarde.

4. ¿En qué país se cierran más tarde las discotecas, en España o en los Estados Unidos?

Se cierran más tarde en _____.

5. ¿A qué hora se suele cenar en la parte central de México?

Se suele cenar entre las _____ y las _____ de la noche.

6. Si necesitas tomar un tren en España que sale a las 11.30 de la noche, ¿qué hora se indicará (*will be indicated*) en el horario de trenes?

Se indicará: _____.

NAVEGANDO LA RED

Complete *one* of the following activities. Then present your information to the class.

1. Look for information about a bank in the Spanish-speaking world. Then compare the schedule of your bank in this country with that of the bank in that country and present your findings to the class. Answer the following questions.

   a. ¿Cuál banco se abre más temprano?

   b. ¿Cuál banco se cierra más tarde?

   c. ¿Cuál banco está abierto los fines de semana? (Da los horarios.)

2. Look for information about academic calendars in two different universities, each in a different Spanish-speaking country. Then compare your university's academic calendar with the calendars of the two universities you find on the Web and present your findings to the class. Answer the following questions.

   a. ¿Cuándo empieza el año académico en cada universidad y cuándo termina?

   b. ¿Cuántos días o semanas libres (*free*) tienen durante el calendario académico?

Vamos a ver

Now that you've completed **Unidad 1,** watch the corresponding **Vamos a ver** segment on the *Vistazos* Video to further explore the themes presented in this unit. There are related pre- and post-viewing activities on the *Vistazos* Online Learning Center (**www.mhhe.com/vistazos2**).

VOCABULARIO COMPRENSIVO

Ayer y anoche

Yesterday and Last Night

andar (*irreg.*)	to walk
buscar	to look for
dar (*irreg.*) *pres.*	to give
decir (*irreg.*) *pret.*	to say; to tell
dormirse (ue, u) *3rd*	to fall asleep
empezar (ie)	to begin
estar (*irreg.*)	to be
jugar (ue) a los videojuegos	to play video games
llamar (por teléfono)	to call (on the phone)
llegar	to arrive
pagar (la cuenta)	to pay (the bill)
practicar un deporte (R)	to practice, play a sport
preparar (la cena)	to prepare (dinner)
recibir (R)	to receive

recordar (ue)	to remember
saber (*irreg.*)	to know (*facts, information*)
tener un examen	to have (take) a test
ver (*irreg.*) **una telenovela**	to watch a soap opera

¿Cuándo?

When?

anoche	last night
ayer	yesterday
el fin de semana pasado	last weekend
un rato	little while, short time
la semana pasada	last week
la última vez	last time
una vez	once
hace + *time*	_____ ago

UNIDAD UNO: Lección preliminar–Lección 3

The Verb ser

(yo)	soy	(nosotros/as)	somos
(tú)	eres	(vosotros/as)	sois
(Ud.)	es	(Uds.)	son
(él/ella)	es	(ellos/as)	son

The verb **ser** is used to:

1. express origin with **de: ¿De dónde eres?**

2. describe a person's qualities: **Tomás es muy inteligente, ¿no?**

3. state who or what a person is: **Es profesor. Soy estudiante.**

4. tell time: **Es la 1.00. / Son las 2.00.**

5, to indicate possession

Remember that subject pronouns are not always required in Spanish. It is fine to say **soy estudiante.** If you say **yo soy estudiante,** you are adding emphasis or making a contrast.

The Verb estar

One of the uses of **estar** is to describe variable conditions.

> Tomás **está** muy contento con su trabajo.
>
> **Estoy** aburrida de mi clase de inglés.

The Verb gustar

me			nos		
te	} gusta(n)		os	} gusta(n)	
le			les		
le			les		

1. **Gustar** does not mean *to like.* It is closest in meaning to the verb *to please.* Thus **me gusta** actually means (*something*) *pleases me.*

2. Since **gustar** means *to please,* the verb must agree in number with the thing doing the pleasing: **Me gusta esta clase. Me gustan todas las clases.**

3. A phrase with **a** can be used with this construction.

> **A mí** me gustan las matemáticas.
>
> ¿**A ti** te gustan también?
>
> **A los profesores** no les gusta corregir exámenes.

preposition   article

Present Tense of Regular Verbs

	-ar	-er	-ir
(yo)	me levanto	como	asisto
(tú)	te levantas	comes	asistes
(Ud.)	se levanta	come	asiste
(él/ella)	se levanta	come	asiste
(nosotros/as)	nos levantamos	comemos	asistimos
(vosotros/as)	os levantáis	coméis	asistís
(Uds.)	se levantan	comen	asisten
(ellos/ellas)	se levantan	comen	asisten

Remember that even though **Ud.** and **él/ella** share the same verb forms, **Ud.** means *you* singular (formal, socially distant) and **él/ella** refer to a third person (*he/she*). Likewise, **Uds.** means *you* plural and **ellos/ellas** refer to some other persons (*they*).

you – second person

Verbs in the present tense can refer to daily or habitual actions

Todos los días **me levanto** a las 6.00.

but can also be used to refer to an action in progress.

—¿Qué **haces**?
—**Preparo** la cena. ¿Por qué **preguntas**?

Verbs with Stem-Vowel Changes

Verbs with stem-vowel changes are changed in those forms in which the pronounced accent falls on the stem: **yo, tú, Ud., él/ella, Uds., ellos/ellas.** They do not have the change in those forms where the pronounced accent falls on the ending: **nosotros/as, vosotros/as.**

	o → ue
dormir	d**ue**rme
	dormimos
	dormís

	e → ie
tener	t**ie**ne
	tenemos
	tenéis

	e → i
vestirse	se v**i**ste
	nos vestimos
	os vestís

Verbs with Irregularities

Some verbs have irregularities in the **yo** form.

conduzco (conducir)   hago (hacer)

conozco (conocer)   sé (saber)

doy (dar)   tengo (tener)

estoy (estar)   vengo (venir)

Some verbs don't follow predicted patterns.

ir: voy, vas, va, va,
     vamos, vais, van, van

estar: estoy, estás, está, está,
        estamos, estáis, están, están

Descriptive Adjectives

Adjectives tend to follow nouns. Also, adjectives must agree in gender and in number with the nouns they modify.

un amig**o** dedicad**o**   unos amig**os** dedicad**os**

una amig**a** dedicad**a**   unas amig**as** dedicad**as**

However, adjectives that end in **-e** and most that end in a consonant only show number agreement.

un libro interesante   unas clase**s** difícile**s**

Possessive Adjectives

Possessive adjectives precede the noun and agree in number with the noun.

mi profesor   mi**s** profesor**es**

tu amiga   tu**s** amiga**s**

su perro   su**s** perro**s**

Note that the equivalent of **su** or **sus** in English is **his, her, your,** or **their.**

Nuestro is an exception. It reflects both the number and gender of a noun.

nuestr**o** profesor   nuestr**os** profesor**es**

nuestr**a** profesora   nuestr**as** profesor**as**

Negation

Certain negative words like **tampoco, nunca,** and **nadie** can be placed before a verb or after. In the latter case, a **no** before the verb is required.

Yo **no** me levanto temprano.
   Yo **tampoco** me levanto temprano.
   Yo **no** me levanto temprano **tampoco.**

¿Quién se levanta temprano?
   Nadie se levanta temprano.
   No se levanta **nadie** temprano.

¿Cuándo haces ejercicio?
   Nunca hago ejercicio.
   No hago ejercicio **nunca.**

The negative word **nada** normally follows a verb and will be accompanied by **no.**

No hay **nada.**

No tengo **nada.**

Preterite Tense: Regular Forms

	-ar	-er	-ir
(yo)	me levanté	comí	salí
(tú)	te levantaste	comiste	saliste
(Ud.)	se levantó	comió	salió
(él/ella)	se levantó	comió	salió
(nosotros/as)	nos levantamos	comimos	salimos
(vosotros/as)	os levantasteis	comisteis	salisteis
(Uds.)	se levantaron	comieron	salieron
(ellos/ellas)	se levantaron	comieron	salieron

The preterite tense is used to talk about simple actions and events in the past that are viewed as completed. It is useful when talking about events that happened yesterday, last night, and so forth.

Preterite Tense: Irregular Verbs

Some common verbs do not have the characteristic stress on the verb ending in the preterite. These irregular verbs all share the same endings, regardless of whether they are **-ar**, **-er**, or **-ir** verbs.

no Accents

andar:	anduv-		-e (yo)
estar:	estuv-		-iste (tú)
hacer:	hic-*		-o (Ud.)
poder:	pud-		-o (él/ella)
saber:	sup-	+	-imos (nosotros/as)
tener:	tuv-		-isteis (vosotros/as)
venir:	vin-		-ieron (Uds.)
			-ieron (ellos/ellas)

Two other irregular verbs share a common ending in the **Uds.** and **ellos/ellas** form.

conducir → condujeron

decir → dijeron

Saber in the preterite means *to find out* (lit. *at a point in time, to begin to know*)

Entonces **supe** la verdad.
Then I found out the truth.

Poder in the preterite means *to manage to, succeed in* (*doing something*)

Por fin **pude** hablar con ella.
I was finally able to speak with her. (I had tried before, but had always failed.)

The verbs **ser** and **ir** share the same forms in the preterite: **fui, fuiste, fue, fue, fuimos, fuisteis, fueron, fueron.** Context will determine meaning.

Lincoln **fue** presidente entre 1861 y 1865.
Lincoln **fue** al teatro.

The Verb Form **hay**

The verb form **hay** can mean *there is* and *there are*.

¿**Hay** café?

No, no **hay** café. Pero sí **hay** refrescos.

Necesitar + Infinitive and tener que + Infinitive

In order to talk about what you *need* or *have* to do, you use a conjugated form of **necesitar** + *infinitive* or **tener que** + *infinitive*.

Necesito estudiar mucho esta tarde.
I need to study a lot this afternoon.

Elena **tiene que trabajar** mañana.
Elena has to work tomorrow.

Other helping verbs that are followed by an infinitive include **deber, preferir,** and **querer.**

Debemos hacer ejercicio todos los días.
We should exercise every day.

Tomás y sus amigos **prefieren cenar** tarde.
Tomás and his friends prefer to eat dinner late.

¿**Quieren** Uds. **ir** al cine o **quedarse** en casa?
Do you (plural) want to go to the movies or stay at home?

***Hic-** becomes **hiz-** when used with **ud.** and **él/ella: hizo.**

Ir a + Infinitive *pg.66*

One way to discuss future activities is to use the conjugated form of **ir a** + *infinitive*.

Voy a levantarme temprano mañana.
I'm going to get up early tomorrow.

Elena y sus amigos **van a bailar** el sábado.
Elena and her friends are going to dance on Saturday.

"Do"

English requires the support verb *do* to make negatives, ask questions, and to emphasize. Spanish has no such verb, and you should not equate the English support verb *do* with **hacer.**

No sabes la respuesta.
*You **don't** know the answer.*

¿Sueles levantarte tarde?
***Do** you normally get up late?*

¿Dormiste bien?
***Did** you sleep well?*

¡Tú sí saliste anoche!
*You **did** go out last night!*

"It"

Keep in mind that the subject *it* is not expressed in Spanish as it is in English. English is a language that requires sentences to have expressed subjects, but Spanish does not. English requires "dummy" subjects such as *it*, where Spanish needs no expressed subject.

Llueve.
***It's** raining.*

Hace frío.
***It's** cold.*

Son las dos y media.
***It's** two-thirty.*

Es imposible.
***It's** impossible.*

Nuestras familias

Nuestra familia nuclear

Te quiero mucho, papá.

LECCIÓN 4

Check out the following media resources to complement this lesson of *Vistazos:*

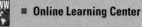

- **Online Textbook and Manual**
- **Online Learning Center**
- **Interactive CD-ROM**
- **Video on CD**

¿Cómo es tu familia?

In this lesson, you will explore the topic of families. In the process, you will

◆ describe your family (size, members, names)
◆ ask your classmates about their families
◆ learn that speakers of Spanish often use two last names
◆ review interrogatives
◆ learn to use direct object pronouns
◆ learn more about the verb **estar**

 ALTO Before beginning this lesson, look over the **Intercambio** activity on page 112. This is the activity you will be working toward throughout the lesson.

Mi familia «extendida» no es muy grande, pero me gusta.

VOCABULARIO

¿Cómo es tu familia?

Talking About Your Immediate Family

La familia de José Luis Gómez

José
45 años

Marta
44 años

José Luis
18 años

Ana
9 años

Rebeca
5 años

Carlos
2 años

Daniel
2 años

Anselmo
3 años

gemelos

José es **el padre** de José Luis.
Marta es **la madre** de José Luis.
José y Marta son **los padres**.
Ana es **una hermana** de José Luis.
Carlos es **un hermano** de José Luis.
Anselmo es **el perro** de José Luis.

José Luis tiene cuatro **hermanos.**
No tiene **hermanastros.**

José Luis, Ana, Rebeca, Carlos y Daniel son **los hijos** de Marta y José.
(Ana es **una hija;** Carlos es **un hijo.**)

Las familias de Cheryl Fuller

divorciados

Jane
42 años

Paul
49 años

Laura
38 años

Cheryl
20 años

Christopher
17 años

Brian
6 años

Russ
3 años

Así se dice

The title of this lesson is
¿Cómo es tu familia?
¿Cómo es...? asks what
something is like. In short,
it asks for a description.
Below are things that
should come to mind when
you hear **¿Cómo es (eres,
son, etcétera)... ?**

age	height
color	personality
dimension(s)	shape
facial features	size

*es- son
3rd pers.
sing.*

Paul es **el padre** de Cheryl.
Jane es **la madre** de Cheryl. Es una **madre soltera.**
Paul y Jane son **los padres.**
Cheryl no tiene **hermanas.**
Christopher es **el hermano** de Cheryl.

Cheryl tiene **un hermano** y dos **medio hermanos,** Russ y Brian.
También tiene **una madrastra,** Laura.

Cheryl y Christopher son **los hijos** de Paul y Jane.
Russ y Brian son **los hijos** de Paul y Laura.

Vocabulario útil

la esposa, la mujer	wife	**el padre soltero**	single father
el esposo, el marido	husband	**la pareja**	couple; partner
los esposos	husband and wife		
		mayor	older
los gemelos	twins	**menor**	younger
		el/la mayor	the oldest
la hermanastra	stepsister	**el/la menor**	the youngest
el hermanastro	stepbrother		
el padrastro	stepfather	**tiene... años**	he/she is . . . years old

ACTIVIDAD A ¿Cierto o falso?

Your instructor will make a series of statements about the Gómez family in the previous drawings. According to their family tree, is each statement **cierto** or **falso?**

1... **2**... **3**... **4**... **5**... **6**... **7**...

 **ACTIVIDAD B** ¿Quién es?

Listen as your instructor says a phrase. Relying only on the drawing of Cheryl Fuller's family tree, can you name the person(s) described by your instructor?

1... **2**... **3**... **4**... **5**... **6**... **7**... **8**...

ACTIVIDAD C ¿Los Gómez o los Fuller?°   *¿Los... The Gómez family or the Fullers?*

According to what you know about the Gómez and Fuller families, indicate which is being referred to in each statement you hear. See if you can do this activity from memory without looking at the family trees. (Note: **Se refiere a** means *it refers to*.)

> MODELO   En esta familia hay cuatro hijos. → Se refiere a los Fuller.

1... **2**... **3**... **4**... **5**... **6**...

COMUNICACIÓN

ACTIVIDAD D La familia de Alfredo

Alfredo, a friend of José Luis, has written a description of his family. Listen to the description and then draw his family tree, using the Gómez family tree as a guide. Be sure to include everyone's name and age.

ACTIVIDAD E En mi familia...

Prepare a brief oral description of your own family using Alfredo's description in **Actividad D** as a guide. Include all the members of your family and their ages.

Así se dice

By now you may have noticed that there are two ways to express *to know* in Spanish: **conocer** and **saber. Conocer** is used to express *to know* (*be acquainted with*) *a person or a place.* **Saber** expresses *to know facts or information.* When followed by an infinitive, **saber** also means *to know how to do something.*

—¿**Conoces** a mi hermano Jaime?
—Sí, **conozco** muy bien a Jaime. **Sabe tocar** la guitarra, ¿verdad?
—Sí. También **sabe jugar** al béisbol, **bailar, hablar** el japonés...

GRAMÁTICA

¿Cuántas hijas... ?

¿cuántos/as?
¿cómo?
¿dónde?
¿cuál(es)?
¿qué?
¿quién(es)?
¿cuándo?

Interrogatives, or question words, are used to obtain information from others. You have already been introduced to the main question words in Spanish. Here is a summary of them.

—¿Y **cuántos** hermanos tienes, José Luis?
—Tengo cuatro: dos hermanas y dos hermanitos gemelos.

when used preposition precedes pg.148

¿Cuántos?	¿Cuántos hijos tienes?
¿Cuántas?	¿Cuántas hijas tienes?
¿Cómo?	¿Cómo se llama tu madre?
¿Dónde?	¿Dónde viven tus padres?
¿Cuál?	¿Cuál es tu apellido (*last name*)?
¿Cuáles?	¿Cuáles son los nombres de tus hijos?
¿Qué?	¿Qué familia es más grande, la de los Fuller o la de los Gómez?
¿Quién?	¿Quién es esa chica? ¿Es tu hermana?
¿Quiénes?	¿Quiénes son los padres de José Luis?
¿Cuándo?	¿Cuándo llamas a tu familia?

Note that both **¿qué?** and **¿cuál?** can mean *which?* *And what* For now, use **¿qué?** with a noun and **¿cuál(es)?** with **es (son)** to mean *which.* *followed by a verb* *ser*

¿Qué apellido es más común, García o Gómez?
¿Cuál es el nombre más popular, Juan o José?

ACTIVIDAD F ¿Qué familia?

Silently think of a famous family and write that family's name down without anyone seeing it. Then team up with a partner who will try to guess who that family is by asking questions.

MODELOS   ¿Cuántas personas hay en la familia en total?

¿Cuántos hijos (Cuántas hijas) hay?

¿Cuántos años tiene el hijo (la hija) mayor?

Once your partner guesses, switch roles and try to guess the family he or she has chosen.

Hay once personas en esta familia chilena. ¿Cuántas personas hay en tu familia?

COMUNICACIÓN

ACTIVIDAD G Un breve ensayo°

Un... *A brief essay*

Pair up with someone whom you do not know well to find out about his or her family.

Paso 1 Read the following paragraphs. Make a note of the type of information that is missing in each blank.

La familia de _____

La familia de mi compañero/a es _____.* En total son _____ personas: _____ padres y _____ hijo(s) (hija[s]). Toda la familia vive en (Los padres viven en)† _____. Su padre tiene _____ años y su madre tiene _____.

Sus hermanos asisten a _____. Se llaman _____ y _____ y tienen _____ y _____ años, respectivamente. _____ es el (la) mayor de la familia y _____ es el (la) menor.

Paso 2 Make up a series of questions to obtain all the missing information needed to construct a composite of your partner's family. It may help to write out the questions first. As you interview, jot down all the information your partner gives.

⟨Quia⟩ ACTIVIDAD H ¿Sabías que... ?

Read the **¿Sabías que... ?** selection on the next page. Report to the class what your name would be if you used the system found in Spanish-speaking countries. From now on, use this name on all your assignments in Spanish!

---

*Choose the appropriate word: **pequeña** (*small*), **mediana** (*medium*), **grande.**
†The family may not all live together, so choose accordingly.

¿Sabías que...

muchos hispanos usan dos apellidos? En los países de habla inglesa, las personas generalmente tienen un apellido, por ejemplo, Judd Emerson o Lillian Hoffman.* Pero en los países de habla española, las personas pueden tener dos apellidos, el paterno y el materno: por ejemplo, Juanita Pérez Trujillo o Ramón Sáenz García. En el primer ejemplo, Pérez es el apellido paterno y Trujillo es el materno. En el otro ejemplo, Sáenz es el apellido paterno y García es el materno. En ocasiones formales u oficiales, las personas usan los dos apellidos. Sin embargo,[a] en algunos países, como la Argentina, el doble apellido generalmente no se usa, excepto si el apellido paterno es un nombre muy común (González, Ramírez, Gómez, Pérez, etcétera). En estos casos se incluye el apellido materno para evitar la confusión. Otro punto interesante es que en los países hispanos, las mujeres no cambian sus apellidos cuando se casan. Y en España, si los padres así lo deciden, sus hijos pueden tomar el apellido de la mamá.

Traducciones Dovita
Traducciones español-inglés o inglés-español

•

Lic. Paloma Novoa García

Avda. Teopanzolco 200
Col. Jacarandas
Cuernavaca, Morelos 62420

Tel. 322-07-90
dovita@infosel.com.mx

**B R E E N
P U B L I C I D A D**

Félix Hugo Parada Mejía
DIRECTOR GENERAL

FELIX HUGO Y ASOCIADOS, S. A. DE C. V.
Acambay 201, Col. Pirules. C. P. 54040
Edo. de México.   Tels: 379 86 01   399 97 07

[a]Sin... *However*

---

*También es frecuente en este país ver apellidos «compuestos» (Robert Bley-Vroman, Mary Smith-González). ¿Es este sistema similar o diferente del sistema hispano?

VOCABULARIO

¿Y los otros parientes?

Talking About Your Extended Family

You have already learned vocabulary related to immediate or nuclear families. Here is a summary of some of the expressions related to extended families.

La familia «extendida» de los Gómez

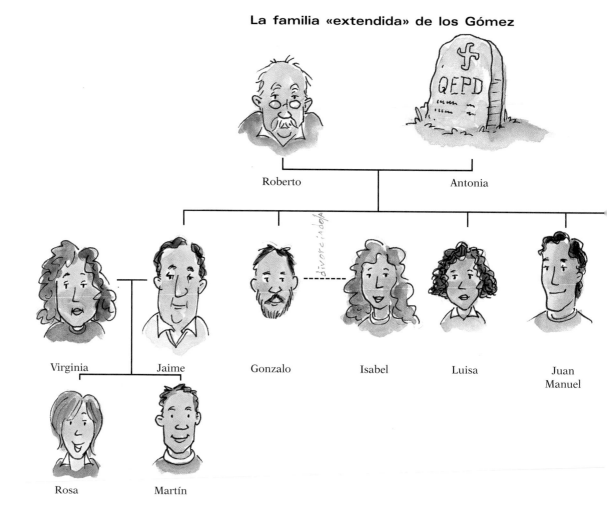

Enrique y Teresa y Roberto y Antonia son **los abuelos** de *grandparents*
    José Luis.

Roberto y Antonia son sus **abuelos paternos.**

Enrique y Teresa son sus **abuelos maternos.**

Antonia es su **abuela paterna** y Teresa su **abuela materna.**

Antonia, su abuela paterna, **ya murió.**

Enrique, su **abuelo materno, ya murió.**

José Luis tiene varios **tíos:** Gonzalo, Luisa, Jaime, Juan Manuel y
    Virginia.

Su **tía** favorita es Luisa. No tiene un **tío** favorito. *Aunt/uncle*

Su tío Jaime y su tía Virginia tienen dos hijos, Rosa y Martín.

    Ellos son **los primos** de José Luis.

cousins

Enrique   Teresa

pg. 94

José   Marta

José Luis   Ana   Rebeca   Carlos   Daniel   Anselmo

ACTIVIDAD A La familia «extendida»

Lee las oraciones en la última sección. Después, en el dibujo (*drawing*) de la familia Gómez, busca a las personas mencionadas en las oraciones. ¿Puedes deducir el significado de todas las palabras nuevas?

ACTIVIDAD B Los parientes de José Luis

Estudia el dibujo de la familia Gómez y las palabras nuevas. Luego, identifica a los miembros de la familia que están en la columna A. Contesta con oraciones completas, según (*according to*) el modelo.

MODELO   Rosa y Martín son los primos de José Luis.

A		B	
1. ____ Rosa		**a.** una tía	
2. ____ Roberto		**b.** una prima	
3. ____ Enrique		**c.** un tío	
4. ____ Teresa	es / son	**d.** la abuela materna	de José
5. ____ Juan Manuel		**e.** el abuelo paterno	Luis.
6. ____ Jaime y Gonzalo		**f.** el abuelo materno	
7. ____ Virginia		**g.** dos tíos	
		h. los primos	

COMUNICACIÓN

ACTIVIDAD C El profesor (La profesora)

Usando el nuevo vocabulario y el vocabulario que ya sabes, hazle preguntas (*ask questions*) al profesor (a la profesora). ¿Cuántos datos (*bits of information*) pueden Uds. obtener en sólo cuatro minutos?

MODELOS   ¿Tiene Ud. abuelos?
¿Cómo se llaman?

VOCABULARIO

¿Tienes sobrinos?

Additional Vocabulary Related to Family Members

Here are some other words related to families. Read each Spanish definition and example. Using the family tree on pages 100–101, can you determine what each new word means?

nephew/niece **sobrino/a:** hijo o hija de tu hermano/a

José Luis es **el sobrino** de Luisa (la hermana de su padre José).

grandchild **nieto/a:** hijo o hija de tu hijo/a

José Luis es **el nieto** de Enrique y Teresa.

brother/sister-in-law **cuñado/a:** esposo o esposa de tu hermano/a

Virginia es **la cuñada** de Gonzalo.

parents-in-law **suegro/a:** padre o madre de tu esposo/a

Roberto es **el suegro** de Marta.

102   ciento dos

Lección 4   ¿Cómo es tu familia?

casado/a: cuando una persona tiene esposo/a

Marta está* **casada.** *married*

divorciado/a: cuando un esposo y una esposa se separan legalmente

Gonzalo está* **divorciado.** *divorced*

soltero/a: una persona que no tiene esposo/a

Juan Manuel es* **soltero.** *single*

ya murió (pasado de **morir**): sin vida

El abuelo materno de José Luis **ya murió.** *deceased*

viudo/a: cuando el esposo (la esposa) ya murió *widower/widow*

Roberto es **viudo.**

vivo/a: que tiene vida

El abuelo paterno de José Luis está **vivo.** *Alive*

ACTIVIDAD D Más sobre los Gómez

Tu profesor(a) va a leer una serie de preguntas sobre la familia Gómez. Para contestar, puedes consultar el dibujo de las páginas 100–101.

1...   2...   3...   4...   5...   6...   7...   8...

ACTIVIDAD E ¿Cierto o falso?

Estudia otra vez el dibujo de la familia «extendida» de José Luis. Luego escucha las afirmaciones del profesor (de la profesora). ¿Son ciertas o falsas?

1...   2...   3...   4...   5...   6...   7...   8...   9...   10...

ACTIVIDAD F Firma aquí, por favor

COMUNICACIÓN

¿Cómo es tu familia «extendida»? Pregúntaselo a tus compañeros de clase. Cuando alguien contesta afirmativamente, pídele que firme (*ask him/her to sign*) su nombre en tu hoja de papel.

1. ¿Tienes cuñados?

2. ¿Están vivos todos tus abuelos?

3. ¿Tienes un tío soltero o una tía soltera?

4. ¿Tienes sobrinos?

5. ¿Hay más de treinta personas en tu familia «extendida»?

6. ¿Hay una persona divorciada en tu familia?

7. ¿Tienes primos que no conoces?

8. ¿Tienes suegros?

---

*When describing someone's civil status, Spanish normally uses **ser** with **soltero/a** and **estar** with **casado/a** and **divorciado/a.** For example: —¿Eres soltero? —No, estoy casado.

GRAMÁTICA

¿Te conocen bien?

First and Second Person Direct/Object Pronouns

and Indirect [handwritten]

Third person direct object pg. 108 [handwritten]
indirect Lección 7 [handwritten]
reflexive " 10 [handwritten]

me	nos
te	os
lo/la	los/las
lo/la	los/las

object nouns [handwritten] In addition to having a subject, a verb in a sentence will also often have an object. An object is generally defined as a thing or person on which an action or process is performed. Thus, in the sentence *John writes letters, John* is the subject and *letters* is the object (the action of writing is performed on the letters). In the sentence *She has an idea, She* is the subject (pronoun) and *an idea* is the object (the thing on which the process of having is performed). What is the subject and what is the object of the verb **miran** in the following sentence?

S—V—O [handwritten]   Los padres miran a los hijos.

If you said **padres** is the subject (parents are the ones doing the watching) and **hijos** is the object (the people being watched), you were correct. Did you notice that **los hijos** is preceded by **a?** This **a** is called *object marker 110* [handwritten] the *personal* **a** and <u>must</u> be used in Spanish before human objects of a *personal A 148* [handwritten] verb. (You will learn more about it later.) *pg. 110, 105* [handwritten] *nouns* [handwritten]
54 197 [handwritten]
105 [handwritten]   What is the subject *pronoun* that corresponds to **padres: ellos, él,** or **nosotros?**

_____ miran a los hijos.

If you said **ellos,** you were correct again. **Los padres** is the subject *noun* and **ellos** is the subject *pronoun.* Subject pronouns are already familiar to you.

yo	nosotros/as
tú	vosotros/as
usted (Ud.)	ustedes (Uds.)
él/ella	ellos/ellas

object pronouns [handwritten] In Spanish (and English), not only are there subject pronouns, but there are also object pronouns.

Los padres **los** miran (es   *The parents watch **them** (that*
    decir, a los hijos).   *is, the kids).*

Here is the first set of subject and object pronouns in Spanish with which you will become familiar.

	PRONOUNS	
	SUBJECT	OBJECT
1st person singular	**yo**	**me**
	Yo comprendo (*understand*) a mi hermano.	Mi hermano **me** comprende.
2nd person singular	**tú**	**te**
	Tú comprendes a los abuelos.	Los abuelos **te** comprenden.
1st person plural	**nosotros/as**	**nos**
	Nosotros comprendemos a los parientes.	Los parientes **nos** comprenden.

Me, te, and **nos** are objects of the verb. Can you figure out who is being understood in the first example in the righthand column? *Me.* In the second, who is being understood? *You.* And in the third, who is being understood? *Us.* Keep in mind the following two facts about object pronouns.

1. They are placed before conjugated verbs. ~~s–o–v~~

2. They indicate on whom or what the action or process is performed, not who or what is performing the action or process.

It's also important to keep in mind Spanish word order. In Spanish, subjects can come before or after the verb.

Juan no viene. No viene **Juan.**

Objects marked with **a** generally follow the verb. ~~nouns~~

María visita **a su hermano.**

Object pronouns must always precede a conjugated verb. ~~s–o–v~~

Mis tíos **me fascinan.** ~~but~~

However, they can be attached to the end of an infinitive or a present participle. Note that when a pronoun is attached to a participle, a written accent mark is added to maintain the original pronunciation of the participle.

~~like indirect object pronouns pg. 159~~

Mis primos van a **visitarme** en junio.   *or*   Mis primos **me** van a visitar en junio.

Mi abuela está **escuchándome.**   *or*   Mi abuela **me** está escuchando.

~~present progressive pg. 135~~

Spanish also uses the pronouns **me, te,** and **nos** as indirect objects: *to whom, from whom,* and *for whom.* ~~pg. 158~~

Mis hermanos **me** escriben cartas muy largas.

To whom are the letters being written? To me.

¿Y **te** dan dinero tus padres?

To whom is money given? To you—or at least that's what is being asked.

pg. 9 You already know how to use indirect objects with the verb **gustar.**

Me gusta recibir cartas de mi familia.

Receiving letters from my family is pleasing to me.

¿**Te** gusta escribir cartas?

Is writing letters pleasing to you?

What can get tricky in correctly interpreting a sentence is that often you will see or hear a sentence in which the order is object pronoun-verb-subject, just the opposite of English!

O-V-S

Nos invitan a cenar las chicas.

The girls are inviting us to eat dinner.

No te comprende el profesor.

The professor doesn't understand you.

ACTIVIDAD A Los pronombres

Select the correct interpretation of each sentence. Keep in mind that Spanish has flexible word order and doesn't necessarily follow subject-verb-object order as English does.

1. Mi hermana me llama frecuentemente.

   a. I call my sister frequently.
   b. My sister calls me frequently.

2. ¿Te escriben tus padres?

   a. Do you write to your parents?
   b. Do your parents write to you?

3. No nos escuchan los padres.

   a. Parents don't listen to us.
   b. We don't listen to parents.

4. Me conocen bien mis hermanos.

   a. My siblings know me well.
   b. I know my siblings well.

Nota comunicativa

Here are some ways of saying what you do without using complete sentences. Note: Remember that Spanish does not have a "support verb" equivalent to English *do.*

SOMEONE SAYS	YOU CAN SAY	
No comprendo a mis padres.	Yo sí.	*I do.*
	Yo tampoco.	*Neither do I.* *(Me neither.)*
Veo a mi familia con frecuencia.	Yo también.	*I do, too.*
	Yo no.	*I don't.*

ACTIVIDAD B ¿Objeto o sujeto?

Your instructor will say a series of sentences. Match each sentence you hear with one of the statements below. Remember that Spanish does not always follow subject-verb-object word order!

1. **a.** ☐ A man is calling me.
   b. ☐ I am calling a man.
2. **a.** ☐ My parents visit me.
   b. ☐ I visit my parents.
3. **a.** ☐ We are greeting a friend.
   b. ☐ A friend is greeting us.
4. **a.** ☐ A friend is inviting you to dinner.
   b. ☐ You are inviting a friend to dinner.

5. **a.** ☐ The professor is watching us.
   b. ☐ We are watching the professor.
6. **a.** ☐ María is looking for you.
   b. ☐ You are looking for María.
7. **a.** ☐ Juan believes us.
   b. ☐ We believe Juan.

ACTIVIDAD C Los parientes

What are things that relatives do to us? They can bother us, visit us, criticize us, love us, and so forth.

Paso 1 Read each statement and select the ones that you think are typical.

Los parientes...

a. ☐ nos molestan (*bother*).
b. ☐ nos critican.
c. ☐ nos ayudan.
d. ☐ nos visitan.
e. ☐ nos quieren (*love*).
f. ☐ nos _____.

Paso 2 Now select the alternatives that you think make sense.

Los parientes...

a. ☐ pueden molestarnos aunque (*although*) no deben hacerlo.
b. ☐ pueden criticarnos aunque no deben hacerlo.
c. ☐ pueden ayudarnos aunque no deben hacerlo.
d. ☐ pueden visitarnos aunque no deben hacerlo.
e. ☐ pueden querernos aunque no deben hacerlo.
f. ☐ pueden _____ nos aunque no deben hacerlo.

Compare your answers with a classmate's.

Mis abuelos, mis padres y yo (árbol genealógico) (*1936*) *por Frida Kahlo (mexicana, 1907–1954)*

GRAMÁTICA

¿La quieres?

[handwritten: 1st, 2nd person pg.104]

Third Person Direct Object Pronouns

me	nos
te	os
lo/la	los/las
lo/la	los/las

The most difficult object pronoun system for students of Spanish is the set of third person object pronouns. The third person direct object pronouns are presented in the second column of the following list of sentences.

SUBJECT	OBJECT
[handwritten: s—v—o (noun)]	*[handwritten: s—o (pronoun)—v]*
Ella besa a Juan.	Juan **la** besa.
She kisses Juan.	*Juan kisses her.*
Él besa a María.	María **lo** besa.
He kisses María.	*María kisses him.*
Ellos observan a Marcos.	Marcos **los** observa.
They observe Marcos.	*Marcos observes them.*
Ellas observan a Carlitos.	Carlitos **las** observa.
They observe Carlitos.	*Carlitos observes them.*

Keeping in mind that Spanish has flexible word order, what do you think the following sentence means?

Lo escucha Roberto.

[handwritten: pg. 105 bottom]

If you said *Roberto listens to him,* you were correct!

Unlike **me, te,** and **nos,** the direct object pronouns **lo, la, los,** and **las** cannot function as indirect object pronouns. This means that they do not normally express *to him, to her, to them, for him, for her, for them,* and so forth, with verbs like **dar, gustar, escribir,** and others. *[handwritten: pg.107]* (You will learn about third person indirect object pronouns in a later lesson.)

Así se dice

Do not mistakenly use **lo** as subject pronoun *it* as in English *It is raining.* **Lo** can only be a direct object. Remember that the subject pronoun *it* is not expressed in Spanish.

Está lloviendo.
It's raining.

Son las doce.
It's twelve o'clock.

but

¿**Lo** tienes?
Do you have it?

ACTIVIDAD D La familia de Cheryl

Paso 1 Imagine you overheard the following statements about Cheryl Fuller, whose family tree you studied earlier in this lesson. Indicate to whom each sentence could refer from the choices given.

1. No la quiere para nada.

   a. su madrastra   **b.** su padre

2. Lo ve todos los días.

   a. su hermano Christopher   **b.** su madre

3. Los obedece.

   a. su madre   **b.** sus padres

Paso 2 Now indicate the subject and object of each verb in the sentences in **Paso 1.**

Lección 4 ¿Cómo es tu familia?

ACTIVIDAD E Mi familia

How do you interact with your parents, children, or siblings? Identify whom you are talking about and indicate whether or not each statement applies to you. Note that **yo** is not used in any of the sentences. This is because the verb form tells who the subject is.

____ mis padres   ____ mis hijos   ____ mis hermanos

	SÍ, SE ME APLICA.	NO, NO SE ME APLICA.
1. Los llamo con frecuencia por teléfono.	☐	☐
2. Los visito los fines de semana.	☐	☐
3. Los visito una vez al mes.	☐	☐
4. Los abrazo (*hug*) cuando los veo.	☐	☐
5. Los comprendo muy bien.	☐	☐

ACTIVIDAD F Mis parientes

Select a *female* relative of yours (**madre, hermana, tía, abuela, esposa,** and so forth) and write her name below. Which of the statements describes how you feel about her?

Nombre del pariente: _____ Relación: _____

☐ La admiro.   ☐ La quiero mucho.   ☐ La detesto.
☐ La respeto.   ☐ Trato de imitarla.   ☐ La…

Now select a *male* relative and do the same!

Nombre del pariente: _____ Relación: _____

☐ Lo admiro.   ☐ Lo quiero mucho.   ☐ Lo detesto.
☐ Lo respeto.   ☐ Trato de imitarlo.   ☐ Lo…

Compare your responses with those of two other people. Did you select the same relatives? Did you mark the same feelings?

ACTIVIDAD G Los hispanos hablan

Paso 1 Lee la selección **Los hispanos hablan** en la página 110 y contesta las preguntas a continuación (*the following questions*).

1. ¿Cuántos años tiene Leslie Merced?
2. ¿Es española, mexicana o puertorriqueña?
3. Según lo que (*what*) entiendes de la palabra «unida», escoge la opción que mejor termine la siguiente oración. Es posible escoger más de una sola opción.

En una familia unida…

a. todos cenan juntos.
b. los hijos se van de (*leave*) la casa entre los 18 y los 21 años.
c. hay mucho apoyo (*support*) entre los varios miembros.
d. los hermanos no se llevan bien (*don't get along well*).

¿Cómo son las relaciones familiares en tu país?

NOMBRE: Leslie Merced

EDAD: 38 años

PAÍS: Puerto Rico

«En mi opinión la familia en Puerto Rico es muy unida. No tenemos una restricción en cuanto a la cantidad de tiempo que los hijos se quedan en casa... »

Paso 2 Ahora mira el segmento completo. Luego contesta las siguientes preguntas.

1. Leslie da un ejemplo de sus...

    a. hermanos.   **b.** primos.   **c.** abuelos.

2. Dice que ellos viven en casa con sus padres hasta...

    a. los 20 años.   **b.** los 30 años.   **c.** los 40 años.

Paso 3 En clase, comenta lo que dice Leslie. ¿Es esto típico en tu familia? ¿A qué edad se van los hijos de la casa? En la televisión norteamericana, ¿hay ejemplos de familias unidas? Describe estas familias.

GRAMÁTICA

Llamo a mis padres

pgs. 54, 104

The Personal **a**

Recall that Spanish uses the object marker **a.**

> Los padres miran **a** los hijos.
> Llamo **a** mis padres.

pg. 105

This object marker has no equivalent in English, but it's important in Spanish because it provides an extra clue about who did what to whom in the sentence. Because Spanish has flexible word order, the **a** reminds you that even if a <u>noun</u> appears before the verb it may not be the subject!

> Juan llama **a** María.   ⎫
> **A** María <u>la</u> llama Juan. ⎬ *Juan calls María.*
>   ⎭

Note that when an object appears before the verb, the corresponding object pronoun <u>must</u> also be used. If you think that this is redundant, it is! But redundancy is a natural feature of languages. For example, we put past-tense endings on verbs even if we also say *yesterday* or *last night*. What does the following sentence mean? Who is doing what to whom?

A la chica la busca el chico.

You were correct if you said *The boy is looking for the girl.*

→ pg. 291

 ACTIVIDAD H ¿Quién?

Select the correct English version of each sentence.

1. A mi mamá la besa mucho mi papá.
   a. My mom kisses my dad a lot.
   b. My dad kisses my mom a lot.

2. A mi papá no lo comprendo yo.
   a. I don't understand my father.
   b. My father doesn't understand me.

3. A la señora la saluda el señor.
   a. The woman greets the man.
   b. The man greets the woman.

4. A los chicos los sorprende la profesora.
   a. The professor surprises the boys.
   b. The boys surprise the professor.

ACTIVIDAD I ¿A quién?

Paso 1 Contesta las siguientes preguntas. Si no quieres hablar de tu familia, puedes hablar de amigos y otras personas que no son de tu familia.

  MODELOS **E1:** ¿A quién de tu familia admiras?
          E2: A mi madre.
        o   Admiro a mi madre.
            Admiro a varias personas: a mi padre, a mi madre...

1. ¿A quién de tu familia admiras?

2. ¿A quién de tu familia comprendes mejor?

3. ¿A quién de tu familia no comprendes para nada?

Paso 2 Habla con otra persona en la clase para ver si contesta igual que tú. ¿Hay ciertos sentimientos comunes a la clase, por ejemplo, admiran todos a su abuela? ¿a un tío en particular?

EN TU OPINIÓN

«Es beneficioso tener (muchos) hermanos.»
«Al casarse (*Upon marrying*), las personas deben combinar sus apellidos.»

INTERCAMBIO

¿Cómo es la familia de... ?

Propósito: dibujar (*to draw*) el árbol genealógico de alguna persona en la clase.

Papeles: una persona entrevistada; el resto de la clase dividido en cinco grupos.

Paso 1 El profesor (La profesora) le va a asignar a cada grupo una de las siguientes categorías.

Categoría 1: miembros de la familia nuclear
Categoría 2: abuelos
Categoría 3: tíos, incluyendo a los esposos y esposas
Categoría 4: primos
Categoría 5: características particulares de cada uno de los diferentes parientes (por ejemplo, la persona más loca [*craziest*]; ver **Así se dice**) y sus pasatiempos especiales

Cada grupo debe hacer las preguntas necesarias para obtener toda la información sobre su categoría. Por ejemplo, se puede preguntar sobre los nombres de los parientes, su edad, dónde viven, etcétera.

Paso 2 Los grupos deben entrevistar a la persona seleccionada. Toda la clase debe escuchar sus respuestas y apuntar (*jot down*) toda la información. **¡OJO!** Si no entiendes algo, debes pedir aclaración (*clarification*).

Paso 3 En casa, dibuja el árbol genealógico de la persona entrevistada. Incluye todos los detalles. A continuación hay un ejemplo de cómo se puede poner el nombre de un pariente en el árbol genealógico.

Si hay tiempo, uno o dos voluntarios debe(n) presentar su dibujo a la clase y dar una descripción de dos o tres minutos de varios miembros de la familia.

Así se dice

To say *the biggest, the smallest,* and so forth, Spanish uses the *definite article* + **más** + *adjective.* To say *the least intelligent, the least shy,* and so forth, Spanish uses the *definite article* + **menos** + *adjective.* Two exceptions are **mayor** and **menor.**

el/la más inteligente
the smartest

el/la menos tímido/a
the least shy

el/la mayor
the oldest

el/la menor
the youngest

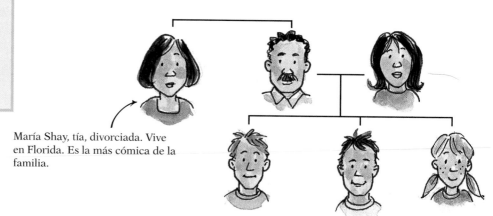

María Shay, tía, divorciada. Vive en Florida. Es la más cómica de la familia.

Lección 4 ¿Cómo es tu familia?

La familia nuclear — The Immediate Family
la esposa/mujer — wife
el esposo/marido — husband
los esposos — married couple
el/la hermanastro/a — stepbrother, stepsister
el/la hermano/a — brother, sister
los hermanos — brothers and sisters, siblings

el/la hijo/a — son, daughter
los hijos — children
la madrastra — stepmother
la madre — mother
la madre soltera — single mother
el/la medio/a hermano/a — half brother, half sister
el padrastro — stepfather
el padre — father
el padre soltero — single father
los padres — parents

la pareja — couple; partner
el/la hijastro/a — *stepson/daughter*

La familia «extendida» — The Extended Family
el/la abuelo/a — grandfather, grandmother
los abuelos — grandparents
el/la cuñado/a — brother-in-law, sister-in-law
el/la nieto/a — grandson, granddaughter
los nietos — grandchildren
el/la primo/a — cousin
el/la sobrino/a — nephew, niece
el/la suegro/a — father-in-law, mother-in-law
los suegros — in-laws
el/la tío/a — uncle, aunt
los tíos — aunts and uncles

yerno — *son-in-law*
nuera — *daughter-in-law*

step- astro/a
half- medio
in-law- specific word

Para describir a los parientes — Describing Relatives
es... *ser* — he/she is . . .
  soltero/a — single
  viudo/a — a widower, widow
está... *estar* — he/she is . . .
  casado/a — married
  divorciado/a — divorced
  muerto/a — dead
  vivo/a — alive
ya murió — he/she already died

mayor — older
el/la mayor — oldest
menor — younger
el/la menor — youngest

Para hacer preguntas — Asking Questions
¿cómo? — how? *what? pg. 162*
¿cuál?, ¿cuáles? — which?, what? *cbál es A13*
¿cuándo? (R) — when? *que pg. 25*
¿cuántos/as? (R) — how many? *¿cuánto/a? how much cf. pg. 24*
¿dónde? (R) — where?
¿qué? (R) — what?, which?
¿quién?, ¿quiénes? (R) — who?
¿porque? — *why?*

Otras palabras y expresiones útiles
el apellido — last name
el/la gemelo/a — twin
el pariente — relative
el perro — dog

nuevo/a (R) — new
pequeño/a — small
simpático/a (R) — nice, pleasant

tener... años — to be . . . years old

LECCIÓN 5

Check out the following media resources to complement this lesson of *Vistazos:*

- **Online Textbook and Manual**
- **Interactive CD-ROM**
- **Online Learning Center**
- **Video on CD**

¿A quién te pareces?

Las hermanas (*1969*) por Fernando Botero (*colombiano, 1932– *)

In this lesson, you will explore the topic of family resemblances. As you do so, you will

- ◆ learn to describe people's physical appearance and to understand descriptions given by others
- ◆ talk about family resemblances
- ◆ learn about true reflexives and reciprocal reflexive constructions and use these to talk about relationships among family members and friends
- ◆ continue to use adjectives
- ◆ learn the difference between the verbs **saber** and **conocer**
- ◆ learn more about the verb **estar**
- ◆ review comparisons with **más** and **menos**

 ALTO Before beginning this lesson, look over the **Intercambio** activity on page 129. This is the activity you will be working toward throughout the lesson.

VOCABULARIO

¿Cómo es? (I)

Describing People's Physical Features

el pelo rizado · Es alto.
el pelo lacio · el pelo negro
el pelo rubio
los ojos azules
los ojos castaños · Es de estatura mediana.
pelirrojo · las mejillas
los ojos verdes
las orejas · el mentón
el pelo canoso · las pecas
Es baja. · la nariz grande

Rosario Maira · Heriberto Rodríguez · Evelyn Roman · Bobby Feldman · Marisela González

---

Vocabulario útil

la cara	face	**describir**	to describe
la característica física	physical characteristic, trait		
		¿Cómo es?	What does he/she look like?
los rasgos	traits (*usually facial features*)		
		más alto/a (que)	taller (than)
calvo/a	bald	**menos grande (que)**	smaller (than)
moreno/a	dark-haired; dark-skinned	**el/la más alto/a (de)**	the tallest
		el/la menos grande (de)	the smallest

Lección 5 ¿A quién te pareces? ciento quince **115**

Así se dice

When asking about someone's hair color or eye color, use **¿de qué color... ?** This differs from English in which we commonly say, *What color... ?*

> **¿De qué color** es el pelo?
> **¿De qué color** son los ojos?

When inquiring about height, use **¿de qué estatura... ?**

> **¿De qué estatura** es?

COMUNICACIÓN

ACTIVIDAD A ¿Quién es?

Da el nombre de la persona que ves en los dibujos en la página anterior.

1. ¿Quién tiene los ojos castaños?
2. ¿Quién es pelirrojo?
3. ¿Quién tiene el pelo rubio?
4. ¿Quién es moreno?
5. ¿Quién tiene las orejas grandes?
6. ¿Quién es baja?
7. ¿Quién tiene el pelo rizado?
8. ¿Quién tiene el pelo lacio?

ACTIVIDAD B Descripciones

Tu profesor(a) va a describir a una persona que está en los mismos dibujos. ¿A quién describe?

ACTIVIDAD C Otras personas

Escucha lo que dice el profesor (la profesora). Para cada característica física, da el nombre de una persona famosa que la tiene o que es así (*that way*) o que la tenía (*had it*) o era (*was*) así si ya murió.

1... 2... 3... 4... 5... 6... 7... 8...

ACTIVIDAD D Los compañeros de clase

Paso 1 Mira a las personas de la clase y observa algunas de sus características físicas. Luego cierra los ojos y escucha la descripción que da el profesor (la profesora).

Paso 2 Escribe los nombres de todas las personas en la clase que tienen los rasgos físicos que el profesor (la profesora) describe.

Paso 3 Compara tu lista con la de tus compañeros de clase. La clase debe eliminar los nombres que no deben estar en la lista y preparar una lista de finalistas.

Paso 4 Escucha mientras (*while*) el profesor (la profesora) da más información sobre la persona. De las personas que están en la lista de finalistas, ¿a quién describe?

1. (*La Guajira, Colombia*)

2. (*Madrid, España*)

3. (*Caracas, Venezuela*)   **4.** (*Mazatlán, México*)

Las características físicas de los hispanos varían mucho de país a país y de región a región.
¿Cómo describirías (would you describe) *a las personas en las fotos?*

GRAMÁTICA

¿Quién es más alto?

Making Comparisons

Remember that **más** and **menos** can be used with adjectives and nouns to make comparisons. The invariant form of **mucho** can be used to express that the difference is great when an adjective is used but must agree when a noun is used.

Mi herman*a* es **más alt*a* que** yo.
Mi pel*o* es **(mucho) más rizad*o* que** el pelo de mis hermanos.
Mi hermano tiene **(much*as*) menos pec*as* que** yo.

Don't forget that adjectives must agree with the person or thing they describe.

ⓆⓤⒾⒶ ACTIVIDAD E ¿Cuál es?

Paso 1   Indica qué oraciones se te aplican.

1. a. Soy más alto/a que mi padre (hermano, abuelo, tío, etcétera).
   b. Soy menos alto/a que mi padre (hermano, abuelo, tío, etcétera).
   c. Somos de la misma estatura.

2. a. Soy más alto/a que mi madre (hermana, abuela, tía, etcétera).
   b. Soy menos alto/a que mi madre (hermana, abuela, tía, etcétera).
   c. Somos de la misma estatura.

Paso 2   ¿Hay diferencias entre los hombres y las mujeres de la clase? ¿Suelen ser todos más altos que su madre o sólo los hombres son más altos? ¿Y en comparación con su padre?

ACTIVIDAD F Las parejas

Paso 1 Utilizando los adjetivos a continuación, haz unas comparaciones entre tu mamá y tu papá, tu abuelo y tu abuela, tu tío y tu tía, etcétera. Puedes sustituir un adjetivo, pero debes usar por lo menos dos de la lista.

cómico/a   delgado/a   extrovertido/a   optimista*

Paso 2 Como clase compartan (*share*) sus comparaciones. Con la información compartida, ¿pueden decir si todos están de acuerdo con lo siguiente?

En un matrimonio, los opuestos se atraen (*attract each other*).

VOCABULARIO

¿Nos parecemos?

Talking About Family Resemblances

Twins and triplets may be identical, but most of the time brothers and sisters have only some similar physical characteristics. To talk about whether two people resemble each other, the verb **parecerse** is used.

Juan y Roberto **se parecen.**	*Juan and Roberto look like each other.*
Mi hermana y yo **nos parecemos.**	*My sister and I look like each other.*
Me parezco a mi padre.	*I look like my father.*

You can also use the adjective **parecido/a** with the verb **ser** to describe resemblances and similarities.

Mi hermana y mi madre **son** muy **parecidas.**	*My sister and my mother are very similar (much alike).*
Soy muy **parecido** a mi padre.	*I'm very much like my father.*

Así se dice

Remember, don't mistake the pronouns **me, te, se,** and **nos** as subject pronouns! For example, the **nos** of **nos parecemos** does not mean *we;* rather, **nosotros** means *we* as does the ending **-mos** on the verb. Likewise, **me** does not mean *I,* **se** does not mean *he/she,* and so on. Compare:

(Nosotros) Nos parecemos.
We look alike.

(Él) Se parece a su madre.
He looks like his mother.

Julio Iglesias y su hijo Enrique. Los dos son cantantes (singers). ¿En qué más se parecen?

---

*Adjectives ending in **-ista** do not change according to gender. However, they do for number. Ell**os** son muy optimist**as.**

ACTIVIDAD G ¿Es verdad?

¿Cuál de las siguientes oraciones describe tu situación?

Sobre tus hermanos

1. ☐ Mi(s) hermano(s) y yo nos parecemos.

2. ☐ Me parezco sólo a uno de mis hermanos.

3. ☐ No me parezco a ninguno de mis hermanos.

4. ☐ No tengo hermanos.

Sobre tus padres

5. ☐ Me parezco a mi padre.

6. ☐ Me parezco a mi madre.

   ☐ Tengo algunas características de mi padre y otras de mi madre.

   ☐ No me parezco ni a mi madre ni a mi padre.

Sobre tus otros parientes (hijos, abuelos, etcétera)

7. Mi _____ y yo nos parecemos.

8. Mi _____ se parece más a _____.

ACTIVIDAD H Mi familia y yo

Trae (*Bring*) a la clase una fotografía de un miembro de tu familia. ¿Pueden identificar a la persona de tu fotografía tus compañeros de clase?

MODELO   **ESTUDIANTE:** La persona de la foto es el padre (el hermano, la madre, etcétera) de Jane porque se parecen.
           PROFESOR(A): ¿En qué se parecen?
           ESTUDIANTE: Los dos tienen los ojos azules y...

ACTIVIDAD I Los hispanos hablan

Paso 1 Lee **Los hispanos hablan** y contesta las preguntas.

1. Según otras personas, ¿con quién comparte Inma más rasgos físicos?

2. Según Inma, ¿a quién se parece en cuanto a su carácter?

Los hispanos hablan

¿A quién de tu familia te pareces más?

NOMBRE: Inma Muñoa

EDAD: 30 años

PAÍS: España

«Mis padres y yo nos parecemos bastante. Físicamente dicen que me parezco más a mi madre pero no lo sé. Tal vez sí, tal vez no. De manera de ser, de personalidad, creo que me parezco más a mi padre. Veo cosas más comunes con él. Por ejemplo... »

Los hijos son la imagen de sus padres

Paso 2 Ahora mira el segmento completo. Luego contesta las siguientes preguntas. (Nota: **tiene mal genio** = *has a bad temper*)

1. Inma menciona dos características de la personalidad de su padre. Apúntalos aquí: Él es _____ y también _____.

2. ¿Qué hace la madre de Inma que ella también hace a veces?

3. Según lo que dice Inma de su hermana, completa la siguiente oración: Inma y su hermana _____ pero no _____.

Paso 3 De las cosas que Inma menciona, ¿cuántas se te aplican a ti?: **callado/a, gregario/a, hablador(a), serio/a, protestar mucho/poco, tener mal genio, tener mucha paciencia.**

VISTAZOS II · Otras características

VOCABULARIO

¿Cómo es? (II)

More on Describing People

En muchos cuentos de hadas (*fairy tales*) el príncipe es **guapo, delgado** y **joven.**

En cambio, el gnomo suele ser **feo, gordo** y **viejo.**

Vocabulario útil

aventurero/a	adventurous	reservado/a	
cómico/a		retraído/a	reclusive
extrovertido/a		serio/a	
feliz	happy	tímido/a	shy
gregario/a		triste	sad

ACTIVIDAD A ¿De quién hablo?

Escucha el adjetivo que menciona tu profesor(a). ¿A quién de los siguientes personajes describe? Basa tu respuesta en la película *Blanca Nieves* (*Snow White*) de Disney.

a. Blanca Nieves
b. Doc y Happy (dos enanos [*dwarfs*])
c. la Bruja (*the Witch*)
d. el Príncipe

1... 2... 3... 4... 5... 6... 7... 8... 9... 10...

ACTIVIDAD B Descripciones famosas

Usando el nuevo vocabulario, da unos adjetivos para describir a estos parientes famosos.

1. Martin y Charlie Sheen
2. Bill y Chelsea Clinton
3. Julio y Enrique Iglesias
4. ¿ ?
5. ¿ ?

Lección 5 ¿A quién te pareces?

ACTIVIDAD C Características familiares

Paso 1 Prepara una breve descripción, basándote en los modelos a continuación. La idea es ver si tienes algo en común con los miembros de tu familia en cuanto a la personalidad.

MODELOS   En mi familia nadie es tímido. Todos somos extrovertidos. Hablamos mucho y nos gusta estar con otras personas.

   o

En mi familia algunos son reservados y otros no. Por ejemplo, mi papá es un poco reservado pero mi mamá es gregaria y aventurera. Yo no soy muy aventurero pero me parezco más a mi mamá.

Paso 2 Ahora comparte tu descripción con la clase. Después decidan todos si están de acuerdo con la siguiente oración.

De tal palo, tal astilla.   *Like father, like son.*

GRAMÁTICA

¿Cómo está?

Describing People's Physical or Mental State

pg. 118

You have learned that **ser** is used to describe inherent physical or personality traits—or at least a trait that the speaker views as a definitive characteristic of the person. Many of the same adjectives can be used with **estar** to express some kind of change from what is expected or what is viewed as inherent. Note that English sometimes uses a verb other than *to be* to indicate this change from what is expected.

Paco *ser* **es** gregario. Hoy **está** *estar* un poco reservado.
Paco is gregarious (by nature). Today he's (he seems) a bit reserved.

Mi tío bajó (*lost*) 30 kilos. ¡Está muy delgado!
My uncle lost 30 kilos. He looks so thin!

—Ángela, ¿qué te pasa? **Estás** muy **seria.**

When someone uses the adjective **guapo/a** with **estar,** the normal meaning is that the person described looks nice or looks better than ever and not that the person is necessarily ugly by nature.

Don't get confused thinking that **ser** implies *permanent* or that **estar** implies *temporary.* A change can be temporary *or* permanent. The matter here is the speaker's expectations and concept of the way the person (or thing) is supposed to be. Twenty years after losing 100 pounds and keeping it off, someone could say to another person:

Todavía (*Still*) estás muy delgado. ¿Cómo lo haces?

(You will learn more about this use of **estar** in later lessons.) *pg. 170, 210, 261*

ACTIVIDAD D ¿Esperado o inesperado?° *Expected or unexpected?*

Escucha las oraciones que dice tu profesor(a) mientras describe a un amigo. Indica si la descripción representa algo esperado o inesperado.

1...   2...   3...   4...   5...   6...

Quia ACTIVIDAD E Correspondencias

En la columna A aparecen unas oraciones que una persona le dice a otra. Escoge de la columna B la respuesta más lógica para cada oración. Sé cortés. (*Be polite.*)

A	B
1. ____ ¡Estás muy guapo!	**a.** ¡Qué va! Te ves bien. (*No way! You look good.*)
2. ____ Estás un poco retraído.	**b.** ¿Por qué? ¿Qué pasó?
3. ____ Estoy fea.	**c.** Gracias.
4. ____ Estoy muy feliz.	**d.** Tengo un examen mañana y mucha tarea también.

COMUNICACIÓN

ACTIVIDAD F ¿Cuándo cambia tu personalidad?

Paso 1 Utilizando el modelo, escribe unas oraciones sobre cómo eres y cómo cambia tu personalidad en ciertas situaciones. Si prefieres, puedes hablar de un hermano (una hermana), tu mamá, tu papá, un tío (una tía), etcétera.

> **MODELO** en una situación formal →
> Normalmente soy cómico. Pero en una situación formal, estoy muy serio.

1. con buenos amigos   **4.** en clase

2. en público   **5.** en una entrevista (*interview*)

3. en una fiesta   **6.** en una primera cita (*date*)

Paso 2 Ahora comparte tus descripciones con la clase. ¿Hay semejanzas en la clase?

GRAMÁTICA

¿La conoces?

Talking About Knowing Someone

pg. 10 You have already encountered the verb **saber** to express something like *to know*. Remember that **saber** is restricted in use to expressing the concept of knowing something such as a fact or knowing that something has happened, will happen, and so on.

1st pers.
> **Sé** que mi profesor habla español.
> Todos **sabemos** el número de teléfono del profesor, ¿no?
> ¿No **sabes** si viene Tomás?

The verb **conocer** also translates into English as *to know* but means a different kind of knowing. This verb is used when talking about knowing *pg. 195* a person (as in having <u>met</u> that person, having read about that person, and so on). It can also be used to talk about *being familiar with* a place or thing.

> **Conozco** bien a mis compañeros de clase pero no **conozco** bien al profesor.
> ¿**Conoces** San José? Es muy lindo.
> No **conozco** la música de Shakira. ¿Es buena?

—¿**Conoces** a Elena?
—Sí, pero no muy bien. ¿Por qué?

Saber is used to talk about people only when expressing knowledge of information about a person.

No **sé** si Jaime es inteligente o no. De hecho (*In fact*), no **sé** mucho de Jaime.

Sé muy poco de los Gómez. ¿Dónde viven?

ACTIVIDAD G ¿Sabemos o conocemos?

Indica si cada oración debe comenzar por **Sabemos** o **Conocemos.** Luego indica si la oración es cierta (C) o falsa (F) para la clase.

	C	F
1. _____ que muchos de esta clase viven en apartamentos.	☐	☐
2. _____ bien el sistema universitario.	☐	☐
3. _____ al presidente (a la presidenta) de la universidad.	☐	☐
4. No _____ si Jennifer López es puertorriqueña o cubana.	☐	☐
5. No _____ nada de las películas de George Lucas.	☐	☐
6. _____ bastante bien el libro *Vistazos*.	☐	☐

ACTIVIDAD H ¿Conoces bien a todos?

Paso 1 ¿Conoces bien a todos tus compañeros de clase? Si no, escoge a una persona que no conoces muy bien y hazle preguntas sobre los siguientes temas.

COMUNICACIÓN

◆ el tamaño (*size*) de su familia   ◆ algo de su personalidad

◆ si prefiere los perros o los gatos

Paso 2 Ahora escribe un breve párrafo sobre esta persona. Uno o dos voluntarios va a leer su párrafo a la clase.

MODELO   Yo hablé con _____. Ahora lo conozco un poco mejor. Por ejemplo, ahora sé que _____. También _____.

VISTAZOS III · Más sobre las relaciones familiares

GRAMÁTICA

¿Te conoces bien?

True Reflexive Constructions

me	despierto	nos	despertamos
te	despiertas	os	despertáis
se	despierta	se	despiertan
se	despierta	se	despiertan

Cuando un perro **se mira** en el espejo (*mirror*), ¿comprende que no es otro perro?

pg.109-11 In **Lección 4,** you learned about objects and object pronouns. These are relatively easy concepts to understand, and objects and object pronouns aren't difficult to distinguish from subjects. But what if subjects *pg.276* and objects refer to the <u>same person or persons</u>? For example, with the verb *to see,* a person can either *see someone else* or can go to a mirror and *see himself or herself* in the reflection. The second type of construction is called a true reflexive.

Any verb that can have an object can be reflexive. To make a verb reflexive, English often uses a pronoun with *-self* or *-selves* (*myself, yourselves,* and so forth). Spanish simply uses the regular object pronouns for first and second person (singular and plural), and the special pronoun **se** for third person.

Comprendo a mi hermanito.	*I understand my little brother.*
Me comprendo.	*I understand myself.*
Juan mira a María.	*Juan looks at María.*
Juan **se** mira.	*Juan looks at himself.*

pg.31 In **Unidad 1,** you learned some reflexive verbs, including **levantarse** and **despertarse.**

(Yo) **Me levanto** muy temprano.
(Tú) **Te despiertas** a las 6.00 todos los días.
(Ud.) **Se levanta** temprano los fines de semana.
(Él/Ella) **Se acuesta** tarde.
(Nosotros/as) **Nos despertamos** a las 7.30.
(Uds.) **Se acuestan** bastante temprano.
(Ellos/Ellas) **Se levantan** rápidamente.

Levantar literally means *to raise,* so when you say **Me levanto temprano** you are literally saying *I raise me* (i.e., *myself*) *early.* **Acostar** actually means *to put to bed.* When you say **María se acuesta** you are saying *María puts herself to bed.* Knowing that **despertar** means *to awaken* or *to wake up,* how does **Nos despertamos a las 7.30** literally translate in English? You're right if you said *We wake ourselves up at 7:30.*

The reflexive verbs you learned in **Unidad 1** can also be used nonreflexively when the subject and object are not the same. For example, María can wake (herself) up or she can wake up her mother.

María **se despierta.**
María **despierta a su mamá.**

María can also wake (herself) up or someone else can wake her up.

María **se despierta.**
El papá **despierta a María.**

In the activities that follow, pay attention to how the pronoun **se** indicates a reflexive action or event.

ACTIVIDAD A ¿Acciones reflexivas?

Indica cuál de las opciones capta mejor la idea principal, en cada caso.

1. Marcos tiene muy buena opinión de su primo Roberto. Considera que Roberto es un joven modelo. Marcos...

   a. ☐ admira a otra persona. **b.** ☐ se admira.

2. Dolores es una persona interesante. Sabe muy bien cuáles son sus puntos fuertes y cuáles son sus puntos vulnerables. Sabe lo que quiere de la vida y cómo lograrlo (*to achieve it*). Dolores...

a. ☐ conoce bien a otra persona. **b.** ☐ se conoce bien.

3. A Federico no le gusta su compañero de cuarto Rodolfo. Según Federico, Rodolfo no tiene ninguna cualidad buena. Federico...

a. ☐ detesta a otra persona. **b.** ☐ se detesta.

4. A Elena le gusta leer los libros de Carl Sagan. Cree que era un hombre muy inteligente y que sus ideas son muy interesantes. Elena...

a. ☐ respeta a otra persona. **b.** ☐ se respeta.

5. Mi tío Gregorio siempre habla solo. Y lo más interesante es que contesta sus propias preguntas. Mi tío...

a. ☐ habla con otra persona. **b.** ☐ se habla.

⟨Quia⟩ ACTIVIDAD B Correspondencias

COMUNICACIÓN

Paso 1 Indica si las siguientes oraciones son ciertas (C) o falsas (F) para ti.

	C	F
1. Me miro mucho en el espejo.	☐	☐
2. Me escribo notas para recordar cosas.	☐	☐
3. Me hablo constantemente.	☐	☐
4. Me adapto fácilmente a situaciones nuevas.	☐	☐
5. Me ofrezco como voluntario para todo.	☐	☐
6. Me expreso bien.	☐	☐
7. Me impongo límites en cuanto a lo que gasto cada mes.	☐	☐

Paso 2 Con un compañero (una compañera), haz la correspondencia de cada acción reflexiva de la columna A con una conclusión de la columna B.

A	B
Si alguien...	...podemos concluir que...
1. se habla constantemente	**a.** está loco.
2. se mira mucho en el espejo	**b.** tiene mucho tiempo libre.
3. se escribe notas todo el tiempo	**c.** es flexible.
4. se ofrece como voluntario para todo	**d.** es responsable.
5. se adapta fácilmente a situaciones nuevas	**e.** maneja muy bien el lenguaje.
6. se expresa bien	**f.** es narcisista.
7. se impone (*imposes*) límites en cuanto a lo que gasta cada mes	**g.** tiene mala memoria.

Paso 3 Compara lo que indicaste en el **Paso 2** con las acciones y las conclusiones del **Paso 1**. ¿Crees que tus respuestas reflejan bien algo de tu personalidad?

Así se dice

Many typical daily actions, such as **acostar, afeitar** (*to shave*), **levantar,** and **despertar,** are reflexive constructions in Spanish. In English they are usually expressed without the *-self* or *-selves.* Note the contrastive situations below.

bañar (*to bathe*)

Me baño todos los días.
I bathe (*take a bath*) *every day.*

Baño a mi perro una vez al mes.
I bathe my dog (*give my dog a bath*) *once a month.*

GRAMÁTICA

¿Se abrazan Uds.?

plural

(nosotros/as)	nos comprendemos
(vosotros/as)	os comprendéis
(Uds.)	se comprenden
(ellos/ellas)	se comprenden

In addition to Spanish reflexive constructions that have English equivalents with *-self* or *-selves*, reflexive constructions in Spanish can express a reciprocal action, that is, when two or more people do something *to each other*.

Los niños **se miran.**	*The children look at each other.*
Los hombres no **se escuchan.**	*The men don't listen to each other.*
¿Nos conocemos?	*Do we know each other?*

What do you think the underlined portion of the following sentence means?

Mi hija y mi esposa <u>no se comprenden</u>. ¿Qué voy a hacer?

The underlined part of the sentence expresses that the speaker's daughter and wife do not understand each other.

Context will usually help you determine whether a third person plural reflexive construction is reciprocal or means *-selves*.

🔵 ACTIVIDAD C ¿En qué orden?

Indica el orden (del 1 al 6) en que pasan las acciones en cada situación. Luego compara lo que escribiste con lo que escribió otro compañero (otra compañera).

María y Silvia son dos primas. Hace varias semanas que no tienen contacto la una con la otra. Pero un día...

_____ se abrazan.
_____ se despiden (*they say good-bye*).
_____ se hablan un rato.
_____ se llaman al día siguiente.
_____ se saludan.
_____ se ven.

Así se dice

Although the verb **llevar** usually means *to carry*, the reflexive form of **llevar** is used to express the concept of getting along with someone.

Me llevo bien con toda mi familia.
I get along well with everyone in my family.

Mi padre **no se lleva bien** con su padre, mi abuelo.
My father doesn't get along well with his father, my grandfather.

Llevarse bien/mal can also be used to express a reciprocal action.

Mis padres y yo **nos llevamos** muy bien.
My parents and I get along well (with each other).

ACTIVIDAD D ¿Sabías que... ?

Paso 1 Lee la selección **¿Sabías que... ?** que aparece a continuación. ¿Es la costumbre descrita (*described*) típica de este país? ¿Cómo se saludan los amigos de tu edad en tu grupo?

Paso 2 Lee la selección de nuevo (*again*) y subraya (*underline*) todos los verbos que representan acciones recíprocas. Compara tu trabajo con el de un compañero (una compañera) o con la clase. Luego di cuál sería (*would be*) la frase que le corresponde en inglés a cada frase subrayada. ¿Siempre se dice *each other* en inglés al referirse a una acción recíproca?

¿Sabías que...

el contacto corporal entre los hispanos es mayor que entre los de ascendencia anglosajona? En España, por ejemplo, al saludarse y al despedirse dos personas, frecuentemente se besan ligeramente[a] en las mejillas. Esto es típico sobre todo entre dos mujeres y entre una mujer y un hombre pero no es costumbre entre los hombres. El beso es doble; es decir, las dos personas se besan en las dos mejillas. Frecuentemente, cuando se besan, las dos personas también se abrazan. Además, las dos personas no tienen que ser parientes ni amigos íntimos para besarse cuando se saludan.

En otras partes del mundo hispánico, es más común darse un solo beso. Abrazarse o no es cuestión de preferencia individual. Si visitas un país de habla española, deberías[b] observar cómo se saludan y se despiden las personas cuando se encuentran en la calle. Si no comprendes o no tienes oportunidad de observar estas costumbres, ¡pregúntaselo a una persona nativa del lugar que visitas![c]

[a]se... *they kiss lightly* [b]*you should* [c]¡pregúntaselo... *ask a native resident about it!*

Dos estudiantes se saludan en Madrid, España.

ACTIVIDAD E Una comparación

Paso 1 Indica si cada acción es típica o no en tu familia. Puedes añadir (*add*) otra acción si quieres.

En mi familia...

	SÍ	NO
1. nos abrazamos cuando nos vemos.	☐	☐
2. nos besamos cuando nos vemos.	☐	☐
3. nos saludamos por la mañana.	☐	☐
4. nos llamamos mucho por teléfono.	☐	☐
5. nos apoyamos (*support emotionally*).	☐	☐
6. nos comprendemos bien.	☐	☐
7. ¿ ?	☐	☐

Paso 2 Utilizando las ideas del **Paso 1,** formula preguntas para hacerle una entrevista a un compañero (una compañera). Luego entrevista a esa persona.

> MODELO En tu familia, ¿se abrazan Uds. cuando se ven?

Paso 3 Escribe un breve párrafo en el que comparas a tu familia con la de tu compañero/a.

ACTIVIDAD F ¿Se llevan bien?

Paso 1 Lee la explicación **Así se dice** que aparece en la página 127. Luego indica si estás de acuerdo o no con cada declaración a continuación.

	SÍ	NO
1. Las madres y las hijas se llevan mejor que (*better than*) los padres y las hijas.	☐	☐
2. Los padres y los hijos se llevan mejor que las madres y los hijos.	☐	☐
3. Los hermanos se llevan mejor cuando son pocos, por ejemplo, dos o tres.	☐	☐

Paso 2 Toda la clase va a compartir sus experiencias personales. Alguien debe tomar apuntes en la pizarra (*chalkboard*).

> MODELO En mi familia, todos se llevan bien. Mi madre y mis hermanos se llevan bien...

Paso 3 Ahora, ¿qué cree la clase en cuanto a las afirmaciones del **Paso 1**? ¿Estás tú de acuerdo con tus compañeros/as?

Nota comunicativa

A good way to keep a conversation going (and to hear more Spanish!) is to inquire what the other speaker thinks or how the topic relates to him or her. You can do this in a number of ways.

Y tú, ¿qué crees? *or*
Y Ud., ¿qué cree?

¿Qué crees tú? *or*
¿Qué cree Ud.?

¿Qué te parece? *or*
¿Qué le parece a Ud.?

¿Cómo lo ves tú? *or*
¿Cómo lo ve Ud.?

believe

resemble?

see

OBSERVACIONES

Hay un refrán (*saying*) en español que dice: «De tal palo, tal astilla». Es más o menos como el refrán en inglés «*A chip off the old block*» o «*Like father, like son*». ¿A cuántas personas conoces tú que son muy parecidas a uno de sus padres con respecto a la personalidad?

→ pg 211

INTERCAMBIO

¿Cómo son?

Propósito: preparar una descripción de un compañero (una compañera) y un miembro de su familia para contestar dos preguntas.

Papeles: las dos personas hablan y escuchan; una debe apuntar lo que dice la otra.

Paso 1 En esta actividad vas a entrevistar a un compañero (una compañera) para contestar dos preguntas.

1. ¿A quién de su familia se parece más tu compañero/a? ¿En qué sentido?

2. ¿Hay acciones que indican si son muy unidos/as o no? ¿Cuáles son?

Piensa en las preguntas que puedes hacerle para poder contestar estas preguntas. Por ejemplo: «¿Eres tímido/a o extrovertido/a? ¿Quién de tu familia es como tú?» o «¿Se llaman Uds. mucho por teléfono? ¿Se llevan bien?»

Paso 2 Entrevista a tu compañero/a y hazle las preguntas. Apunta toda la información relevante a las preguntas del **Paso 1.**

Paso 3 Con la información obtenida en el **Paso 2,** contesta cada pregunta del **Paso 1** con unas 50 palabras (100 en total). Prepárate bien por si acaso (*just in case*) el profesor (la profesora) te pide que hagas (*asks you to make*) una presentación oral.

MODELOS   Juan y su papá se parecen mucho. Los dos son gregarios y nada tímidos. Son aventureros también. Es evidente que son muy unidos. Se abrazan cuando se ven. Se hablan por teléfono cada semana...

     o

Juan no se parece mucho a sus hermanos. Sus hermanos son más altos que él. También son más reservados. Pero son bastante unidos...

Nota comunicativa

You can get someone else to reveal more details about a particular subject by following up with some simple questions.

¿Cómo?
How so?

¿En qué sentido?
In what sense?

¿De qué manera?
In what way?

VOCABULARIO COMPRENSIVO

Características
físicas
la cara
  las mejillas
  el mentón
  la nariz
  las orejas
  las pecas
la estatura
  alto/a
  bajo/a
  de estatura mediana
los ojos
  azules
  castaños
  verdes
el pelo
  calvo
  canoso
  lacio
  moreno
  negro
  (pelirrojo
  rizado
  rubio
los rasgos

Physical
Characteristics
face
  cheeks
  chin
  nose
  ears
  freckles
height
  tall
  short
  of medium height
eyes
  blue
  brown
  green
hair
  bald
  gray
  straight
  dark
  black
  red-headed)
  curly
  blond
traits (*usually facial features*)

delgado/a — thin
feo/a — ugly
gordo/a — fat
guapo/a — good-looking
joven — young
moreno/a — dark-skinned
viejo/a — old

¿De qué color es/son... ? — What color is/are . . . ?
¿De qué estatura es? — What height is he/she?

Características de
la personalidad
feliz
retraído/a
triste

Personality Traits

happy
solitary, reclusive
sad

Cognados: aventurero/a, extrovertido/a,
gregario/a, reservado/a, serio/a (R), tímido/a

Para dar opiniones
asegurar
conocer (conozco) (R)
creer
opinar

parecer (parezco)
pensar (ie) (R)
saber (*irreg.*) (R)
es... *ser*
  cierto
  cosa sabida
  evidente
  indudable
  obvio
está claro *estar*

Giving Opinions
to assure
to be acquainted with
to believe
to think, have the
  opinion
to seem, *appear*
to think
to know (a fact)
it is . . .
  certain
  a known fact
  evident
  without a doubt
  obvious
it's clear

Otras palabras y
expresiones útiles
grande
parecido/a

abrazar
adaptar
afeitar
apoyar
bañar

besar
comprender
describir
despedir (i, i)
imponer (*irreg.*)
llevar
llevarse bien/mal
mantener (*irreg.*)
parecerse (me parezco)
saludar

big
similar

to hug
to adapt, adjust
to shave (*someone*)
to support (*emotionally*)
to bathe (*someone or
  something*)
to kiss
to understand
to describe
to say good-bye
to impose
to carry
to get along well/poorly
to support (*financially*)
to resemble, look like
to greet

¿Cómo es?

más alto/a (que)
menos grande (que)
el/la más alto/a (de)
el/la menos grande (de)

What Does He/She
Look Like?
taller (than)
smaller (than)
the tallest
the smallest

LECCIÓN 6

Check out the following media resources to complement this lesson of *Vistazos*:

 ■ **Online Textbook and Manual**

 ■ **Online Learning Center**

■ **Interactive CD-ROM**

 ■ **Video on CD**

¿Y el tamaño de la familia?

In this lesson, you'll explore how families used to be and how they are now. You will

◆ consider how families used to be compared to how they are now

◆ learn numbers 30–199 in order to talk about ages and decades

◆ learn numbers 200–1999 in order to talk about dates and centuries

◆ begin to use the imperfect tense

◆ learn to make comparisons of equality

◆ learn to use the progressive with **estar**

 Before beginning this lesson, look over the **Situación** activity on page 143. This is the activity you will be working toward throughout the lesson.

Un matrimonio (married couple) *español de hoy día no tiene una familia tan grande como la que tenían sus abuelos.*

VOCABULARIO

¿Qué edad?

Numbers 30–199 and Talking About People's Age

30	**treinta**
40	**cuarenta**
50	**cincuenta**
60	**sesenta**
70	**setenta**
80	**ochenta**
90	**noventa**
100	**cien**
31	**treinta y uno**
32	**treinta y dos**
101	**ciento uno**
102	**ciento dos**
120	**ciento veinte**

tener... años
  to be . . . years old

*¿Quién **tiene** más o menos **cuarenta años** en la fotografía? ¿Quién **tiene** **sesenta años** o más?*

 ACTIVIDAD A ¿Qué número?

Escucha los números que dice el profesor (la profesora). Escribe las cifras (*numbers*) apropiadas.

> MODELO **PROFESOR(A):** Treinta y cinco
> **ESTUDIANTE:** 35

1...   2...   3...   etcétera

 ACTIVIDAD B Más números

Sin mirar los números de arriba (*above*), lee cada número a continuación y escribe las cifras correctas. Compáralas con las de otra persona en la clase.

1. _____ cincuenta y cinco
2. _____ noventa y ocho
3. _____ setenta y seis
4. _____ cuarenta y nueve
5. _____ ciento cincuenta y cuatro

ACTIVIDAD C Edades

COMUNICACIÓN

Paso 1 Entrevista a otra persona de la clase para saber la edad de sus padres. Si la persona indicada ya murió, escribe **ya murió.**

Paso 2 Comparen los resultados obtenidos por todos los estudiantes de la clase.

1. ¿Quién de la clase tiene el padre más viejo?

2. ¿Quién tiene la madre más vieja?

3. ¿Quién tiene la madre más joven?

4. ¿Quién tiene el padre más joven?

ACTIVIDAD D ¿Sabías que... ?

Paso 1 Lee la selección **¿Sabías que... ?** Después, contesta las siguientes preguntas.

1. ¿En dónde se vive más años de vida saludable, ¿en España, Cuba o los Estados Unidos?

2. ¿Cuántos años de vida saludable pierde (*loses*), más o menos, la persona típica en España?

Paso 2 ¿Llevan una larga vida las personas de tu familia? Habla con tus padres o abuelos y luego reporta su respuesta a la clase.

¿Sabías que...

Guadalupe, España

en España se vive más? Según los nuevos datos, la esperanza de vida[a] en España es de 78,1 años, mientras que en los Estados Unidos es menos: 76,6 años. Sin embargo, los nuevos cálculos de la Organización Mundial de la Salud[b] ofrecen un nuevo tipo de dato: esperanza de vida saludable.[c] Con este cálculo, se establece el número de años que una persona puede esperar vivir en buena salud. En España esta cifra es de 72,8 años, mientras que en los Estados Unidos es de 70 años. En Latinoamérica, el país con mayor esperanza de vida saludable es Cuba: 68,4 años. ¿Y cuál es el país de mayor esperanza de vida saludable en el mundo? El Japón, con unos 74,5 años.

[a]esperanza... *life expectancy* [b]Organización... *World Health Organization* [c]*healthy*

VOCABULARIO

¿En qué año... ?

Numbers 200–1999 and Expressing Years

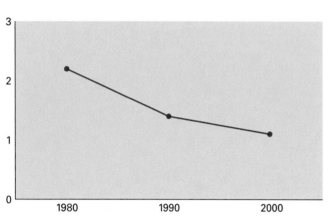

Cada vez menos hijos

En sólo dos décadas, el
número de hijos por mujer en España
desciende el 50% del 2,2 al 1,1.

NÚMERO DE HIJOS POR MUJER

Fuente: Instituto Nacional de Estadística de España

200	**doscientos**
300	**trescientos**
400	**cuatrocientos**
500	**quinientos**
600	**seiscientos**
700	**setecientos**
800	**ochocientos**
900	**novecientos**
1000	**mil**
1850	**mil ochocientos cincuenta**
1999	**mil novecientos noventa y nueve**

Así se dice

A tricky aspect of expressing hundreds in Spanish is that they must agree in gender and number with the noun they modify. Don't be too concerned about this detail. For now, just be aware of it!

doscient**os hombres**
doscient**as mujeres**
mil quinient**os** y **un**
        perros
mil quinient**as** y **una**
        universidades

Vocabulario útil

la década
    la década de los 90
la época
    una época anterior

el siglo *century*
    el siglo pasado
    el siglo XX

 ACTIVIDAD E ¿Qué siglo?

Escribe el año que oyes. Luego, indica a qué siglo le corresponde.

1. ____	**a.** el siglo XV	**b.** el siglo XVI
2. ____	**a.** el siglo XVIII	**b.** el siglo XVII
3. ____	**a.** el siglo XIII	**b.** el siglo XIV
4. ____	**a.** el siglo XIX	**b.** el siglo XX
5. ____	**a.** el siglo XVII	**b.** el siglo XVI

ACTIVIDAD F Fechas° históricas   *Dates*

Paso 1 ¿Qué sabes o recuerdas de la historia del mundo hispano? Escribe los años que lee el profesor (la profesora).

1. ____	**4.** ____
2. ____	**5.** ____
3. ____	**6.** ____

Paso 2 Haz la correspondencia entre los años del **Paso 1** y los acontecimientos (*events*) históricos a continuación.

a. Cristóbal Colón llegó a América.
b. Guerra entre México y los Estados Unidos. El territorio desde Texas
hasta California pasó a manos (*hands*) norteamericanas.
c. Empezó la Revolución Mexicana.
d. Los moros invadieron España donde permanecieron (*they remained*)
hasta el siglo XV.
e. Guerra entre España y los Estados Unidos. Cuba, Puerto Rico, las
Islas Filipinas y otros territorios pasaron a manos norteamericanas.
f. Se publicó la primera parte de la novela de Miguel de Cervantes *El
ingenioso hidalgo don Quijote de la Mancha.*

Consejo práctico

Numbers are often difficult to learn in another language. For added practice, you
might consider the following ideas.

◆ Write out in Spanish telephone numbers you frequently call (**tres, cincuenta
y cinco, sesenta y uno, noventa y cuatro** for 355-6194) and keep these by
your phone. Then when you dial a number, say it in Spanish as you dial.

◆ Before doing homework, write out or say out loud in Spanish the number
of pages you have to read, what pages you have read, and so forth.

◆ If you are a sports fan, keep track of players' numbers, final scores of a
game, and so forth, in Spanish.

Doing this will greatly improve your ability to learn numbers in Spanish!

ACTIVIDAD G Datos biográficos

COMUNICACIÓN

Algunas personas (voluntarias) les dicen a los miembros de la clase
cuántos años tienen. La clase debe decir en qué año nació cada persona.
¿Pueden Uds. adivinar en qué año nació el profesor (la profesora)?

GRAMÁTICA

¿Está cambiando?

present participle

The Present Progressive

In Spanish, the verb **estar** can be used with a special verb form to
express the present progressive (e.g., *He is working. I am reading. The
world is changing.*) In Spanish, this special verb form always ends in
-ando or **-iendo.**

ir → yendo
creer → creyendo

| El mundo está **cambiando.** | *The world is changing.* |
| Graciela está **comiendo.** | *Graciela is eating.* |

With verbs such as **creer, leer,** and **huir** (*to flee*) in which a vowel
precedes the **-er** or **-ir** ending, **-yendo** is used to keep from having
three vowels together.

El gato está **huyendo.**	*The cat is fleeing.*
Ramón está **leyendo.**	*Ramón is reading.*

The present progressive is used only to express an action or event that is in progress. It can never be used as in English to express future meaning, in which case the simple present tense is used.

Raquel **está saliendo.**	*Raquel is leaving (right now).*
Raquel **sale** mañana.	*Raquel is leaving tomorrow.*

Unlike English, Spanish can also use the simple present tense to represent actions in progress of a more durative nature.

¿Qué **haces** estos días?	*What are you doing these days?*
Trabajamos más que nunca.	*We are working harder than ever.*

Quia **ACTIVIDAD H** ¿Qué están haciendo?

Indica qué están haciendo las siguientes personas en este momento.

En este momento...

1. mi mamá (abuela, tía, etcétera) está _____.
2. mi papá (abuelo, tío, etcétera) está _____.
3. mi hermano/a (primo/a, hijo/a, etcétera) está _____.
4. mi mejor amigo/a está _____.
5. mi profesor(a) de español está _____.
6. mi vecino/a (*neighbor*) está _____.

a. comiendo algo
b. durmiendo
c. escribiendo algo
d. leyendo algo
e. preparando algo para comer
f. trabajando
g. viendo la televisión
h. ¿ ?

Quia **ACTIVIDAD I** ¿Cómo está cambiando la sociedad?

Indica cuál es la respuesta más probable para cada pregunta. Luego compara tus selecciones con un compañero (una compañera) o con la clase.

1. ¿Está cambiando la cantidad de trabajo? Sí, ahora trabajamos _____.
   a. más   b. menos

2. ¿Están cambiando las familias? Sí, son más _____ que antes.
   a. grandes   b. pequeñas

3. ¿Está cambiando el papel de las mujeres? Sí, ahora son _____ independientes que antes.
   a. más   b. menos

4. ¿Está cambiando el papel del hombre? Sí, hay _____ padres solteros.
   a. más   b. menos

5. ¿Está cambiando el nivel de educación? Sí, hay más personas que _____.
   a. obtienen (*obtain*) diplomas universitarios
   b. no terminan sus estudios secundarios

ACTIVIDAD J En estos días...

Paso 1 Escribe tres cosas sobre tu vida actual, siguiendo el modelo.

MODELO En estos días estoy comiendo más de lo normal.

Paso 2 Busca a una persona que tenga* por lo menos *dos* de las mismas acciones. Luego reporta a la clase lo que tienen en común.

ACTIVIDAD K Los hispanos hablan

Paso 1 Lee lo que dice Zoe Robles sobre el tamaño de su familia y compara lo que dice con la siguiente oración. ¿Es típica la familia de Zoe?

Por lo general (*Generally speaking*), las familias hispanas son más grandes que las familias norteamericanas.

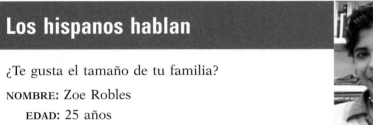

Los hispanos hablan

¿Te gusta el tamaño de tu familia?

NOMBRE: Zoe Robles

EDAD: 25 años

PAÍS: Puerto Rico

«Mi familia —mi familia es pequeña. Somos cuatro personas solamente: una mamá, mi papá, un hermano mayor que yo por cuatro años y yo, que soy la hija menor. Mi familia es bastante pequeña. Solamente cuatro personas. Es bastante pequeña y me gusta tener una familia pequeña porque... »

NOMBRE: Enrique Álvarez

EDAD: 38 años

PAÍS: España

«Me gusta ser de una familia grande. Pero a veces es complicado, sobre todo a la hora de sentarnos a la mesa para comer si no hay suficiente espacio y todo el mundo quiere comer las mismas cosas. Pero tener una familia grande es divertido. Si tienes algún problema... »

Paso 2 Ahora mira el segmento sobre Zoe y explica la opinión que tiene. (Nota: cada cual se mete en lo suyo = *each one does his/her own thing*)

Es bueno tener una familia pequeña porque pueden compartir, pero _____.

Así se dice

Para hablar del tamaño de tu familia puedes usar **ser** + *número*.

En mi familia **somos** cinco en total.

Somos tres hermanos en mi familia.

¿Cuántos **son** Uds. en su familia?

---

*has; **tenga** is the subjunctive form of **tener**. (You will learn about the subjunctive in a later lesson.)

Paso 3 Ahora lee lo que dice Enrique Álvarez sobre el mismo tema. Toma en cuenta (*Keep in mind*) que en cierto sentido Enrique te está tomando el pelo (*kidding you*). ¿Estás de acuerdo con él?

Paso 4 Ahora mira el segmento sobre Enrique. Luego contesta estas preguntas. (Nota: pedir consejo = *ask advice*)

1. ¿Crees que Enrique y Zoe tienen el mismo temperamento?
2. ¿Quién parece ser «el hermano mayor responsable»?
3. ¿Con quién estás de acuerdo, con Zoe o con Enrique?

VISTAZOS II · Épocas anteriores

GRAMÁTICA

¿Era diferente la vida? (I)

past progressive

Introduction to the Imperfect Tense: Singular Forms

—Sí, cuando yo **tenía** su edad, las cosas **eran** bien diferentes. Yo no **asistía** a la escuela como Uds. **Trabajaba** en el campo con mis padres.

(yo)	me acost**aba** comí**a** escrib**ía**	(nosotros/as)	-ábamos -íamos
(tú)	te acost**abas** comí**as** escrib**ías**	(vosotros/as)	-abais -íais
(Ud.)	se acost**aba** comí**a** escrib**ía**	(Uds.)	-aban -ían
(él/ella)	se acost**aba** comí**a** escrib**ía**	(ellos/as)	-aban -ían

When we discuss events, actions, and states of being, we can refer to *when* they occur: This is called *tense*. You already know how to express basic present, past, and future events.

Hablé con mi tío soltero por teléfono. (*past*) *preterite*
Hablo con mi abuelo materno ahora. (*present*)
Voy a hablar con mi prima favorita pronto. (*future*) *pg. 66*

But we can also include information on the status of the event, action, or state. Was it, is it, or will it be *in progress* at the time we refer to it? When we include information about the *progress* of the event, we refer to *aspect*. Can you tell which of these encodes tense and which encodes aspect in an English verb?

will as in "He *will do* it." ~future~
-ed as in "He *finished*." ~past perfect~
-ing as in "She *was talking*."

If you said the first two encode tense and only the third encodes aspect, you were correct. *Will* encodes future and *-ed* encodes past, but *-ing* encodes that an action was, is, or will be in progress. For example, *He was talking, He is talking,* and *He will be talking.* The tense changes, but the aspect does not: the use of the verb form *talking* ~present participle~ encodes the meaning "in progress at the time referred to."

An important feature of Spanish *past-tense* verbs is that they encode aspect. The use of **-aba-** and **-ía-,** for example, indicates *in progress at the time,* while the preterite forms (**-é, -aste, -ó, -í, -iste, -ió,** and so ~singular~ ~progressive~ forth) do not.

Hablaba con mis abuelos ayer. (*past, but in progress*)
I was talking with my grandparents yesterday.

Salía con mis tíos cuando… (*past, but in progress*)
I was leaving with my aunt and uncle when . . .

This is called the *past imperfect indicative* or simply the *imperfect.*
Spanish also uses the imperfect to refer to actions and events that *occurred repeatedly* in the past, without reference to exactly how often. This corresponds roughly to English *used to* or *would* as in *They used to (would) make fun of me as a child.*

Comíamos en muchos restaurantes diferentes.
We used to (We would) eat in many different restaurants.

Mis hermanos y yo **nos llevábamos** bien.
My siblings and I used to get along well.

Imperfect verb forms are signaled by **-aba-** (for **-ar** verbs) and **-ía-** (for both **-er** and **-ir** verbs). Examples are given in the shaded box on the previous page.

Ir and **ser** have irregular imperfect stems and unexpected forms but are easy to memorize.

ir	**ser**
iba	era
ibas	eras
iba	era

In the activities that follow, you will concentrate on using the imperfect when speaking about the way things *used to be* and about actions that *have taken place repeatedly* in the past.

ACTIVIDAD A ¿Sí o no?

Escucha lo que dice tu profesor(a) y apúntalo. Después indica si es cierto o falso para ti. Todas las oraciones tienen que ver con (*deal with*) la vida de tu profesor(a) durante la década anterior.

Yo…

1… **2**… **3**… **4**… **5**… **6**…

Así se dice

Although the imperfect in Spanish often translates as *used to* or *would,* it can also be rendered by a simple English verb form, depending on the context.

Iba y **venía** a cualquier hora.
I came and went at any hour.
(*I used to come and go at any hour.*)

Estudiaba por la tarde y **trabajaba** por la noche.
I studied in the afternoons and worked at night.
(*I would study in the afternoons and work at night.*)

ACTIVIDAD B Entrevista

Paso 1 Hazle las siguientes preguntas a un compañero (una compañera) de clase. Apunta sus respuestas. Todas las preguntas tienen que ver con la década anterior.

1. ¿Leías menos o más?

2. ¿Mirabas la televisión menos o más?

3. ¿Te acostabas más temprano que ahora?

4. ¿Te levantabas más temprano que ahora?

5. ¿Salías mucho con tus amigos? ¿más que ahora o menos?

Paso 2 Usando la información del **Paso 1** junto con (*as well as*) la información de la **Actividad A,** haz comparaciones entre el profesor (la profesora) y tu compañero/a.

MODELOS El profesor (La profesora) leía más y Jorge leía más también.

El profesor (La profesora) comía menos pero Jorge no.

GRAMÁTICA

¿Era diferente la vida? (II)

More on the Imperfect Tense: Plural Forms

—Abuelita, ¿**te llevabas bien** con tus padres?
—¡Hijo, claro! **Hacíamos** todo lo que nos **decían** nuestros padres porque si no, ¡qué palizas (*beatings*) **recibíamos**!

(yo)	-aba -ía	(nosotros/as)	nos acost**ábamos** com**íamos** escrib**íamos**
(tú)	-abas -ías	(vosotros/as)	os acost**abais** com**íais** escrib**íais**
(Ud.)	-aba -ía	(Uds.)	se acost**aban** com**ían** escrib**ían**
(él/ella)	-aba -ía	(ellos/ellas)	se acost**aban** com**ían** escrib**ían**

The **-aba-** and **-ía-** markers of the imperfect tense carry over into all forms of the verbs, as you can see in the shaded box above. Remember that with **-ar** verbs, a written accent needs to be placed on the ending for the first person plural (**nosotros**) form (e.g., **-ábamos**) to indicate that the stress falls on the accented vowel and not the one that follows.

The plural forms for **ir** and **ser** follow the same patterns as for the singular forms.

ir	ser
íbamos	éramos
ibais	erais
iban	eran

Remember that the imperfect, as we are using it here, refers to events, actions, and other "processes" in the past that were habitual and repetitive in nature, things that people would usually do, used to do, generally did, and so on.

⒬ ACTIVIDAD C En las épocas primitivas

Paso 1 Escoge la mejor manera para completar cada oración.

Cuando éramos seres primitivos…

1. No _____ dentistas ni médicos.
   a. teníamos **b.** practicábamos **c.** salíamos

2. _____ carne cruda (*raw meat*).
   a. Vivíamos **b.** Comíamos **c.** Jugábamos

3. _____ semierectos.
   a. Mirábamos **b.** Tomábamos **c.** Caminábamos

4. _____ con gestos y con las manos porque no teníamos un idioma oral.
   a. Nos comunicábamos **b.** Nos acostábamos **c.** Dormíamos

5. _____ mucho de los animales para comer, vestirnos y para muchas otras cosas importantes.
   a. Comíamos **b.** Comprábamos **c.** Dependíamos

6. No _____ con mucha frecuencia.
   a. podíamos **b.** mirábamos **c.** nos bañábamos

Paso 2 Ahora escucha al profesor (a la profesora) leer las oraciones completas. ¿Las tienes todas correctas?

⒬ ACTIVIDAD D Las mujeres en el siglo XIX

Paso 1 Haz la correspondencia entre cada frase de la columna a la izquierda con la más apropiada de la columna a la derecha para formar oraciones completas.

Las mujeres en el siglo XIX…

1. enseñaban (*taught*)
2. no entraban
3. no llevaban*
4. no tenían

Si estas mujeres…

5. se casaban, tomaban
6. trabajaban fuera de (*outside*) casa, ganaban
7. trabajaban fuera de casa, no hacían

a. a las fuerzas armadas (*armed services*).
b. el derecho al voto en las elecciones.
c. el apellido de su esposo.
d. en las escuelas, pero no en las universidades.
e. los mismos trabajos que los hombres.
f. menos que los hombres.
g. pantalones.

***Llevar** is often used in Spanish to mean *to wear.*

Lección 6 ¿Y el tamaño de la familia?

Paso 2 ¿Cuántas situaciones del **Paso 1** ya no son verdaderas? ¿Crees que estos cambios reflejan un cambio grande en cuanto al papel de la mujer en nuestra sociedad? En grupos de tres o cuatro, formen unas oraciones con el imperfecto para describir el papel social de la mujer en el siglo XIX. Luego compartan sus oraciones con la clase y determinen si las mujeres han avanzado (*have advanced*) mucho, poco, nada o sólo en ciertos campos (*fields*).

MODELO   El trabajo principal de la mujer era cuidar a los niños.

ACTIVIDAD E Diferencias

Paso 1 Escribe dos oraciones sobre lo que sabes o crees que era típico cuando tus padres eran adolescentes. Una oración debe representar algo que era mejor que ahora y la otra algo que no era mejor. Usa el imperfecto como en el modelo.

MODELO   No tenían computadoras para escribir como nosotros. Esto era más difícil.

Paso 2 En grupos de tres, comparen sus oraciones. Luego escojan tres de las oraciones para presentarlas a la clase. Alguien del grupo debe escribirlas en la pizarra.

GRAMÁTICA

¿Tienes tantos hermanos como yo?

Comparisons of Equality

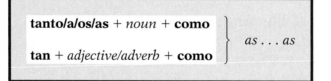

tanto/a/os/as + *noun* + **como**	
tan + *adjective/adverb* + **como**	*as . . . as*

In readings and in activities you may have noticed the use of **tan... como** and **tanto... como** to express similarities and differences.

Las familias de hoy no son **tan** grandes **como** las de épocas anteriores.

Use a form of **tanto** when the comparison involves nouns. The form of **tanto** must agree in number and gender with the noun.

tanto dinero como	**tantos hijos** como
tanta imaginación como	**tantas familias** como

Use **tan** when the comparison involves adjectives (words that modify nouns) or adverbs (words that modify verbs).

ADJETIVOS
tan grande como
tan altas como

ADVERBIOS
tan rápido como
tan frecuentemente como

Tanto como is used when no noun, adjective, or adverb is explicitly mentioned. It means *as much as*.

Los hombres se ocupan de (*look after*) los niños **tanto como** las mujeres.

ACTIVIDAD F Familias de ayer, familias de hoy

Paso 1 Para cada oración, indica si se requiere **tan** o una forma de **tanto** según la estructura de la oración. Compara tus respuestas con las de otra persona.

1. La calidad de la vida familiar no es _____ buena hoy día como en la década de los años 50.
2. Las madres modernas no pasan _____ tiempo con sus hijos como las madres de otras épocas.
3. Los hijos de hoy no se adaptan _____ bien como los de épocas anteriores.
4. Las madres que trabajan fuera de casa no son _____ respetadas como las madres «tradicionales».
5. En la década de los años 50, las madres no trabajaban fuera de casa _____ como las madres de hoy.
6. En la década de los años 50, no había _____ divorcios como ahora.

Paso 2 Ahora los miembros de la clase van a decidir cuáles de las oraciones son ciertas y cuáles son falsas.

ACTIVIDAD G Sobre el tamaño de la familia

Con un compañero (una compañera), formula tres oraciones con **tanto/tan... como** sobre el tamaño de las familias de antes y las de hoy. ¿Cuántas oraciones diferentes puede inventar la clase?

SITUACIÓN

Paso 1 Lee la siguiente situación y apunta tus ideas sobre Luz María y Juan Pablo.

Luz María y Juan Pablo, un matrimonio, tienen 22 y 23 años respectivamente. Juan Pablo es estudiante de medicina. Luz María también es estudiante, pero de derecho (*law*). Quieren tener una familia. ¿Deben comenzar su familia ahora cuando son jóvenes? ¿O deben esperar?

Paso 2 Comparte tus ideas con otras dos personas. Luego presenten sus ideas a la clase.

Vistazos culturales
El mestizaje en el mundo hispano

¿Sabías que... el mestizaje ha influido[a] mucho en la composición racial de muchos países hispanos? El mestizaje se define como la mezcla de razas[b] diferentes. En Latinoamérica el mestizaje se refiere a la mezcla de la herencia[c] española con la herencia indígena, un proceso que se llevó a cabo[d] durante la conquista y el período colonial. Las personas de mezcla española e indígena se llaman **mestizos.** Hay muchos mestizos en México, en muchas partes de Centroamérica, en varios países sudamericanos como Chile y el Paraguay. Sin embargo, en otras regiones, en el Uruguay por ejemplo, el número de mestizos es muy bajo.

[a]ha... *has influenced* [b]*races* [c]*heritage* [d]se... *was carried out*

El mestizaje en varios países del mundo hispano

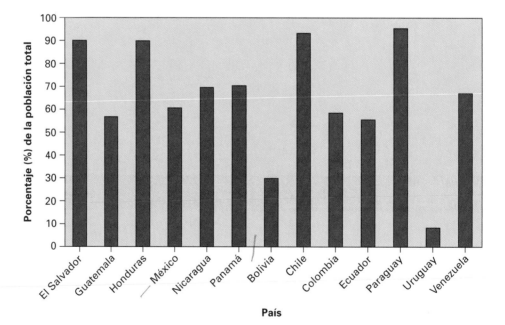

144 ciento cuarenta y cuatro

La influencia europea

En **México** no todas las personas tienen el pelo negro y la piel morena. Muchos mexicanos tienen los ojos y la piel claros,[a] una muestra[b] de la herencia europea en la composición racial del país.

[a]*light-colored* [b]indicación

La influencia de los incas

En el **Perú** los mestizos tienen rasgos físicos heredados[a] de los incas y de los españoles.

[a]*inherited*

La influencia maya

En **Centroamérica** los indígenas mayas se casaron y tuvieron hijos con los españoles.

La influencia africana

En el **Caribe** el mestizaje se refiere más que nada a la mezcla de las herencias española y africana. Durante la conquista y el período colonial, muchas poblaciones indígenas del Caribe fueron eliminadas por la viruela.[a] Como consecuencia, se importaron muchos esclavos de África para trabajar en las minas y los cañaverales de azúcar.[b] En Cuba, Puerto Rico, la República Dominicana, así como en partes de Colombia, Panamá y Venezuela, hay muchas personas de herencia española y africana.

[a]*smallpox* [b]cañaverales... *sugarcane fields*

ACTIVIDAD ¿Qué recuerdas?

Indica si cada oración es cierta (C) o falsa (F).

	C	F

1. El porcentaje (%) de la población mestiza es más alto en Chile que en Bolivia. ☐ ☐

2. En el Caribe el mestizaje se refiere más que nada a la mezcla de las herencias indígena y española. ☐ ☐

3. En cuanto a Centroamérica, el porcentaje de la población mestiza es más alto en El Salvador y Honduras. ☐ ☐

4. El mestizaje es un fenómeno que influyó mucho en la población del Uruguay. ☐ ☐

5. Las poblaciones indígenas del Caribe fueron eliminadas por la viruela. ☐ ☐

NAVEGANDO LA RED

Escoge *una* de las siguientes actividades. Luego presenta tus resultados a la clase.

1. La composición racial del Uruguay y de la Argentina es influida por la presencia de muchos inmigrantes europeos. Escoge uno de estos países y busca información sobre la inmigración europea en el país para contestar las siguientes preguntas.

  a. ¿Cuándo llegaron de Europa los inmigrantes? ¿En qué año(s)?
  b. ¿Cuántos inmigrantes llegaron y de qué países salieron?
  c. ¿Por qué razones salieron estos grupos de su país natal (*of birth*)?

2. El mestizaje en Cuba está formado por la mezcla de varios grupos étnicos, incluyendo a unas pocas razas indígenas e inmigrantes europeos y africanos. Busca y apunta la siguiente información sobre el mestizaje en Cuba.

  a. Haz una lista de los grupos étnicos que contribuyen a la composición racial de Cuba.
  b. Menciona las fechas de las grandes inmigraciones y el número aproximado de inmigrantes que entraron al país.

Vamos a ver

Now that you've completed **Unidad 2,** watch the corresponding **Vamos a ver** segment on the *Vistazos* Video to further explore the themes presented in this unit. There are related pre- and post-viewing activities on the *Vistazos* Online Learning Center **(www.mhhe.com/vistazos2).**

Las edades   Ages

veinte (R) — twenty
treinta (R) — thirty
cuarenta — forty
cincuenta — fifty
sesenta — sixty
setenta — seventy
ochenta — eighty
noventa — ninety

tener... años (R) — to be . . . years old

Los años y las épocas   Years and Time Periods

cien(to) — one hundred
doscientos — two hundred
trescientos — three hundred
cuatrocientos — four hundred
quinientos — five hundred
seiscientos — six hundred
setecientos — seven hundred
ochocientos — eight hundred

novecientos — nine hundred
mil — one thousand

los años 20 — the twenties
la década — decade
el siglo (pasado) — (last) century

Comparaciones   Comparisons

tan... como — as . . . as
tanto/a... como — as much . . . as
tantos/as... como — as many . . . as

adjetive/ Adverb — noun

Otras palabras y expresiones útiles

la cifra — number
la gente — people
el promedio — average
el tamaño — size

joven (R) — young
viejo/a (R) — old

UNIDAD DOS: Lecciones 4–6

Question Words

¿cuándo?   ¿qué?
¿dónde?   ¿quién(es)?
¿cómo?   ¿cuánto/a?
¿cuál(es)?   ¿cuántos/as?

Remember that prepositions (**a, con, de, en,** and so forth) appear in front of the question word when used. This is unlike English, in which the preposition can "dangle" at the end of a phrase or utterance, far away from the question word.

¿**De** dónde es tu amigo?
*Where is your friend **from**?*

¿**Con** quiénes hablas si tienes un problema?
*Whom do you speak **to** if you have a problem?*

Pronouns

INDIRECT OBJECT 158

SUBJECT	DIRECT OBJECT		TRUE REFLEXIVE	RECIPROCAL
yo	me	*me*	me	
tú	te	*te*	te	
Ud.	lo/la	*le*	se	
él/ella	lo/la	*le*	se	
nosotros/as	nos	*nos*	nos	nos
vosotros/as	os	*os*	os	os
Uds.	los/las	*les*	se	se
ellos/ellas	los/las	*les*	se	se

1. Remember that object and reflexive pronouns precede conjugated verbs. Don't mistake them for subject pronouns.

   Me llaman los padres.
   My parents call me.

   Se afeita regularmente.
   He shaves regularly.

2. Remember that not all true reflexives in Spanish translate into English with *-self/-selves*.

   María **se levanta** temprano.
   *María gets up early. (We don't say **gets herself up,** even though this would be a literal translation.)*

3. Remember that not all reciprocals in Spanish translate into English as *each other*.

   Nos abrazamos cuando **nos vemos.**
   *We hug when we see each other. (While both are reciprocal actions, only the second verb in English would normally take **each other**.)*

Object Marker a

Spanish uses **a** to mark objects of a verb when the object could be confused as a subject (i.e., when the object is theoretically capable of performing the action). It helps to indicate who did what to whom in Spanish, especially since Spanish has flexible word order.

Manuel conoce bien **a** María. (*María is perfectly capable of knowing someone, but she is not the subject in this sentence.*)

El señor mata **al** león. (*The lion is perfectly capable of killing something else, but he is not the subject in this sentence.*)

Estar + Adjective

pg. 88

1. Adjectives that reflect a change in status such as **casado** and **divorciado** are normally used with **estar.**

   Mi hermano **está** divorciado. Su ex mujer vive en Chile.

¿**Estás** casado?

Mis abuelos **están** muertos.

2. Often you can use **estar** with an adjective to show that a trait or characteristic is unexpected.

> Ramona **está** muy seria. (*Ramona seems very serious. Normally she is not.*)
>
> ¿Qué pasó? **Estás** muy delgado.

3. **Estar** can be used with gerunds (**-ando** or **-iendo**) to express something in progress.

> **Estoy estudiando.** No puedo hablar.
>
> **Está cambiando** el mundo, ¿no crees?

Saber versus conocer

1. **Saber** is used to express knowledge of a fact or some other kind of information.

> Todos **sabemos** que 2 + 2 = 4.
>
> No **sé** nada de su vida.

2. **Conocer** is used to express familiarity with a person or place and sometimes things.

> **Conozco** muy bien a Elena.
>
> ¿**Conoces** Buenos Aires?

Imperfect Tense

	-ar	-er/-ir	ser	ir
yo	me acostaba	comía/asistía	era	iba
tú	te acostabas	comías/asistías	eras	ibas
Ud.	se acostaba	comía/asistía	era	iba
él/ella	se acostaba	comía/asistía	era	iba
nosotros/as	nos acostábamos	comíamos/asistíamos	éramos	íbamos
vosotros/as	os acostabais	comíais/asistíais	erais	ibais
Uds.	se acostaban	comían/asistían	eran	iban
ellos/ellas	se acostaban	comían/asistían	eran	iban

The imperfect is a past tense that signals that an action, event, or activity occurred habitually in the past. It is frequently, though not always, rendered in English by *used to* and *would*.

in progress at the time

> Las familias **eran** más grandes en épocas anteriores.
>
> *Families were / used to be larger in previous times.*
>
> Las mujeres en otras épocas sólo **trabajaban** en casa.
>
> *Women in earlier time periods worked (would work) only at home.*

Comparisons of Equality (Similar to English *as . . . as*)

WITH NOUNS	WITH ADJECTIVES AND ADVERBS
tanto dinero **como**	
tantos hijos **como**	**tan** grande **como**
tantas mujeres **como**	**tan** frecuentemente **como**
tanta educación **como**	

Tanto como is used when no noun, adjective, or adverb is explicitly mentioned (similar to English *as much as*).

> Ahora las mujeres trabajan fuera de casa **tanto como** los hombres.

UNIDAD TRES

En la mesa

La tortillera *por Diana Bryer*
(norteamericana, 1942–)

¿Qué te parece esta paella?

LECCIÓN 7

pg. 45

¿Qué sueles comer?

hábito de comer

This lesson focuses on food and eating habits. You will have an opportunity to

- ◆ describe some basic foods and snacks
- ◆ describe what you generally eat for breakfast, lunch, and dinner
- ◆ examine how eating habits in Spanish-speaking countries differ from those in this country
- ◆ learn about other verbs like **gustar**

- ◆ learn about indirect object pronouns
- ◆ learn more about **estar** used with adjectives

ALTO Before beginning this lesson, look over the **Intercambio** activity on page 173. This is the activity you will be working toward throughout the lesson.

El Mercado Libertad en Guadalajara, México

VOCABULARIO

¿Cuáles son algunos alimentos básicos?

Talking About Basic Foods in Spanish

Calcio

Productos lácteos

Cognado: el yogur

el helado

la leche

el queso

Proteínas

Carnes

Cognado: la hamburguesa

Aves

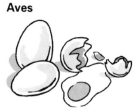

el bistec

la carne de res

los huevos

el pollo

Otros alimentos

la chuleta de cerdo
(*pork chop*)

el jamón

los frijoles

la mantequilla de cacahuete
(*peanut butter*)

las nueces

Pescados y mariscos

el atún

los camarones

Lección 7   ¿Qué sueles comer?

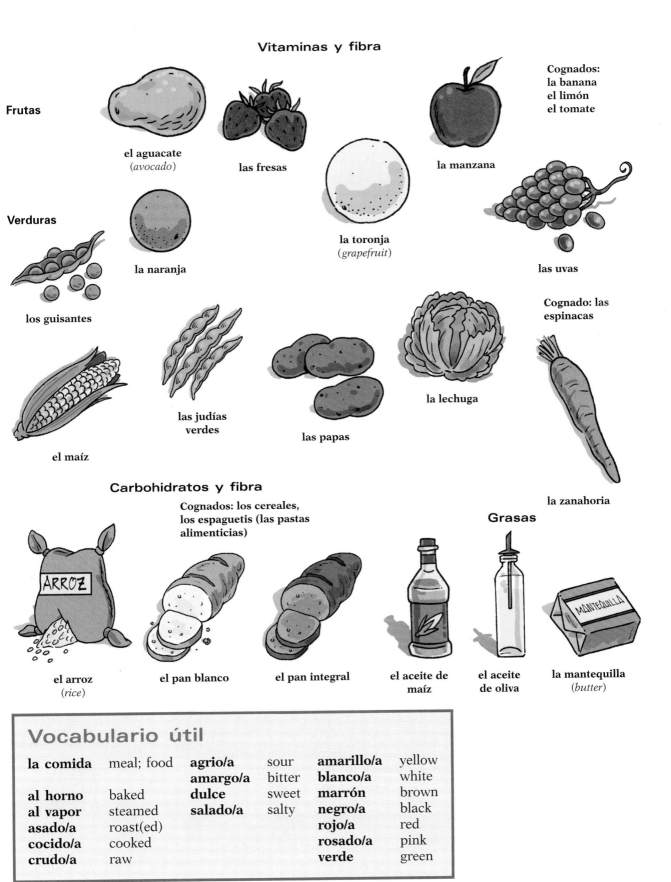

Vitaminas y fibra

Cognados:
la banana
el limón
el tomate

Frutas

el aguacate
(*avocado*)

las fresas

la manzana

Verduras

la naranja

la toronja
(*grapefruit*)

las uvas

los guisantes

las judías
verdes

las papas

la lechuga

**Cognado: las
espinacas**

el maíz

la zanahoria

Carbohidratos y fibra

**Cognados: los cereales,
los espaguetis (las pastas
alimenticias)**

Grasas

el arroz
(*rice*)

el pan blanco

el pan integral

el aceite de
maíz

el aceite
de oliva

la mantequilla
(*butter*)

Vocabulario útil

la comida	meal; food	**agrio/a**	sour	**amarillo/a**	yellow
		amargo/a	bitter	**blanco/a**	white
al horno	baked	**dulce**	sweet	**marrón**	brown
al vapor	steamed	**salado/a**	salty	**negro/a**	black
asado/a	roast(ed)			**rojo/a**	red
cocido/a	cooked			**rosado/a**	pink
crudo/a	raw			**verde**	green

ACTIVIDAD A ¿Cómo es?

El profesor (La profesora) va a mencionar un alimento y luego va a hacer una pregunta sobre el mismo. Contesta la pregunta.

1... **2**... **3**... **4**... **5**... **6**...

ACTIVIDAD B Asociaciones

Tu profesor(a) va a nombrar algunos alimentos. ¿Qué color(es) asocias con cada uno?

1... **2**... **3**... **4**... **5**... **6**...

ACTIVIDAD C Otras asociaciones

El profesor (La profesora) va a nombrar una categoría de alimentos. Di el alimento que se te ocurra (*comes to mind*) primero.

1... **2**... **3**... **4**... **5**... **6**...

ACTIVIDAD D ¿Qué alimento es bueno para... ?

Inventa oraciones basándote en el modelo. No olvides (*Don't forget*) usar el artículo definido. (Ver **Así se dice,** a la izquierda [*at left*].)

> **MODELO** para el cerebro (*brain*) → El pescado es bueno para el cerebro.

1. para la vista (*vision*)

2. para los resfriados (*colds*)

3. para el pelo

4. para los músculos

5. para la tez (*complexion*)

ACTIVIDAD E Preferencias personales

Paso 1 Describe tus hábitos de comer. Termina cada oración con dos alimentos apropiados, según tus preferencias.

> **MODELO** Como *yogur* y *pan* a cualquier hora del día.

1. Como _____ y _____ a cualquier hora del día.
2. Nunca o casi nunca como _____ ni _____.
3. Suelo comer _____ y _____ con pan.
4. Suelo comer _____ y _____ solos/as, sin otra cosa.
5. Me gusta comer _____ y _____ crudos/as.
6. Prefiero comer _____ y _____ cocidos/as.

Paso 2 Ahora, entrevista a un compañero (una compañera) de clase sobre sus hábitos de comer. Hazle preguntas para saber cómo ha completado (*he/she has completed*) las oraciones del **Paso 1.** Apunta sus respuestas. Luego tu compañero/a debe hacerte las mismas preguntas a ti para ver cómo has contestado (*you have answered*).

> **MODELOS** ¿Qué alimentos sueles comer con pan?
>
> ¿Hay alimentos que te gusta comer crudos?

Paso 3 En conclusión, mi compañero/a y yo...

☐ tenemos hábitos de comer muy parecidos.

☐ tenemos algunos hábitos en común, pero no muchos.

☐ tenemos hábitos de comer muy distintos.

GRAMÁTICA

¿Que si me importan los aditivos?

Other Verbs like **gustar** and the
Indirect Object Pronoun **me**

me	+	agrada(n) apetece(n) cae(n) bien/mal encanta(n) importa(n) interesa(n)

—¿Que si **me importan** los
aditivos? Todos vamos a
morir algún día...
—Pues a mí **me importan**
muchísimo.

In Spanish, many verbs require the use of indirect object pronouns to express how a person feels about something or the reaction that something causes in a person. This is true of **gustar,** which you already know means *to please.* (Remember that Spanish does not have a verb that literally means *to like.*)

Here are some others.

agradar *to please*
No **me agrada** la avena.

*Oatmeal does not please me.
(I hate oatmeal.)*

apetecer *to be appetizing; to appeal/be appealing (food)*
No **me apetece** el caviar.

Caviar doesn't appeal to me.

caer bien *to make a good impression; to agree with (food)*
No **me caen bien** las cebollas.

Onions don't agree with me.

encantar *to delight, be extremely pleasing*
¡**Me encantan** las ostras crudas!

*Raw oysters delight me!
(I love raw oysters!)*

importar *to be important; to matter*
No **me importan** los aditivos.

Additives don't matter to me.

interesar *to be interesting*
Me interesa la cocina española.

Spanish cuisine interests me.

Remember that, like **gustar,** these verbs normally appear in the third person singular or plural since someone is affected by something (or things). Do not mistake **me** as a subject pronoun. When used with these verbs, **me** is equivalent to the phrase *to me* and is called an indirect object pronoun. (You will learn about and work with other indirect object pronouns and these verbs later in this lesson.)

pg. 158

> ### Así se dice
>
> In the way that **gustar** (*to please*) is often translated as *to like,* **agradar, encantar,** and **importar** are often translated by verbs other than *to please, to delight,* and *to matter.*
>
> No **me agrada** el pescado.
> *I don't like fish.*
>
> **Me encanta** México.
> *I love Mexico.*
>
> No **me importa** eso.
> *I don't care about that.*

ACTIVIDAD F Me importa...

Paso 1 Indica cuánto te importa cada cosa.

	MUCHO	UN POCO	NADA
1. Me importa el color de los alimentos.	☐	☐	☐
2. Me importa el sabor (*flavor*) de los alimentos.	☐	☐	☐
3. Me importa el valor (*value*) nutritivo de los alimentos.	☐	☐	☐
4. Me importa la apariencia de la comida.	☐	☐	☐
5. Me importan los aditivos.	☐	☐	☐
6. Me importan las grasas que contienen los alimentos.	☐	☐	☐

Paso 2 Comparte tus respuestas con la clase.

> MODELO   Me importan mucho el sabor de los alimentos y las grasas que contienen.

ACTIVIDAD G Mis platos preferidos

Paso 1 En la revista *Noticias* de Buenos Aires, hay una sección en la que personas célebres hablan de las comidas y restaurantes que prefieren. Lee lo que dicen Juan Carlos Harriott y Elsa Serrano.

Vocabulario útil

el lenguado	sole	**relleno/a**	stuffed; filled
la parrillada	mixed grill		
el pulpo	octopus	**alejarse**	to go far (away)
las remolachas	sugar beets		

Mis platos preferidos

Salgo poco a comer, ya que la mayor parte del tiempo estoy en mi campo de Coronel Suárez. También soy cómodo, así que no me alejo demasiado de mi casa. Frecuento "La Rueda", "Schiaffino", "San Michele". En esas oportunidades pido lo mismo que comería en mi casa: carne asada, preferentemente un bife de lomo o de "chorizo", y si hay parrillada, bien completa. Algunas veces pescado, como el lenguado frito. Siempre acompaño a la carne con ensaladas, tomates, zanahorias, remolachas. Soy muy simple en mi elección y generalmente como un solo plato.

Juan Carlos Harriott

La Rueda, Av. Quintana 456
Schiaffino, Schiaffino 2183
San Michele, Av. Quintana 257

Soy habitué de "Lola": una copa de champán primero, luego ensalada Mikada y cerdo con aromas, que son mis preferidos. Postres casi nunca, porque engordan y, además, no soy amante de los dulces. También me encantan las cantinas italianas. Si voy a "Luigi" pido *bocconcino* de pollo con cebollas de verdeo o pulpo al ajo negro. Si como pastas elijo las simples, fideos, ñoquis, nunca las rellenas. Raras veces tomo vino, pero cuando lo hago prefiero el tinto "Selección López". De "Fechoría" me encanta la pizza de pan alto, pero nunca dejo de comer langostinos, que siempre los tienen fresquísimos.

Elsa Serrano

Fechoría, Córdoba 3921
Luigi, Pringles 1210
Lola, Roberto M. Ortiz 1801

Paso 2 Con un compañero (una compañera) de clase, indica quién diría (*would say*) las siguientes oraciones.

	JUAN CARLOS	ELSA
1. Me encanta la variedad gastronómica.	☐	☐
2. No me agrada salir a comer.	☐	☐
3. Me importa comer bien.	☐	☐
4. Me agrada una copa de vino.	☐	☐
5. Me encanta salir a comer.	☐	☐
6. Me importan las calorías.	☐	☐
7. Me caen bien las carnes rojas.	☐	☐

Paso 3 ¿Quién tiene los gustos más parecidos a los tuyos (*yours*)?

ACTIVIDAD H Más sobre los gustos

COMUNICACIÓN

Completa cada par de oraciones de acuerdo con tus gustos. Esta lección se enfoca (*focuses*) en la comida y los gustos de comer, pero puedes completar las oraciones como quieras (*as you wish*).

1. a. No me cae bien...

   b. No me caen bien...

2. a. Me encanta...

   b. Me encantan...

3. a. No me apetece para nada...

   b. No me apetecen para nada...

GRAMÁTICA

¿Te importan los aditivos?

me	**nos** importan
te importan	os
le	les
le	les

—¿**Te importan** los aditivos?
—Sí.
—A mí, también. **Nos importan** las mismas cosas, ¿no?

Although indirect object pronouns can express a variety of meanings in Spanish, their most frequent English equivalents are _to_ or _for_ someone. For example, **te** and **nos** are used with many verbs to express _to_ or _for you_ and _to_ or _for us_.

> ¿**Te** dan dinero tus padres?
> La profesora **nos** da mucha tarea.
> ¿**Te** apetece la comida francesa esta noche?

As you may have noticed with verbs like **gustar,** indirect object pronouns are placed before conjugated verbs. (Remember that Spanish has flexible word order, so do not mistake indirect object pronouns for subjects.) In the following sentence, who is saying something to whom?

like direct object pronouns pg. 105

> Nos dice Manuel que no hay clase mañana.

If you said Manuel was doing the telling and we were the ones being told, you were correct.

Indirect object pronouns can also be attached to the end of an infinitive.

> Marta debe **decirnos** a qué hora llegar.
> Tienen que **darte** su número de teléfono.

Remember that **le** is used instead of **te** when speaking to someone whom you would address as **Ud.**

> ¿**Le** importa a Ud. si llego tarde?

ACTIVIDAD I Entrevista al profesor (a la profesora)

La clase va a entrevistar al profesor (a la profesora). Primero, lee las preguntas a continuación y agrega (*add*) una más para completar el número 5.

Todas las preguntas tienen que ver con la comida. Quieres averiguar si el profesor (la profesora) es vegetariano/a. Luego, la clase debe hacerle las preguntas al profesor (a la profesora) y apuntar sus respuestas. ¿Cuál es la conclusión de la clase?

1. ¿Te (Le) agrada el arroz?
2. ¿Te (Le) caen bien las espinacas?
3. ¿Te (Le) caen bien las frutas?
4. ¿Te (Le) apetece la lechuga?
5. ¿ ?

ACTIVIDAD J Reacciones

COMUNICACIÓN

Paso 1 Entrevista a un compañero (una compañera) para averiguar sus gustos. Usa los verbos **encantar, agradar, caer bien, apetecer,** etcétera.

MODELO los mariscos → **E1:** ¿Te agradan los mariscos?
E2: No. No me agradan para nada. (Ah, sí. Me encantan.)

1. el ajo
2. los refrescos sin azúcar (*sugar*)
3. las espinacas
4. el yogur natural (sin sabor de fruta)
5. el café espresso
6. los meseros (*waiters*) que hablan mucho
7. el hígado (*liver*)
8. el restaurante _____ (nombre)
9. ¿ ?

Paso 2 Prepara un resumen de la entrevista para compartir con la clase los gustos que tienen en común.

MODELO A ninguno/a de los (las) dos nos apetecen las espinacas. Nos caen bien los meseros (las meseras) que hablan mucho porque normalmente son interesantes.

Así se dice

Indirect object pronouns are used with a variety of verbs to express *to* or *for* someone (or something). Be careful, though! English can move the indirect object around with certain common verbs. The result is that the indirect object in English may look like a direct object!

dar	**Me dieron** el premio.	They gave me the prize. They gave the prize to me.
decir	**Te dije** la verdad.	I told you the truth. I told the truth to you.
servir	**Nos sirvieron** un vino excelente.	They served us a great wine. They served a great wine to us.
traer	**¿Te trajeron** algo?	Did they bring you something? Did they bring something to you?

VOCABULARIO

¿Qué desayunas?

Talking About What You Eat for Breakfast

Bollería variada (*Assorted rolls*) (1), o **churros** (*type of fried dough*) (2), o **tostada** (3) con mantequilla y **mermelada** (4), **café con leche**

Desayuno español (8.00–10.00 A.M.)

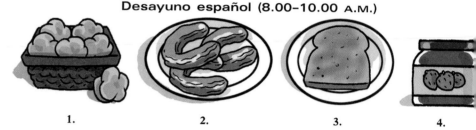

1.   2.   3.   4.

Dos **huevos fritos** (*fried*) (5) o **revueltos** (*scrambled*) (6), cereal con leche o tres **panqueques** (7), **tocino** (*bacon*) (8) o **salchichas** (9), **jugo de naranja** (10), café, **té** o leche

Desayuno norteamericano (6.00–8.00 A.M.)

5.   7.   9.

6.   8.   10.

Vocabulario útil

el bollo	roll
el pan tostado	toast
desayunar	to have breakfast

ACTIVIDAD A Dos desayunos muy diferentes

Paso 1 Lee los menús de los dos tipos de desayuno en la sección anterior.

Paso 2 Contesta las siguientes preguntas con una X en la columna apropiada.

	LOS ESPAÑOLES	LOS NORTEAMERICANOS
1. ¿Quiénes comen más para el desayuno?	☐	☐
2. ¿Quiénes requieren menos tiempo para desayunar?	☐	☐
3. ¿Quiénes no comen huevos por la mañana?	☐	☐
4. ¿Quiénes no comen carne para el desayuno?	☐	☐

Así se dice

Confused about the use of **¿qué?** and **¿cuál?** Here's a handy rule that works in most cases: Use **¿qué?** before a noun or to ask for a definition, and use **¿cuál?** everywhere else.

¿Qué alimentos prefieres para el desayuno?
¿Cuál es mejor, el jugo de naranja o el jugo de toronja?

ACTIVIDAD B ¿Quién habla?

Escucha las descripciones que va a leer el profesor (la profesora) e indica si son de una persona española o norteamericana.

1... **2**... **3**... **4**...

ACTIVIDAD C Firma aquí, por favor

¿Qué desayunaron los estudiantes de esta clase esta mañana?

1. ¿Comiste sólo un bollo?
2. ¿Comiste pan tostado con café?
3. ¿Comiste cereal con leche?
4. ¿Fuiste a McDonald's a desayunar?
5. ¿Comiste pizza?
6. ¿Tomaste sólo una taza (*cup*) de café o té?
7. ¿No tomaste nada esta mañana?

COMUNICACIÓN

El delicioso sabor de la fruta con lo mejor de la avena Quaker.

pg.5

VOCABULARIO

¿Qué comes para el almuerzo y para la cena?

Talking About What You Eat for Lunch and Dinner

1.
2.
3.
4.
5.
6.
7.

Almuerzo español (2.00–4.00 P.M.)

Menú del día

PRIMER PLATO
lentejas (1) estofadas (*lentil stew*)
tortilla (*omelette*) (2)
ensalada mixta

SEGUNDO PLATO
filete de **ternera** (*veal*) (3) con **patatas** (*potatoes, Sp.*)
emperador (*swordfish*) (4) a la plancha
medio pollo asado

POSTRE
helado
tarta (*pie*) (5)
fruta
flan (6) con nata (*whipped cream*) o café
barrita de pan y **vino** (7)

Cena española (9.00–11.00 P.M.)

huevos fritos, patatas fritas, salchichas, pan y vino

Almuerzo norteamericano (12.00–1.00 P.M.)

sándwich de carne (por ejemplo, jamón, pavo [*turkey*], rosbif) / sándwich de atún, fruta

o hamburguesa con queso, papas fritas

un **refresco** (*soft drink*) / café / leche

8.

9.

Cena norteamericana (5.00–7.00 P.M.)

pollo asado / bistec / langosta (*lobster*) / pescado frito /
espaguetis
ensalada mixta
verduras al vapor
arroz / papas al horno / **puré de papas** (*mashed potatoes*) (8)
cerveza (*beer*) (9) / vino y/o **agua**
tarta / helado / gelatina

o pizza

Vocabulario útil

almorzar (ue)	to have lunch
cenar	to have dinner

ACTIVIDAD D ¿Español o norteamericano?

Paso 1 Analiza los dos tipos de almuerzos en la sección anterior.

Paso 2 Escucha al profesor (a la profesora). ¿Habla de una persona norteamericana o española?

1... 2... 3... 4... 5... 6...

Paso 3 Mira otra vez los menús para las comidas norteamericanas y españolas en la sección anterior. Luego contesta las preguntas que hace el profesor (la profesora).

1... 2... 3... 4... 5...

ACTIVIDAD E ¿Quién habla?

Escucha al profesor (a la profesora). ¿Expresa las opiniones de una persona española o norteamericana?

1... 2... 3... 4...

ACTIVIDAD F ¿A quién describe?

Paso 1 Revisa los menús típicos para el almuerzo y la cena norteamericanos. ¿Son estos menús típicos del almuerzo y de la cena de un(a) estudiante? Si no, haz los cambios necesarios para mostrar lo que come habitualmente un(a) estudiante de tu universidad. Comparte con la clase tu revisión.

COMUNICACIÓN

Así se dice

To describe how something tastes, Spanish uses the verb **saber** + **a** or the noun **el sabor**.

Tiene muy buen **sabor**.
No me gusta **el sabor**.
¿A qué **sabe**?
Sabe a pollo.

How would you tell someone from a Spanish-speaking country what Mountain Dew and frozen yogurt taste like?

Paso 2 Después de que todos presenten el menú que revisaron, indica tu conclusión.

☐ Hay un almuerzo típico de los estudiantes.

☐ No hay *un* almuerzo típico de los estudiantes.

☐ Hay una cena típica de los estudiantes.

☐ No hay *una* cena típica de los estudiantes.

Nota comunicativa

Earlier you read about using **¿Dice(s) que… ?** to verify something you've heard. Another way to verify information is to use a "tag question." A tag question in English can take a variety of forms: You said sardines, *right?* She eats shellfish, *doesn't she?* Spanish has two tag questions: **¿no?** and **¿verdad?** (*right?*). In general, use **¿no?** with affirmative statements and **¿verdad?** with negative ones.

Le gusta la comida rápida, **¿no?**
Prefieres café con leche, **¿no?**
No comió esta mañana, **¿verdad?**
No desea nada más, **¿verdad?**

ACTIVIDAD G Los hispanos hablan

Paso 1 Lee lo que dice Elizabeth Narváez-Luna y luego contesta las siguientes preguntas.

1. Cuando Elizabeth dice «me llamó mucho la atención» quiere decir que…

   a. algo era notable.   **b.** algo era poco interesante.

2. Las horas de almorzar y cenar en México son semejantes a las de…

   a. los Estados Unidos.   **b.** España.

Los hispanos hablan

Al llegar a los Estados Unidos, ¿qué hábitos de comer de los norteamericanos te llamaron la atención?

NOMBRE: Elizabeth Narváez-Luna

EDAD: 29 años

PAÍS: México

«Primero me llamó mucho la atención la cena, que cenaron a las 5.00 de la tarde. Y ya después ya no comían nada. Porque en México estaba acostumbrada a comer tarde, como a las 2.00 ó 3.00 de la tarde, y volver a cenar a las 8.00 ó 9.00 de la noche. Incluso ahora que tuve mi bebé y estaba en el hospital… »

Paso 2 Ahora mira el segmento completo y luego contesta las preguntas a continuación.

Vocabulario útil

una bolsa	a bag, sack	**sanas**	healthy
las enfermeras	the nurses	**se me hacía**	seemed to me

1. ¿Se acostumbró Elizabeth al horario del hospital?

2. ¿Qué dice ella en cuanto al sabor de la comida en los Estados Unidos?

Paso 3 Imagina que necesitas explicarle a un hispano algo del horario de comer en este país. ¿Qué le dirías (*would you say*)?

VISTAZOS III · Los gustos

VOCABULARIO

¿Qué meriendas?

Talking About Snacks and Snacking

Vocabulario útil

los dulces	candies	**las papas/patatas fritas**	potato chips
las galletas	cookies	**los pasteles**	pastries
la máquina vendedora	vending machine		
la merienda	snack	**merendar (ie)**	to snack (on)
las palomitas	popcorn	**tener hambre**	to be hungry

 ACTIVIDAD A ¿Qué meriendas?

El profesor (La profesora) va a mencionar un alimento. Indica si comes este alimento como merienda o no.

1... **2**... **3**... **4**... **5**... **6**...

¿Con quién meriendas?

COMUNICACIÓN

ACTIVIDAD B Cuando tienes hambre...

Paso 1 Usando los números 1–12, indica con qué frecuencia comes como merienda lo siguiente (**12** = muy frecuentemente, **1** = nunca).

Cuando tengo hambre, meriendo...

_____ palomitas.
_____ papas fritas.
_____ dulces.
_____ galletas.
_____ una manzana.
_____ una banana.
_____ una naranja.
_____ nueces.
_____ yogur.

Paso 2 Entrevista a otras tres personas en la clase para averiguar qué comen con más frecuencia para merendar y qué comen con menos frecuencia.

MODELOS   De los alimentos del **Paso 1,** ¿cuál nunca comes como merienda?

¿Cuál comes con mayor frecuencia para merendar?

Paso 3 Compara tus resultados con los de otra persona (alguien a quien no entrevistaste en el **Paso 2**). Según los resultados, ¿qué suelen merendar las personas y qué no suelen merendar? ¿Pertenecen (_Do [they] pertain_) las meriendas favoritas a alguna de las categorías de alimentos básicos, como, por ejemplo, a las proteínas?

⟨Quia⟩ ACTIVIDAD C ¿Sabías que... ?

Paso 1 Lee la selección **¿Sabías que... ?** en la siguiente página. Luego, indica si cada afirmación es cierta (C) o falsa (F).

	C	F
1. Las tapas son un tipo de postre.	☐	☐
2. Las tapas explican cómo es que los españoles pueden cenar muy tarde.	☐	☐
3. En este país no existe una costumbre semejante.	☐	☐

Paso 2 Entrevista a un compañero (una compañera) de clase. ¿Tiene él (ella) alguna costumbre de merendar cierta comida o a cierta hora?

Paso 3 Ahora piensa en cuando eras niño/a. ¿Qué comidas merendabas? ¿Cuál era la actitud de tu madre hacia merendar antes de cenar? Comparte tus respuestas con tu compañero/a.

¿Sabías que...

¿Sabías que... los españoles tienen la costumbre de merendar a las 5.00 ó 6.00 de la tarde? Dada la hora de la cena española, la merienda consiste en comer tapas, porciones pequeñas de no más de cuatro onzas, perfectas para picar.[a] Entre las tapas más conocidas están las gambas[b] y los champiñones al ajillo,[c] la famosa tortilla española, las croquetas y el jamón serrano. Comiendo unas cuantas tapas, el español se puede sostener hasta la típica hora tarde de comer.

Las tapas se originan en la Edad Media.[d] Alfonso X (el Sabio)[e] notó que sus guerreros[f] mostraban poca disposición para la lucha. El Rey descubrió que entre batallas sus soldados aprovechaban[g] el vino que se producía en la región. Entonces, obligó a los taberneros que sirvieran a las tropas a colocarles[h] sobre la copa de vino una rebanada[i] de pan con queso, jamón o chorizo, en porciones que las tropas debían ingerir[j] antes de consumir la bebida alcohólica. Además de empezar la costumbre de las tapas, tal vez Alfonso el Sabio fue el primero en combatir los malos efectos del alcohol.

[a]*para... for nibbling* [b]*camarones (Sp.)* [c]*champiñones... mushrooms in garlic* [d]*Edad... Middle Ages* [e]*Alfonso... Alfonso the Tenth (the Wise), an important Spanish king* [f]*warriors, soldiers* [g]*enjoyed* [h]*to place* [i]*slice* [j]*eat*

Algunas tapas típicas

GRAMÁTICA

¿Le pones sal a la comida?

Le and **les** as Third Person Indirect Object Pronouns

me	nos
te	os
le	les
le pones	**les** pones

—¿Te gusta?
—Sí, está riquísima. ¿Qué **le** pusiste?

Le and **les** are indirect object pronouns like **me, te,** and **nos.** They frequently mean *to* or *for him/her/it* and *to* or *for them*. (**Les** can also be used to mean *to* or *for you* [*pl.*]).

Tus amigos quieren saber cuáles son los ingredientes especiales.
¿**Les** vas a decir cuáles son? (**les** = a tus amigos)
A Juan no **le** gustan las verduras crudas. (**le** = a Juan)

When **le** and **les** are used with verbs like **poner** (*to put*) and **quitar** (*to remove, take away*), the English equivalent is *to put in* or *on* (*him, her, it,* and so forth) or *to take off of* (*him, her, it,* and so forth).

—¿Qué **le** pones a la comida, mucha sal (*salt*) o poca?
—No **le** pongo nada. (**le** = a la comida)

Cuando preparo el pollo, siempre **le** quito la piel (*skin*). (**le** = al pollo)

Have you noticed that these pronouns are often redundant? That is, **le** and **les** are used even when the person to or for whom something happens is explicitly mentioned in the sentence.

Gloria Estefan **le** entregó **a su mamá** su primer sueldo.
A los perros les encanta comer huesos.

Indirect object pronouns can be used by themselves once the person or thing referred to has been established in context.

—¿Qué **le** vas a decir **a tu compañera de cuarto**?
—No sé. Creo que no **le** voy a decir nada.

In the second part of this exchange, the speaker did not repeat **a mi compañera** because that person had already been referred to in the conversation.

ACTIVIDAD D ¿Qué le pones a la comida?

Marca la(s) respuesta(s) que mejor indica(n) lo que sueles hacer.

1. ¿Qué les pones a las hamburguesas?
- ☐ Les pongo mayonesa.
- ☐ Les pongo salsa de tomate (*ketchup*).
- ☐ Les pongo mostaza (*mustard*).
- ☐ No les pongo nada.
- ☐ Soy vegetariano/a.

2. ¿Qué les pones a las papas fritas?
- ☐ Les pongo salsa de tomate.
- ☐ Les pongo mayonesa.
- ☐ Les pongo un poco de vinagre.
- ☐ Les pongo sal.
- ☐ Les pongo pimienta.
- ☐ No les pongo nada.

3. ¿Qué les pones a las palomitas?
- ☐ Les pongo sal.
- ☐ Les pongo margarina.
- ☐ Les pongo mantequilla.
- ☐ Les pongo queso parmesano.
- ☐ No les pongo nada.

4. Además de leche, ¿qué le pones al cereal preparado?
- ☐ Le pongo azúcar.
- ☐ Le pongo miel (*honey*).
- ☐ Le pongo pasas (*raisins*).
- ☐ Le pongo fruta fresca (*fresh*).
- ☐ No le pongo nada.

ACTIVIDAD E ¿Le pides... ?

El verbo **pedir** (*to request, ask for*) también toma un objeto indirecto aunque el significado no es *to* o *for someone*. Indica lo que haces en cada situación.

1. Mañana tienes que entregarle al profesor (a la profesora) un trabajo, pero sabes muy bien que no lo vas a terminar para mañana. ¿Qué haces?

   a. Le pides una prórroga (*extension*) al profesor (a la profesora).

   b. Le pides una prórroga sólo si es un profesor (una profesora) que conoces bien.

   c. No le pides una prórroga. Le entregas tarde el trabajo y esperas a ver lo que pasa.

2. Es hora de volver a casa. Está lloviendo y no tienes paraguas (*umbrella*). Ves a una persona que conoces subir a (*get in*) su auto. ¿Qué haces?

   a. Le pides que te lleve (*takes you*) a tu casa.

   b. Le pides que te lleve a tu casa sólo si es una persona que conoces muy bien.

   c. No le pides que te lleve a tu casa. Tomas el autobús o un taxi.

3. En un restaurante, dejas caer (*you drop*) un tenedor (*fork*). ¿Qué haces?

   a. Le pides otro al mesero.

   b. No le pides otro al mesero. Tomas el tenedor de otra mesa donde no hay otros clientes.

   c. No le pides otro al mesero. Recoges (*You pick up*) el tenedor del suelo y lo limpias con la servilleta (*napkin*).

ACTIVIDAD F Situaciones

COMUNICACIÓN

Paso 1 En grupos de tres o cuatro, deben escribir por lo menos tres opciones que tienen para cada situación. **¡OJO!** Deben utilizar objetos indirectos.

MODELO   **SITUACIÓN:** Estás en un restaurante elegante y el servicio es muy malo.

     POSIBLES OPCIONES: a. No le doy propina (*tip*) al mesero.

         b. Le digo al gerente (*manager*) que no voy a volver.

         c. Les digo a mis amigos que es un restaurante horrible.

1. Estás en un café con unos amigos. Llega la cuenta y descubres (*you discover*) que no tienes dinero (*money*).

2. Estás en un café con unos amigos. Llega la cuenta y uno de tus compañeros te dice que no tiene dinero. Es la tercera vez que te pide dinero.

3. Estás en la casa de un amigo (una amiga) y sus padres preparan una cena que no te gusta para nada.

Paso 2 Escojan una situación y escriban las opciones en la pizarra. Presenten las opciones a la clase indicando la opción que prefieren y por qué. ¿Es esta la opción que prefiere la mayoría de la clase?

Así se dice

Have you wondered how you might say in Spanish *I gave it to him* or *I asked him for it*? In Spanish, both direct object and indirect object pronouns precede conjugated verbs with the indirect always preceding the direct.

—¿Te dio el dinero?
—Sí, **me lo** dio ayer.

Spanish does not allow **le** and **les** to appear with **lo, la, los,** and **las.** In such cases, **se** is used instead of **le** and **les.** Here, this **se** is not used as a reflexive pronoun; it simply takes the place of **le** and **les.**

—¿Le entregaste la composición a la profesora?
—Sí, **se la** entregué esta mañana.

GRAMÁTICA

¡Está muy salada!

More About **estar** + Adjective

Así se dice

If you use **ser** with the adjectives we are talking about here, the meaning is not one of tastes, looks, feels, and so on. Instead, you would be describing a trait that a particular dish or food has relative to others. **El pescado es rico** means that fish (as a dish compared to meat, chicken, or others) is delicious. **El pescado está rico** means that this particular fish you are eating tastes good.

In English, when we use *to be* in talking about foods and other products, we are often referring to how they taste, smell, feel, look, and sometimes sound. In Spanish, **estar** is used in these situations.

La sopa **está** rica.	*The soup is* (*tastes*) *really good.*
La sopa **está** salada.	*The soup is* (*tastes*) *salty.*
La sopa **está** deliciosa.	*The soup is* (*tastes*) *delicious.*
Está muy fuerte el perfume.	*The perfume is* (*smells*) *very strong.*
Está fresco el pescado.	*The fish is* (*looks*) *fresh.*
Están suaves las toallas.	*The towels are* (*feel*) *soft.*

ACTIVIDAD G ¿Fresca o pasada°?   *spoiled, old*

Completa la información de la columna A con información de la columna B. En algunos casos, hay diferentes combinaciones posibles.

A	**B**
1. Si la banana está fresca, _b_.	**a.** está marrón
2. Si la banana está pasada, _a_.	**b.** está amarilla
3. Si la leche está pasada, _h_.	**c.** está olorosa (*odorous*)
4. Si la manzana está fresca, _g_.	**d.** está blando/a (*soft*)
5. Si la manzana está muy pasada, _d_.	**e.** está duro/a (*hard*)
6. Si el pollo está pasado, _h_.	**f.** está firme pero no duro/a
7. Si el aguacate está listo para comer, _d_.	**g.** está roja
	h. tiene mal olor (*odor*)

ACTIVIDAD H Cuando el pescado está fresco...

Paso 1 Lee la selección «¿Cómo se sabe que un pescado está fresco?» en la página 172.

Vocabulario útil

las agallas	gills	**hundido/a**	sunken
el dedo	finger	**sucio/a**	dirty
la limosidad	sliminess		
la pared	wall	**rechazar**	to reject
el vientre	belly		

Paso 2 Sin volver a mirar la selección, indica qué parte del pescado comienza las siguientes oraciones.

1. __a__ deben estar rojas y brillantes.
2. __d__ no debe estar roto.
3. __b__ debe estar firme pero no dura.
4. __c__ no deben estar hundidos.

a. Las agallas
b. La carne
c. Los ojos
d. El vientre

ACTIVIDAD I ¡Ay, qué rico!°

My, how delicious!

Paso 1 Piensa en una vez en que comiste un plato que estaba muy rico y contesta las siguientes preguntas.

1. ¿Cómo era el plato?

2. ¿Dónde estabas?

3. ¿Con quién estabas?

Paso 2 En grupos de tres, compartan sus experiencias. Al final, una persona del grupo debe presentar dos de las experiencias al resto de la clase.

¡Qué rico está el helado! (La Habana, Cuba)

¿Cómo se sabe que un pescado está fresco?

La carne[a]

La firmeza elástica es una garantía de calidad. Presione con el dedo sobre la carne del lomo[b]: si la marca no desaparece o tarda en desaparecer, el pescado no está fresco.

Los ojos

Los ojos nunca deben estar hundidos ni presentar limosidad amarillenta. Rechace los pescados a los que se les han extraído los ojos.[c]

El olor

El pescado fresco huele a mar,[d] una aroma agradable. Si un pescado no está fresco, emite un fuerte olor.

Las agallas

Las agallas deben estar rojas, de una intensidad brillante. Si el pescado está pasado, las agallas presentan un color marrón sucio. En algunos casos los vendedores decapitan los pescados y ya no se puede ver las agallas. Rechace los pescados decapitados.

El vientre

La pared del vientre no debe estar rota.[e] La grasa no debe estar amarilla.

---

[a]flesh [b]back [c]a... that have had their eyes extracted [d]huele... smells like the sea [e]torn

«El estudiante típico tiene malos hábitos de comer.»
«El desayuno debe ser la comida más importante del día.»

INTERCAMBIO

Preferencias alimenticias

Propósito: escribir un artículo sobre las preferencias y hábitos de un compañero (una compañera) de clase con relación a la comida.

Papeles: dos estudiantes entrevistan a otro/a; entre los (las) tres escriben el artículo.

Paso 1 Dos personas deben entrevistar a otra para conseguir los datos en el cuadro (*table*) a continuación. La información tiene que ver con salir a comer en vez de (*instead of*) comer en casa.

	EL DESAYUNO	EL ALMUERZO	LA CENA
frecuencia con que sale a comer			
dónde come			
qué suele pedir (**orders**)			
sus preferencias en cuanto a la comida *qué* (**no**) *le encanta* *qué* (**no**) *le cae bien* *qué* (**no**) *le agrada*			

Paso 2 Ahora los (las) tres tienen que escribir, en forma de un artículo, las preferencias de la persona entrevistada. Pueden utilizar como modelo «Mis platos preferidos» que está en las páginas 156–157.

MODELO   Esta persona sale muy poco a comer. Cuando va a un restaurante, suele ir a...

Paso 3 Los grupos deben entregarle al profesor (a la profesora) el artículo **sin indicar el nombre de la persona entrevistada.** El profesor (La profesora) va a leer cada entrevista a la clase para que todos adivinen (*so that everyone can guess*) a quién se refiere.

The **Vocabulario comprensivo** list in this lesson is long, since it presents much of the thematic vocabulary that you will have an opportunity to use throughout **Unidad tres.** You will find that the **Vocabulario comprensivo** lists in **Lecciones 8** and **9** are shorter.

Los alimentos básicos — Basic Foods

Calcio — Calcium

los productos lácteos — dairy products
  el helado — ice cream
  la leche — milk
  el queso — cheese
  el yogur — yogurt

Proteínas — Proteins

las carnes — meats *beef - vaca*
  el bistec — steak *pork - cerdo,*
  la carne de res — beef *lamb - cordero*
  la chuleta de cerdo — pork chop
  la hamburguesa — hamburger
  el jamón — ham
las aves — poultry *Turkey - pavo*
  el huevo — egg *duck - pato*
  el pollo — chicken *goose - ganso*
los pescados y mariscos — fish and shellfish
  el atún — tuna
  los camarones — shrimp

los frijoles — beans
la mantequilla de cacahuete — peanut butter
las nueces — nuts

Vitaminas y fibra — Vitamins and Fiber

las frutas — fruits
  el aguacate — avocado
  la banana — banana
  la fresa — strawberry
  el limón — lemon
  la manzana — apple
  la naranja — orange
  el tomate — tomato
  la toronja — grapefruit
  la uva — grape
las verduras — vegetables
  las espinacas — spinach
  los guisantes — peas
  las judías verdes — green beans
  la lechuga — lettuce
  el maíz — corn
  la papa — potato (*Lat. Am.*)
  la patata — potato (*Sp.*)
  la zanahoria — carrot

Carbohidratos y fibra — Carbohydrates and Fiber

el arroz — rice
los cereales — cereals; grains
los espaguetis — spaghetti
el pan blanco — white bread
el pan integral — whole wheat bread
las pastas alimenticias — pasta

Grasas — Fats

el aceite de maíz — corn oil
el aceite de oliva — olive oil
la mantequilla — butter

Para describir los alimentos — Describing Foods

agrio/a — sour
amargo/a — bitter
asado/a — roast(ed)
cocinado/a — cooked
crudo/a — raw
dulce — sweet

fresco/a — fresh
pasado/a — spoiled, old

al horno — baked
al vapor — steamed

el gusto — taste (*preference*)
el hábito de comer — eating habit
el sabor — taste (*flavor*)

Sabe a... — It tastes like . . .

page 164

¿Qué desayunas? — What Do You Have for Breakfast?

la bollería — assorted breads and rolls
el bollo — roll
el churro — type of fried dough
el huevo frito (revuelto) — fried (scrambled) egg
el jugo (de naranja) — (orange) juice
la mermelada — jam, marmalade
el panqueque — pancake
el pan tostado — toast
la salchicha — sausage
el tocino — bacon
la tostada — toast

desayunar (R) — to have breakfast

¿Qué comes para el almuerzo y para la cena?	What Do You Have for Lunch and Dinner?
el emperador	swordfish
la ensalada	salad
el flan	baked custard
las lentejas	lentils
(medio) pollo asado	(half a) roast chicken
el postre	dessert
el puré de papas	mashed potatoes
el sándwich	sandwich
la tarta	pie
la ternera	veal
la tortilla	omelette (*Sp.*)
almorzar (ue) (R)	to have lunch
cenar (R)	to have dinner
el menú del día	daily menu
el primer (segundo, tercer) plato	first (second, third) course

Las comidas — Meals

el almuerzo	lunch
la cena (R)	dinner
el desayuno	breakfast

¿Qué meriendas? — What Do You Snack On?

los dulces	candy
la galleta	cookie
las palomitas	popcorn
las papas fritas	potato chips; French fries (*Lat. Am.*)
los pasteles	pastries
las patatas fritas	potato chips; French fries (*Sp.*)
la máquina vendedora	vending machine
la merienda	snack
merendar (ie)	to snack (on)

Y para tomar... — And To Drink . . .

el agua (*f.*)	water
el café (R) (con leche)	coffee (with milk)
la cerveza	beer
el refresco	soft drink
el té	tea
el vino	wine

Los condimentos — Condiments

el azúcar	sugar
la mayonesa	mayonnaise
la mostaza	mustard
la pimienta	pepper
la sal	salt
la salsa de tomate	ketchup

Los colores — Colors

amarillo/a	yellow
blanco/a	white
marrón	dark brown
negro/a (R)	black
rojo/a	red
rosado/a	pink
verde (R)	green

Verbos — Verbs

agradar	to please
apetecer	to be appetizing; to appeal, be appealing (*food*)
caer (*irreg.*) bien/mal	to make a good/bad impression; to (dis)agree with (*food*)
encantar	to delight, be extremely pleasing
importar	to be important; to matter
interesar	to be interesting
poner (*irreg.*)	to put, place
quitar	to remove, take away
tener (mucha) hambre	to be (very) hungry

LECCIÓN 8

¿Qué se hace con los brazos?

In this lesson, you will

- ◆ learn vocabulary related to eating at the table
- ◆ learn some vocabulary related to eating in restaurants
- ◆ note some more differences between eating habits in Spanish-speaking countries and this country
- ◆ learn about the impersonal and passive **se** constructions in Spanish
- ◆ learn more about **por** and **para**

ALTO Before beginning this lesson, look over the **Intercambio** activity on page 190. This is the activity you will be working toward throughout the lesson.

En el mundo hispano es común apoyar (to support) *los dos brazos en la mesa (Madrid, España).*

VOCABULARIO

¿Qué hay en la mesa?

Talking About Eating at the Table

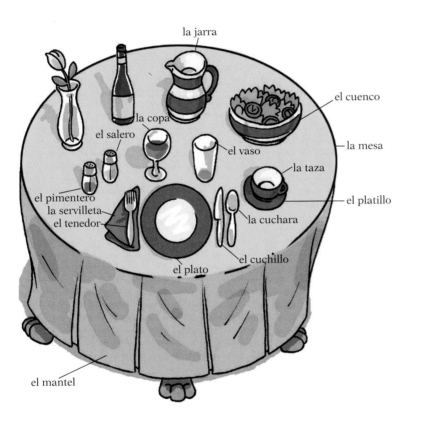

la jarra
el cuenco
la copa
el salero
el vaso
la mesa
la taza
el platillo
el pimentero
la servilleta
la cuchara
el tenedor
el cuchillo
el plato
el mantel

Así se dice

As you know, cognates may not always mean the same thing from one language to another. As you can see in the previous section, *table manners* is rendered in Spanish by the word **modales** and not by the cognate word **maneras** (*ways*). Similarly, you might hear someone described as **muy educado/a,** but this description does not refer to any kind of academic preparation. Note how **educado/a** may be used in Spanish.

Es muy **educada.**
She is very well-mannered.

Vocabulario útil

la boca	mouth	**cortar**	to cut
los brazos	arms	**derramar**	to spill
los buenos modales	good manners	**levantar la mesa**	to clear the table
los codos	elbows	**poner la mesa**	to set the table
los cubiertos	silverware		
las manos	hands		

ACTIVIDAD A ¿Cómo los utilizamos?

Escucha el nombre del objeto que menciona el profesor (la profesora). Indica para qué lo utilizamos, según el modelo.

MODELO   Lo (La) utilizamos para...

1. cubrir (*to cover*) la mesa.
2. tomar café.
3. servir la comida principal.
4. comer la sopa.
5. limpiarnos la boca.
6. comer la comida principal.
7. servir agua o vino.

ACTIVIDAD B Asociaciones

Empareja una palabra o frase de la columna A con otra de la columna B.

A	B
1. _____ la carne	a. la copa
2. _____ ayudar antes de comer	b. cortar
3. _____ ayudar después de comer	c. derramar el vino en la mesa
4. _____ ser torpe (*clumsy*)	d. levantar la mesa
5. _____ el agua	e. poner la mesa
6. _____ el vino	f. la sopa
7. _____ la cuchara	g. el vaso

COMUNICACIÓN

ACTIVIDAD C Con las manos

Paso 1   A continuación hay una lista de comidas típicas. Indica si comes cada una con cubiertos o no. ¿Hay costumbres comunes a la mayoría de la clase?

MODELO   las papas fritas → Las como con las manos.

1. las papas fritas
2. los sándwiches de queso
3. las hamburguesas
4. el pollo a la barbacoa
5. las rosquillas (*donuts*)
6. la fruta fresca (manzana, naranja)
7. el pastel (*pie*) de manzana

Paso 2   Ahora indica si para tomar alguna de las siguientes bebidas la pones primero en un vaso o no. ¿Hay costumbres comunes a la mayoría de la clase?

MODELO   la cerveza → No la pongo en un vaso. La tomo directamente de la botella.

1. la cerveza
2. la leche
3. los jugos
4. el agua mineral
5. los refrescos

Así se dice

By now you are well aware that in Spanish, most nouns that end in **-a** are feminine and most that end in **-o** are masculine. However, as you may already have noticed, some very common words do not follow this pattern. Be on the lookout for such words during the course of your study.

el día, el drama, el mapa, el poeta, el problema
la mano, la modelo,* la radio†

---

*La modelo** = female fashion model; **el modelo** = any other kind of model.
†**La radio** = the medium of radio; **el radio** = piece of equipment.

Lección 8   ¿Qué se hace con los brazos?

GRAMÁTICA

¿Se debe... ?

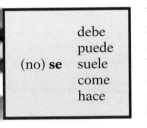

	debe
	puede
(no) **se**	suele
	come
	hace

You have already seen the pronoun **se** used in reflexive sentences. It is also used in Spanish to make impersonal sentences, ones in which the verb is singular and the subject is not specified. In this usage, there is no reflexive meaning similar to *-self* or *-selves*. The rough equivalent in English would be sentences that use the nonspecific subject pronouns *one, you,* or *they.*

No **se debe** comer mucha carne. ~~3rd person~~

> One (*You*) shouldn't eat a lot of meat.

Si **se come** bien, **se vive** bien.

> If one eats well, one lives well. (*If you eat well, you live well.*)

En Carmon's **se sirve** una pizza magnífica.

> At Carmon's they serve a great pizza.

What do you think the following sentences mean?

No se debe poner los codos en la mesa.
Se suele almorzar a las 12.00.

If you said *One (You) shouldn't put one's (your) elbows on the table* and *One usually eats lunch at noon (You/They usually eat lunch at noon)*, then you were right.

(Quia) ACTIVIDAD D Los buenos modales

Indica en qué situación se observa cada regla (*rule*).

a. En toda circunstancia.

b. Sólo en ocasiones formales.

c. Sólo con la familia o con amigos muy íntimos.

1. _a_ No se debe poner los brazos en la mesa mientras se come.

2. _a_ No se debe comer el pollo frito o el pollo asado con las manos.

3. _b_ Para comer las papas fritas, se debe utilizar tenedor.

4. _a_ No se debe alcanzar con el brazo (*reach for*) algo en la mesa si está lejos (*far away*).

5. _a_ No se debe comenzar a comer si los demás (*the others*) no tienen su comida.

6. _a_ Al terminar de comer, uno se debe ofrecer a ayudar al anfitrión (a la anfitriona) (*host* [*hostess*]) a levantar la mesa.

—Mira. **Se debe** poner el tenedor al lado izquierdo (*left side*) del plato y el cuchillo al lado derecho (*right*), ¿ves?

Los errores que no debes cometer en la mesa

- No comas con los codos apoyados en la mesa. En primer lugar, porque limitas tus movimientos. Y en segundo, porque los alimentos pueden caerse de los cubiertos. Tus brazos tienen que moverse libremente. Sin embargo, cuando no estés comiendo puedes apoyarlos sobre la mesa.
- No dejes las cucharas dentro de la taza del café, del té o de la sopa.
- No pongas alimentos en cantidades exageradas en tu boca. ¡Es de muy mal gusto!
- No mastiques con la boca abierta y no hagas ruido con los labios y la lengua, porque es muy antiestético.
- No hables con la boca llena, porque se saldrá la comida. Si quieres hablar mientras comes, hazlo cuando tengas una mínima cantidad de comida en la boca. De otra manera, habla después de haber tragado los alimentos.

Lección 8 ¿Qué se hace con los brazos? ciento setenta y nueve **179**

COMUNICACIÓN

ACTIVIDAD E ¿Cuándo se puede hacer eso?

¿Cuándo se puede hacer las cosas a continuación? Inventa algo para terminar cada oración y compara tus ideas con las de un compañero (una compañera). ¿Qué ideas tienen en común?

1. Se puede interrumpir a otra persona mientras habla cuando/si...

2. No se tiene que dejar propina cuando/si...

3. Se le puede pedir a un invitado que traiga (*ask a guest to bring*) algo de comer cuando/si...

4. Se puede tutear (*address as* **tú**) a un profesor (una profesora) cuando/si...

⒬ ACTIVIDAD F Los hispanos hablan

Paso 1 Lee lo que dice Giuli Dussias sobre los modales en la mesa.

Los hispanos hablan

¿Qué diferencias notas entre las costumbres de los Estados Unidos y las de tu país en cuanto a los modales en la mesa?

NOMBRE: Giuli Dussias

EDAD: 35 años

PAÍS: Venezuela

«En mi opinión, hay algunas diferencias entre la manera que nos comportamos[a] en la mesa cuando hablamos de la familia americana y la familia venezolana... »

———————————

[a]nos... *we behave*

Paso 2 Ahora mira el segmento y contesta las siguientes preguntas.

Vocabulario útil

acostumbrar	to be accustomed to
apoyar	to support
esconder	to hide
buen provecho	enjoy your meal

1. Según Giuli, en Venezuela las dos manos tienen que estar sobre la mesa. ¿Sí o no?

2. Aunque hay diferencias, la opinión de Giuli es que las semejanzas son más numerosas que las diferencias. ¿Sí o no?

Paso 3 «Buen provecho» es una expresión que se dice antes de comenzar a comer. A continuación hay unas expresiones que se dicen en inglés antes de comer. ¿Cuándo y con quiénes se usan las siguientes expresiones?

Así se dice

What if you want to use an impersonal **se** with a reflexive verb? With reflexive verbs and verbs like **quedarse** that always take a **se**, Spanish uses **uno** instead of the impersonal **se**.

Uno se levanta temprano aquí. Si hay una tormenta (*storm*), **uno** debe **quedarse** en casa.

Uno can also be used instead of the impersonal **se** with all other verbs.

Uno no debe derramar sal. Es mala suerte (*bad luck*).

---

1. Enjoy!

2. Dig in!

3. Let's eat!

4. Food's on!

Paso 4 Indica lo que (no) se suele hacer en tu familia o grupo familiar.

1. esconder una mano debajo de la mesa

2. rezar (*to pray*) antes de comer

3. apoyar los codos en la mesa

4. decir una frase de cortesía antes de comer como «buen provecho»

5. ¿ ?

VISTAZOS II · Las dietas nacionales

VOCABULARIO

¿Hay que... ?

Expressing Impersonal Obligation

es (muy) buena idea	it's a (very) good idea
es imprescindible	it's essential
es necesario }	it's necessary
es preciso }	
hay que	one must, it's necessary
no se puede... sin...	you (one) can't . . . without . . .
se debe	you (one) should, must
se tiene que	you have to (one must)

—Mira. Aquí dice que **no se puede** visitar Buenos Aires **sin** probar la parrillada.

> ## Así se dice
>
> To enter a room politely, in English we say *Can I come in?* or *May I come in?* In Spanish one simply says **¿Se puede?**, which is short for **¿Se puede pasar?**
>
> —¿**Se puede,** profesora?
> —Sí. Pasa.

ACTIVIDAD A Nueva York: Lo positivo y lo negativo°

°Lo... *The positive and the negative*

Paso 1 Empareja una frase de la columna A con una de la columna B para hablar de lo positivo de Nueva York.

A	B
1. _____ En Nueva York hay que asistir a...	**a.** los perritos calientes (*hot dogs*) que se venden (*are sold*) en cada esquina (*corner*).
2. _____ Al visitar Nueva York se tiene que dar un paseo por...	**b.** una obra teatral en Broadway.
3. _____ Si el dinero no es problema, es preciso quedarse en...	**c.** el Hotel Plaza.
4. _____ Y claro, es necesario probar (*to try*)...	**d.** el Parque Central.
5. _____ No se puede visitar Nueva York sin ver...	**e.** la Estatua de la Libertad.

Paso 2 Esta vez, empareja una frase de la columna A con una de la columna B para hablar de lo negativo de Nueva York.

A	B
1. _____ No se debe caminar...	**a.** mucho dinero en el bolsillo (*pocket*) o en la bolsa (*purse*).
2. _____ No es buena idea llevar...	**b.** el metro entre las 5.00 y las 6.30 de la tarde.
3. _____ Hay que evitar (*avoid*)...	**c.** solo/a por la noche.

ACTIVIDAD B Hay que...

Paso 1 Piensa en una ciudad que conoces muy bien. Luego contesta las preguntas a continuación.

Si uno visita _____ (nombre de la ciudad),...

1. ¿hay que comer en algún restaurante en particular? ¿Se debe probar algún plato en particular? ¿Cuáles y por qué?

2. ¿se debe ver algún monumento o edificio (*building*) porque es histórico o interesante? ¿Cuál y por qué?

3. ¿es preciso hacer alguna actividad especial? ¿Cuál y por qué?

Paso 2 Ahora con las respuestas que diste en el **Paso 1,** forma un pequeño párrafo sobre la ciudad en cuestión. Trata de utilizar diferentes expresiones. Añade (*Add*) otros detalles si quieres. Luego, si hay tiempo, comparte tu párrafo con la clase.

GRAMÁTICA

¿Se consumen muchas verduras?

EL VALOR CALÓRICO DE LAS ACTIVIDADES		
ACTIVIDAD	**CALORÍAS CONSUMIDAS POR HORA**	
	MUJER	HOMBRE
Caminar (2–3 km/h.)	200	240
Trabajos caseros[a] (limpiar el piso,[b] barrer,[c] etcétera)	300	360
Correr	800	1.000
Escribir a máquina	200	220
Nadar	600	800
Tenis	440	560
Esquiar	600	700
Leer	40	50
Manejar	120	150
Andar en bicicleta (rápidamente)	460	640
Andar en bicicleta (lentamente)	240	280

[a]Trabajos... *Housework* [b]*floor* [c]*sweeping*

		toma(n)
se	+	come(n)
		consume(n)

¿Cuántas calorías **se consumen** al hacer cada actividad?

Earlier you saw **se** used with singular verbs to express impersonal sentences. **Se** can also be used with both singular and plural verbs to form what is called a passive construction. Like an impersonal sentence, a passive sentence with **se** does not contain a stated subject. However, unlike the impersonal **se,** the passive **se** does not translate as *one* or *you* but rather as *is/are + -ed* and sometimes as *they.*

Se queman muchas calorías cuando **se hacen** ejercicios aeróbicos.
Many calories are burned when doing aerobics.

Se sirve la cena a las 6.00.
Dinner is served at 6:00.

En Gallo's **se sirven** unos mejillones riquísimos.
At Gallo's they serve some very tasty mussels.

It is not as important to keep the exact meaning clear as it is to remember that when the object of the verb is plural, verbs in passive **se** constructions are also plural.

En IHOP **se preparan** cantidades enormes de panqueques.
Enormous quantities of pancakes are prepared at IHOP.

Así se dice

Although you will be working with the passive **se** in a limited context in this lesson, its use in written Spanish is frequent, especially when referring to past events. Here are some typical examples of the passive **se** that you will encounter in readings. The first one's meaning is given to you. Can you figure out the others?

En 1605 **se publicó** la novela *Don Quijote de la Mancha.*
Don Quixote *was published in 1605.*

Se firmó la Declaración de la Independencia de los Estados Unidos en 1776.
Se hicieron varios experimentos.

Lección 8 ¿Qué se hace con los brazos?

ACTIVIDAD C ¿En qué país... ?

Por lo general, la geografía y el clima influyen mucho en lo que se come y se toma en un país. Tomando en cuenta lo que sabes de la geografía y el clima en distintas partes del mundo, trata de completar cada oración a continuación.

1. En _____ se comen muchos mariscos.
2. En _____ se toman muchas bebidas calientes.
3. En _____ se preparan muchos platos con carne.
4. En _____ se preparan muchos platos con papas.
5. En _____ se comen muchas frutas tropicales.

Quia ACTIVIDAD D ¿Sabías que... ?

Paso 1 Antes de leer la selección **¿Sabías que... ?** en la página 185, piensa un momento en las siguientes preguntas.

1. ¿Qué es un «país mediterráneo»? ¿Puedes nombrar algunos?

2. Basándote en la pregunta anterior, ¿qué tipo(s) de alimentos se consumen en la dieta mediterránea?

Paso 2 Ahora lee la selección. Luego completa lo siguiente.

1. Nombra cuatro alimentos que se consumen en la dieta mediterránea.

2. Según el experimento del Dr. Ancel Keys, ¿qué les pasó a los norteamericanos que siguieron la dieta mediterránea?

   a. Subió (*Went up*) su nivel de colesterol.

   b. Bajó (*Went down*) su nivel de colesterol.

Paso 3 Mira la foto de la paella que acompaña la selección. ¿Te apetece la paella o no es plato de tu gusto? Entrevista a un compañero (una compañera) de clase para averiguar (*find out*) si le gustaría (*he/she would like*) la dieta mediterránea o no. Hazle preguntas sobre los alimentos de en esta dieta. Comparte con la clase lo que averiguaste.

   MODELO   ¿Te gustan las legumbres? ¿Todas?

ACTIVIDAD E La dieta norteamericana

Paso 1 Con otra persona, haz una lista de cinco alimentos típicos que se consumen en este país.

   MODELO   En este país se consume(n) mucho...

1...   **2...**   **3...**   **4...**   **5...**

Paso 2 Escriban la lista en la pizarra y compárenla con las de otras parejas. ¿Cuáles alimentos se mencionan más? Ahora determinen si la dieta norteamericana es tan saludable como la dieta mediterránea.

¿Sabías que...

hay una dieta conocida como la dieta mediterránea? En esta dieta predominan las legumbres,[a] las pastas alimenticias, el arroz, las verduras, las frutas frescas, el pescado, los mariscos, el aceite de oliva, el pan y condimentos como el ajo, la mejorana[b] y la pimienta. Se llama dieta mediterránea porque es común en los países mediterráneos: España, Italia, Francia y Grecia. Esta dieta también es común en Portugal, aunque no es un país mediterráneo.

La paella española contiene lo típico de la dieta mediterránea: arroz, mariscos, pescado, verduras, aceite de oliva y otros alimentos saludables.

En 1962, el doctor Ancel Keys, conocido nutricionista norteamericano, hizo una investigación sobre la dieta mediterránea. Sus pacientes norteamericanos siguieron[c] esta dieta por varias semanas. Después, fueron sometidos[d] a una serie de exámenes médicos. El doctor Keys pudo comprobar que el nivel[e] de colesterol de sus pacientes había bajado[f] y que la incidencia de enfermedades cardiovasculares también había disminuido.[g] Parece que la dieta mediterránea es bastante saludable,[h] ¿no?

[a]*legumes* (La palabra **legumbres** significa también *vegetables.*) [b]*marjoram* [c]*followed*
[d]*fueron... they were subjected* [e]*level* [f]*había... had dropped* [g]*había... had diminished*
[h]*healthy*

Nota comunicativa

Now that you know the impersonal **se** and the passive **se,** you can expand your repertoire of strategies for communication. When you forget how to say a word or don't know it, you can ask for help by using an impersonal **se.** For example, to ask for help in finding out the Spanish word for *bottle opener,* you can say

¿Cómo se llama esa cosa con que se abre una botella?

Note that the phrase **con que** can be changed to **donde, en que, con quien,** or a number of other phrases depending on what you are saying (e.g., **¿Cómo se llama el lugar donde... ? ¿Cómo se llama la persona a quien... ?**) How would you ask for help during a conversation if you forgot or didn't know the following words? (Note: You can accompany your questions with gestures and anything else that helps!)

china hutch/cabinet	garage	Post-it notes
dishwasher	knife	vending machine

VOCABULARIO

¿Está todo bien?

Talking About Eating in Restaurants

*Si el servicio es bueno, **los clientes le dejan una propina al camarero.***

el/la camarero/a el/la mesero/a	waiter, waitress
el/la cliente	customer
el/la cocinero/a	chef, cook
la comida para llevar	food to go
la cuenta	bill, check
el primer (segundo, tercer) plato	first (second, third) course
la propina	tip
atender (ie)	to wait on (*a customer*)
dejar (una propina)	to leave (a tip)
ordenar	to order
pedir (i, i)	to request, order
traer (*irreg.*)	to bring
¿Está todo bien?	Is everything OK?
¿Me podría traer... ?	Could you bring me . . . ?
¿Qué trae... ?	What does . . . come with?

conditional (handwritten)

aceptar — to accept (a credit card) (handwritten)

ACTIVIDAD A Definiciones

Escucha la definición que da el profesor (la profesora). Luego, empareja la definición con una palabra o expresión de la sección anterior.

1...   2...   3...   4...   5...   6...

ACTIVIDAD B ¿En qué orden?

Paso 1 Pon en orden cronológico las siguientes actividades.

_____ Se pide la cuenta.
_____ El camarero trae el segundo plato.
_____ El cocinero prepara la orden.
_____ Se deja la propina en la mesa.
_____ Se pide la comida.
_____ Se toma un aperitivo.
_____ El camarero trae el primer plato.

Paso 2 Escucha mientras el profesor (la profesora) las lee cronológicamente. ¿Ordenaste bien las actividades?

Así se dice

As you already know, learning Spanish is not a simple matter of translating words from English. An example is the verb **invitar**. It can mean *to invite* in the most general sense, such as to invite someone to a party. But in Spanish, it can also mean *to treat* (pay).

Pablo: ¿Vamos a tomar un café?
Marisol: Sí. Yo te **invito.**

(*Llega la cuenta.*)
Diego: Bueno, **invito** yo.
Ester: No. **Invito** yo.
Diego: No, no. Tú **invitaste** la última vez.

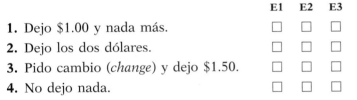 ACTIVIDAD C ¿Quién lo dice?

Indica quién diría (*would say*) cada oración, un cliente o un camarero.

	CLIENTE	CAMARERO
1. «¿Están listos para pedir?»	☐	☐
2. «¿Qué trae el filete?»	☐	☐
3. «La cuenta, por favor.»	☐	☐
4. «Como primer plato, me gustaría la sopa.»	☐	☐
5. «¿Está todo bien?»	☐	☐
6. «¿Me podría traer otro tenedor, por favor?»	☐	☐

ACTIVIDAD D ¿Y la propina?

COMUNICACIÓN

Paso 1 Entrevista a tres personas sobre lo que hacen en la siguiente situación. **¡OJO!** Hay que responder a las preguntas honestamente.

La cuenta es de $10.00, impuestos (*taxes*) incluidos. Tienes un billete de $10.00 y dos de $1.00. El restaurante no acepta ni cheques personales ni tarjetas de crédito. El servicio fue regular, ni malo ni excelente. ¿Cuánto dejas de propina?

	E1	E2	E3
1. Dejo $1.00 y nada más.	☐	☐	☐
2. Dejo los dos dólares.	☐	☐	☐
3. Pido cambio (*change*) y dejo $1.50.	☐	☐	☐
4. No dejo nada.	☐	☐	☐

Paso 2 Comparte los resultados con el resto de la clase.

Nota comunicativa

Keeping the context of communication in mind and thinking ahead of what people might say to you will increase your chances of successful communication in routine situations. You might also consider looking up important words and phrases before entering a particular situation. For example, before going out to eat at a restaurant specializing in steaks, you might find out how to say *well-done*, *medium*, or *rare*. How would you say you are allergic to something?

GRAMÁTICA

¿Para quién es?

—¿**Para** quién es esa torta (*cake*)?
—Es **para** mi amigo. Es su cumpleaños (*birthday*).

cf. pg. 299

Although you will focus on using **para** in this lesson, it can be helpful to keep in mind that both **por** and **para** can be equivalents of *for* in English.

Para is used to indicate the *destination* or *recipient* of something.

Voy a preparar una sopa **para** Roberto.	*I'm going to make soup for Roberto.* (Roberto will be the recipient of this soup. He is the one who is going to eat it.)
Es una taza **para** café.	*It's a coffee cup* (*cup for coffee*). (The cup's use is clearly for one beverage over another. Coffee will be served in this cup.)
¿Una mesa? ¿**Para** cuántas personas?	*A table? For how many people?* (The idea here is that someone is going to "receive" a table in the restaurant.)

Por, on the other hand, generally indicates a *source* or a *cause*.

Hago esto **por** mi hermano.	*I do this for my brother.* (The idea here is that my brother is motivating me to do this even though he is not the beneficiary or may never see what I do.)

Perhaps one of the clearest differences between **por** and **para** is when each combines with **que.** Note the different translations in English.

Lo hago **para que** entiendas.*	*I do this so that you will understand.* (Your comprehension is the desired end result: "destination.")
Lo hago **porque** no entiendes.	*I do this because you don't understand.* (Your lack of comprehension is motivating me to do this: "source, cause.")

---

*Verbs used after the expression **para que** appear in a form called the subjunctive. (You will learn about the subjunctive in future lessons.)

ACTIVIDAD E ¿Para qué sirve?

Muchas personas creen que hay ciertos alimentos que son buenos para ciertas partes del cuerpo y/o malos para otras. Indica lo que tú has oído (*you have heard*).

MODELOS   El ajo es bueno para la sangre (*blood*).

El ajo es malo para el aliento (*breath*).

1. _____ para el cerebro.
2. _____ para la piel.
3. _____ para los huesos (*bones*).
4. _____ para los músculos.
5. _____ para los ojos.

ACTIVIDAD F ¿Para qué animal?

¿Conoces el anuncio que dice: «Los Trix son para niños»? ¿Qué alimento es para el conejo (*rabbit*)? Indica para qué animal es cada alimento.

	A		B
1. _____	la lechuga	a.	para el perro
2. _____	las zanahorias	b.	para el gato
3. _____	las manzanas	c.	para la tortuga (*tortoise*)
4. _____	la carne	d.	para el conejo
5. _____	el pescado	e.	para el caballo
6. _____	el maíz	f.	para la gallina (*chicken*)

ACTIVIDAD G Sugerencias

Paso 1   ¿Qué sabes de los gustos de cada persona en la clase? ¿Qué restaurantes o comidas puedes sugerir para cada una? Utilizando el modelo, inventa tres o cuatro oraciones para diferentes personas. (Optativo: Puedes hacer lo mismo para algunas personas famosas.)

MODELO   Para el profesor (la profesora) sugiero Cucina Italiana. Sé que le gusta la comida italiana.

Paso 2   Presenta tus ideas a la clase. ¿Son buenas tus sugerencias? ¿Hay personas que dicen lo mismo?

OBSERVACIONES

Se dice que las mujeres tienen mejores modales que los hombres. ¿Es esto cierto para las personas que tú conoces?

¡Atención, turistas!

Propósito: compilar un folleto (*brochure*) de las buenas y malas costumbres de comer para turistas de habla española que visitan este país.

Papeles: tres grupos que hablan entre sí (*among themselves*) para hacer una descripción de lo que se debe y no se debe hacer.

Paso 1 La clase debe dividirse en tres grupos. A cada grupo se le va a asignar uno de los siguientes temas.

1. costumbres en la casa

2. costumbres en los restaurantes

3. otras costumbres (saludos, etcétera)

Usando el vocabulario y gramática de esta lección, cada grupo debe escribir dos párrafos (de 100 a 200 palabras) sobre su tema. La idea es dar toda la información posible sobre el tema para incluirla en un folleto para turistas de habla española. Se debe organizar la información según lo que se debe hacer y lo que *no* se debe hacer.

Paso 2 Cada grupo debe leerles su información a los demás. Al terminar, el resto de la clase debe ofrecer comentarios sobre el contenido, sus reacciones, etcétera.

Paso 3 Cada grupo debe escribir de nuevo su información e incorporar las sugerencias e ideas que se presentaron en el **Paso 2.**

VOCABULARIO COMPRENSIVO

¿Qué hay en la mesa?	**What's on the Table?**
la copa	(wine) glass
los cubiertos	silverware
la cuchara	spoon
el cuchillo	knife
el cuenco	(*earthenware*) bowl
la jarra	pitcher
el mantel	tablecloth
la mesa	table
el pimentero	pepper shaker
el platillo	saucer
el plato	plate
el plato de sopa	soup bowl
el salero	salt shaker
la servilleta	napkin
la taza	cup

el tenedor	fork
el vaso	(water) glass
los buenos modales	good manners
cortar	to cut
derramar	to spill
lavar los platos	to wash the dishes
levantar la mesa	to clear the table
poner la mesa	to set the table

En un restaurante	**In a Restaurant**
el/la camarero/a	waiter, waitress
el/la cliente	customer
el/la cocinero/a	chef, cook
la comida para llevar	food to go

la cuenta	bill, check
el/la mesero/a	waiter, waitress
el plato del día	daily special
el plato principal	main dish
el primer (segundo, tercer) plato (R)	first (second, third) course
la propina	tip
atender (ie)	to wait on (a customer)
dejar (una propina)	to leave (a tip)
ordenar	to order
pedir (i, i)	to request, order
traer (*irreg.*)	to bring

¿Está todo bien? — Is Everything OK?
¿Me podría traer... ?	Could you bring me . . . ?
¿Qué trae... ?	What does . . . come with?

La obligación impersonal — Impersonal Obligation
es...	it's . . .
imprescindible	essential
(muy) buena idea	a (very) good idea
necesario	necessary
preciso	

hay que	one must, it's necessary
no se puede... sin...	you (one) can't . . . without . . .
se debe	you (one) should, must
se tiene que	you have to (one must)

Otras palabras y expresiones útiles
la boca	mouth
la bolsita para llevar	doggie bag
el brazo	arm
el codo	elbow
la costumbre	custom, habit
la mano	hand
el servicio a domicilio	home delivery
derecho/a	right
educado/a	well-mannered, polite
izquierdo/a	left
invitar	to treat (pay)
probar (ue)	to try, taste
tener buena educación	to be well-mannered

LECCIÓN **9**

Check out the following media resources to complement this lesson of *Vistazos*:

- **Online Textbook and Manual**

- **Interactive CD-ROM**

- **Online Learning Center**

- **Video on CD**

¿Y para beber?

In this lesson, you will

◆ learn and review vocabulary related to beverages

◆ examine cultural aspects related to drinking

◆ review regular preterite tense verb forms

◆ discuss responsibilities related to drinking and other matters

◆ review impersonal and passive **se**

ALTO Before beginning this lesson, look over the **Situación** activity on page 199. This is the activity you will be working toward throughout the lesson.

Bebiendo con los amigos en la Argentina

VOCABULARIO

¿Qué bebes?

Talking About Favorite Beverages

Las bebidas alcohólicas
- **la cerveza**
- **el licor fuerte**
- **el vino (blanco, tinto)**

Las bebidas con cafeína
- **el café**
- **los refrescos**
- **el té (helado)**

Las bebidas sin cafeína
- **algunos refrescos**
- **el café descafeinado**
- **el jugo de manzana (naranja, tomate)**
- **la leche**
- **el té de hierbas**

Vocabulario útil

(bien) frío/a	(very) cold	**sin hielo**	without ice
(bien) caliente	(very) hot		
con hielo	with ice	**tener (mucha) sed**	to be (very) thirsty

ACTIVIDAD A ¿Cuál es?

El profesor (La profesora) va a nombrar una bebida. Di qué tipo de bebida es. **¡OJO!** A veces hay dos posibilidades.

MODELO **PROFESOR(A):** la leche
       ESTUDIANTE: Es una bebida sin cafeína.

1... **2**... **3**... **4**... **5**... **6**...

ACTIVIDAD B ¿Qué prefieres?

COMUNICACIÓN

Entrevista a tres personas para saber qué bebidas prefieren o les gusta tomar en cada ocasión a continuación. Apunta sus respuestas.

	E1	E2	E3
1. para el desayuno (por la mañana)	____	____	____
2. con una hamburguesa	____	____	____
3. para la merienda	____	____	____
4. cuando sale con unos amigos por la noche	____	____	____
5. mientras estudia (trabaja, lee)	____	____	____

GRAMÁTICA

¿Qué bebiste?

previous chapter 3

Review of Regular Preterite Tense Verb Forms and Use

—¿Ya **tomaste** la leche que te **preparé**?
—Sí, abuelita.
—Bueno. Anoche no **dormiste** bien y no queremos repetir eso, ¿eh?

	-ar	-er	-ir
(yo)	tom**é**	beb**í**	sal**í**
(tú)	tom**aste**	beb**iste**	sal**iste**
(Ud.)	tom**ó**	beb**ió**	sal**ió**
(él/ella)	tom**ó**	beb**ió**	sal**ió**
(nosotros/as)	tom**amos**	beb**imos**	sal**imos**
(vosotros/as)	tom**asteis**	beb**isteis**	sal**isteis**
(Uds.)	tom**aron**	beb**ieron**	sal**ieron**
(ellos/ellas)	tom**aron**	beb**ieron**	sal**ieron**

As you review the forms of the preterite tense in the shaded box, remember that regular **-er** and **-ir** verbs have the same endings. Also remember that the written accent indicates acoustic stress. In the *present* tense (with the exception of **nosotros** and **vosotros**) all forms carry stress on the stem (TOmo). All forms of the regular *preterite* carry stress somewhere on the ending (toME, tomASte, toMO). This is especially important when distinguishing between present tense (**tomo**) and preterite tense (**tomó**).

The preterite tense is used to talk about single events in the past or a sequence of events, ones that are viewed as having been completed at a particular point in the past.

> **Escribí** la composición.
> **Leí** unos capítulos y luego **miré** la televisión.
> ¿**Lavaste** la ropa ayer? No. La **lavé** esta mañana.
> **Probaron** vinos de todo tipo en su viaje por Chile.

ACTIVIDAD C ¿Qué hiciste?

Mira el dibujo de la abuelita con su nieto en la sección anterior. ¿Qué hiciste tú la última vez que no dormiste bien?

1. ☐ Tomé una pastilla (*pill*).
2. ☐ Leí algo hasta que me dormí.
3. ☐ Miré la televisión.
4. ☐ Conté ovejas (*sheep*).
5. ☐ No hice nada. Me quedé en la cama hasta que me dormí.
6. ☐ Me levanté y empecé a estudiar (leer, trabajar).
7. ☐ ¿ ?

Así se dice

As you know, the irregular verb **hacer** is useful to talk about past events.

—¿Qué **hiciste**?
—No **hice** nada.

To refresh your memory, here are the forms of **hacer** in the preterite tense.

hice	hicimos
hiciste	hicisteis
hizo	hicieron
hizo	hicieron

Lección 9 ¿Y para beber?

Así se dice

Remember that **-ir** verbs with **e → i** stem-vowel changes in the present tense keep the same stem-vowel change in the preterite in the following forms only: **Ud., él/ella, Uds., ellos/ellas.**

The more you see and hear verbs like these, the greater your chances are of internalizing this pattern. For now, you should simply be aware of this detail.

	Ud.	**él/ella**	**Uds.**	**ellos/ellas**
pedir	pidió	pidió	pidieron	pidieron
servir	sirvió	sirvió	sirvieron	sirvieron

The verb **dormir** has an **o → u** stem-vowel change in the preterite in these forms.

	Ud.	**él/ella**	**Uds.**	**ellos/ellas**
dormir	durmió	durmió	durmieron	durmieron

pg. 73

ACTIVIDAD D Experiencias comunes

COMUNICACIÓN

Paso 1 Completa las siguientes oraciones usando el pretérito. Las oraciones pueden referirse a algo que tomaste, comiste, probaste o hiciste.

MODELO Una vez bebí mucho licor fuerte y me enfermé (*I got sick*).

1. Una vez _____ y me gustó mucho.
2. Una vez _____ y no me cayó* bien / no me gustó.
3. Una vez _____ y me enfermé.

Paso 2 En grupos de cuatro, compartan las oraciones. Al final deben escribir tres oraciones para describir experiencias verdaderas que han tenido (*have had*) todos los miembros del grupo. Si alguien dice algo que también tú hiciste, debes decirlo. Hay que reescribir cada oración en la forma de **nosotros/as.**

Así se dice

Do you remember that the verb **conocer** when used in the preterite translates as *met?* With events that theoretically have no real ending (when you know someone, you always know that person), the preterite signals the beginning of the event rather than its completion. What's the beginning of knowing someone? When you meet that person!

Conocí al profesor en agosto.

> I met the professor in August.
> (I began to know the
>   professor in August.)

Other verbs that work like this are listed below. Using what you know about **conocer,** see if you can restate the translated meaning given for each using the concept of *to begin to.*

pg. 122

VERB	PRESENT TENSE	PRETERITE TENSE
saber	*to know (something)*	*to find out (something)*
poder	*to be able to*	*to manage (to do something)*
comprender	*to understand*	*to grasp (a fact)*

---

*Remember that **-er** verbs whose stems end in a vowel replace the **i** of the **-ió** preterite endings with a **y** to avoid three written vowels (**ca- + -ió → cayó**).

GRAMÁTICA

¿Qué se prohíbe?

Review of Impersonal and Passive **se**

Nueva York

(no) **se**	permite prohíbe puede

In **Lección 8** you learned two more uses of **se**—the impersonal and passive. In impersonal sentences, the verb is singular and the subject is not specified. The English counterpart is *you, one,* or *they.*

Se vive más si **se come** bien.
One lives longer if one eats well. (You live longer if you eat well.)

No **se puede** entrar.
One can't enter. (You can't enter.)

In passive sentences, the verb is either singular or plural, depending on the subject. Singular passives are often indistinguishable from impersonal sentences.

Se comen más verduras ahora que antes.
More vegetables are eaten now than before.

Se habla español aquí.
Spanish is spoken here. (One speaks Spanish here.)

ACTIVIDAD A ¿Qué se prohíbe?

Paso 1 Indica si las siguientes oraciones son ciertas (C) o falsas (F).

	C	F
1. Se prohíbe el consumo de bebidas alcohólicas en las calles y en los coches.	☐	☐
2. Se prohíbe el consumo de bebidas alcohólicas en las funciones universitarias.	☐	☐
3. No se permite el castigo (*punishment*) físico en las escuelas públicas.	☐	☐
4. No se permite fumar (*to smoke*) en edificios públicos.	☐	☐
5. Se prohíbe fumar en los vuelos (*flights*) nacionales.	☐	☐
6. Se prohíbe declarar que uno es homosexual mientras presta servicio militar.	☐	☐

Paso 2 Ahora, indica con qué oraciones está de acuerdo o no la clase. ¿Piensa de la misma manera la mayoría de Uds.?

NÚMERO DE LOS QUE ESTÁN DE ACUERDO	NÚMERO DE LOS QUE NO ESTÁN DE ACUERDO
1. _____	_____
2. _____	_____
3. _____	_____
4. _____	_____
5. _____	_____
6. _____	_____

ACTIVIDAD B Si se siguen estas recomendaciones...

Paso 1 Escoge las afirmaciones que mejor completen la oración.

Se puede gozar de buena salud si...

☐ se hace ejercicio regularmente.

☐ no se ve mucha televisión.

☐ se comen más carnes rojas y menos carbohidratos complejos.

☐ se toma leche descremada (*skimmed*) en vez de leche completa.

☐ no se toman bebidas alcohólicas.

☐ se toman refrescos dietéticos en vez de refrescos regulares.

☐ se comen verduras crudas en vez de cocidas.

Paso 2 Inventa otras tres frases lógicas y compártelas con la clase escribiéndolas en la pizarra.

ACTIVIDAD C ¿Quién es el responsable?

Paso 1 Contesta lo siguiente:

Si hay un accidente debido a (*due to* [*the fact*]) que un chófer (*driver*) maneja embriagado (*under the influence*), ¿quién es responsable? En otras palabras, ¿a quién se debe castigar (*punish*)?

1. Se debe castigar solamente al chófer embriagado.

2. Se debe castigar al chófer y al cantinero (*bartender*) que le sirvió.

3. Se debe castigar al chófer y a los otros con quienes tomaba.

4. Se debe castigar al chófer y al anfitrión de la fiesta a que asistía el chófer.

5. ¿ ?

Paso 2 Forma un grupo con otros que comparten la misma opinión. Luego, el grupo debe preparar una lista de razones que apoyen su opinión y después escribirlas en la pizarra.

Paso 3 Evalúa las razones que proponen los otros grupos. ¿Te convencen? ¿Quieres cambiar de opinión?

Así se dice

You may notice in **Actividad C** that the personal **a** is used with impersonal and passive **se** to mark objects of the verb.

> **Se** debe castigar **al** chófer.

The personal **a** is used in these sentences because the objects of the verb (the people mentioned) are capable of performing the activity represented by the verb. It is important to mark them clearly as objects and thereby distinguish them from the subject of the verb. Note that if the **a** is mistakenly omitted in some instances, the impersonal or passive **se** would be interpreted as a true reflexive.

> Se debe castigar el chófer.
> *The driver should punish himself.*

ps. 104

 COMUNICACIÓN

ACTIVIDAD D ¿Sabías que... ?

Paso 1 Lee la selección **¿Sabías que... ?** que aparece a continuación. Luego contesta las siguientes preguntas.

1. ¿Cómo se llama el antepasado del tequila moderno?

2. ¿Se prohibía o se permitía la fabricación del tequila en el imperio español?

¿Sabías que... cuando llegaron los españoles en el siglo XVI, los indígenas ya elaboraban licores mediante la fermentación del agave[a]? Uno de estos licores, que quizás es el antepasado[b] más lejano del tequila se llamaba *mexcalli*. Por mucho tiempo durante el período colonial, la Corona[c] española prohibió la fabricación de licores en México para proteger el mercado de vinos españoles. Esta restricción convirtió el tequila en un licor que sólo se podía comprar en el mercado negro, y como era difícil de obtener, sólo llegó a tener[d] más fama y más demanda.

Tequila, la bebida nacional de México

[a]*century plant* [b]*ancestor* [c]*Crown* [d]*sólo... it only gained (ended up having)*

Paso 2 Como sabes, se prohibía la producción y venta del tequila durante el imperio español. ¿Se prohíbe hoy en este país la producción, importación o venta de algo? ¿Qué sabes de los siguientes productos?

1. los puros (*cigars*) cubanos

2. la marijuana para aliviar los síntomas de algunas enfermedades

ACTIVIDAD E Los hispanos hablan

Paso 1 Lee la selección **Los hispanos hablan** en la página 199.

Paso 2 Ahora mira el segmento y contesta esta pregunta: ¿Se les aplican las siguientes situaciones a los hispanos o a los norteamericanos?

1. tomar bebidas alcohólicas con el propósito de emborracharse

2. tomar bebidas alcohólicas cuando uno está solo en casa

3. tomar un vaso con leche durante la cena

4. aliviar la sed con agua de fruta

Los hispanos hablan

¿Qué diferencias notaste entre los norte-americanos y los hispanos en cuanto a los hábitos de beber?

NOMBRE: Néstor Quiroa

EDAD: 28 años

PAÍS: Guatemala

«Las bebidas. En cuanto a las bebidas alcohólicas, hay una gran diferencia. Los hispanos toman por causas sociales para convivir con los amigos en la mayoría de veces... »

Paso 3 ¿Estás de acuerdo con las observaciones de Néstor? ¿O notas que las actitudes norteamericanas han cambiado (*have changed*) hacia las bebidas alcohólicas?

Paso 4 Lee ahora la siguiente selección. Es la opinión de María Rodríguez, una peruana de 39 años de edad. ¿Tiene las mismas ideas e impresiones de Néstor?

En el Perú la persona que no toma, como yo, es un pavo. Alguna vez he oído a los padres decir: —Pero tómate un trago,[a] hija, es bueno que aprendas a tomar socialmente. Tengo muchos familiares y amigos que en el Perú son muy vacilones,[b] divertidos, pero aquí los llamarían alcohólicos. Lo que no recuerdo en el Perú es gente que tome sola. A mi mamá también le llamaba la atención que mi esposo o mi cuñado llegaran a casa y sacaran una cerveza del refrigerador para tomar solos.

[a]*drink* [b]*funny*

SITUACIÓN

Paso 1 Lee la siguiente situación y apunta algunas ideas.

Tienes 21 años. Tu hermana menor se gradúa de la escuela secundaria. Ella va a dar una fiesta, y te pide que compres (*she asks you to buy*) cerveza para la fiesta. ¿Qué haces?

Paso 2 Trabaja con dos compañeros para debatir la situación y las consecuencias. Luego, presenten los resultados al resto de la clase.

Vistazos culturales
La cocina en el mundo hispano

¿Sabías que... en el mundo hispano la cocina varía muchísimo de un lugar a otro? La gastronomía de cada país hispano incluye platos tradicionales así como platos especiales que sólo se comen en determinadas regiones. La gastronomía de cada país se distingue por los ingredientes que se emplean. En muchos países la dieta refleja la influencia de varias culturas. En Puerto Rico, por ejemplo, la cocina se llama «criolla» porque tiene influencias caribeñas (frutas tropicales), europeas (el aceite de oliva), indígenas (el chocolate) y africanas (el freír[a]).

[a]*frying*

Plátano frito

Las comidas tradicionales

En **España** la paella es un plato tradicional. Tiene su origen en Valencia pero hay muchas variaciones regionales. La paella es una mezcla de arroz con azafrán[a] y arvejas[b] y puede llevar varios mariscos o carnes.

[a]*saffron*   [b]*peas (Sp.)*

En **México,** en las comidas más tradicionales se usan ingredientes que se remontan[a] a la época de los imperios azteca y maya. Los ingredientes más comunes incluyen el aguacate, el jitomate[b] y el maíz. Pero tal vez el ingrediente más reconocido como «mexicano» es el chile. Hay muchos tipos de chile, algunos muy picantes,[c] otros no tanto. Un plato mexicano tradicional se llama **chile relleno.**[d] Los chiles que se usan en este plato son grandes, verdes y normalmente no pican mucho. El relleno más común es el queso, pero es possible usar otros ingredientes al gusto.

Chile relleno

[a]*se... date back*   [b]*red tomato (Mex.)*   [c]*spicy*   [d]*chile... stuffed chile*

Paella

You can investigate these cultural topics in more detail on the *Vistazos* Online Learning Center: **www.mhhe.com/vistazos2.**

Además de las comidas tradicionales del mundo hispano, hay algunas comidas especiales que se preparan solamente en determinados lugares. Para muchos norteamericanos estas comidas especiales pueden parecer «exóticas» porque llevan ingredientes poco comunes en la gastronomía norteamericana.

En **México** hay varias especialidades regionales interesantes. En el estado de Oaxaca se comen **chapulines**[a] fritos. En el estado de Chiapas es común comer **armadillo.** En el estado de Guerrero se puede comer **iguana** y en Taxco, una ciudad colonial en el estado de Guerrero, una de las delicias locales es una salsa hecha de **jumiles,** un tipo de escarabajo[b] pequeño.

[a]*grasshoppers (Mex.)*   [b]*beetle*

Chapulines fritos

Las comidas menos tradicionales

Aunque el **cuy**[a] se considera una mascota[b] en este país, en **el Perú** y otros países andinos el cuy se ha criado[c] como comida por miles de años. El cuy tiene mucho valor nutritivo. Es alto en proteínas y bajo en grasas. Para muchos indígenas pobres que suelen comer papas y arroz, el cuy aporta[d] proteínas a su dieta.

[a]*guinea pig*   [b]*pet*   [c]*se... has been raised*   [d]*brings*

Cuy a la parrilla (grilled)

En la provincia de Santander, **Colombia,** se comen **hormigas culonas.**[a] Las hormigas tienen una pulgada de largo[b] y se sirven tostadas. Saben a palomitas de maíz o nueces.

[a]*hormigas... fat-bottomed ants*   [b]*tienen... are one inch long*

ACTIVIDAD ¿Qué recuerdas?

Indica si las siguientes oraciones son ciertas (C) o falsas (F).

	C	F
1. La paella española tiene su origen en Sevilla.	☐	☐
2. El cuy es alto en proteínas.	☐	☐
3. Las hormigas culonas son una especialidad de Santander, Colombia.	☐	☐
4. En Oaxaca, México, se come iguana.	☐	☐
5. El maíz es uno de los ingredientes principales de la paella.	☐	☐
6. El aceite de oliva es de origen europeo.	☐	☐

NAVEGANDO LA RED

Escoge *uno* de los siguientes proyectos y presenta tus resultados a la clase.

1. Escoge un país hispano y busca información sobre los platos que se suelen comer allí durante la Navidad. Haz las siguientes cosas.

  a. Menciona el país y haz una breve lista de las comidas y bebidas tradicionales navideñas.

  b. Escribe la receta (*recipe*) para una de las comidas o bebidas de tu lista.

  c. Compara tu lista de comidas con lo que tú sueles comer durante la Navidad, el Jánuca (*Hanukkah*) u otra temporada (*season*) especial.

2. Busca información sobre la dieta mediterránea de España y la dieta del Caribe. Haz las siguientes cosas.

  a. Haz dos listas de los ingredientes más comunes, una lista para cada rigión.

  b. Menciona las semejanzas (*similarities*) y diferencias entre cada dieta.

  c. Menciona las ventajas y desventajas de cada dieta.

  d. Compara la dieta de una de estas dos regiones con la tuya.

3. Busca información sobre los modismos (*idiomatic expressions*) que tienen la comida como tema. Apunta por lo menos tres modismos y da su significado literal y figurativo en inglés. No te olvides de mencionar en qué país o región se usan.

MODELO   **un rábano verde** = *a dirty old man*
  Se usa en México y en otras partes del mundo hispano.

Vamos a ver

Now that you've completed **Unidad 3,** watch the corresponding **Vamos a ver** segment on the *Vistazos* Video to further explore the themes presented in this unit. There are related pre- and post-viewing activities on the *Vistazos* Online Learning Center **(www.mhhe.com/vistazos2).**

Las bebidas — Beverages
la bebida alcohólica — alcoholic beverage
el café (R) — coffee
  descafeinado — decaffeinated coffee
la cerveza (R) — beer
el jugo (R) — juice
  de manzana — apple juice
  de naranja (R) — orange juice
  de tomate — tomato juice
la leche (R) — milk
el licor fuerte — hard alcohol
el refresco (R) — soft drink
el té (R) — tea
  de hierbas — herbal tea
  helado — iced tea
el vino (R) — wine
  blanco — white wine
  tinto — red wine

Vocabulario relacionado con el tema
la cafeína — caffeine

(bien) frío/a — (very) cold
(bien) caliente — (very) hot
con hielo — with ice
sin hielo — without ice

beber — to drink
tener (mucha) sed — to be (very) thirsty

Otras palabras útiles
castigar — to punish
fumar — to smoke
permitir — to permit, allow
prohibir — to prohibit

UNIDAD TRES: Lecciones 7–9

Indirect Object Pronouns

SUBJECT PRONOUN	INDIRECT OBJECT PRONOUN
yo	me
tú	te
Ud.	le
él/ella	le
nosotros/as	nos
vosotros/as	os
Uds.	les
ellos/ellas	les

1. Indirect object pronouns have many uses in Spanish that differ from English. In this unit, you have learned to use indirect object pronouns mainly to mean *to* or *for* someone or something.

> No **me** importan los aditivos.
> *Additives don't matter to me.*

You have also seen that with **poner,** the meaning in English is *on* and sometimes *in.*

> ¿Qué **les pones** a las papas fritas?
> *What do you put on French fries?*

> ¿Qué **le pusiste** a la sopa?
> *What did you put in the soup?*

2. With third person forms as well as with **Ud.** and **Uds., le** and **les** are used even if the person or thing represented by the pronoun is mentioned.

> **Al profesor** no **le agradan** los vinos franceses.
> *French wines aren't pleasing to the instructor.*

> **Les** pongo sal **a las papas fritas.**
> *I put salt on French fries.*

pg. 155 3. You have also learned a number of verbs that require indirect object pronouns. These verbs are often translated into English with verbs that do not require indirect object pronouns.

> **agradar**   *to please*
> No **me agrada** eso.
> *That doesn't please me. (I don't like that.)*

apetecer   *to appeal, be appealing*
No **me apetece.**
It doesn't appeal to me.

caer (*irreg.*) **bien/mal**   *to make a good/bad impression; to (dis)agree with* (food)
No **me cae** bien el ajo.
Garlic doesn't agree with me.

encantar   *to delight, be extremely pleasing*
Me encantan los vinos chilenos.
Chilean wines really please me. (I love Chilean wines.)

importar   *to be important; to matter*
¿**Te importa** si le pongo sal?
Does it matter to you if I put salt on it? (Do you mind if I put salt on it?)

interesar   *to be interesting*
¿**Te interesa** la música clásica?
Does classical music interest you?

Impersonal and Passive **se**

1. Impersonal **se** translates into English as *one, they,* and *you,* meaning that there is no particular subject of the verb. The verb is always in the singular form.

> No **se debe** beber tanto café.
> *One (You) shouldn't drink so much coffee.*

2. Passive **se** translates into English as *is (are)* + *-ed/-en.* The object of the verb takes on the role of determining whether the verb is singular or plural.

> **Se habla** español aquí.
> *Spanish is spoken here.*

> **Se hablan** varias lenguas aquí.
> *Various languages are spoken here.*

3. In many instances, the impersonal **se** and a singular passive **se** construction are indistinguishable.

> No **se debe** hacer eso.
> *impers.—One (You) shouldn't do that. (That shouldn't be done.)*
> *passive*

4. With reflexive verbs, impersonal **se** cannot be used. **Uno** is used instead to avoid a "double se" construction.

one **Uno se levanta** tarde por aquí, ¿no?
Uno no debe **dormirse** en clase.

Uno can also be used with just about any verb as a substitute for the impersonal **se**.

Aquí **uno** toma café con los amigos para ser sociable.
One drinks coffee here with friends to be sociable.

Preterite Review (Regular Forms)

	-ar	**-er**	**-ir**
(yo)	tom**é**	beb**í**	sal**í**
(tú)	tom**aste**	beb**iste**	sal**iste**
(Ud.)	tom**ó**	beb**ió**	sal**ió**
(él/ella)	tom**ó**	beb**ió**	sal**ió**
(nosotros/as)	tom**amos**	beb**imos**	sal**imos**
(vosotros/as)	tom**astais**	beb**isteis**	sal**isteis**
(Uds.)	tom**aron**	beb**ieron**	sal**ieron**
(ellos/ellas)	tom**aron**	beb**ieron**	sal**ieron**

1. Remember that in all regular preterite forms, the acoustic stress falls on the verb ending and not on the stem.

2. **-er** and **-ir** verbs share the same endings. Also note that for **-ar** and **-ir** verbs, the regular preterite form for **nosotros** is the same as the present-tense form.

3. **-ir** verbs that have an **e** → **i** stem-vowel change in the present tense keep this change in the **Ud.**, **él/ella**, **Uds.**, and **ellos/ellas** forms in the preterite. **Dormir** also has a stem-vowel change (**o** → **u**) in the **Ud.**, **él/ella**, **Uds.**, and **ellos/ellas** forms. *3rd pers. 2nd form.*

pedir		**servir**		**dormir**	
pedí	pedimos	serví	servimos	dormí	dormimos
pediste	pedisteis	serviste	servisteis	dormiste	dormisteis
pidió	**pidieron**	**sirvió**	**sirvieron**	**durmió**	**durmieron**
pidió	**pidieron**	**sirvió**	**sirvieron**	**durmió**	**durmieron**

More on **estar** + Adjective

With some adjectives, the English equivalent of **estar** can indicate taste, feel, appearance, and smell.

Esta sopa **está salada.**
This soup is (tastes) salty.

Este pescado **está fresco.**
This fish is (looks) fresh.

Por and **para** *pg. 310*

Para is used to indicate the destination or recipient of something, never the source. Only **por** can indicate source.

Voy a preparar un cóctel **para** María.
I'm going to make a drink for María. (She is the recipient of the drink.)

Trabajo **por** mi familia.
I'm working for my family. (They are the reason I have to work.)

UNIDAD CUATRO

El bienestar

¿Qué haces para mantenerte en buenas condiciones físicas?

¿Y para tu salud mental? **Domingo, medianoche (1998)** *por Ramón Lombarte (español, 1956–)*

LECCIÓN 10

Check out the following media resources to complement this lesson of *Vistazos:*

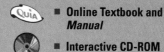

- **Online Textbook and Manual**
- **Interactive CD-ROM**

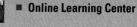

- **Online Learning Center**
- **Video on CD**

¿Cómo te sientes?

En esta lección vas a examinar el tema de los estados de ánimo (*states of mind*). También vas a

- ◆ describir cómo te sientes
- ◆ identificar tus estados de ánimo y las circunstancias que los afectan
- ◆ analizar las maneras en que tú y otros reaccionan frente a varios estados de ánimo
- ◆ describir nuevos pasatiempos que te hacen sentir mejor
- ◆ aprender nuevos verbos «reflexivos»
- ◆ utilizar los verbos **faltar** y **quedar**
- ◆ repasar el uso del imperfecto para describir los eventos habituales en el pasado

ALTO Before beginning this lesson, look over the **Inter-cambio** activity on pages 225–226. This is the activity you will be working toward throughout the lesson.

Me siento muy alegre.
(Cerca de Cuzco, Perú)

VOCABULARIO

¿Cómo se siente?

Talking About How Someone Feels

Las experiencias de Yolanda

1. Son las 10.30 de la mañana. Yolanda se prepara para un examen de física. **Está nerviosa** porque el examen va a ser difícil.

2. Su compañera de cuarto hace mucho ruido. Yolanda no puede concentrarse y **se pone enfadada.**

3. A la 1.00 toma el examen. No tiene idea de cómo va a salir. **Está muy tensa** durante el examen.

4. Después del examen, va al gimnasio a hacer ejercicio. Después, **se siente más relajada.**

5. Por la tarde, va al trabajo. Trabaja hasta muy tarde y, naturalmente, **está cansada.**

6. Al día siguiente, va a la clase de historia. La voz de la profesora es monótona, y Yolanda **está aburrida.**

7. En la clase de física, el profesor le devuelve el examen. Su nota es un 65%. Yolanda **se siente avergonzada** (*ashamed*).

8. Yolanda **se siente deprimida** (*depressed*).

9. Al otro día Yolanda habla de su nota con el profesor. Descubren que el profesor se equivocó (*made a mistake*). La nota debe ser un 95%, no un 65%. Yolanda **se pone muy contenta.** El profesor le dice, «Perdona, todos nos equivocamos, ¿no?»

10. ¡Ahora Yolanda **se siente muy orgullosa**!

⚡ (Quia) ACTIVIDAD A ¿Cómo se siente Yolanda?

A continuación aparece una lista de los pensamientos (*thoughts*) que tuvo Yolanda durante los tres días que se describen en la sección anterior. Relaciona los estados de ánimo que va a leer tu profesor(a) con los pensamientos de la lista.

> MODELO **PROFESOR(A):** Está nerviosa.
> **CLASE:** Es el número 2.

1. Me gustaría (*I would like*) dormir diez horas esta noche.

2. ¡Dios mío! ¡Sólo me quedan cuatro horas (*I only have four hours left*) para estudiar!

3. Van a pensar que soy muy tonta.

4. Si esa profesora dice «¡muy bien!» una vez más, me va a dar un ataque cardíaco.

5. ¡Fantástico! ¡Fue un error! Entonces sí saqué (*I got*) una buena nota.

6. No quiero ver a nadie. Quiero estar completamente sola.

Así se dice

Por is often used to mean *because of* or *on account of.*

> Me siento mal **por** lo que dijo Rafael.
> Yolanda está nerviosa **por** el examen.

In most cases such as these, you can also use **a causa de.**

> Yolanda está nerviosa **a causa del** examen.

Así se dice

When talking about someone else's state of being, you may use **está** or **se siente** with an adjective.

> Yolanda **está contenta.**
> *Yolanda is happy.*

> Hoy **se siente** un poco **nerviosa.**
> *Today she feels a bit nervous.*

To express the idea of a change in mood, you often can use **se pone** with an adjective.

> Su compañera de cuarto hace mucho ruido y Yolanda **se pone enfadada** (*gets mad*).

(You will learn more about these verbs as the lesson progresses.)

 **ACTIVIDAD B** ¿Por qué?

El profesor (La profesora) va a leer algunos estados de ánimo comunes a los estudiantes de hoy. Selecciona la actividad que puede provocar ese sentimiento en los estudiantes.

1. **a.** Estudia en la biblioteca.
   b. Tiene tres exámenes hoy.
   c. Durmió bien anoche.

2. **a.** Tiene que estudiar, pero su compañero/a de cuarto tiene el radio a todo volumen.
   b. Recibió una carta de una amiga esta mañana.
   c. Va de compras después de clase.

3. **a.** Asiste a clases.
   b. Va a la cafetería a almorzar.
   c. Ganó un millón de dólares en la lotería.

4. **a.** Va a una fiesta con los amigos.
   b. Comió en un buen restaurante anoche.
   c. Sacó una F en un examen.

Así se dice

changes pg. 121

Remember that with conditions and states of being, Spanish uses **estar**, not **ser**, with adjectives.

Estoy aburrido. ¡No tengo nada que hacer!

¿Qué te pasa? (*What's the matter?*) **¿Estás triste?**

COMUNICACIÓN

ACTIVIDAD C ¿Cómo estoy? ¡Adivina!

Paso 1 Trabaja con un compañero (una compañera) de clase. Escucha bien las instrucciones del profesor (de la profesora) y haz la primera parte de esta actividad.

E1	E2
1.	2.
3.	4.

Paso 2 Ahora, dale a tu compañero/a una situación que describa una de las frases que escribiste. Pero antes, lee el modelo.

MODELO E1: Mañana tengo dos exámenes difíciles. ¿Cómo estoy?
E2: Estás nervioso.

El Estudiante 1 debe comenzar la actividad.

GRAMÁTICA

¿Te sientes bien?

"Reflexive" Verbs

me	siento aburro	nos	sentimos aburrimos
te	sientes aburres	os	sentís aburrís
se	siente aburre	se	sienten aburren
se	siente aburre	se	sienten aburren

1. —¿Qué te pasa, Jorge? Te ves muy mal. ¿**Te sientes** bien?

2. —Ay, Lucía... Llegué tarde a mi primera clase y se me olvidó escribir la composición para la clase de inglés. Y al llegar a la clase de matemáticas, supe que íbamos a tener un examen hoy. ¡**Me siento** fatal!

pg. 173

You learned in **Lección 5** that verbs like **sentirse** are not "true reflexives" because no one is doing anything to himself or herself. Nonetheless, these verbs require a reflexive pronoun. Here are some other common verbs that are useful for expressing how a person feels and that require reflexive pronouns.

pg. 276

aburrirse	to get bored
alegrarse	to get happy
cansarse	to get tired
enojarse	to get angry
irritarse	to be (get) irritated
ofenderse	to be (get) offended
preocuparse (por)	to worry, get worried (about)

✱ always w/ "por"

3. —Ah. Sí comprendo. ¡Amigo, te invito a otro café!

(Quia) ACTIVIDAD D ¿Cómo te sientes en estas circunstancias?

Marca cada frase que describe tu propia experiencia. Luego inventa una frase de acuerdo con tu personalidad.

1. Me pongo enojado/a cuando...
   - ☐ saco una mala nota.
   - ☐ alguien habla mal de un amigo mío (una amiga mía).
   - ☐ alguien me promete (*promises*) hacer algo pero no lo hace.
   - ☐ alguien me llama por teléfono mientras duermo.
   - ☐ ¿ ?

Así se dice

pg. 13

Remember that most adjectives reflect both gender and number of what or whom they modify.

Los padres se ponen enfada**dos** cuando sus hijos no escuchan bien.

Jorge siempre se siente nervios**o** antes de tomar un examen.

2. Me siento muy contento/a cuando...

☐ compro algo nuevo.

☐ me miro en el espejo.

☐ hago ejercicio.

☐ veo a mi familia.

☐ ¿ ?

Así se dice

Remember that **tener** + *noun* may be used to express conditions and states of being. Here are two more examples.

tener celos
to be jealous

tener envidia
to be envious

⟨Quia⟩ ACTIVIDAD E ¿Te aburres fácilmente?

Paso 1 Indica si cada comentario es típico de tu persona o no.

	ES TÍPICO	ES RARO
1. Me aburro fácilmente.	☐	☐
2. Me enojo por cosas pequeñas.	☐	☐
3. Me irrito cuando no duermo lo suficiente.	☐	☐
4. Me preocupo por mi situación económica.	☐	☐
5. Me alegro cuando mis amigos me invitan a una fiesta.	☐	☐
6. Me ofendo cuando la gente fuma.	☐	☐
7. Me canso fácilmente.	☐	☐

Paso 2 Ahora compara tus respuestas con las de un compañero (una compañera). Escribe dos oraciones en las que mencionas una cosa que Uds. tienen en común y una cosa que no tienen en común.

MODELO   Los (Las) dos nos irritamos cuando no dormimos lo suficiente.
En cambio, Rick se ofende cuando la gente fuma, pero yo no.

Nota comunicativa

Just as in English, Spanish uses a variety of expressions to say how one is feeling. Many of the ones used by Spanish-speaking youth are slang expressions.

To express that you're feeling well, great, and so forth, you can use the following sayings.

¡Estoy muy, pero muy, bien!   ¡Me va superbien!
¡Estoy supercontento!   ¡No puedo estar mejor!

To express negative emotions or states of mind, you can use these expressions.

¡Estoy que me muero!   ¡No aguanto más!
¡Me siento fatal!   ¡No puedo más!
¡Ni me preguntes cómo estoy!

VOCABULARIO

¿Cómo se revelan las emociones?

Talking About How People Show Their Feelings

Jorge mira una película en la televisión. La película tiene escenas muy variadas.

Un día en la vida de Jorge

Durante las escenas cómicas

Jorge **se ríe.**

Durante las escenas románticas

Jorge se siente avergonzado y **se sonroja (se pone rojo).**

Durante una escena de suspenso

Jorge **se come las uñas** porque **está asustado.**

Luego, al llegar el final trágico

Jorge **llora** porque **está triste.**

Mientras Yolanda está en su apartamento, ocurre una escena dramática entre su compañera de cuarto y el novio.

llorar – to weep, mourn over
silbar – to whistle

Un día en la vida de Yolanda

1. Yolanda está limpiando el apartamento. Se siente muy contenta y por eso **está silbando.**

2. Llega su compañera de cuarto con el novio. **Están muy enojados.**

3. Su compañera **grita,** va directamente al cuarto y **se encierra.**

4. «Silvia, háblame.» Silvia **permanece callada** (es decir, no habla, no contesta). *to remain quiet*

5. Finalmente cuando se va su novio, Silvia sale de su dormitorio y comienza a **quejarse de** él. «No lo puedo creer. Sólo quiere hacer lo que él quiere. ¡Es tan egoísta!»

6. Yolanda piensa: «¡Qué cómicos! No cambian. Siempre la misma historia.»

Vocabulario útil

asustar	to frighten	**tener dolor de cabeza**	to have a headache
contar (ue) un chiste	to tell a joke	**tener miedo**	to be afraid (*lit.* to have fear)
gritar	to shout, yell		
pasarlo (muy) mal	to have a (very) bad time	**tener vergüenza**	to be ashamed, embarrassed (*lit.* to have shame)

ACTIVIDAD A ¿Por qué?

Tu profesor(a) va a leer las reacciones de algunos estudiantes. Escoge la actividad que mejor explica por qué esta persona reaccionó así.

1. **a.** Tiene dolor de cabeza.
   b. Ve a un buen amigo.
   c. Recibió malas noticias.

2. **a.** Recibió un cheque de sus padres.
   b. Descubre que se ganó la lotería.
   c. El dependiente del supermercado no la trató (*treated*) con respeto.

3. **a.** Se preparó un desayuno saludable.
   b. Ofendió a alguien sin querer hacerlo.
   c. Sabe jugar bien al tenis.

4. **a.** Alguien le contó un chiste.
   b. Ve una escena de horror en la televisión.
   c. Se acostó temprano.

Así se dice

In this section you are working with three more verbs that require a reflexive pronoun. Remember that the use of this pronoun does not mean that these verbs are true reflexives! Below is a quick comparison of reflexive **se** (*him/herself*) and nonreflexive **se**. The latter has no exact English equivalent.

REFLEXIVE **SE**

Luis **se baña.**
Luis takes a bath / bathes himself.

María **se ve** en el espejo.
María sees herself in the mirror.

NONREFLEXIVE **SE**

Luis **se sonroja** fácilmente.
Luis blushes easily.

María **se ríe** sin motivo.
María laughs for no reason.

ACTIVIDAD B ¿Con qué frecuencia?

Entrevista a dos compañeros/as de clase para averiguar con qué
frecuencia reaccionan a las siguientes situaciones.

1 = a menudo (*often*)   **2** = raras veces   **3** = nunca

	E1			E2		
	1	2	3	1	2	3
1. Cuando estás enojado/a, ¿con qué frecuencia gritas?	☐	☐	☐	☐	☐	☐
2. Cuando te sientes triste, ¿con qué frecuencia lloras?	☐	☐	☐	☐	☐	☐
3. Cuando tienes miedo, ¿con qué frecuencia te comes las uñas?	☐	☐	☐	☐	☐	☐
4. Cuando te sientes avergonzado/a, ¿con qué frecuencia te pones rojo/a?	☐	☐	☐	☐	☐	☐
5. Cuando no estás contento/a, ¿con qué frecuencia te quejas?	☐	☐	☐	☐	☐	☐
6. Cuando te sientes muy enfadado/a, ¿con qué frecuencia te encierras en tu cuarto?	☐	☐	☐	☐	☐	☐

ACTIVIDAD C ¿Estás de acuerdo?

COMUNICACIÓN

Paso 1 Indica si estás de acuerdo o no con las siguientes opiniones.

	ESTOY DE ACUERDO.	NO ESTOY DE ACUERDO.	DEPENDE.
1. Es bueno gritar si uno está muy enojado.	☐	☐	☐
2. Si uno se siente deprimido, es importante llorar.	☐	☐	☐
3. Ponerse rojo es vergonzoso (*embarrassing*).	☐	☐	☐
4. No es malo reírse cuando otra persona se cae (*falls down*).	☐	☐	☐
5. Si alguien lo insulta a uno, es mejor permanecer callado en vez de gritar.	☐	☐	☐
6. Es aceptable silbar en un lugar público, como en un supermercado.	☐	☐	☐

Paso 2 Entrevista a otra persona de la clase para ver si está de acuerdo
con tus opiniones. Puedes usar los siguientes modelos.

MODELOS   En tu opinión, ¿es bueno gritar... ?

¿Crees que es bueno gritar... ?

→ pg. 274

GRAMÁTICA

¿Te falta energía?

*A esta chica chilena **le falta energía**. No tiene ganas de hacer nada.*

me		
te		
le	falta(n)	
le	+	
nos	queda(n)	
os		
les		
les		

The verbs **faltar** and **quedar** are similar to **gustar** in that they require indirect object pronouns. Remember that **gustar** actually means *to please* or *to be pleasing*.

Me gusta ayudar a otras personas.	Lit. *Helping other people pleases me.*

Faltar actually means *to be absent* or *not to be present*. Like **gustar**, it can be literally rendered in English, but other preferred ways express the same concept.

Me **faltan** cinco dólares.	*I'm missing five dollars.* (lit. *Five dollars are absent to me.*)
Me **falta** energía.	*I lack energy.* (lit. *Energy is absent to me.*)

Note how you can say that someone is absent from class using **faltar** and that the English equivalent is very close in structure.

Ángela **falta** hoy.	*Ángela is absent today.*

The verb **quedar** means *to be remaining*. Like **gustar** and **faltar**, it has literal and preferred English equivalents. Compare the following.

Me **quedan** diez centavos.	*I have ten cents left.* (lit. *Ten cents are remaining to me.*)
¿Te **quedan** muchas clases para terminar tu carrera?	*Do you have a lot of classes left to finish your degree?* (lit. *Are there many classes remaining to you to finish your degree?*)

From the previous examples, you may have noticed that **faltar** and **quedar** often appear in third person forms.

ACTIVIDAD D Al llegar a la universidad

Paso 1 Piensa en las cosas que les faltan a muchos cuando llegan a la universidad por primera vez. (Si quieres, puedes hablar de las cosas que les faltan a muchos cuando trabajan por primera vez después de graduarse.) Indica lo que piensas.

A muchos estudiantes cuando llegan por primera vez a la universidad...

☐ les falta confianza (*confidence*).
☐ les falta la habilidad de organizar el tiempo.
☐ les falta independencia económica.
☐ les falta(n) _____.

Paso 2 Ahora piensa en las primeras semanas de tus estudios universitarios (o en las primeras semanas en tu trabajo). ¿Cuál(es) de las siguientes oraciones refleja(n) tu situación?

Cuando llegué por primera vez a la universidad...

☐ me faltaba confianza.
☐ me faltaba la habilidad de organizar el tiempo.
☐ me faltaba independencia económica.
☐ me faltaba(n) _____.

ACTIVIDAD E ¿Te queda algo?

Paso 1 Indica lo que es verdad para ti.

1. Al final del mes generalmente...
   ☐ me queda dinero.
   ☐ no me queda dinero.

2. Después de estudiar por cuatro horas...
   ☐ me queda energía.
   ☐ no me queda energía.

3. Para terminar la carrera universitaria...
   ☐ me quedan más de 30 créditos.
   ☐ me quedan menos de 30 créditos.

COMUNICACIÓN

Paso 2 Ahora busca a una persona en la clase que tenga tres de las mismas respuestas que tienes tú. ¿Puedes encontrar a alguien en menos de cuatro minutos hablando sólo en español? Nota: No te olvides de hacer las preguntas correctamente.

MODELO Al final del mes, ¿generalmente te queda dinero?

ACTIVIDAD F ¿Sabías que... ?

Paso 1 Lee la selección **¿Sabías que... ?** Luego, contesta las preguntas a continuación.

1. ¿Por qué se llama el malestar «el síndrome *invernal*»?

2. ¿Cuáles son los tres síntomas mayores de este síndrome?

    a. A muchos les falta...

    b. También les falta...

    c. Se consumen más...

3. ¿Cuál parece ser la causa del síndrome?

4. Según la selección, ¿en cuál de los siguientes países esperas encontrar más casos de este síndrome? Explica tu respuesta.

    a. México

    b. Chile

    c. Costa Rica

¿Sabías que...

existe algo llamado «el síndrome invernal»? El síndrome invernal se refiere al estado general de depresión en que se encuentran muchas personas durante el invierno. Según estudios psicológicos, los síntomas comienzan a aparecer a finales de otoño. ¿Cuáles son los síntomas? Primero, a muchos les falta energía. Les entra cierto letargo difícil de quitar. Segundo, les falta la habilidad de concentrarse en el trabajo y en los estudios. También se reporta que durante esta época, se consumen más drogas y bebidas alcohólicas que durante los demás meses del año. En fin, el síndrome produce cierto tipo de depresión en sus víctimas. Este síndrome es bastante conocido en Europa, y los países nórdicos son especialmente afectados. También se reporta su existencia en España, aunque no en grado tan alto como en los otros países mencionados.

¿Cuál es la causa del síndrome? Según los científicos, es la falta de luz. Como todos sabemos, el invierno no es solamente una época más fría sino también más oscura.[a] Hay menos luz solar y parece que es esta falta de luz lo que estimula la ocurrencia del síndrome en muchas personas.

[a]más... *darker*

Paso 2 Busca los usos de **faltar** en el artículo. ¿Puedes indicar cuál es el sujeto del verbo en cada caso? ¿Puedes dar una equivalencia literal en inglés y también una equivalencia más estándar?

Paso 3 Indica si sufres del síndrome invernal o no. Completa lo siguiente con dos o tres oraciones. Luego, compara lo que escribiste con lo que escribieron otros miembros de la clase.

MODELO   Durante el invierno me siento...

VISTAZOS III · Para sentirte bien

VOCABULARIO

¿Qué haces para sentirte bien?

Talking About Leisure Activities

Para sentirse bien Yolanda participa en actividades físicas.

Hace ejercicios aeróbicos.

Levanta pesas.

Nada.

Juega al basquetbol.

Camina.

Juega al tenis.

También le gusta hacer otras cosas que la relajan.

Sale con los amigos.

Va al cine.

Va de compras.

Cuando se siente tenso, Jorge, al igual que Yolanda, hace actividades físicas como practicar deportes.

Corre.

Juega al fútbol.

Juega al béisbol.

Juega al boliche.

A veces se dedica a actividades artísticas en su casa.

Pinta.

Toca la guitarra.

Canta.

 QUIA ACTIVIDAD A Categorías

Paso 1 Tu profesor(a) va a leer una lista de actividades. Pon cada actividad en la categoría apropiada de la siguiente página.

SE PUEDE PRACTICAR A SOLAS (*ALONE*).	SE REQUIEREN DOS O MÁS PERSONAS.

Paso 2 Haz lo que hiciste en el **Paso 1,** pero con otras categorías.

SE REQUIERE UNA HABILIDAD ESPECIAL.	NO SE REQUIERE NINGUNA HABILIDAD.

Paso 3 Compara las respuestas que diste en los **Pasos 1** y **2** con las de un compañero (una compañera) de clase. ¿Están totalmente de acuerdo? ¿En qué actividades no están Uds. de acuerdo?

ACTIVIDAD B Asociaciones

Tu profesor(a) va a leer varias actividades. Empareja los elementos de la siguiente lista con cada actividad.

1. _____ las raquetas
2. _____ los músculos
3. _____ las tarjetas de crédito
4. _____ el agua
5. _____ Pablo Picasso
6. _____ la Serie Mundial
7. _____ la Copa Mundial
8. _____ el violín

ACTIVIDAD C ¿Qué les recomiendas?

Paso 1 Las siguientes personas quieren hacer algo, pero no saben exactamente qué. Según lo que dicen, sugiéreles por lo menos una actividad.

MODELO Me siento triste hoy. Quiero hacer algo para animarme (*cheer me up*). No quiero estar solo. →
Puedes jugar al boliche o al basquetbol con alguien.

1. Estoy muy tenso. Mañana es sábado y necesito hacer ejercicio, pero nada que requiera mucho esfuerzo (*effort*) físico.

2. No soy una persona activa. Prefiero hacer cosas intelectuales o artísticas.

3. Estoy bastante cansada. No quiero salir de casa, pero necesito hacer algo para relajarme.

4. Quiero hacer alguna actividad física pero hoy hace mal tiempo. Quiero hacer algo sin tener que salir al aire libre (*outside*).

Paso 2 Ahora inventa una situación como las que aparecen en el **Paso 1.** Luego preséntasela a otras dos personas. ¿Qué recomendaciones te dan? ¿Cuál es tu reacción personal? ¿Te gusta la sugerencia?

GRAMÁTICA

¿Qué hacías de niño/a para sentirte bien?

Using the Imperfect for
Habitual Events: A Review

Para sentirse bien, Yolanda **jugaba** con los muñecos. Ahora le encanta jugar al tenis.

(yo)	pintaba corría salía	(nosotros/as)	pintábamos corríamos salíamos
(tú)	pintabas corrías salías	(vosotros/as)	pintabais corríais salíais
(Ud.)	pintaba corría salía	(Uds.)	pintaban corrían salían
(él/ella)	pintaba corría salía	(ellos/as)	pintaban corrían salían

In **Lección 6** you learned that the imperfect can be used to talk about events that occurred repeatedly in the past. Such habitual events in the past, often translated into English as *used to + verb* or *would + verb*, are rendered in Spanish with a single verb.

Jorge **se aburría** en la escuela
secundaria.

*Jorge would get bored (used to
get bored) in high school.*

¿Qué **hacías** de niño para
sentirte bien?

*What did you do (used to do)
as a child to feel well?*

Remember that imperfect verb forms do not have stem-vowel changes or repeat any irregularities from either the present or the preterite tense. However, the following verbs are irregular in the imperfect.

ir   iba, ibas, iba, iba,
íbamos, ibais, iban, iban

ser   era, eras, era, era,
éramos, erais, eran, eran

ver   veía, veías, veía, veía,
veíamos, veíais, veían, veían

(Quia) **ACTIVIDAD D** Jorge: Antes y ahora

Paso 1 Empareja las frases de la columna A con las de la columna B para expresar lo que Jorge hacía antes y lo que hace ahora.

A	B
1. _____ Cuando se ponía triste...	**a.** nadaba.
2. _____ Cuando quiere relajarse...	**b.** hablaba con su mamá.
3. _____ Cuando estaba con sus amigos y hacía buen tiempo...	**c.** pinta o hace otra actividad artística.
4. _____ Cuando le faltaba energía...	**d.** se comía las uñas (¡todavía lo hace!).
5. _____ Cuando se ponía nervioso...	**e.** tomaba café pero ahora hace algo físico para animarse.

Paso 2 Entre las actividades que Jorge hacía antes en el **Paso 1,** escoge una que tú no hacías, y entre las actividades que hace él ahora, escoge una que tú tampoco/también haces. Ahora, escribe un párrafo con ellas según el modelo.

MODELO Antes, cuando Jorge se ponía triste, hablaba con su mamá. A diferencia de Jorge, yo hablaba con mi papá. Ahora, cuando Jorge quiere relajarse, pinta; yo también.

ACTIVIDAD E ¿Qué hacías y qué haces para sentirte mejor?

Paso 1 Completa las siguientes oraciones con detalles de tu vida.

DE ADOLESCENTE	AHORA
1. Cuando me enojaba con mis amigos...	Cuando me enojo con mis amigos...
2. Cuando me faltaba dinero...	Cuando me falta dinero...
3. Cuando me sentía tenso/a...	Cuando me siento tenso/a...
4. Cuando estaba muy alegre (*happy*)...	Cuando estoy muy alegre...
5. Cuando lo pasaba muy mal (*I had a very bad time*)...	Cuando lo paso muy mal...

Paso 2 Trabaja con un compañero (una compañera) de clase. Sin leerle la primera parte de la oración, léele una de las frases que tú escribiste. Él/Ella tiene que determinar a qué pregunta te refieres.

MODELO E1: ...escuchaba música sentimental en mi cuarto.
E2: ¿Escuchabas música sentimental cuando lo pasabas mal?
E1: ¡Exacto!

ACTIVIDAD F Los hispanos hablan

Paso 1 Lee la selección **Los hispanos hablan** en la siguiente página. Luego, contesta las preguntas a continuación.

1. ¿Cuáles son los tres deportes que Nuria practicaba de niña?

2. ¿Cuál de las siguientes declaraciones es verídica (*true*) para Nuria?

a. De niña practicaba más deporte que ahora.

b. De niña practicaba menos deporte que ahora.

c. En cuanto al deporte era tan activa de niña como ahora.

¿Practicas algún deporte? Explica por qué lo practicas.

NOMBRE: Nuria Sagarra

EDAD: 26 años

PAÍS: España

«Pues, cuando era pequeña practicaba el baloncesto[a] y también corría bastante, la natación... Creo que hacía bastante más deporte que ahora de más mayor[b]... »

---

[a]basquetbol (*Sp.*)   [b]más... *older*

Paso 2 Ahora mira el segmento completo. Después, contesta las siguientes preguntas.

1. ¿Qué deportes practica Nuria ahora?

2. Nuria menciona dos razones para hacer deporte. ¿Cuáles son?

3. Respecto al deporte, ¿menciona Nuria sus planes para el futuro?

Paso 3 A base de lo que dice Nuria y tus experiencias personales, contesta las siguientes preguntas.

1. En cuanto a los deportes, compara tu niñez con la de Nuria. ¿Hay semejanzas o diferencias? Da ejemplos.

2. Compara tu niñez con tu vida de ahora. ¿Hacías más deporte de niño/a o haces más deporte ahora? Explica.

EN TU OPINIÓN

«Si a una persona le falta energía, es porque come mal.»
«Si un profesor (una profesora) está de mal humor, los estudiantes no deben poder notarlo durante la clase.»

Entrevistas

Propósito: obtener información para luego escribir una composición.

Papeles: una persona entrevistadora y una persona entrevistada.

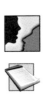

Paso 1 Mira el esquema a continuación. Vas a entrevistar a un compañero (una compañera) de clase y llenar el esquema con los datos obtenidos de la entrevista. Pero antes, escoge un estado de ánimo de la categoría A y después uno de la categoría B y piensa en las preguntas que vas a hacerle a la persona.

CATEGORÍA A
contento/a
relajado/a

CATEGORÍA B
enojado/a
tenso/a
triste o deprimido/a

MODELO De adolescente, ¿te sentías tenso/a a menudo? Y ahora, ¿también te sientes tenso/a a menudo? ¿Cuándo te sientes así? ¿En qué circunstancias?

Nombre _____

Especialización _____

CATEGORÍA A

1. De adolescente se sentía _____

    ☐ a menudo   ☐ de vez en cuando   ☐ nunca

2. Ahora se siente _____

    ☐ a menudo   ☐ de vez en cuando   ☐ nunca

Circunstancias:

Indicaciones:

CATEGORÍA B

1. De adolescente se sentía _____

    ☐ a menudo   ☐ de vez en cuando   ☐ nunca

2. Ahora se siente _____

    ☐ a menudo   ☐ de vez en cuando   ☐ nunca

Circunstancias:

Indicaciones:

Lo que debe hacer para cambiar de ánimo:

Paso 2 Entrevista a la persona y apunta las respuestas en el esquema.

Paso 3 Usando los datos obtenidos en los pasos anteriores, escribe una pequeña composición en la que te comparas a ti mismo/a (*yourself*) con la persona que entrevistaste. Debes utilizar el siguiente modelo para organizar tu composición.

INTRODUCCIÓN
«Acabo de entrevistar a José sobre algunos de sus estados de ánimo. Ahora voy a hacer una comparación entre él y yo.»

PÁRRAFO 1
«José... »

PÁRRAFO 2
«Yo... »

CONCLUSIÓN
«Se puede ver que José y yo _____.»

Los estados de ánimo* — States of Mind

aburrirse	to get bored
alegrarse	to get happy —
cansarse	to get tired
enojarse	to get angry —
estar	to be
aburrido/a (R)	bored
asustado/a	afraid
cansado/a	tired
enojado/a	angry
nervioso/a	nervous
tenso/a	tense
irritarse	to be (get) irritated
ofenderse	to be (get) offended
ponerse (*irreg.*)	to get
contento/a	happy —
enfadado/a	angry —
triste	sad
relajarse	to relax
sentirse (ie, i)	to feel
alegre	happy —
avergonzado/a	ashamed, embarrassed
deprimido/a	depressed
orgulloso/a	proud
relajado/a	relaxed

(handwritten note: like pres. participle)

¿Cómo te sientes? *(handwritten: 2nd pers. pros.)* How do you feel?
¿Qué te pasa? What's the matter?

Reacciones — Reactions

asustar	to frighten
comerse las uñas	to bite one's nails
encerrarse (ie) (en su cuarto)	to shut oneself up (in one's room)
gritar	to shout, yell
llorar	to cry
pasarlo (muy) mal	to have a (very) bad time

permanecer callado/a	to keep quiet
ponerse rojo/a	to blush
preocuparse	to worry, get worried
quejarse	to complain
reír(se) (i, i)	to laugh
silbar	to whistle
sonreír (i, i)	to smile
sonrojarse	to blush
tener dolor de cabeza	to have a headache
tener miedo	to be afraid
tener vergüenza	to be ashamed, embarrassed

Para sentirse bien — To Feel Well

caminar	to walk
cantar	to sing
jugar (ue) (R) al	to play
basquetbol	basketball
béisbol	baseball
tenis	tennis
jugar al boliche	to bowl
levantar pesas	to lift weights
pintar	to paint

Repaso: correr, hacer ejercicio, ir al cine, ir de compras, jugar al fútbol, nadar, practicar un deporte, salir con los amigos, tocar la guitarra

Palabras y expresiones útiles

contar (ue) un chiste	to tell a joke
encantar (R)	to be very pleasing
estar de buen (mal) humor	to be in a good (bad) mood
faltar	to be missing, lacking
hacer ruido	to make noise
quedar	to be remaining
sacar una buena (mala) nota	to get a good (bad) grade

---

*Many of the adjectives referring to states of mind can be used with more than one verb. For example, **estar nervioso/a** and **sentirse nervioso/a** are both possible.

LECCIÓN 11

Check out the following media resources to complement this lesson of *Vistazos*:

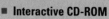

- Online Textbook and *Manual*
- Interactive CD-ROM
- Online Learning Center
- Video on CD

¿Cómo te relajas?

¿Qué actividades te hacen sentir bien? En esta lección vas a examinar este tema un poco más y también vas a

◆ hablar de actividades y lugares que se asocian con relajarse

◆ aprender sobre los usos del infinitivo y la forma **-ndo**

◆ repasar el pretérito y aprender nuevas formas

◆ aprender a narrar una historia en el pasado, usando el pretérito y el imperfecto

◆ examinar algunas diferencias culturales entre los Estados Unidos y el mundo hispano con respecto al humor

ALTO Before beginning this lesson, look over the **Intercambio** activity on page 243. This is the activity you will be working toward throughout the lesson.

Me relajo esquiando con los amigos.

VOCABULARIO

¿Qué haces para relajarte?

More Activities for Talking About Relaxation

Para relajarse las siguientes personas practican deportes.

Juegan al golf,

al voleibol y...

también **saltan a la cuerda.**

Para relajarse las siguientes personas...

esquían en las montañas o...

esquían en el agua.

A esta persona le gusta...

andar en bicicleta,

patinar y...

andar en patineta.

Pg. 230

Lección 11 ¿Cómo te relajas?

doscientos veintinueve **229**

A esta persona le gusta...   A este chico le gusta...

dibujar y también...

trabajar en el jardín.

meditar o...

bañarse en un jacuzzi.

Vocabulario útil

la aromaterapia		**los patines**	(inline)
el monopatín*	scooter; skateboard	**(en línea)**	skates
		la patineta*	skateboard
el patinaje	skating	**el yoga**	

ACTIVIDAD A ¿Qué actividad es?

Escoge la actividad que describe tu profesor(a).

1. **a.** esquiar en el agua   **b.** esquiar en las montañas   **c.** jugar al golf

2. **a.** jugar al tenis   **b.** dibujar   **c.** jugar al voleibol

3. **a.** trabajar en el jardín   **b.** jugar al tenis   **c.** saltar a la cuerda

4. **a.** esquiar en el agua   **b.** dibujar   **c.** patinar

5. **a.** saltar a la cuerda   **b.** trabajar en el jardín   **c.** jugar al golf

6. **a.** meditar   **b.** bañarse en un jacuzzi   **c.** andar en bicicleta

ACTIVIDAD B Actividades apropiadas

Usando la lista de actividades que se da en la sección anterior, ¿qué actividad *no* le recomiendas a las siguientes personas?

1. a alguien que sufre (*suffers*) de artritis
2. a alguien que tiene problemas cardíacos
3. a alguien a quien le gusta vivir una vida solitaria
4. a alguien que no sabe nadar
5. a alguien que pierde el equilibrio fácilmente
6. a alguien a quien no le gusta sudar (*sweat*)

---

*For many Spanish speakers, **monopatín** means *skateboard*. However, since **monopatín** now also means *scooter*, the word **patineta** with the meaning *skateboard* is gaining popularity in some areas to avoid confusion.

pg-229

ACTIVIDAD C Firma aquí, por favor

Paso 1 Busca a personas en la clase que den (*give*) respuestas afirmativas a tus preguntas.

1. ¿Sabes patinar en línea?

2. ¿Andas mucho en bicicleta?

3. ¿Te gusta trabajar en el jardín?

4. ¿Dibujas bien?

5. ¿Juega al golf tu madre (padre, abuelo)?

6. ¿Medita alguien en tu familia?

7. ¿Haces yoga (Utilizas la aromaterapia)?

8. ¿Te gusta andar en patineta (monopatín)?

Paso 2 Comparte los resultados con el resto de la clase.

VOCABULARIO

¿Adónde vas para relajarte?

Talking About Places and Related Leisure Activities

A estas personas les gusta hacer algo en el agua para relajarse. Por ejemplo...

pescan en el **río,**

navegan en un barco en el **lago** y...

bucean en el **mar (océano).**

Estas personas prefieren...

escalar montañas o...

hacer camping (acampar) en el **bosque.**

forest

Lección 11 ¿Cómo te relajas?

Estas personas se relajan cuando...

dan un paseo por el **desierto** o...

tienen un picnic en el **parque.**

Y estas personas se sienten más relajadas si hacen algo en la ciudad, por ejemplo, cuando...

ven una exposición en el **museo** o...

conversan con los amigos en un café.

ACTIVIDAD D ¿Dónde se hace?

Escoge el lugar que se asocia con la actividad que describe tu profesor(a).

1. **a.** el lago   **b.** el café   **c.** las montañas
2. **a.** el bosque   **b.** el río   **c.** el museo
3. **a.** el museo   **b.** el mar   **c.** el parque
4. **a.** el desierto   **b.** el bosque   **c.** el café
5. **a.** el museo   **b.** el lago   **c.** el gimnasio

ACTIVIDAD E ¿Cierto o falso?

En grupos de dos, una persona va a leerle las siguientes oraciones a un compañero (una compañera). La persona que escucha las oraciones debe determinar si cada oración es cierta o falsa. Esta persona también debe cerrar su libro.

1. Bucear es una actividad con que se asocia el desierto.
2. El acto de visitar un museo se considera como una actividad cultural.
3. Es importante saber nadar si vas a navegar en un barco.
4. Escalar montañas es una actividad apropiada para la persona aventurera.

ACTIVIDAD F ¿Qué otras actividades?

Paso 1 Usando las varias actividades ya mencionadas en esta lección y otras lecciones anteriores, escribe cinco actividades para cada categoría.

1. actividades acuáticas
2. actividades artísticas o culturales
3. actividades sociales
4. actividades al aire libre
5. otras actividades

Paso 2 Compara lo que escribiste con lo que escribió un compañero (una compañera) de clase. ¿Qué escribieron Uds. como otras actividades?

ACTIVIDAD G ¿Sabías que... ?

Paso 1 Lee la selección **¿Sabías que... ?** Luego, contesta las preguntas.

1. En general, ¿cuál es el deporte más popular en el mundo hispano?
2. ¿En qué región suele ser el béisbol el deporte más popular?
3. ¿De qué país viene un gran número de beisbolistas que juegan profesionalmente en los Estados Unidos y el Canadá?

¿Sabías que...

el béisbol se considera el deporte nacional en las naciones del Caribe? Mientras que el fútbol es el deporte más popular en el mundo, inclusive en la mayoría de los países hispanos, el béisbol es el más popular en los países caribeños. En lugares como la República Dominicana, Cuba y Puerto Rico el béisbol goza de una tremenda popularidad. Muchos de los beisbolistas de las Grandes Ligas de los Estados Unidos y el Canadá vienen del Caribe, y de la República Dominicana en particular. Algunos de los beisbolistas dominicanos más famosos incluyen a Sammy Sosa, Rafael Furcal, Julio Lugo y Manny Ramírez.

El béisbol es el deporte nacional de varios países del Caribe.

Paso 2 Entrevista a dos o tres compañeros/as de clase.

1. Para relajarte, ¿te gusta jugar al béisbol?
2. Para relajarte, ¿te gusta mirar un partido de béisbol?
3. En tu opinión, ¿cuál es el deporte nacional de este país?

Así se dice

Remember *not* to use **-ndo** forms as nouns. Spanish uses the infinitive with an optional definite article **el** or an actual noun if one exists.

El patinar (Patinar, El patinaje) es divertido.	*Skating is fun.*
El meditar (Meditar, La meditación) alivia el estrés.	*Meditating gets rid of stress.*

VOCABULARIO

¿Qué hicieron el fin de semana pasado para relajarse?

More Leisure Activities in the Past (Preterite) Tense

Los chicos **dieron una fiesta** el sábado pasado.

	DOS CHICOS...	UNA FAMILIA...	DOS CHICAS...
el sábado pasado	corrieron en el parque y	meditó,	patinaron por la mañana,
	fueron al supermercado porque más tarde	jugó al voleibol por la tarde y	**fueron de compras** por la tarde y
	dieron una fiesta en su apartamento.	se bañó en el jacuzzi.	tocaron la guitarra y cantaron hasta muy tarde.

	LOS CHICOS...	LA FAMILIA...	LAS CHICAS...
el domingo pasado	fueron a la iglesia,	trabajó en el jardín,	pescaron en el río,
	levantaron pesas en el gimnasio y	anduvo en bicicleta y	jugaron al tenis y
	después **jugaron a los naipes.**	leyó.	**fueron al teatro.**

Vocabulario útil

anoche	last night	**el sábado (domingo)**	last Saturday (Sunday)
ayer	yesterday	**pasado**	
ayer por la mañana (tarde, noche)	yesterday morning (afternoon, evening)	**hace** + (*time*)	(*time*) ago
el fin de semana pasado	last weekend	**hace unos años**	a few years ago
		hace varios meses	several months ago

ACTIVIDAD A ¿Quién lo hizo?

Mira las descripciones en la página anterior. Luego escucha la descripción que da tu profesor(a) e indica quién hizo cada actividad.

a = los chicos

b = la familia

c = las chicas

1... **2**... **3**... **4**... **5**... **6**... **7**... **8**...

ACTIVIDAD B ¿Qué hicieron?

Paso 1 A continuación hay una lista completa de todas las actividades que hicieron los chicos el sábado pasado. ¿En qué orden hicieron las siguientes cosas probablemente? (**1** = la primera cosa que hicieron y **8** = la última cosa que hicieron)

_____ Se acostaron a las 2.00 de la mañana.

_____ Compraron mucha comida.

_____ Sirvieron cosas de beber y comer.

_____ Limpiaron el apartamento antes de acostarse.

_____ Se levantaron relativamente temprano.

_____ Corrieron en el parque por la mañana.

_____ Prepararon varias meriendas para los invitados.

_____ Fueron al supermercado.

Paso 2 Compara tu lista con la de un compañero (una compañera). ¿Están Uds. de acuerdo?

ACTIVIDAD C ¿Quiénes hicieron estas actividades?

Paso 1 Piensa en dos personas famosas (por ejemplo, el presidente y la primera dama; una pareja o un matrimonio de algún programa de televisión). Piensa en lo que estas personas probablemente hicieron el fin de semana pasado.

Vocabulario útil

bebieron...	**recibieron una llamada de...**
cenaron...	**se acostaron...**
durmieron (bien, mal)	**se relajaron...**
fueron a...	**tuvieron una visita de...**
hablaron con (una persona)	**vieron a (una persona)**
leyeron...	**volvieron...**

Paso 2 Usando las frases del **Paso 1** u otras, si prefieres, describe por lo menos cuatro cosas que estas personas posiblemente hicieron el fin de semana pasado. ¡Pero no menciones los nombres de las personas en tu descripción!

Paso 3 Ahora divídanse en grupos de tres o cuatro. Una persona va a leer lo que escribió en el **Paso 2,** y el resto del grupo tiene que identificar a las personas famosas.

COMUNICACIÓN

Así se dice

Although the word **familia** implies more than one person, the term refers to a single group. Another Spanish word that implies more than one person but uses verbs in the singular is **la gente** (*people*).

> **La familia** no **salió** a ninguna parte.
> *The family did not go out anywhere.*

> **Esta gente hizo** muchas actividades.
> *These people did many activities.*

GRAMÁTICA

¿Y qué hiciste tú para relajarte?

Preterite Tense: Review of Forms and Uses

pg. 76
3 1 ⓪
— Ar

Así se dice

Do you remember that first person singular (**yo**) forms in the preterite experience spelling changes with verbs like **sacar, llegar,** and **empezar?** Verbs whose infinitives end in **-car, -gar,** or **-zar** have the following changes.

-car → -qué
sacar → sa**qué**
buscar → bus**qué**

-gar → -gué
llegar → lle**gué**
jugar → ju**gué**

-zar → -cé
empezar → empe**cé**
almorzar → almor**cé**

(yo)	me relajé comí dormí fui hice	(nosotros/as)	-amos, -imos (*reg.*)
(tú)	te relajaste comiste dormiste fuiste hiciste	(vosotros/as)	-asteis, -isteis (*reg.*)
(Ud.) (él/ella)	-ó, -ió (*reg.*) -ó, -ió (*reg.*)	(Uds.) (ellos/ellas)	-aron, -ieron (*reg.*) -aron, -ieron (*reg.*)

—¿Qué **hiciste** para relajarte el fin de semana pasado?
—Pues, **pasé** casi todo el fin de semana en casa. **Lavé** la ropa, **leí** mucho y **dormí** como un bebé.

In the next set of activities, you will use mostly **yo** and **tú** forms. Your goal should be to be able to talk about what you did in the past as well as to ask someone else about his or her past activities.

Remember that regular preterite **yo** forms have an accented **-é** or **-í** in the ending and that **tú** forms end in **-aste** or **-iste**. Verbs that have one syllable in the **yo** form do not take written accents.

me acosté tarde	**te acostaste** tarde
me quedé en casa	**te quedaste** en casa
dormí mucho	**dormiste** mucho
escribí la tarea	**escribiste** la tarea
vi la televisión	**viste** la televisión

A number of common verbs have irregular stems in the preterite and do not have a stressed ending.

Así se dice

Remember that **dar** is a unique **-ar** verb in Spanish: it takes **-er/-ir** endings in the preterite!

di	dimos
diste	disteis
dio	dieron
dio	dieron

andar	**Anduve** en bici. ¿**Anduviste** en bici?
estar	**Estuve** todo el día en casa. ¿Dónde **estuviste** tú?

236   doscientos treinta y seis

Lección 11   ¿Cómo te relajas?

hacer	**No hice** nada. ¿Qué **hiciste** tú?
ir	**Fui** al cine. ¿Adónde **fuiste** tú?
poder	**No pude** relajarme. ¿**Pudiste** relajarte?
tener	**Tuve** un sueño. ¿**Tuviste** un sueño?
venir	**Vine** temprano. ¿A qué hora **viniste**?

ACTIVIDAD D ¿Qué hice yo?

Lee cada descripción y determina cuál es la respuesta más lógica.

1. El viernes por la tarde fui al gimnasio y allí...
   a. vi la televisión.
   b. levanté pesas.
   c. fui al museo.

2. El sábado por la tarde compré algo nuevo cuando...
   a. fui de compras.
   b. hice ejercicio aeróbico.
   c. acampé en las montañas.

3. El sábado por la noche salí con mis amigos y me sorprendí cuando...
   a. vi a mi ex novio/a.
   b. volví tarde a mi casa.
   c. saqué una buena nota en el examen de física.

4. Como soy fanático/a de las actividades acuáticas, fui al mar donde...
   a. escalé una montaña.
   b. corrí dos millas.
   c. nadé.

5. Me puse triste cuando supe que...
   a. la hija de una amiga sufrió un accidente automovilístico.
   b. mis amigos se rieron mucho en el cine.
   c. un niño gritó en el supermercado.

p9.74

Así se dice

Remember that some verbs change meaning when used in the preterite, for example, **saber** (*found out*). The preterite form refers to the point in time in the past at which that particular event began. What's the beginning of knowing something? Finding it out!

En ese momento **supe** la terrible verdad.

Another verb that functions in this way is **conocer**. What is the beginning of knowing someone? Meeting that person!

Conocí a mi novio en un café.
I met (began to know) my boyfriend in a café.

ACTIVIDAD E ¿Dices la verdad o mientes?

 COMUNICACIÓN

Paso 1 Haz dos descripciones de tus actividades, reales o inventadas, del fin de semana pasado. Puedes usar las expresiones de la siguiente lista en tu narración.

primero   finalmente
luego (después, entonces)   por fin
más tarde

MODELO   El sábado pasado me levanté temprano, fui al gimnasio y allí corrí y nadé. Después fui de compras con un amigo. Finalmente fui al cine y vi una película fabulosa.

Paso 2 Divídanse en grupos de tres o cuatro. Una persona del grupo va a leer su descripción, y los otros del grupo tienen que determinar si las actividades descritas (*described*) son reales o inventadas. La persona que más les toma el pelo (*pulls their leg*) a sus compañeros, ¡gana!

GRAMÁTICA

¿Qué hacías que causó tanta risa?

Narrating in the Past: Using Both
Preterite and Imperfect

—Una vez un hombre **entró** en un bar. No **conocía** a nadie y **no tenía** dinero para...
—Ya lo **oí**, Jorge. Ese chiste es película vista...

PRETÉRITO	IMPERFECTO
Cuando mi mamá **llamó**,...	...yo **meditaba.** No **hacía** buen tiempo. **Llovía** y no **quería** salir de mi casa.
Ayer **fui** al gimnasio. **Levanté** pesas y luego **corrí** dos millas.	Mientras yo **hacía** ejercicio, mi compañera de cuarto **trabajaba** en el jardín.

As you know, there are two past tenses in Spanish: the preterite and the imperfect. Both tenses are needed and are used in combination when narrating events in the past because Spanish encodes what is called *aspect*. Aspect refers not to when an event happened, but to whether or not the event was in progress at the time referred to. As such, the use of the preterite and imperfect depends on how a narration unfolds and what relationship each event has to a time reference in the past.

Of the two, the imperfect signals that an event is being reported in progress at a specific point in time in the past. The point in time can be given as clock time (At 2:00 . . .) or it can be another event (When Daniel arrived . . .).

TIME REFERENCE	EVENT IN PROGRESS

TIME REFERENCE
A las 2.00 de la tarde...
At 2:00 in the afternooon . . .

Cuando Daniel **llegó,...** *pretérite*
When Daniel arrived, . . .

EVENT IN PROGRESS
todavía **dormía.** *imperfect*
I was still sleeping.

yo **estudiaba.**
I was studying.

Because the imperfect means "in progress" it can be used to contrast two events occurring simultaneously. Typically, the word **mientras** (*while*) is used to connect these events.

IN PROGRESS *imperfect*
Mientras yo **dormía,...**
While I was sleeping, . . .

Mientras mi mamá **hablaba,...**
While my mom was speaking, . . .

¿Qué **hacías...**
What were you doing . . .

IN PROGRESS *imperfect*
mi compañero de cuarto **leía.**
my roommate was reading.

yo la **escuchaba** con atención.
I was listening to her carefully.

mientras él **trabajaba?**
while he was working?

The preterite does not signal events in progress but is used instead to refer to isolated events in the past, sequences of events, or to pinpoint a time in the past to which other events relate.

ISOLATED EVENT IN THE PAST
Anoche **me quedé** en casa.

Last night I stayed home.

SEQUENCE OF EVENTS
Ayer **jugué** al tenis y luego **me bañé** en el jacuzzi.

Yesterday I played tennis and then I sat in the jacuzzi.

PINPOINTING A TIME REFERENCE IN THE PAST
Cuando **salí** del cine...

When I left the movie theater . . .

Notice how in the following short narrative, the preterite and imperfect work together to show how the events relate to one another and to the time references included in the narrative. First, underline the preterite forms and circle the imperfect forms you see. Then, for each use of the imperfect, see if you can tell at what point in time the event was in progress. The answers follow, but cover them up before you read.

Ayer hacía mal tiempo, llovía y no tenía ganas de hacer nada. Decidí quedarme en casa. Miraba la televisión cuando sonó el teléfono. No quería hablar con nadie pero lo contesté. Oí la voz de un amigo que parecía estar muy triste...

EVENT IN PROGRESS	POINT IN TIME
hacía mal tiempo ⎫ llovía ⎬ no tenía ganas ⎭	decidí quedarme en casa
miraba la televisión	sonó el teléfono
no quería hablar	lo contesté
parecía estar triste	oí la voz

Así se dice

As you may notice in item 1 of **Actividad A,** clock time (*It was 7:00 A.M. . . .*) is expressed in the past with the imperfect. This is because the hour is viewed as being in progress at the time another event took place. In other words, *It was in the process of being 7:00 A.M. when . . .*

Era la 1.00 de la tarde cuando me llamó.

¿Qué hora **era** cuando llegó tu compañera?

ACTIVIDAD A ¿Qué hizo Yolanda ayer para relajarse?

Empareja cada frase en la columna A con una frase lógica en la columna B.

A

1. _____ Eran las 7.00 de la mañana cuando Yolanda...
2. _____ Se bañó, se vistió y...
3. _____ Hacía sol cuando...
4. _____ Manejó por una hora y después...
5. _____ Yolanda pescaba cuando de repente (*suddenly*) vio una serpiente de cascabel (*rattlesnake*) y...
6. _____ Cuando se repuso (*she recovered*)...
7. _____ Eran las 6.00 de la tarde cuando por fin volvió a casa. Estaba contenta y...

B

a. llegó a las montañas y encontró un lugar ideal para pescar.
b. se asustó y gritó.
c. se despertó.
d. salió de su casa a las 8.00.
e. se sentía relajada después del bonito día en las montañas.
f. desayunó rápidamente.
g. pescó un rato más y después decidió regresar a casa.

ACTIVIDAD B La última vez que alguien me llamó...

Paso 1 Piensa en la última vez que alguien te llamó por teléfono y contesta estas preguntas.

1. La última vez que alguien me habló por teléfono fue...
   ☐ ayer. ☐ anoche. ☐ esta mañana. ☐ ¿ ?

2. **a.** Cuando sonó el teléfono, yo...
   ☐ estudiaba. ☐ dormía.
   ☐ leía. ☐ miraba la televisión.
   ☐ comía. ☐ escuchaba música.
   ☐ trabajaba. ☐ ¿ ?

   b. ... y estaba...
   ☐ solo/a. ☐ con un amigo (una amiga). ☐ ¿ ?

3. La persona y yo hablamos...
   ☐ por unos segundos. ☐ por varios minutos. ☐ por ¿ ?

4. Cuando colgué (*I hung up*) el teléfono,...
   ☐ (no) me sentía bien. ☐ estaba tenso/a.
   ☐ estaba preocupado/a. ☐ estaba aburrido/a.
   ☐ estaba enfadado/a. (irritado/a). ☐ ¿ ?

Paso 2 Ahora trabaja con un compañero (una compañera). Usando la información del **Paso 1,** cuéntale qué pasó la última vez que alguien te llamó.

ACTIVIDAD C La última vez...

Paso 1 Piensa en la última vez que te reíste a carcajadas (*laughed loudly*). ¿Qué hacías? ¿Dónde estabas?

La última vez que me reí a carcajadas...

1. ☐ estaba en mi casa.   ☐ no estaba en mi casa.

2. ☐ estaba solo/a.   ☐ estaba con otra(s) persona(s).

3. ☐ leía algo.   ☐ escuchaba algo.

4. ☐ veía algo.   ☐ recordaba algo.

Después de reírme tanto...

1. ☐ me sentí muy bien.

2. ☐ me sentí avergonzado/a.

3. ☐ tenía dolor de estómago (*stomachache*).

Paso 2 Usando tus respuestas del **Paso 1,** escribe un breve párrafo.

   MODELO   La última vez que me reí a carcajadas estaba solo. Veía...

Paso 3 Presenta una versión oral de tu narración a la clase. ¿Cuántos estaban en una situación similar cuando se rieron a carcajadas? ¿Cuántos se sintieron igual después?

ꞯᴜɪᴀ ACTIVIDAD D Los hispanos hablan

Paso 1 Lee la selección **Los hispanos hablan** en la página 242. Luego, contesta las preguntas a continuación.

Vocabulario útil

la misa   una ceremonia religiosa

1. Nuria dice que hay muchos chistes sobre la religión católica en España. ¿Qué razón da para esto?

2. Según Mónica, ¿qué otro tipo de chistes hay en su país?

Paso 2 Ahora mira el segmento y contesta estas preguntas.

   verde   además de ser un color, también se usa como adjetivo para referirse a algo con connotaciones sexuales

1. Mónica menciona que, además de los chistes políticos, hay otro tipo de chiste común. ¿Qué es?

2. Cuando Nuria habla la segunda vez, menciona una clase de chistes, los chistes _____.

3. Nuria opina que los españoles son un poquito más _____ que los americanos. (¿Está de acuerdo con esto su profesor de español?)

Los hispanos hablan

¿Crees que hay diferencias entre el humor de tu país y el de los Estados Unidos?

NOMBRE: Nuria Sagarra

EDAD: 26 años

PAÍS: España

«En España —eso es un factor muy diferente a Estados Unidos— en España el 98% de los españoles son católicos. Entonces hay muchos, muchos chistes sobre la religión y el catolicismo, la Iglesia, misa y todo esto... »

NOMBRE: Mónica Prieto

EDAD: 24 años

PAÍS: España

«También hay chistes de política. Muchos chistes de política. Y creo que no hay tantos en Estados Unidos. Creo que... a los españoles les gustan los chistes sobre la política, metiéndose con los políticos... »

Paso 3 A base de lo que has visto (*you have seen*), ¿dónde sería más probable lo siguiente, en España o en los Estados Unidos?

1. contar un chiste político

2. no contar un chiste sobre el sexo

3. contar un chiste sobre el fútbol americano

4. contar un chiste sobre la Iglesia Católica

Al oír algo gracioso, ¿te ríes como este joven?

Así se dice

Gracia is a common word in Spanish that means a variety of things. It is used with **hacer** to talk about things that strike one as funny and **tener** to talk about someone who is funny. Here are some ways to talk about funny events.

hacerle gracia a uno	Me hizo mucha gracia.
tener gracia	Tu padre tiene mucha gracia.
causar risa	Me causó mucha risa.
hacer reír (*a una persona*)	Nos hizo reír.
gracioso/a	Vi algo muy gracioso
chistoso/a	(chistoso, cómico)
cómico/a	el otro día.

INTERCAMBIO

La tensión y el estrés

Propósito: presentar una narración sobre un compañero (una compañera) a un grupo de estudiantes.

Papeles: una persona entrevistadora, una persona entrevistada y un grupo de estudiantes que escucha la narración.

Paso 1 Entrevista a un compañero (una compañera) de clase sobre la última vez que se sentía tenso/a. Obviamente necesitas hacerle preguntas, pero antes, piensa en qué es lo que quieres averiguar.

◆ cuándo se sentía tenso/a tu compañero/a

◆ dónde estaba

◆ con quién estaba

◆ qué fue lo que le causó la tensión y el estrés

◆ cómo se sentía física y emocionalmente

◆ qué hizo para aliviar la tensión y el estrés

Paso 2 Escribe las preguntas que le vas a hacer a tu compañero/a en la segunda persona singular (tú). ¿Puedes usar correctamente el pretérito y el imperfecto en tus preguntas?

Paso 3 Ahora entrevista a tu compañero/a. Escribe sus respuestas.

Paso 4 Piensa en cómo vas a contar lo que te dijo tu compañero/a a un grupo de tres estudiantes. Después de que todos presenten la narración sobre su compañero/a, determinen qué miembro del grupo presentó la narración más interesante.

¿Qué haces cuando te sientes muy tenso/a?

¿Cómo te relajas? — How Do You Relax?

acampar	to go camping
andar en	to ride a
bicicleta	bicycle
monopatín	scooter; skateboard
patineta	skateboard
bañarse (en un jacuzzi)	to bathe (in a jacuzzi)
bucear	to (scuba) dive
dar una fiesta	to throw (have) a party
dibujar	to draw
escalar montañas	to mountain climb
esquiar	to ski
en el agua	to water ski
en las montañas	to snow ski
hacer camping	to go camping
hacer yoga	to do yoga
ir al teatro	to go to the theater
jugar (ue) (R)	to play
a los naipes	cards
al golf	golf
al voleibol	volleyball
meditar	to meditate
navegar en un barco	to sail
patinar (en línea)	to (inline) skate
pescar	to fish
saltar a la cuerda	to jump rope
tener un picnic	to have a picnic
trabajar en el jardín	to garden
utilizar la aromaterapia	to use aromatherapy

Repaso: dar un paseo, ir a la iglesia, leer, levantar pesas

Lugares — Places

el bosque	forest
el desierto	desert
el lago	lake
el mar	sea
las montañas	mountains
el museo	museum
el océano	ocean
el parque	park
el río	river

Otras palabras y expresiones útiles

chistoso/a	funny
cómico/a (R)	comic(al), funny
gracioso/a	funny, amusing
el chiste (R)	joke
la risa	laugh; laughter
causar risa	to cause laughter, make laugh
hacer reír	to make laugh
hacerle gracia a uno	to strike someone as funny
reír(se) (i, i) a carcajadas	to laugh loudly
tener gracia	to be funny, charming

LECCIÓN 12

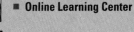
¿En qué consiste el abuso?

¿Has pensado (*Have you thought*) en lo que pasa si una persona no aprende a hacer las cosas con moderación? ¿Cuáles son las consecuencias de hacer algo en exceso? En esta lección vas a explorar esta cuestión y vas a

◆ continuar usando el imperfecto y el pretérito para hablar del pasado

◆ comenzar a comprender los mandatos (*commands*) orales y escritos

 ALTO Before beginning this lesson, look over the **Situación** activity on page 255. This is the activity you will be working toward throughout the lesson.

¿Puede llegar a ser un abuso el jugar a los videojuegos?

VOCABULARIO

¿Qué es una lesión?

More Vocabulary Related to Activities

DAÑINO *adj.* Se aplica a lo que causa un daño: *Algunos mariscos son dañinos si se comen crudos.*

DAÑO *m.* Efecto negativo. Detrimento: *Este problema puede causar mucho daño.* Dolor: *Estos zapatos me hacen mucho daño.*

HERIDA *f.* El resultado físico de la acción de herir: *Muchos atletas sufren heridas mientras practican su deporte.*

HERIR *v. tr.* Causar en un organismo un daño en que hay destrucción de los tejidos, como un golpe con un arma, etcétera: *El soldado hirió al enemigo con un disparo de pistola.*

LESIÓN *f.* Sinónimo de herida: *El corredor sufrió una lesión en el tobillo.*[a]

[a]*ankle*

Vocabulario útil

el peligro	danger
peligroso/a	dangerous

(QUIA) ACTIVIDAD A Consecuencias

¿Cuáles pueden ser las consecuencias de practicar estas actividades si uno no tiene cuidado? Indica tus respuestas y luego compáralas con las de un compañero (una compañera).

	ADICCIÓN FÍSICA	DAÑOS FÍSICOS	ADICCIÓN PSICOLÓGICA	OTROS PELIGROS PSICOLÓGICOS
1. hacer ejercicios aeróbicos	☐	☐	☐	☐
2. ir de compras	☐	☐	☐	☐
3. esquiar	☐	☐	☐	☐
4. comer	☐	☐	☐	☐
5. jugar a los videojuegos	☐	☐	☐	☐
6. ingerir bebidas alcohólicas	☐	☐	☐	☐
7. participar en una sala de charla	☐	☐	☐	☐

⟨Quia⟩ ACTIVIDAD B ¿Peligroso o dañino?

Muchos opinan que las palabras **dañino** y **peligroso** no significan lo mismo. Según ellos, no son sinónimos. En esta actividad vas a ver si para ti significan lo mismo o no.

Paso 1 Indica si las actividades a continuación pueden ser o dañinas o peligrosas.

> MODELO Ver la televisión puede ser dañino.
> Escalar montañas puede ser peligroso.

1. practicar el paracaidismo (*skydiving*)

2. escuchar música a todo volumen con frecuencia

3. salir solo/a de noche en una ciudad grande

4. montar en motocicleta sin casco (*helmet*)

5. tomar el sol (*sunbathing*)

6. tomar más de tres tazas de café diariamente

Paso 2 Piensa en las clasificaciones que hiciste en el **Paso 1**. ¿Cuál es la diferencia entre una actividad dañina y una peligrosa?

☐ Para mí, una actividad dañina puede tener consecuencias mucho más graves que una actividad peligrosa. Por ejemplo, una actividad dañina puede conducir a (*lead to*) la muerte.

☐ Para mí, una actividad peligrosa puede tener consecuencias mucho más graves que una actividad dañina. Por ejemplo, una actividad peligrosa puede conducir a la muerte.

ACTIVIDAD C ¡Cuidado!

¡Ciertas actividades, si se hacen en exceso, son más peligrosas que otras!

Paso 1 Haz una clasificación de las once actividades a continuación usando la escala. Escribe el número de cada categoría en el espacio indicado.

1 = No ofrece mucho peligro.

2 = Puede ser peligrosa.

3 = Es muy peligrosa.

a. _____ jugar al fútbol americano

b. _____ trabajar en una fábrica

c. _____ ingerir bebidas alcohólicas

d. _____ hacer yoga

e. _____ ver la televisión

f. _____ jugar a los videojuegos

Paso 2 Con dos compañeros/as de clase, piensa en otras actividades que podrían agregarse (*could be added*) a las categorías del **Paso 1** y escríbelas.

	NO OFRECE MUCHO PELIGRO.	PUEDE SER PELIGROSA.	ES MUY PELIGROSA.
g. _____	☐	☐	☐
h. _____	☐	☐	☐

Paso 3 Con tus compañeros/as del **Paso 2,** sigue el modelo y explica cuál es la más peligrosa de las actividades indicadas en el **Paso 1** y cuál es la que ofrece menos o ningún peligro.

> MODELO Jugar al fútbol americano es la actividad más peligrosa porque puede causar daños físicos graves.

¿Están listos/as tus compañeros/as y tú para defender sus respuestas?

ACTIVIDAD D Los hispanos hablan

Paso 1 Lee la siguiente selección **Los hispanos hablan.** ¿Cómo completa Idélber su oración? ¡Adivina!

1. ...el dinero.

2. ...la popularidad.

3. ...la salud.

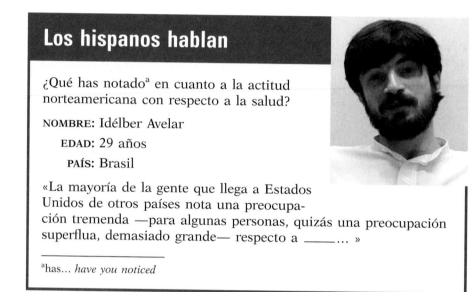

Los hispanos hablan

¿Qué has notado[a] en cuanto a la actitud norteamericana con respecto a la salud?

NOMBRE: Idélber Avelar

EDAD: 29 años

PAÍS: Brasil

«La mayoría de la gente que llega a Estados Unidos de otros países nota una preocupación tremenda —para algunas personas, quizás una preocupación superflua, demasiado grande— respecto a _____... »

[a]has... *have you noticed*

Paso 2 Ahora mira el segmento completo. Después, contesta las siguientes preguntas.

1. Idélber menciona dos cosas específicas que les preocupan a los norteamericanos. ¿Cuáles son?

2. ¿Qué oración capta mejor la tesis de Idélber?

   a. En los Estados Unidos la gente piensa demasiado en el día de hoy; nunca piensa en el futuro.

   b. En los Estados Unidos es bueno que la gente piense tanto en su bienestar físico.

   c. En los Estados Unidos la gente se preocupa de la perfección física y así la inmortalidad, y que no goza (*enjoys*) de la vida que sí tiene.

Paso 3 Con uno o dos compañeros, comenta la tesis de Idélber. ¿Están de acuerdo o no?

GRAMÁTICA

¿Veías la televisión de niño/a?

veía	veíamos
veías	veíais
veía	veían
veía	veían

like -er

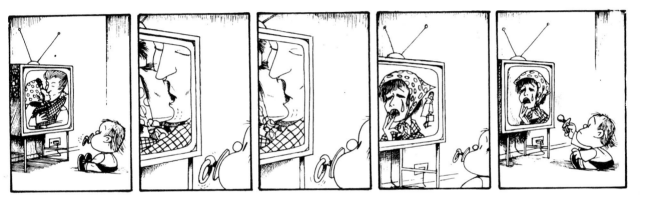

Like **ir** and **ser, ver** is a verb that has an irregular stem in the imperfect tense. For regular **-er** verbs, the **-er** ending is dropped and the appropriate **-ía-** ending is added. For **ver,** however, the **e** is retained and **ve-** becomes the stem.

—De niño, yo siempre **veía** mucha televisión. ¿Y tú?
—En mi familia, no la **veíamos** tanto.

These three verbs are the only irregular Spanish verbs you will encounter in the imperfect tense. Here is a review of the imperfect forms of **ir** and **ser.**

ir	iba, ibas, iba, iba, íbamos, ibais, iban, iban	**ser**	era, eras, era, era, éramos, erais, eran, eran	*like -ar*

ACTIVIDAD E ¿Qué programas de televisión veías?

Paso 1 Piensa en los programas de televisión que veías de niño/a. Indica los que veías y añade otros que no aparecen en la lista.

☐ los dibujos animados ☐ los programas educativos
☐ «La Plaza Sésamo» ☐ ¿ ?

Paso 2 Compara tus respuestas con las de un compañero (una compañera). ¿Veían programas similares?

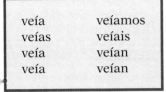

Paso 1 Lee la siguiente selección **¿Sabías que... ?** Luego, contesta las preguntas a continuación.

1. En cuanto a los españoles y su tiempo libre, ¿cuáles son las dos actividades más populares?

2. ¿Cómo crees que se comparan España y este país con respecto al acto de ver la televisión?

¿Sabías que...

al igual que en este país, en el mundo hispano la televisión también tiene un papel muy importante? Todos saben que la televisión es un elemento bien integrado en la cultura norteamericana, pero no tantos saben que es así para mucha gente de habla española. En una encuesta realizada en España en los años 90, por ejemplo, el 85% de los solicitantes dijeron que veían la televisión todos o casi todos los días. A este mismo grupo se le hizo la siguiente pregunta: «¿En qué suele emplear, en general, su tiempo libre?» Respondieron así los participantes:

estar con la familia: 76%

ver la televisión: 69%

estar con amigos: 54%

leer libros o revistas: 45%

Además de los que declararon ver la televisión todos o casi todos los días, el 26% admite verla entre dos o tres horas al día.

A los miembros de esta familia española les gusta ver la televisión juntos.

Source: Boletín del Centro de Investigaciones Sociológicas

Paso 2 Escoge la oración que mejor capte la idea principal de la selección.

☐ La televisión es muy importante en este país, pero no tanto en otros países del mundo.

☐ La actividad de ver la televisión es popular en este país y lo es también en países del mundo hispano, como España.

COMUNICACIÓN

ACTIVIDAD G Entrevistas

Muchos creen que los niños y los estudiantes universitarios pasan mucho tiempo mirando la televisión. ¿Es verdad?

Paso 1 Entrevista a un compañero (una compañera) de clase. Hazle las siguientes preguntas.

1. ¿Cuál de estas descripciones se te puede aplicar a ti?

☐ De niño/a veía más televisión que ahora.

☐ De niño/a veía menos televisión que ahora.

2. ¿Cuántas horas diarias de televisión veías cuando eras niño/a?

3. ¿Cuántas horas diarias de televisión ves ahora? ¿Crees que en este sentido eres una persona como las demás?

Paso 2 Comparte los resultados obtenidos en el **Paso 1** con los de tus compañeros de clase. ¿Es verdad que los estudiantes ven muchas horas de televisión? ¿y los niños?

VISTAZOS II · Saliendo de la adicción

GRAMÁTICA

¿Qué debo hacer? —Escucha esto.

Telling Others What to Do:
Affirmative **tú** Commands

toma
acuéstate
come
escribe
haz
di

—Laura, si de veras quieres dejar el vicio del chocolate, primero **admite** que tienes un problema.

Command forms (*Eat! Drink this! Do that!*) come in several forms: **tú, Ud., vosotros/as** (*Sp.*), and **Uds.** The affirmative **tú** forms are relatively easy to learn, since they are in most cases identical to third person singular verb forms. You are already familiar with some of these commands because they have been used in the instructions of many activities in this book.

Come más ensalada si quieres ser más delgado.
Mira más televisión si quieres comprender la cultura de este país.

Many commonly used verbs have irregular affirmative **tú** command forms.

decir	**Di** la verdad.	*Tell the truth.*
hacer	**Haz** dos más.	*Make two more.*
ir	**Ve*** a la tienda.	*Go to the store.*
poner	**Pon** tus libros aquí.	*Put your books here.*
salir	**Sal** si puedes.	*Get out if you can.*
tener	**¡Ten** cuidado!	*Be careful!*
venir	**Ven** conmigo.	*Come with me.*

---

*The regular **tú** command form of the verb **ver** is also **ve.** Context will determine meaning.

Ve a la casa de tus abuelos.   *Go to your grandparents' house.*
¡Ve esto!   *Look at this!*

Así se dice

You have probably heard your instructor give command forms to the entire class by using either **Uds.** or **vosotros** forms. Can you identify which is which?

> **Abran** los libros en la página... y **miren** lo que dice.
> **Abrid** los libros en la página... y **mirad** lo que dice.

You are right if you said the first sentence contains **Uds.** commands and the second contains **vosotros** commands. **Uds.** commands are formed by using the stem of the **yo** form of the verb (**mir-, com-, salg-, dig-,** and so on) and adding **-an** if the verb is **-er/-ir** and **-en** if the verb is **-ar: estudien, miren, lean, salgan.**
   Vosotros commands are formed by dropping the **-r** of infinitives (**estudia-, come-, mira-, sali-,** and so on) and adding **-d: estudiad, mirad, comed, salid.**

Both direct and indirect object pronouns, as well as reflexive pronouns, are attached to the end of affirmative **tú** commands. Indirect objects always precede direct objects.

Cómelo, si quieres.	*Eat it if you want.* (*it* = **el sándwich**)
Dámelas, por favor.	*Give them to me, please.* (*them* = **las páginas**)
Cálmate.	*Calm down.*

ⓆUIA ACTIVIDAD A Minilectura

Paso 1 Lee el artículo «Cómo salir de la adicción». ¿Puedes deducir a qué tipo de adicción se aplican los consejos?

CÓMO SALIR DE LA ADICCION

1. Admite que eres una adicta. Según los médicos, nadie puede salir de una adicción si no admite que realmente la tiene. Hazte la siguiente pregunta: ¿El tiempo que empleas para hacer ejercicios, NO está balanceado con el resto de tus actividades? Si la respuesta es sí, eres una adicta.

2. Empieza a "cortar" tu entrenamiento gradualmente. Si te sientes dependiente de tu rutina, empieza a eliminar actividades lentamente. Quita primero la que disfrutes menos. Corta un poco el tiempo. Si practicas una hora y media diaria, empieza a cortar 30 minutos. Si te entrenas 5 días a la semana, corta un día. Comienza a tener sentido de la moderación.

3. Cambia tus actividades. Sustituye la parte que más te extenúa en tu entrenamiento. Digamos que es el pedaleo o el levantamiento de pesas... deja de hacerlo por un período de tiempo y, en cambio, ve integrando los ejercicios de relajación, toma clases de yoga o ensaya con un ejercicio que te permita socializar, como el tenis, el raquetbol o el baile.

Paso 2 Repasa el artículo y apunta todos los mandatos que encuentras. (Nota: Sólo debes escribir los verbos; no tienes que escribir toda la frase u oración entera.)

Paso 3 ¿Cuáles de las siguientes recomendaciones parecen lógicas según el contenido del artículo? Marca sólo las que te parezcan apropiadas.

☐ *Mírate* en un espejo y *di,* «Tengo un problema».

☐ *Habla* con un amigo para conseguir el nombre de un doctor (una doctora).

☐ *Limita* tu contacto con otros adictos y *busca* la amistad (*friendship*) de personas que tengan otros intereses.

☐ *Busca* otro tipo de ejercicio. Si corres, *toma* una clase de ejercicios aeróbicos. Si pedaleas, *empieza* a correr.

☐ *Come* más y *bebe* menos.

☐ *Elimina* los ejercicios que más te gustan. No vas a triunfar si no te sacrificas.

Lección 12 ¿En qué consiste el abuso?

ACTIVIDAD B Más consejos

Paso 1 Escoge *una* de las adicciones de la lista a continuación. Escribe por lo menos tres consejos en forma de mandatos afirmativos para dárselos a un amigo (una amiga) que sufre de esa adicción.

adicción al alcohol
adicción al chocolate
adicción al tabaco (fumar)
adicción a la televisión
adicción a los tranquilizantes
adicción a los videojuegos

Paso 2 Reúnete con otras dos personas para presentar tus consejos. Al final, el grupo debe hacer una sola lista de los consejos de los tres y compartirlos con la clase. ¿Hay variedad de consejos para cada adicción, o se repiten los mismos consejos para algunas de ellas?

GRAMÁTICA

¿Qué no debo hacer? —¡No hagas eso!

	tomes
	te acuestes
	comas
no	escribas
	hagas
	digas

—**No pienses** más en el chocolate, Laura,
y **no te dejes caer** en la tentación.

Negative **tú** commands are formed by taking the **yo** form of the present tense indicative, dropping the **-o** or **-oy,** and adding what is called *the opposite vowel* + **s.** The opposite vowel is **e** if the verb is an **-ar** verb. The opposite vowel is **a** if the verb is an **-er** or **-ir** verb. Any stem changes or irregularities of the **yo** form in the present tense indicative are retained. And of course, reflexive verbs have the pronoun **te.**

vengo → veng- + -as → **no vengas**
me acuesto → acuest- + -es → **no te acuestes**
doy → d- + -es → **no des**

Among the handful of verbs whose negative **tú** commands are not formed in this way are **ir** and **ser.**

| ir | **no vayas** |
| ser | **no seas** |

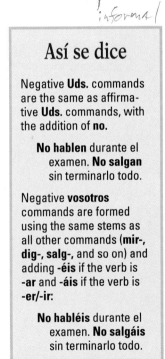

Así se dice

Negative **Uds.** commands are the same as affirmative **Uds.** commands, with the addition of **no.**

> **No hablen** durante el examen. **No salgan** sin terminarlo todo.

Negative **vosotros** commands are formed using the same stems as all other commands (**mir-, dig-, salg-,** and so on) and adding **-éis** if the verb is **-ar** and **-áis** if the verb is **-er/-ir:**

> **No habléis** durante el examen. **No salgáis** sin terminarlo todo.

Which does your instructor use when speaking to you and your classmates as a group: **Uds.** or **vosotros** commands?

Así se dice

Some verbs have spelling changes either to keep a certain pronunciation or because Spanish simply does not allow certain letter combinations. (You may wish to review this from **Lección 3** or **Lección 11** on the formation of **yo** forms in the preterite.)

buscar	No me bus**qu**es.
llegar	No lle**gu**es tarde.
comenzar	No comien**c**es, por favor.

Unlike affirmative **tú** commands, negative **tú** commands require all pronouns to precede the verb.

No me digas eso.	*Don't tell me that.*
No te levantes tarde.	*Don't get up late.*
No me lo pidas.	*Don't request it of me.*

ACTIVIDAD C Lo que no debes hacer

Según el artículo «Cómo salir de la adicción» en la página 252, ¿cuáles de las siguientes recomendaciones te parecen inapropiadas?

☐ No pases mucho tiempo con los amigos si quieres salir de la adicción, pues ellos pueden distraerte (*distract you*) de tu propósito.

☐ No elimines por completo los ejercicios de tu rutina.

☐ No hables de tu problema con nadie. Es un asunto personal que a nadie le interesa.

☐ No hagas nada radical. Salir de la adicción requiere tiempo y cambios graduales.

☐ No leas información sobre tu problema, ni tampoco pienses demasiado en él. Es mejor no «intelectualizar» mucho respecto a una adicción.

COMUNICACIÓN

ACTIVIDAD D La adicción al trabajo

Paso 1 Lee rápidamente el artículo que aparece en el margen.

Paso 2 Ahora completa las siguientes oraciones de una manera lógica.

1. No te mientas; _____
2. No seas esclavo de tu trabajo; _____
3. No te olvides de los amigos; _____
4. No te preocupes por las horas extras; _____

Paso 3 Inventa tres o cuatro consejos más para dar a un adicto (una adicta) al trabajo.

　　MODELO　No almuerces en tu oficina.

Paso 4 Con un compañero (una compañera) reúne las ideas de los **Pasos 2** y **3** y formula una serie de cinco a seis consejos más apropiados al adicto (a la adicta) al trabajo.

El trabajo como adicción

El adicto al trabajo se miente a sí mismo y les miente, por tanto, a los demás. En realidad hace todo lo posible por no tener un instante libre, por ser un esclavo del trabajo. «No puede» tomar un café con el amigo porque hace horas extras; «no puede» escuchar a sus hijos porque no dispone de tiempo; «no puede» hacer el amor de manera relajada y libre porque está cansado. Mientras él huye de su insatisfacción se convierte, a su vez, en fuente de insatisfacción para los otros.

Christina Peri Rossi

Paso 1 Lee la siguiente **Situación** y apunta algunas ideas sobre este compañero de trabajo.

Trabajas en una empresa de informática (un negocio de computadoras). Has notado (*You have noticed*) en varias ocasiones que un compañero de trabajo huele a (*smells like*) alcohol. Este compañero parece trabajar bien y pocas veces falta al trabajo. Durante las próximas cuatro semanas tú y él tienen que trabajar juntos en un proyecto. Hoy viene a hablarte en la oficina y otra vez huele a alcohol. ¿Qué haces?

Paso 2 Comparte tus ideas con otras dos personas. Luego, presenten sus ideas a la clase.

¿En qué trabajas tú?

ℐistazos culturales

El arte y la literatura en el mundo hispano

¿Sabías que... los hispanos son conocidos mundialmente por su gran talento literario y artístico? En total los escritores hispanos han ganado[a] diez Premios Nobel de Literatura. De estos diez, cinco fueron ganados por escritores españoles. En el campo del arte, los pintores hispanos han influido[b] mucho en la pintura mundial, sobre todo los cuadros[c] de Picasso. Además, la pintura chicana contemporánea ha producido[d] obras muy conocidas sobre temas relacionados con la vida de los hispanos en el suroeste de los Estados Unidos.

[a]han... *have won* [b]han... *have influenced*
[c]*paintings* [d]ha... *has produced*

Gabriel García Márquez

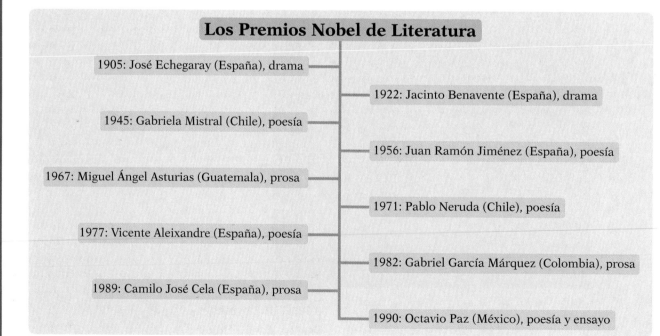

Los Premios Nobel de Literatura

1905: José Echegaray (España), drama

1922: Jacinto Benavente (España), drama

1945: Gabriela Mistral (Chile), poesía

1956: Juan Ramón Jiménez (España), poesía

1967: Miguel Ángel Asturias (Guatemala), prosa

1971: Pablo Neruda (Chile), poesía

1977: Vicente Aleixandre (España), poesía

1982: Gabriel García Márquez (Colombia), prosa

1989: Camilo José Cela (España), prosa

1990: Octavio Paz (México), poesía y ensayo

You can investigate these cultural topics in more detail on the *Vistazos* Online Learning Center: **www.mhhe.com/vistazos2.**

El pintor colombiano Fernando Botero (1932–) se conoce por un estilo caracterizado por figuras infladas[a] y rotundas.[b] Las figuras de sus obras son exageradas y reflejan su estilo cómico y voluptuoso.

[a]*inflated* [b]*round*

Las hermanas (*1969*) *por Fernando Botero* (*colombiano, 1932– *)

Coyote Women (*1985*) *por Diana Bryer* (*norteamericana, 1942– *)

La pintora Diana Bryer de Nuevo México pinta temas sobre la vida diaria y las leyendas del norte de Nuevo México. Un tema común en sus obras es la armonía en que viven los humanos y los animales.

El pintor contemporáneo Ramón Lombarte (1956–) es un artista realista de Barcelona, España. En sus cuadros figuran[a] personas que parecen ensimismadas,[b] sin darse cuenta de que alguien las está mirando. Las obras de Lombarte tienden a presentar muchas emociones y ansiedades.

[a]*appear* [b]*lost in thought*

Domingo, medianoche (*1998*) *por Ramón Lombarte* (*español, 1956– *)

ACTIVIDAD ¿Qué recuerdas?

Empareja cada frase de la columna A con una de las respuestas de la columna B.

A	**B**
1. _____ poetisa (*female poet*) chilena que ganó el Premio Nobel de Literatura en 1945	**a.** Fernando Botero
2. _____ artista español cuyas pinturas se conocen por presentar muchas emociones	**b.** Diana Bryer
	c. Ramón Lombarte
3. _____ pintor conocido por sus figuras infladas y rotundas	**d.** Gabriela Mistral
4. _____ ensayista mexicano que ganó el Premio Nobel de Literatura en 1990	**e.** Octavio Paz
5. _____ pintora conocida por representar los mitos y las leyendas de los indígenas de Nuevo México	

NAVEGANDO LA RED

Escoge *uno* de los siguientes proyectos. Luego presenta tus resultados a la clase.

1. Busca información sobre la corriente literaria latinoamericana llamada *el realismo mágico* y apunta la siguiente información.

   a. una definición del realismo mágico
   b. algunas características de la literatura mágicorrealista
   c. los nombres de tres escritores famosos de esta corriente y el título de uno de los libros de cada escritor(a)

2. Busca información sobre un artista chicano (una artista chicana) y apunta la siguiente información.

   a. sus datos biográficos (año de nacimiento, lugar de nacimiento, etcétera)
   b. el género de arte que hace (escultura, literatura, pintura, etcétera)
   c. los temas principales y los títulos de algunas de sus obras

3. La única mujer hispana que ha ganado (*has won*) un Premio Nobel de Literatura es Gabriela Mistral. Busca información sobre su vida y poesía y apunta la siguiente información.

   a. sus datos biográficos
   b. la corriente literaria con que se asocia
   c. los temas centrales y los títulos de algunas de sus obras

Vamos a ver

Now that you've completed **Unidad 4,** watch the corresponding **Vamos a ver** segment on the *Vistazos* Video to further explore the themes presented in this unit. There are related pre- and post-viewing activities on the *Vistazos* Online Learning Center (**www.mhhe.com/vistazos2**).

Los daños físicos   Physical Injuries

la herida }
la lesión }   wound, injury

el peligro   danger

dañino/a   harmful
grave   serious
peligroso/a   dangerous

consistir en   to consist of
herir (ie, i)   to wound
tener cuidado   to be careful

¿Eres fanático/a?   Are You a Fanatic?
el abuso   abuse
la adicción   addiction

el alcoholismo   alcoholism
la consecuencia   consequence
la autoestima   self-esteem

abusar de   to abuse
convertirse (ie, i)   to become addicted
  en adicto/a
salir de una adicción   to overcome an
                               addiction

ser adicto/a   to be addicted
sufrir   to suffer; to experience

UNIDAD CUATRO: Lecciones 10–12

Verbs That Require a Reflexive Pronoun

1. Remember that with true reflexive verbs, the subject and the object refer to the same person or thing (**me miro** = *I look at myself,* **se mira** = *she looks at herself*). But you have learned a number of verbs in this unit that require a reflexive pronoun (**me, te, se,** and so forth) even though they are not reflexive in meaning. Review the list of such verbs below.

2. Ponerse can be used with a number of adjectives to talk about changes in emotional state.

> **Me puse irritado** con ella.
> *I got irritated with her.*

> **¿Te pusiste contento?**
> *Did you become happy?*

3. Although the verbs in (1) and the use of **ponerse** in (2) are not true reflexives, most of them can be used without a reflexive pronoun to talk about how something affects someone else. Compare the following sentences.

> **Me ofendí.**
> *I got offended.*

> Ese comentario **me ofendió.**
> *That comment offended me.*

> **¿Te aburriste** en la clase?
> *Did you get bored in class?*

> **¿Te aburrió** la clase?
> *Did the class bore you?*

aburrirse	to get bored	**¿Te aburres** fácilmente?	*Do you get bored easily?*
alegrarse	to get happy	**Me alegro** de oír eso.	*I'm happy to hear that.*
cansarse	to get tired	Jaime **se cansa** si hace calor.	*Jaime gets tired if it's hot.*
enojarse	to get angry	No quiero **enojarme.**	*I don't want to get angry.*
irritarse	to be (get) irritated	¡No **te irrites**!	*Don't get irritated!*
ofenderse	to be (get) offended	**¿Se ofendió** Ud.?	*Did you get offended?*
preocuparse	to worry, get worried	**Me preocupo** por eso.	*I worry about that.*
sentirse (ie, i)	to feel	**Me siento** bien.	*I feel good.*

The Verbs **faltar** and **quedar**

The verbs **faltar** (*to be missing, lacking*) and **quedar** (*to be remaining*) are generally used with indirect object pronouns to express concepts equivalent to the English *to have something missing* or *to have something remaining.* Note both the literal and the more standard translations in English, which will help you remember how these verbs work in Spanish.

> **Me falta** dinero.
> *I'm missing money.* (lit. *Money is missing to me.*)

> **¿Le falta** algo a Ud.?
> *Are you missing something?* (lit. *Is something missing to you?*)

> No **nos queda** nada.
> *We have nothing left.* (lit. *Nothing is left to us.*)

> ¿Cuánto dinero **te queda**?
> *How much money do you have left?* (lit. *How much money is left to you?*)

Both **faltar** and **quedar** can be used without indirect object pronouns. Compare the following sentences to those above and at left.

> **¿Queda** pan?
> *Is there any bread left?*

> Algo **falta**...
> *Something is missing . . .*

> ¿Quién **falta**?
> *Who is absent?* (*Who is missing?*)

Estar + Adjective

[handwritten: change pg. 121]

Remember that to express a condition or state of being, whether emotional or physical, Spanish uses the verb **estar** and not **ser**. *[handwritten: for things that are permanent]*

Estoy muy **cansado.**
I am very tired.

Siempre **estoy contento.**
I am always happy.

¿Nunca **estás aburrida**?
Are you ever bored?

-ndo and *-ing*

The verb endings **-ndo** in Spanish and *-ing* in English are not exactly equivalent. Unlike *-ing*, **-ndo** can never be used with a verb to express a subject. The infinitive or a noun is used.

Salir de la adicción no es fácil. *[handwritten: fumar es no bueno.]*
Getting out of addiction is not easy. *[handwritten: Smoking - use]*

El patinaje es buen ejercicio. *[handwritten: the infinitive]*
Skating is good exercise.

The **-ndo** form can be used to express *by doing something* but in this case there is no equivalent of the English word *by* in Spanish.

Me preparo para un examen **revisando** mis apuntes.
I prepare for an exam by reviewing my notes.

Tener + Nouns

In this, as well as other units, you have seen **tener** used with nouns to express concepts that would require the verb *to be* in English. Don't make the mistake of using **estar** in these situations.

tener cuidado	*to be careful* (lit. *to have care*)
tener gracia	*to be funny, charming* (lit. *to have charm, wit*)
tener miedo	*to be afraid* (lit. *to have fear*)
tener vergüenza	*to be ashamed, embarrassed* (lit. *to have shame*)

Since these expressions use nouns, **mucho/a** and **poco/a** are used as modifiers, as well as the phrases **un poco de** and **nada de.** Don't make the mistake of using **muy.**

Ten **mucho** cuidado.
Be very careful.

Tengo **un poco de** miedo.
I'm a little bit afraid.

No tiene **nada de** gracia.
He's not at all funny.

[handwritten: one exercise where you have to choose which is right ↓]

The Imperfect and the Preterite

Most students of Spanish have more difficulty with the functions of the imperfect as compared to the preterite. However, they also tend to have more problems with the forms of the preterite. For this reason, the functions of the imperfect and the forms of the preterite are emphasized in this summary.

[handwritten: Pret - isolated event - sequence of events - pinpointing a time reference]

1. The imperfect has two main functions in Spanish. The first is to talk about events that happened habitually in the past.

   De niño **jugaba** mucho.
   As a child I played a lot.

   ¿**Dormías** con la luz prendida?
   Did you used to sleep with the light on?

   Antes Juan **se ofendía** fácilmente.
   Juan used to (would) get offended easily.

   [handwritten: Imp - contrasting two events occurring at the same time, will have "mientras" "while" - to report events in progress (including your age in the past)]

   Although *used to* and *would* are often English translations of the Spanish imperfect, note in the first example that this is not always the case.

2. The second basic function of the imperfect is to convey that a past event was in progress at a particular point in time. That point in time can be clock time (at 2:00) or at the time that the event occurred. (When the door opened . . .).

   ¿Qué **hacías** anoche a las 9.00?
   What were you doing last night at 9:00?

   ¿A las 9.00? **Estudiaba.**
   At 9:00? I was studying.

   ¿Y qué **hacías** cuando llamé?
   And what were you doing when I called?

   Veía la televisión.
   I was watching TV.

3. The preterite is used in most other cases, such as when a habitual event is limited by a time frame or by a specific number of times, when an event is not recalled as in progress at a particular point in time, and so on.

   Jugué todo el verano.
   I played all summer long.

[handwritten: Me duchaba cuando llamaste por teléfono.]

A las 9.00 **empecé** a estudiar.
I started studying at 9:00.

Cuando **volví** a casa, **encontré** una carta en la puerta.
When I got home, I found a letter on the door.

4. A handful of verbs undergo a slight change of meaning depending on whether the preterite or imperfect is used. However, remember that since Spanish can inflect the verb to show whether an event was in progress or not, these "meaning changes" are actually due to the fact that English does not inflect verbs this way and thus uses different words to express the same concepts.

imp. No **sabía** eso.
I didn't know that.
(*My knowing something was in progress at the time inferred.*)

prét. Lo **supe** anoche.
I found out last night.
(*My knowing was not in progress last night. I literally began to know last night.*)

imp. Ya la **conocía.**
I knew her already.
(*My knowing her was in progress at the time inferred.*)

prét. **Conocí** a Roberto anoche.
I met Roberto last night.
(*My knowing Roberto was not in progress last night. I literally began to know him last night.*)

5. Clock time is always expressed in the imperfect in the past. This is because the hour "was in progress" when something else happened.

Eran las 10.00 cuando oí un sonido raro.
It was 10:00 when I heard a strange noise.

Regular Preterite Stems and Endings

cansarse	beber	salir
me cansé	bebí	salí
te cansaste	bebiste	saliste
se cansó	bebió	salió
se cansó	bebió	salió
nos cansamos	bebimos	salimos
os cansasteis	bebisteis	salisteis
se cansaron	bebieron	salieron
se cansaron	bebieron	salieron

Regular Preterite Verbs with Spelling Changes in the **yo** Form

buscar → bus**qué**   jugar → ju**gué**
criticar → criti**qué**   almorzar → almor**cé**
pagar → pa**gué**

Certain Preterite Stem-Vowel Changes with Regular Endings

dormir (o → ue in present)
d**u**rmió   d**u**rmieron

sentirse (e → ie in present)
se s**i**ntió   se s**i**ntieron

pedir (e → i in present)
p**i**dió   p**i**dieron

Irregular Preterite Stems and Irregular Endings

andar:	**anduv-**	-e
estar:	**estuv-**	-iste
hacer:	**hiz-***	-o
poder:	**pud-**	-o
poner:	**pus-**	-imos
querer:	**quis-**	-isteis
saber:	**sup-**	-ieron
tener:	**tuv-**	-ieron
venir:	**vin-**	

Note that irregular preterite verbs whose stems end in **j** drop the **i** of **-ieron.**

INFINITIVE	PRETERITE STEM	PRETERITE FORM
conducir	conduj-	condu**jeron**
decir	dij-	di**jeron**
traer	traj-	tra**jeron**

Dar is completely irregular in the preterite and doesn't follow any of the above patterns.

di	dimos
diste	disteis
dio	dieron
dio	dieron

---

*Remember that Spanish does not allow the combination of **ze** or **zi.** The **yo** form of **hacer** in the preterite therefore becomes **hice** (hiz- + -e → hice).

Commands

1. Affirmative **tú** command forms are the same as the present tense **él/ella** forms. 3rd pers

> **Toma.**
> *Here. (Take this.)*
>
> **Bebe.**
> *Drink up.*
>
> **Escribe** tu nombre aquí.
> *Write your name here.*

Some common verbs have irregular affirmative **tú** command forms. pg. 251

decir:	**Di** algo.
hacer:	**Haz** algo.
ir:	**Ve** a clase.
poner:	**Pon** esto allí.
salir:	**Sal** si puedes.
tener:	**¡Ten** cuidado!
venir:	**Ven** conmigo.

---

2. With few exceptions, all negative **tú** commands are regular. They are formed by taking the **yo** *1st per* form of the present tense and adding **-es** if the verb is **-ar, -as** if the verb is **-er** or **-ir.** *opposite vowel + S*

INFINITIVE	*yo* FORM	NEGATIVE COMMAND STEM	NEGATIVE COMMAND FORM
tomar	tomo	tom-	no **tomes**
venir	vengo	veng-	no **vengas**
hacer	hago	hag-	no **hagas**

Note that the **c → qu, g → gu,** and **z → c** spelling changes apply here as in the case of the preterite **yo** forms.

INFINITIVE	*yo* FORM	NEGATIVE COMMAND STEM	NEGATIVE COMMAND FORM
almorzar	almuerzo	almuerc-	no **almuerces**
pagar	pago	pagu-	no **pagues**
criticar	critico	critiqu-	no **critiques**

Two verbs that have irregular negative command forms are **ir** and **ser.**

ir →	**no vayas**
ser →	**no seas**

---

3. If an object pronoun or a reflexive pronoun is used with the verb, then

a. it is attached to the end if the command is affirmative.

b. it goes in front of the verb if the command is negative.

> **Dime** algo.
> *Tell me something.*
>
> **Levántate** temprano.
> *Get up early.*
>
> **Cálmate.**
> *Calm down.*
>
> **Prúebalo.**
> *Try it.*

> **No me digas** eso.
> *Don't tell me that.*
>
> **No te levantes** tarde.
> *Don't get up late.*
>
> **No te ofendas.**
> *Don't get offended.*
>
> **No lo pruebes.**
> *Don't try it.*

Note that when adding pronouns to affirmative commands, accent marks are required to preserve the stress where it normally falls on the command form.

Quia.com
→ instructor zone
→ instructor
→ shared activities

Somos lo que somos

La chica que quería coyotes (The Girl Who Loved Coyotes, *1995*)
por Diana Bryer (*norteamericana, 1942–*)

Las cuatas Diego (*1980*),
*por Cecilia Concepción
Álvarez* (*norteamericana,
1950–*)

LECCIÓN 13

Check out the following media resources to complement this lesson of *Vistazos*:

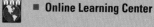

- **Online Textbook and Manual**
- **Interactive CD-ROM**
- **Online Learning Center**
- **Video on CD**

¿Cómo te describes?

En esta lección vas a tratar el tema de las cualidades de una persona. Vas a aprender

◆ adjetivos y expresiones para describir la personalidad de una persona

◆ un tiempo verbal nuevo: el pretérito perfecto (*present perfect*)

◆ nuevos verbos que requieren el uso de **se**, y luego repasar las verdaderas construcciones reflexivas

 ALTO Before beginning this lesson, look over the **Intercambio** activity on pages 279–280. This is the activity you will be working toward throughout the lesson.

¿Te ves a ti mismo/a como te ven las otras personas?

VOCABULARIO

¿Cómo eres tú? (I)

Describing Personalities

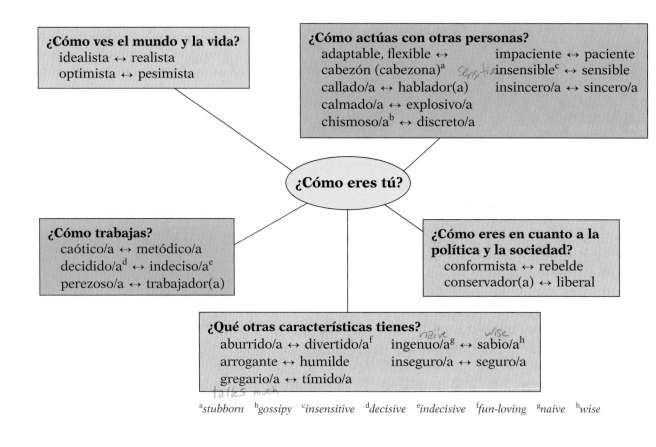

¿Cómo ves el mundo y la vida?
idealista ↔ realista
optimista ↔ pesimista

¿Cómo actúas con otras personas?
adaptable, flexible ↔   impaciente ↔ paciente
cabezón (cabezona)[a]   *sensitive* insensible[c] ↔ sensible
callado/a ↔ hablador(a)   insincero/a ↔ sincero/a
calmado/a ↔ explosivo/a
chismoso/a[b] ↔ discreto/a

¿Cómo eres tú?

¿Cómo trabajas?
caótico/a ↔ metódico/a
decidido/a[d] ↔ indeciso/a[e]
perezoso/a ↔ trabajador(a)

¿Cómo eres en cuanto a la política y la sociedad?
conformista ↔ rebelde
conservador(a) ↔ liberal

¿Qué otras características tienes?
aburrido/a ↔ divertido/a[f]   *naive* ingenuo/a[g] ↔ sabio/a[h] *wise*
arrogante ↔ humilde   inseguro/a ↔ seguro/a
gregario/a ↔ tímido/a
talks much

[a]*stubborn* [b]*gossipy* [c]*insensitive* [d]*decisive* [e]*indecisive* [f]*fun-loving* [g]*naive* [h]*wise*

Vocabulario útil

celoso/a	jealous	**posesivo/a**
creativo/a	*creative*	
equilibrado/a	balanced	**poseer** to possess
leal	loyal	

ACTIVIDAD A Correspondencias

Escucha la cualidad que menciona tu profesor(a). Luego escoge la frase que mejor corresponda a la cualidad.

1. **a.** tomas decisiones rápidamente | **b.** no tomas decisiones rápidamente
2. **a.** las personas te pueden decir secretos | **b.** las personas no deben decirte nada en secreto
3. **a.** aceptas las ideas de otros fácilmente | **b.** no aceptas las ideas de otros fácilmente
4. **a.** tienes ideas progresistas | **b.** tienes ideas tradicionales
5. **a.** siempre hablas de lo que haces | **b.** no hablas mucho de lo que haces
6. **a.** puedes ser actor cómico | **b.** no puedes ser actor cómico
7. **a.** eres confidente | **b.** no eres confidente
8. **a.** eres buen amigo | **b.** no eres buen amigo

ACTIVIDAD B Más correspondencias

Haz la correspondencia entre la columna A y la columna B.

A	B
Si eres...	
1. _____ pesimista,...	**a.** dañas los sentimientos de otras personas.
2. _____ flexible,...	**b.** ves negro el futuro.
3. _____ rebelde,...	**c.** evitas (*you avoid*) el trabajo.
4. _____ perezoso/a,...	**d.** no te gusta seguir las reglas de otros.
5. _____ sabio/a,...	**e.** probablemente eres posesivo/a también.
6. _____ insensible,...	**f.** probablemente tienes mucha experiencia en la vida.
7. _____ celoso/a,...	**g.** inventas cosas sin dificultad.
8. _____ creativo/a,...	**h.** te adaptas fácilmente.

ACTIVIDAD C Personas famosas

Como clase, nombren a algunos personajes de la literatura o del cine que poseen las siguientes cualidades.

1. idealista   **3.** seguro/a
2. explosivo/a   **4.** ingenuo/a

ACTIVIDAD D ¿Te consideras... ?

Busca personas que contesten «sí» a tus preguntas como en el modelo.

MODELO   **E1:** ¿Te consideras liberal?
      E2: Sí.
      E1: Firma aquí, por favor.

1. discreto/a   **4.** decidido/a   **7.** explosivo/a
2. cabezón (cabezona) **5.** paciente   **8.** caótico/a
3. divertido/a   **6.** optimista

ACTIVIDAD E ¿Cabezón, metódico u optimista?

Paso 1 Imagina que vas a hacerle algunas preguntas a otra persona para averiguar si es cabezona (flexible), metódica (caótica) u optimista (pesimista). Con un compañero (una compañera), agrupa las preguntas según la cualidad a la que aluden. **¡OJO!** Hay tres preguntas para cada cualidad. (Por ejemplo, hay tres preguntas para **cabezón [flexible]**.)

1. ¿Crees que la vida es como una gran aventura?
2. ¿Crees que tu manera de hacer las cosas es la mejor?
3. ¿Dicen los demás que sueles estar de buen humor?
4. ¿Discutes (*Do you argue*) hasta que los demás se resignan a tus ideas?
5. ¿Te adaptas fácilmente a nuevas situaciones?
6. ¿Eres muy organizado/a?
7. ¿Mantienes muy limpio el lugar donde vives?
8. ¿Siempre ves lo bueno en una situación?
9. ¿Escribes de nuevo tus apuntes al final del día?

Paso 2 Ahora, entrevista a otra persona usando las preguntas del **Paso 1.** Al final, decide si la persona es muy cabezona, un poco cabezona, flexible, o muy flexible, etcétera, según cómo conteste. Por ejemplo, si contesta afirmativamente las tres preguntas sobre **cabezón (flexible)** es muy cabezona. Si contesta afirmativamente sólo una vez es un poco cabezona, etcétera. Presenta tus resultados a la clase.

VOCABULARIO

¿Cómo eres tú? (II)

More on Describing Personalities

Cualidades

el afán de realización	eagerness to get things done
el don de mando	talent for leadership
la tendencia a evitar riesgos	tendency to avoid risks

Adjetivos

arriesgado/a	bold, daring
capaz de dirigir (a otros)	able to direct (others)
retraído/a	solitary, reclusive

Cognados

agresivo/a	**imaginativo/a**	**tímido/a**
aventurero/a	**impulsivo/a**	**vulnerable al estrés**
extrovertido/a	**introvertido/a**	**(a la tensión)**
gregario/a	**reservado/a**	

A⁴⁰ pg. 392

Todos saben que Carlitos es muy **imaginativo.**

Griselda, una mujer **aventurera,** hace una de sus actividades favoritas.

¿Te gusta quedarte en casa en vez de salir? ¿Prefieres estar solo/a más que con otras personas? Entonces eres **retraído/a** como Wanda.

🎧 Quía ACTIVIDAD F ¿Semejante u opuesto?

Escucha mientras tu profesor(a) dice una de las palabras o expresiones nuevas. Di si las palabras o expresiones a continuación representan un concepto semejante u opuesto.

1. retraído
2. la tendencia a evitar riesgos
3. el don de mando
4. el afán de realización
5. introvertido
6. gregario

Quía ACTIVIDAD G ¿Lógica o no?

Indica si cada oración es lógica o no (¡en tu opinión!). Si dices que no, ¿puedes explicar por qué?

	ES LÓGICA.	NO ES LÓGICA.
1. Una persona gregaria no habla mucho.	☐	☐
2. Para ser presidente/a, es bueno tener el don de mando.	☐	☐
3. Las personas retraídas tienden a evitar los riesgos.	☐	☐
4. Una persona agresiva no es tímida.	☐	☐
5. Si alguien es vulnerable al estrés, es muy capaz de dirigir a otros.	☐	☐
6. Una persona imaginativa tiene mucha creatividad.	☐	☐
7. Las personas perezosas y las que tienen el afán de realización pueden llevarse muy bien en el trabajo.	☐	☐

Así se dice

Many adjectives in Spanish, as in other languages, have corresponding nouns. Here are nouns that go with some of the adjectives you are learning in this lesson.

la agresividad
la aventura
la capacidad
la extroversión
la imaginación
el retraimiento
la timidez

 **COMUNICACIÓN**

ACTIVIDAD H ¿Qué es?

El profesor (La profesora) va a darle a una persona de la clase uno de los atributos presentados en esta sección. Todos deben hacerle preguntas a esa persona para averiguar el nombre de ese atributo.

MODELO E1: ¿Te gusta estar solo?

E2: No. Me gusta estar con otras personas.

E3: Si tienes un conflicto con alguien, ¿hablas con esa persona?

E2: Sí.

E4: ¿Eres capaz de dirigir a otros?

E2: ¡Sí!

VISTAZOS II · La expresión de la personalidad

GRAMÁTICA

¿Qué has hecho? (I)

—**He tomado** una decisión.
—¿Sí? ¿Cuál es?
—**He decidido** buscar otro trabajo.
—¿Lo **has pensado** bien?

Actually a past tense

Introduction to the Present Perfect

? where

You may recall encountering the present perfect (**el pretérito perfecto**) tense earlier *sing* in *Vistazos*. Forms such as **ha investigado** *3rd pers. pl* and **han investigado,** roughly equivalent to English *has investigated* and *have investigated,* consist of the verb **haber** and a past participle. *Pres. Tense*

In most past participles the **-ar, -er,** and **-ir** endings of the infinitive are replaced with **-ado, -ido,** and **-ido,** respectively. There are no stem changes.

haber

he	
has	
ha	
ha	hablado
hemos +	leído
habéis	salido
han	
han	

probar	**He probado** comidas muy exóticas.
poder	No **he podido** estudiar para el examen. *1st pers. sing.*
dormir	No **he dormido** bien esta semana.

A few common verbs have irregular past participles:

hacer:	hecho	¿**Has hecho** la tarea?
escribir:	escrito	No **hemos escrito** la composición.
poner:	puesto	Mi papá ya **ha puesto** la mesa.
decir:	dicho	¿**He dicho** algo incorrecto?
ver:	visto	¿**Has visto** a la profesora recientemente?
morir:	muerto	Su perro **ha muerto.**

abrir   abierto

"perfecto" means it has two parts

Although the verb **ir** is irregular in many tenses, it has a regular past participle. What do you think is the past participle of **ir?** You were right if you guessed **ido.**

As you continue to describe your personality in this lesson, you will find the present perfect useful when talking about things you have and haven't done.

ACTIVIDAD A ¿Quién ha hecho qué?

1. ¿Quién ha recibido el Premio Nobel dos veces?
   a. Marie Curie   **b.** Óscar Arias Sánchez   **c.** Nelson Mandela

2. ¿Quién *no* ha ganado el Abierto de Francia?
   a. Pete Sampras   **b.** Andre Agassi   **c.** Sergi Bruguera

3. ¿Quién *no* ha hecho un vídeo musical?
   a. Bette Midler   **b.** Madonna   **c.** Judy Garland

4. ¿Quién *no* ha sido vicepresidente de los Estados Unidos?
   a. Lyndon Johnson   **b.** Bill Clinton   **c.** Richard Nixon

5. ¿Quién ha escrito obras teatrales?
   a. Neil Simon   **b.** Stephen King   **c.** Danielle Steele

ACTIVIDAD B ¿Sí o no?

Empareja una frase de la columna A con una de la columna B para formar oraciones lógicas y gramaticalmente correctas. Luego indica si se te aplican o no.

A	B
1. He estudiado	**a.** a una persona famosa.
2. He hablado	**b.** con algunos amigos esta semana.
3. He visto	**c.** con algunos familiares por teléfono esta semana.
4. He salido	**d.** para varios exámenes este semestre.
5. He conocido	**e.** una película en el cine recientemente.
6. Me he despertado	**f.** tarde varias veces esta semana.

ACTIVIDAD C ¿Lo has hecho tú?

Paso 1 Completa las siguientes frases con información que se te aplica.

Esta semana...

1. he escrito _____.
2. he mirado _____.
3. he ido al (a la) _____.
4. he visitado (a) _____.
5. he leído* _____.

When **-er** and **-ir** verb stems end in **-a, -e,** or **-o,** the **i** in the past participle ending **-ido** carries an accent.

Lección 13   ¿Cómo te describes?   doscientos setenta y uno   **271**

Así se dice

The present perfect in English and Spanish share many meanings and functions; however, they are not exactly equivalent. For example, English *I have lived in Chicago for ten years* would be rendered in Spanish as **Hace diez años que vivo en Chicago.** See whether you can give an English equivalent for each sentence below.

Hace un mes que no llueve.
Hace mucho tiempo que no veo a mi familia.
Hace un año que fumo.

Paso 2 La clase entera debe convertir las oraciones del **Paso 1** en preguntas y hacérselas al profesor (a la profesora) para averiguar si ha hecho cosas iguales a las que han hecho Uds. ¿Quién tiene más en común con el profesor (la profesora)?

MODELO ¿Ha escrito Ud. (Has escrito) una carta esta semana?

ACTIVIDAD D Un perfil

Paso 1 Hazle las siguientes preguntas a un compañero (una compañera) de clase. Luego determina cómo lo (la) clasificarías (*would classify him* [*her*]) en las siguientes escalas.

seguro/a ←——————————→ inseguro/a, tímido/a
decidido/a ←——————————→ indeciso/a

1. ¿Has perdido alguna buena oportunidad porque no pudiste tomar una decisión?

2. ¿Has dicho: «sí» cuando realmente querías decir: «no»?

3. ¿Has pedido la opinión de otras personas antes de comprar algo caro (*expensive*)?

4. ¿Has conocido a alguna persona atractiva pero tuviste miedo de hablarle?

5. ¿Le has escrito una carta a alguien para decirle lo que piensas de algo que esa persona ha hecho?

Paso 2 Ahora contesta las mismas preguntas de tu compañero/a. Después él (ella) va a analizar tus respuestas. ¿Eres tan seguro/a y decidido/a como tu compañero/a o son diferentes?

GRAMÁTICA

¿Qué has hecho? (II)

More on the Present Perfect

—**Hemos hecho** muchas compras.
—Sí, ¡y ahora tenemos que pagar las cuentas!

haber

he	
has	
ha	
ha	hablado
hemos +	leído
habéis	salido
han	
han	

In the previous section, you worked with the present perfect to talk about yourself, to ask questions of someone, and to report on someone else. Note the forms of **haber** used in the present perfect to talk about groups of people.

Hemos terminado la tarea.

We've finished the homework.

¿**Han (Habéis)** decidido algo?

Have you all decided something?

Marta y Paco no **han** escrito nada.

Marta and Paco have not written anything.

ACTIVIDAD E ¿Qué hemos hecho?

Como clase, decidan si cada oración a continuación es cierta o falsa según lo que han hecho este semestre (trimestre).

	C	F
. Hemos escrito una composición.	☐	☐
. Hemos hecho reportes orales.	☐	☐
. Hemos hablado de las relaciones familiares.	☐	☐
. Hemos hablado de nuestra personalidad.	☐	☐
. Hemos visto un vídeo o un segmento de un vídeo.	☐	☐
. Hemos entrevistado al profesor (a la profesora).	☐	☐

ACTIVIDAD F ¿A quiénes?

Indica a quiénes les harías (*you would ask*) cada pregunta.

. ¿Qué películas han visto Uds. recientemente?

a. Ebert y Roeper

b. Siegfried y Roy

c. Penn y Teller

. ¿Qué deportes han practicado Uds. esta semana?

a. niños de edad preescolar

b. adolescentes

c. personas jubiladas

. ¿A cuántos pacientes han examinado Uds. esta semana?

a. estudiantes

b. secretarias

c. doctores

. ¿Han estudiado Uds. el nuevo vocabulario para hoy?

a. estudiantes de química

b. estudiantes de retórica

c. estudiantes de español

ACTIVIDAD G Le toca al profesor (a la profesora)°

Le... *It's the professor's turn.*

Paso 1 En grupos de cuatro, escriban cinco oraciones sobre lo que creen que el profesor (la profesora) ha hecho junto con su familia o sus amigos en los últimos tres días.

Paso 2 Ahora entrevisten al profesor (a la profesora). ¿Qué grupo tiene todas las oraciones correctas?

MODELO Ud. y su familia, ¿han cenado en algún restaurante?

GRAMÁTICA

¿Te atreves a... ?

More Verbs That Require a Reflexive Pronoun

pg. 211

—...y lo peor es que nunca **se da cuenta de** sus errores.

You learned in **Lección 10** that a number of verbs in Spanish that are not reflexive in meaning require a reflexive pronoun. Remember **quejarse (de)** (*to complain* [*about*])? These verbs do not translate into English with *-self* or *-selves,* nor do they denote that someone is doing something to him or herself. You will always see the following verbs used in Spanish with a reflexive pronoun.

atreverse a + *inf.* to dare to (*do something*)

 ¿**Te atreves a** decir eso?

burlarse (de) to laugh (*at*), make fun (*of someone*)

 Ella siempre **se burla de** mí.

comportarse to behave

 Los niños no **se comportan** bien cuando van a la iglesia.

darse cuenta (de) to realize (*something*)

 Nunca **se da cuenta de** sus errores.

 jactarse (de) to boast (*about something*)

 Se **jactan de** ser los mejores jugadores de fútbol.

portarse to behave

 Siempre **me porto** bien en público.

ACTIVIDAD A ¿Quién... ?

Indica la personalidad de la persona que hace cada acción a continuación. ¿Están todos de acuerdo?

¿Quién...

1. se queja de tener que hacer cola (*stand in line*)?

   a. una persona optimista
   b. una persona impaciente
   c. una persona sabia

2. se atreve a vestir (*dress*) de una manera extravagante?

   a. una persona conservadora
   b. una persona humilde
   c. una persona rebelde

3. se comporta bien en cualquier situación?

   a. una persona adaptable
   b. una persona ingenua
   c. una persona insincera

4. se jacta siempre de sí misma o de lo que tiene?

a. una persona decidida
b. una persona arrogante
c. una persona realista

5. siempre se da cuenta de cuándo una discusión es inútil?

a. una persona cabezona
b. una persona caótica
c. una persona sabia

6. siempre se burla de los demás?

a. una persona insensible
b. una persona metódica
c. una persona divertida

ACTIVIDAD B ¿Cuándo?

Indica cuándo se podría (*one could*) hacer las siguientes acciones. Si crees que nunca es apropiado hacer una acción en particular, puedes decir: «Nunca es apropiado _____.»

1. Es justo quejarse uno cuando _____.
2. Es apropiado jactarse uno cuando _____.
3. Es justo portarse mal uno cuando _____.
4. Es aceptable bularse uno de otra persona cuando _____.

ACTIVIDAD C En mi vida...

Paso 1 Completa las siguientes oraciones. Puedes escribir frases verdaderas o falsas.

1. Me he comportado mal _____.
2. Me he atrevido a _____.
3. Me he quejado de _____.
4. Me he burlado de _____.
5. Me he jactado de _____.

Paso 2 Algunos voluntarios deben leer algunas de sus oraciones a la clase. La clase tiene que determinar si la información es verdadera o falsa.

COMUNICACIÓN

GRAMÁTICA

¿Es reflexivo?

Review of the Pronoun **se**

ACCIONES REFLEXIVAS	VERBOS QUE REQUIEREN *SE*
Are the subject and the object the same?	Is this one of a handful of verbs that must include **se**?
NO: Juan conoce bien a María. YES: Juan **se conoce** bien.	YES: Enrique **se jacta** demasiado. NO: Enrique habla mucho.
NO: ¿Cómo describes a Marta? YES: ¿Cómo **te describes** a ti mismo?	YES: No **me quejo** mucho de la vida. NO: No comprendo la vida.

You have learned a number of uses of the pronoun **se** and its variants (**me, te, nos, os**), and you may be confused as to what a reflexive is and what a verb that requires **se** is. The preceding chart summarizes the difference. Verbs that are reflexive also appear in nonreflexive *pg. 124/* forms. Remember that the term *reflexive* means that the subject of the action is also the object of the action. Usually, a version of *-self* is used in an English equivalent.

¿Le hablas a Roberto con frecuencia?	*Do you talk to Roberto frequently?*
¿**Se habla** Roberto con frecuencia?	*Does Roberto talk to himself frequently?*
¿**Te hablas** con frecuencia?	*Do you talk to yourself frequently?*

In the first example, *you* (**tú**) is the subject of the verb and *Roberto* is the object (the person to whom the subject frequently talks). This is a nonreflexive use of the verb. In the second example, *Roberto* is both the subject (He talks.) and the object (*He* is the one to whom he talks!). This is a reflexive use of the verb. Can you tell who the subject and object are in the third example? If you answered that they are the same person, you are right! In this example, *you* (**tú**) talk to *yourself* (**te**)!

pg. 211 With verbs that require **se**, there is no reflexive action. The verbs simply use this pronoun, they cannot appear without it, and it is not possible to use a version of *-self* in an English equivalent.

No **me quejo** mucho.	*I don't complain much.*
¡Qué va! **Te quejas** de todo.	*What do you mean?! You complain about everything.*

(Quia) ACTIVIDAD D ¿Una acción reflexiva?

Indica si la oración se refiere a una acción reflexiva o si el verbo simplemente requiere el uso del pronombre reflexivo.

	ACCIÓN REFLEXIVA	REQUIERE *SE*
1. Me burlo de mis amigos.	☐	☐
2. Me escribo notas para recordar cosas importantes.	☐	☐
3. El profesor (La profesora) se habla en clase.	☐	☐
4. El profesor (La profesora) se jacta de nosotros porque somos muy buenos.	☐	☐
5. Me considero bastante leal.	☐	☐
6. No me atrevo a hablarle al profesor (a la profesora) cuando lo (la) veo en el gimnasio.	☐	☐
7. Siempre me porto bien en público.	☐	☐
8. El profesor (La profesora) no se da cuenta de la hora muchas veces.	☐	☐
9. El profesor (La profesora) se define como muy liberal.	☐	☐

ACTIVIDAD E Las acciones y la personalidad

Paso 1 En parejas contesten las siguientes preguntas usando o verbos reflexivos o verbos que requieren **se**. También pueden agregar una acción no reflexiva para dar una respuesta más completa.

1. Si una persona se define como sabia, ¿qué acciones hace o no hace?

2. Si alguien se define como humilde, ¿qué acciones hace o no hace?

3. Si uno se define como impaciente, ¿qué acciones hace o no hace?

4. Si una persona se define como arrogante, ¿qué acciones hace o no hace?

Paso 2 Ahora presenten sus ideas a la clase. Después como clase, contesten la siguiente pregunta: ¿Revelan las acciones la personalidad de una persona?

ACTIVIDAD F ¿Sabías que... ?

Lee la selección **¿Sabías que... ?** Luego contesta las siguientes preguntas.

1. ¿Qué cualidades del jaguar estimaban los aztecas y mayas?

2. La selección menciona los siguientes animales: el delfín, el oso y el león. ¿Qué cualidades asocias con cada uno?

¿Sabías que...

en muchas culturas se han utilizado los animales para representar la personalidad humana? En el horóscopo chino, por ejemplo, se utiliza un sistema a base del año en que uno nace. El año corresponde a un animal. Así que las personas nacidas en 1937, 1949, 1961, 1973, 1985, 1997 y los que nacerán[a] en 2009 se definen como **buey.**[b] El buey es paciente, metódico, equilibrado, introvertido, sencillo[c] pero inteligente y desconfiado.[d] El perro (1934, 1946, 1958, 1970, 1982, 1994, 2006), en cambio, es alerta,* observador, leal, justo, discreto, honesto y el mayor pesimista del mundo.

En las culturas azteca y maya, el jaguar era un animal muy estimado por sus cualidades. Es feroz y astuto,[e] cualidades importantes para ser un buen guerrero. Los guerreros se ponían trajes y adornos que imitaban al jaguar. En los tiempos modernos la costumbre continúa aunque con variaciones. Por ejemplo, los equipos de fútbol americano y también de béisbol y basquetbol muchas veces llevan nombres de animales: los Delfines de Miami, los Osos de Chicago y los Leones de Detroit son algunos ejemplos.

Las grandes civilizaciones prehispanas usaban los animales como símbolos, incorporando su imagen en el arte, la arquitectura y en sus trajes ceremoniales.

[a]*will be born* [b]*ox* [c]*simple* [d]*distrustful* [e]*clever*

---

*Alerta, like **optimista** and similar adjectives, does not change its final vowel to an -o when used to modify masculine nouns.

ACTIVIDAD G Los hispanos hablan

Paso 1   Lee cómo se describe a sí mismo César Augusto Romero en la selección **Los hispanos hablan.** Puesto que (*Since*) César Augusto se describe como caótico, ¿qué esperas escuchar en la descripción? ¿Esperas encontrar a una persona de intereses variados o a una persona con intereses limitados?

Vocabulario útil

la mezcla	mixture
gringa	norteamericana

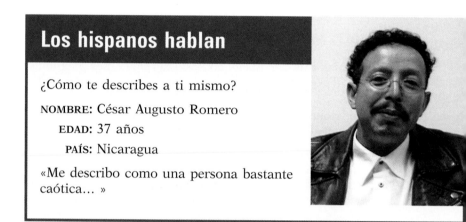

Los hispanos hablan

¿Cómo te describes a ti mismo?

NOMBRE: César Augusto Romero
EDAD: 37 años
PAÍS: Nicaragua

«Me describo como una persona bastante caótica... »

Paso 2   Ahora mira el segmento completo. Verifica que César Augusto es la persona que esperabas encontrar. Da uno o dos ejemplos que muestren que César Augusto es caótico. Según lo que dice, ¿qué signo del horóscopo chino le viene mejor (*best suits him*)?

Paso 3   ¿En qué te pareces a César Augusto? Determina si tú eres caótico/a o, al contrario, si eres disciplinado/a y ordenado/a. Da uno o dos ejemplos para apoyar lo que dices.

EN TU OPINIÓN

«Las apariencias engañan.»
«Los hombres y las mujeres son igualmente chismosos.»

La personalidad de tu compañero/a de clase

Propósito: escribir un breve párrafo describiendo a un compañero (una compañera) de clase.

Papeles: una persona entrevistadora y una persona entrevistada.

Paso 1 A continuación hay una encuesta. Vas a entrevistar a un compañero (una compañera) de clase para descubrir su personalidad. Ahora, lee las preguntas de la encuesta para tener una idea de su contenido.

UN PERFIL

1. A esta persona le gusta leer...
   - ☐ libros cómicos.
   - ☐ ensayos filosóficos.
   - ☐ novelas de ciencia ficción.
   - ☐ libros de misterio.
   - ☐ literatura clásica.
   - ☐ novelas populares (corrientes).
   - ☐ _____.

2. A esta persona le gustan las películas...
   - ☐ de misterio.
   - ☐ cómicas.
   - ☐ documentales.
   - ☐ románticas.
   - ☐ *western*.
   - ☐ extranjeras.
   - ☐ _____.

3. En cuanto a música, es probable que esta persona escuche...
   - ☐ *rock*.
   - ☐ música popular.
   - ☐ *jazz*.
   - ☐ música clásica.
   - ☐ *country*.
   - ☐ *rap*.
   - ☐ _____.

4. Esta persona prefiere estar...
   - ☐ solo/a.
   - ☐ con una sola persona.
   - ☐ con un grupo pequeño de amigos íntimos.
   - ☐ con muchas personas.

5. Esta persona busca _____ en una pareja.
   - ☐ inteligencia
   - ☐ dinero
   - ☐ buena apariencia física
   - ☐ personalidad atractiva

6. Si se enfrenta con un problema, esta persona...
   - ☐ actúa agresivamente.
   - ☐ no hace nada.
   - ☐ actúa con cuidado.

7. Por lo general, esta persona es...
   - ☐ enérgica.
   - ☐ perezosa.
   - ☐ ni muy enérgica ni muy perezosa.

8. Esta persona ____ en el futuro.

☐ piensa mucho   ☐ no piensa para nada

☐ piensa poco

9. Para describir a esta persona en una palabra diría (*I would say*) que es...

☐ razonable.   ☐ excéntrica.

☐ conservadora.   ☐ arriesgada.

10. Los sábados por la noche es probable que esta persona se encuentre...

☐ en casa frente al televisor.   ☐ en una fiesta.

☐ en casa leyendo un libro.   ☐ en casa de unos amigos.

☐ en el cine.   ☐ _____.

☐ en un concierto.

Paso 2 Piensa un momento en las preguntas que le vas a hacer a la persona que entrevistas. **¡OJO!** No debes hacerle preguntas directas, como «¿Lees novelas clásicas?» Hazle preguntas indirectas con la intención de deducir de sus respuestas la información que quieres. Por ejemplo: «¿Cuál es tu novela favorita? ¿Quién es tu escritor preferido (escritora preferida)?»

Paso 3 Entrevista a tu compañero/a. Apunta sus respuestas y luego llena el formulario de la encuesta con los datos obtenidos.

Paso 4 Examina los datos que tienes. ¿Tienes lo suficiente para categorizar a tu compañero/a? Si no, piensa en otras preguntas que le puedes hacer.

Paso 5 Con los datos que has obtenido, escribe un párrafo sobre la persona que has entrevistado. Puedes usar el siguiente modelo si quieres, modificándolo según los datos que has obtenido.

He entrevistado a ____. Según los datos que me ha dado, ____.
Un ejemplo de esto es que (cuando) ____. También he descubierto (*discovered*) que ____. A la pregunta «____» su respuesta fue «____».
Finalmente, ____ me ha dicho que ____. Por estas razones, yo diría que ____ es ____.

1 = el nombre de la persona

2 = una descripción de la persona

3 = una oración en la que se mencione algo que la persona hace que revele su personalidad

4 = una oración que lleve por lo menos un adjetivo

5 = una pregunta que le has hecho

6 = su respuesta a la pregunta anterior

7 = algo que revele otro detalle de su personalidad

8 = adjetivos que crees que describen a esa persona

¿Cómo eres tú?

What Are You Like?

arriesgado/a	bold, daring
cabezón (cabezona)	stubborn
calmado/a	calm
caótico/a	messy, chaotic
celoso/a	jealous
chismoso/a	gossipy
confidente	trustworthy
conservador(a)	conservative
creativo/a	creative
decidido/a	decisive; decided
discreto/a	discreet
divertido/a	fun-loving
egoísta	egotistical, self-centered
encantador(a)	charming
equilibrado/a	balanced
hablador(a)	talkative
humilde	humble
indeciso/a	indecisive
ingenuo/a	naive
inquieto/a	restless
inseguro/a	insecure
insensible	insensitive
leal	loyal
metódico/a	methodical
rebelde	rebellious
retraído/a (R)	solitary, reclusive
sabio/a	wise
seguro/a	secure
sensible	sensitive
tacaño/a	stingy
tímido/a	shy, timid
trabajador(a)	hardworking

Verbos para hablar de ciertos comportamientos

Verbs for Talking About Certain Kinds of Behavior

atreverse (a)	to dare (to)
burlarse (de)	to make fun (of), laugh (at)
comportarse	to behave
darse cuenta (de)	to realize (*something*)
jactarse (de)	to boast, brag (about)
portarse	to behave

Otras palabras y expresiones útiles

poseer	to possess
el afán de realización	eagerness to get things done
el don de mando	talent for leadership
la tendencia a evitar riesgos	tendency to avoid risks
capaz de dirigir (a otros)	able to direct (others)
vulnerable al estrés (a la tensión)	vulnerable to stress

LECCIÓN **14**

Check out the following media resources to complement this lesson of *Vistazos:*

■ **Online Textbook and Manual**

■ **Interactive CD-ROM**

■ **Online Learning Center**

■ **Video on CD**

¿A quién te gustaría conocer?

¿Has pensado alguna vez en las cualidades de ciertas personas famosas? ¿Qué persona famosa te interesa conocer? Este es el tema de la presente lección y vas a

◆ aprender más vocabulario relacionado con la personalidad

◆ aprender un nuevo tiempo verbal: el condicional

◆ aprender un modo verbal: el pasado de subjuntivo

◆ hablar de situaciones hipotéticas

◆ repasar el verbo **gustar** y la **a** personal

 Before beginning this lesson, look over the **Inter-cambio** activity on page 296. This is the activity you will be working toward throughout the lesson.

Salvador Dalí, pintor español
(1904–1989)

VOCABULARIO

¿Qué cualidades poseían?

More Adjectives to Describe People

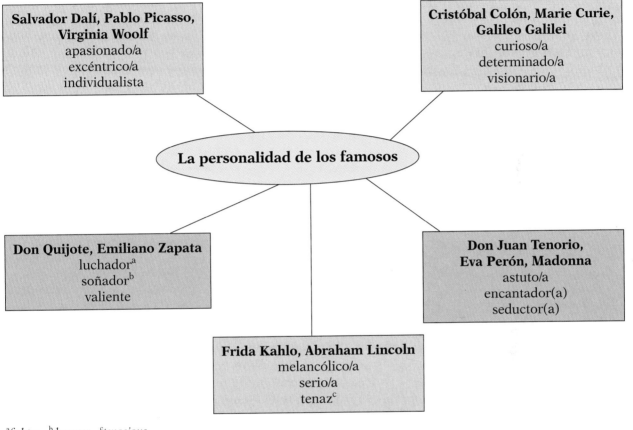

Salvador Dalí, Pablo Picasso, Virginia Woolf
apasionado/a
excéntrico/a
individualista

Cristóbal Colón, Marie Curie, Galileo Galilei
curioso/a
determinado/a
visionario/a

La personalidad de los famosos

Don Quijote, Emiliano Zapata
luchador[a]
soñador[b]
valiente

Don Juan Tenorio, Eva Perón, Madonna
astuto/a
encantador(a)
seductor(a)

Frida Kahlo, Abraham Lincoln
melancólico/a
serio/a
tenaz[c]

[a]*fighter* [b]*dreamer* [c]*tenacious*

Vocabulario útil

aburrido/a	**incierto/a**
ambicioso/a	**indiferente**
apático/a	**justo/a**
cobarde coward, cowardly	**malévolo/a** evil
conformista	**práctico/a**
de poco interés	**superficial**
dócil	**tonto/a** *estupido*
frívolo/a	**ceder** to yield

ACTIVIDAD A Antónimos

Escucha lo que dice tu profesor(a). Luego indica la palabra opuesta.

1. **a.** visionario
   b. indiferente
   c. de poco interés

2. **a.** incierto
   b. apático
   c. apasionado

3. **a.** indiferente
   b. determinado
   c. superficial

4. **a.** cobarde
   b. luchador
   c. tenaz

5. **a.** seductor
   b. justo
   c. conformista

ACTIVIDAD B Si uno es...

Escoge la cualidad que mejor complete cada oración.

1. Si uno es curioso y/e _____ puede hacer muchas cosas buenas.

   a. perezoso   **b.** cobarde   **c.** inteligente   **d.** tonto

2. Si uno es soñador y/e _____ puede tener una vida feliz.

   a. aburrido   **b.** optimista   **c.** indeciso   **d.** retraído

3. Si uno es astuto y/e _____ puede tener una buena carrera en mercadeo (*marketing*).

   a. imaginativo   **b.** apático   **c.** ingenuo   **d.** tímido

4. Si uno es dócil y _____ siempre hace lo que quieren los demás.

   a. valiente   **b.** justo   **c.** práctico   **d.** conformista

5. Si uno es encantador y/e _____ puede manipular a los demás para conseguir lo que quiere.

   a. seductor   **b.** individualista   **c.** luchador   **d.** de poco interés

ACTIVIDAD C Personajes de la televisión

Escucha lo que dice tu profesor(a) sobre un personaje de la televisión. Si no estás de acuerdo con lo que dice, da otras cualidades para describir al personaje.

1... **2...** **3...** **4...** **5...**

COMUNICACIÓN

ACTIVIDAD D Una persona famosa

Escoge una persona famosa de la siguiente lista. Luego escribe algunas oraciones como las del modelo sobre esta persona. Por fin, entrégale tu papel a tu profesor(a).

Vicente Van Gogh   Leonardo da Vinci   Isabel I de Inglaterra
Bill Clinton   Bill Gates   ¿ ?

MODELO   Creo que _____ es (era) alguien interesante. Es (Era) _____ y/e _____. Esas cualidades me interesan más que otras...

Paso 1 Lee la selección **¿Sabías que... ?** Luego contesta las preguntas.

¿Sabías que...

el famoso personaje, Don Quijote de la Mancha, se creó como un tipo de antihéroe? Aunque todos conocemos al Quijote como el soñador idealista, en realidad eso no era el intento de Miguel de Cervantes al crear a este personaje. La idea de Cervantes era escribir una sátira de las novelas corrientes de su época, las novelas de caballería.[a] En estas novelas siempre había un caballero que realizaba[b] hazañas[c] nobles y extraordinarias, salvando a damas y pueblos enteros. Era valiente, luchador, justo y determinado —cualidades ideales pero poco verdaderas. En cambio, lo que escribió Cervantes es el relato de un hombre enloquecido[d] que en busca de aventuras cae en auténticos disparates.[e]

Al principio de la novela, Don Quijote (que no es su nombre verdadero) es un simple señor con una obsesión por las novelas de caballería. Pasa tanto tiempo leyendo dichas novelas que pierde el juicio[f] y decide hacerse caballero como los que aparecen en las novelas. A causa de su locura,[g] ve lo que quiere ver: molinos[h] que le parecen «gigantes malévolos», sirvientas que son «damas nobles y bellas» y un rocín[i] que para él es «noble caballo». En fin, crea su propio mundo. Muchas de las escenas son bastante cómicas y algunas de ellas son las más conocidas de la historia de la literatura. Al final de la obra Don Quijote regresa a casa, se enferma, recobra el juicio y luego muere. Desde su publicación en 1605, *Don Quijote* se ha traducido a 60 lenguas diferentes y ha sido objeto de muchos estudios filosóficos y base de obras de teatro, películas y canciones. Lo que empezó como una burla, llegó a ser una de las obras más leídas y comentadas en todo el mundo, con un personaje que se ha convertido en el típico soñador optimista.

[a]*knighthood* [b]*performed* [c]*deeds* [d]*crazed* [e]*absurdities* [f]*pierde... he loses his mind* [g]*craziness* [h]*windmills* [i]*nag, old workhorse*

---

1. Al escribir *Don Quijote*, Cervantes quiso escribir una novela seria sobre el espíritu humano. ¿Sí o no?

2. Don Quijote decide hacerse caballero después de leer muchas novelas. ¿Sí o no?

3. En realidad, Don Quijote no era soñador e idealista sino una persona que no sabía la diferencia entre la realidad y la ficción. ¿Sí o no?

4. ¿Has oído las expresiones *tilting at windmills* y *quixotic nature*? ¿Cuál de las siguientes ideas capta mejor el sentido de estas expresiones?

   a. Se dice de alguien determinado, tenaz, valiente, individualista y con afán de realización.

   b. Se dice de alguien quizás un poco ingenuo, que no ve el lado práctico de las cosas y que lucha por causas imposibles.

Paso 2 *Don Quijote* era una reacción a las novelas populares de los tiempos de Cervantes. ¿Conoces tú obras literarias o películas que son sátiras de algo popular? ¿Qué sabes de estas obras: (1) *Naked Gun;* (2) *Rocky Horror Picture Show;* (3) *Shrek*? ¿Puedes describir a los personajes principales?

VISTAZOS II · Situaciones hipotéticas

GRAMÁTICA

¿Qué harías?

Introduction to the Conditional Tense

—¿Qué **harías** tú para conocer a una persona famosa?
—No sé. Pero me **gustaría** conocer a Brad Pitt.

infinitive		
tomar		-ía
		-ías
		-ía
ser	+	-ía
vivir		-íamos
		-íais
		-ían
		-ían

[handwritten: same as -er and -ir verbs in imperfect pg. 149]

[handwritten: verbs imperfect pg. 139 222 and others pg. 287 261]

The conditional verb form is used to express hypothetical situations and is roughly equivalent to English *would* + verb. You are probably already familiar with the conditional verb form in the expression **Me gustaría.** Here are other examples.

¿Cómo **sería** el mundo sin los idealistas? — *What would the world be like without idealists?*

¿Cómo **tratarías** a alguien como Don Quijote? — *How would you treat someone like Don Quijote?*

The conditional is formed by adding **-ía** and person–number endings to the infinitive.

ser   sería, serías, sería, sería,
        seríamos, seríais, serían, serían

Note that the forms for **yo, él/ella,** and **Ud.** are the same. Context will often help determine the subject. Here are a few common verbs that are irregular in the conditional.

decir → **dir-**   diría, dirías, diría, diría,
                     diríamos, diríais, dirían, dirían
hacer → **har-**   haría, harías, haría, haría,
                     haríamos, haríais, harían, harían
poder → **podr-**   podría, podrías, podría, podría,
                     podríamos, podríais, podrían, podrían
salir → **saldr-**   saldría, saldrías, saldría, saldría
                     saldríamos, saldríais, saldrían, saldrían
tener → **tendr-**   tendría, tendrías, tendría, tendría,
                     tendríamos, tendríais, tendrían, tendrían
haber → **habría** (*there would be*)

stems same as future pg. 325

You will often see the conditional used with what is called the past subjunctive to make *if . . . then* statements of a hypothetical nature.

Si conocieras a alguien como   *If you met someone like Don Quijote,*
Don Quijote, ¿qué le **dirías**? *then what would you say to him/her?*

if clause – past subj
if
when
result clause (then) – cond.
would
could
must have
probably

For now, we will concentrate on the conditional. (You will learn more about the past subjunctive later in this lesson.) *pg. 288*

ACTIVIDAD A Nuestros límites

Paso 1 Escoge el verbo que mejor complete cada oración.

Yo...

1. nunca _____ más de $150 por un par de zapatos.

  a. haría   **b.** bebería   **c.** pagaría

2. nunca _____ con una persona sólo porque es rica.

  a. me casaría   **b.** vería   **c.** me quejaría

3. nunca _____ la tarea de otra persona para luego entregársela al profesor (a la profesora).

  a. copiaría   **b.** estudiaría   **c.** asistiría

4. nunca _____ a vivir a otro país sin hablar la lengua de ese lugar.

  a. visitaría   **b.** iría   **c.** sería

5. nunca _____ sólo para proteger a un amigo.

  a. saldría   **b.** tendría nada   **c.** mentiría

Paso 2 Vuelve a las oraciones del **Paso 1** y escoge la que te parezca más interesante. Luego indica si para ti es cierta, falsa o si depende de las circunstancias.

ACTIVIDAD B ¿Qué harías por $10.000?

Indica lo que harías por $10.000. ¿Harían tus compañeros las mismas acciones?

Por $10.000 yo...

☐ **1.** dormiría solo/a en un cementerio por una semana entera.

☐ **2.** saltaría del edificio más alto del mundo en paracaídas.

☐ **3.** asistiría a mis clases vestido/a de (*dressed like*) gorila por un día entero.

☐ **4.** nadaría en aguas donde suelen aparecer tiburones (*sharks*).

☐ **5.** comería un plato entero de gusanos (*worms*) vivos.

☐ **6.** suspendería (*I would fail*) una de mis clases a propósito.

COMUNICACIÓN

ACTIVIDAD C ¿Cuánto pagarías por conocerlo/la?

Paso 1 Apunta el nombre de una persona famosa que quieres conocer. Luego escribe dos o tres cosas que harías para conocer a esa persona utilizando el modelo a continuación. Debes pensar en estas preguntas y otras que se te ocurran (*that come to mind*): ¿Pagarías una cantidad de dinero extraordinaria? ¿Harías algo peligroso? ¿vergonzoso? ¿asqueroso (*disgusting*)? ¿prohibido?

> MODELO   Para conocer a _____ yo _____.

Paso 2 Busca otras personas en la clase que quieran conocer a la misma persona o a otra persona de la misma categoría u ocupación (por ejemplo, actor, político, artista, etcétera). ¿Harían lo mismo para conocer a la persona? ¿Quién es el más aventurero (la más aventurera) de la clase?

GRAMÁTICA

¿Y si pudieras... ?

(handwritten) 3rd. person plural preterite + stem + -ier + ... ?pp. 289

Introduction to Past Subjunctive

—Ah, **si** sólo **pudiera** conocer a George Clooney.

(yo)	me acostara comiera viviera	(nosotros/as)	-áramos -iéramos
(tú)	te acostaras comieras vivieras	(vosotros/as)	-arais -ierais
(Ud.)	se acostara comiera viviera	(Uds.)	-aran -ieran
(él/ella)	se acostara comiera viviera	(ellos/ellas)	-aran -ieran

Very often we need to express concepts that are *contrary to fact* or *hypothetical*. In English, we use the conditional and a form of the past.

I would go to Europe tomorrow if I had the money.
If Juan were here now, I'd tell him what I'm thinking.

These are called hypothetical situations because they express situations in which something does not exist. In the first example, the speaker doesn't have the money and, in the second Juan is not present. The speaker *hypothesizes* what would happen if the conditions were true.

In Spanish, the same constructions exist. You would use the conditional in Spanish where you would use the conditional in English, but in the *if clause* you would use a different verb form called the *past subjunctive*.

Iría a Europa mañana si **tuviera** dinero.
Si Juan **estuviera** presente le diría lo que pienso.

The stem or root of the past subjunctive is the same as that used in the **ellos** form of the preterite, for example: **trabajaron → trabaj-, estuvieron → estuv-, pidieron → pid-,** and so on. Note that all regularities or irregularities are carried over if they appear in the **ellos** form of the preterite. The endings for the past subjunctive are based on **-ara-** for **-ar** verbs and **-iera-** for **-er** and **-ir** verbs. For example, for the **yo** form, the past subjunctive of **trabajar** would be **trabaj- + -ara → trabajara.** The **tú** form would have the characteristic **-s** on the end, that is, **trabajaras.** For **comer,** the **yo** and **tú** forms would be **comiera** and **comieras.** The **yo, Ud.,** and **él/ella** forms are identical.

As a reminder, here are the common irregular preterite forms with the derivation of the past subjunctive stem. All of these common irregular verbs, whether **-ar, -er,** or **-ir** take the **-iera-** endings.

[handwritten: 3rd pers. pl]

estar: estuvieron → estuv- → estuviera, estuvieras, estuviera,...
tener: tuvieron → tuv- → tuviera, tuvieras, tuviera,...
hacer: hicieron → hic- → hiciera, hicieras, hiciera,...
saber: supieron → sup- → supiera, supieras, supiera,...
poder: pudieron → pud- → pudiera, pudieras, pudiera,...
decir: dijeron → dij- → dijera,* dijeras, dijera,...

In this lesson, you will mostly work with singular forms of the past subjunctive as in the following examples.

¿Qué harías **si no tuvieras** que estudiar?	*What would you do if you didn't have to study?*
Si pudiera, iría contigo esta noche.	*If I could, I'd go with you tonight.*
No sé lo que Juan diría **si supiera** la verdad.	*I don't know what Juan would say if he knew the truth.*

---

*With irregular stems that end in **j**, the **i** of **-iera** is dropped.

Quia **ACTIVIDAD D** Situaciones hipotéticas

Paso 1 Indica lo que harías en cada situación.

1. Si viera un accidente entre dos autos...
   - ☐ **a.** me pararía (*I would stop*) y ofrecería ayuda.
   - ☐ **b.** seguiría mi ruta pensando que la policía se ocupararía del asunto (*would handle the situation*).

2. Si un amigo me confesara que robó una casa...
   - ☐ **a.** lo reportaría a la policía.
   - ☐ **b.** me quedaría callado sin decirle nada a nadie.
   - ☐ **c.** dejaría de ser amigo de esa persona.

3. Si un amigo copiara el examen de otro...
   - ☐ **a.** se lo diría al profesor (a la profesora).
   - ☐ **b.** le diría a mi amigo que debe confesar lo que ha hecho.
   - ☐ **c.** dejaría de ser amigo de esa persona.

4. Si alguien me contara un buen chisme...
   - ☐ **a.** se lo contaría a mis amigos.
   - ☐ **b.** se lo contaría sólo a mi mejor amigo.
   - ☐ **c.** no se lo contaría a nadie.

Paso 2 Ahora comparte tus respuestas del **Paso 1** con otra persona. ¿Son iguales? ¿Qué adjetivos pueden utilizar para describir su personalidad a base de sus respuestas?

ACTIVIDAD E ¿Y tu profesor(a)?

¿Conoces bien a tu profesor(a)? Con otra persona, determina cuál parece ser la opción más lógica. Luego escucha las instrucciones del profesor (de la profesora).

1. Si tu profesor(a) tuviera otra profesión, ¿cuál de las siguientes sería?

   a. doctor(a) **c.** veterinario/a **e.** artista

   b. actor (actriz) **d.** persona de negocios

2. Si tu profesor(a) no hablara español, ¿qué otro idioma hablaría?

   a. francés **c.** árabe **e.** chino

   b. japonés **d.** navajo

3. Si tu profesor(a) fuera un animal, ¿cuál sería?

   a. un perro **c.** un gato **e.** un chimpancé

   b. un águila (*eagle*) **d.** un búho (*owl*)

4. Si tu profesor(a) pudiera hacer un viaje, ¿adónde iría?

   a. a Europa **c.** a África **e.** a Australia

   b. al Oriente **d.** a otro planeta

5. Si tu profesor(a) tuviera la oportunidad de conocer a cualquier persona, ¿a quién conocería?

ACTIVIDAD F Si yo fuera...

COMUNICACIÓN

Paso 1 Escribe el nombre de una persona famosa (viva o ya muerta) que te gustaría ser por un día.

Paso 2 Ahora explica cómo sería diferente tu vida si fueras esa persona. Menciona por lo menos dos ideas sin mostrárselas a otra persona.

> MODELO Me gustaría ser el presidente de los Estados Unidos por un día. Si fuera él, no dormiría mucho pero tendría mucho poder.

Paso 3 Entrégale tu papel al profesor (a la profesora). Si él (ella) lee tus ideas a la clase, ¿pueden los demás adivinar que son tuyas (*yours*)?

VISTAZOS III · En busca de personas conocidas

GRAMÁTICA

¿A quién... ?

Review of the Object Marker **a**

You may recall from **Lección 4** that the preposition **a** is used to mark objects of a verb when both the subject and object of the verb are equally capable of performing the action. There is no English equivalent.

Jaime ve **a** Ricardo.	*Jaime sees Ricardo. (Both Jaime and Ricardo are capable of the act of seeing. **A** is required.)*
Jaime ve el edificio.	*Jaime sees the building. (Only Jaime is capable of the act of seeing. No **a** is required.)*
El perro muerde **al** gato.	*The dog bites the cat. (Both the dog and the cat are capable of the act of biting. **A** is required.)*
El perro muerde la pelota.	*The dog bites the ball. (Only the dog is capable of the act of biting. No **a** is necessary.)*

Having an object marker like **a** gives Spanish more flexible word order than English, so be sure not to mistake an object for a subject just because it precedes the verb. Do you know who is the subject and who is the object of each sentence below?

Al perro lo muerde el gato.*
A María no la entiende bien Juan.
¿A quién busca Reinaldo?

---

*When object nouns appear before the verb, a corresponding pronoun is usually inserted. **Al profesor lo** conocemos bien. **A Juan** no **le** gusta estudiar mucho.

Lección 14 ¿A quién te gustaría conocer?

ACTIVIDAD A ¿A quién... ?

Contesta las siguientes preguntas como en el modelo.

   MODELO   ¿A quién adora Lucy (de *Peanuts*)? A Schroeder (el pianista).

1. ¿A quién amaba secretamente Superman?

2. ¿A quién molestaba siempre Bugs Bunny?

3. ¿A quién engañaba siempre Lucy Ricardo?

4. ¿A quién buscaba el Capitán Hook?

5. ¿A qué detective ayudaba el señor Watson?

6. ¿A quién mató Mark David Chapman en 1980?

COMUNICACIÓN

ACTIVIDAD B La admiración...

Paso 1   Contesta las siguientes preguntas con una oración completa.

1. ¿A qué persona famosa admiras más?

2. ¿A qué persona famosa detestas?

Paso 2   Todos deben contestar las preguntas mientras que el profesor (la profesora) apunta los nombres en la pizarra. ¿Qué tendencias hay en las respuestas?

Yo admiro a. Doris Day.

No detesto a nadie.

No admiro a nadie.

GRAMÁTICA

¿Te gustaría... ?

Review of the Verb **gustar**

—Dime, ¿a quién más **te gustaría** conocer?

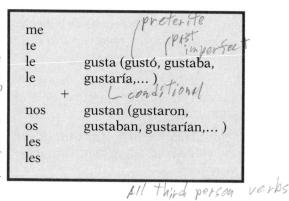

indirect objects	
me	
te	
le	gusta (gustó, gustaba,
le	gustaría,...)
+	
nos	gustan (gustaron,
os	gustaban, gustarían,...)
les	
les	

preterite
past imperfect
conditional
All third person verbs

Remember that there is no Spanish equivalent of the verb *to like*. To express something similar, Spanish uses **gustar,** which means something like *to please*. The person or thing that is pleased almost always precedes the verb. The subject follows. Remember that the thing or person pleased must be marked with an **a** to distinguish it from the subject.

3rd person

A mi papá no **le gustan** los políticos.

   los políticos = subject (they are the ones not pleasing)
   mi papá = indirect object (he is the one that is not pleased)
   gustan = plural (because **los políticos** is a plural subject)

When referring to yourself, to a friend, to yourself and other people, or to a group of friends in Spain, you do not need a phrase with **a**. The object pronoun is sufficient.

1st or 2nd person

No **me** gustan las matemáticas.   **Nos** gusta esta película.
¿**Te** gustan tus clases?   ¿**Os** gusta la paella?

You may, however, use **a mí, a ti, a nosotros/as,** or **a vosotros/as** for emphasis, similar to, "Well, as for me (you, us, you [all]), . . ."

A mí no me gustan para nada.   **A nosotras,** sí, nos gustan.
¿**A ti** te gustan?   ¿**A vosotras,** os gusta?

No matter what, you will always need to use **me, te, le, nos, os,** or **les** in your sentence.

Así se dice

You've probably noticed that **gustar** tends to appear in one of two forms: **gusta** or **gustan.** That's because we are usually talking about inanimate things being pleasing to someone. It is possible, however, to use **gustar** in other forms when talking about people, but the connotation may be romantic! Imagine the following exchange between two people on a date.

pg. 9
3rd persca

—**Me gustas mucho.**
—**Tú también me gustas.**

2nd person

To avoid giving someone the wrong impression, if you want to say you are fond of that person in a nonromantic way, you should use **querer** or **caer bien.** (Although **querer** can be used romantically as well.) **Te quiero mucho** could easily be said between family members or friends. **Me caes bien** would be said among friends only. Note that if you are talking about famous people, you aren't usually expressing something romantic.

Me gusta mucho Madonna. ¿Y a ti?

ACTIVIDAD C Gustos

Escucha lo que dice tu profesor(a). Luego indica cuál de las opciones podría terminar cada oración. Después contesta la pregunta.

1. ☐ **a.** lo típico   ☐ **b.** las cosas extrañas (*weird*)

   ¿Lo diría una persona individualista o conformista?

2. ☐ **a.** correr riesgos (*to take risks*)   ☐ **b.** los problemas difíciles

   ¿Lo diría una persona valiente o cobarde?

3. ☐ **a.** el amor   ☐ **b.** las mujeres

   ¿Lo diría una persona seductora o visionaria?

4. ☐ **a.** el trabajo regular   ☐ **b.** los trabajos intensivos

   ¿Lo diría una persona apática o trabajadora?

ACTIVIDAD D Firma aquí

Paso 1 Busca personas en la clase que contesten afirmativamente las siguientes preguntas. En las preguntas 4 y 5, piensa tú en alguien.

1. ¿Te gusta Madonna? _____
2. ¿Te gusta Enrique Iglesias? _____
3. ¿Te gustan las Dixie Chicks? _____
4. ¿Te gusta... ? _____
5. ¿Te gustan... ? _____

Paso 2 Reporta lo que aprendiste utilizando el modelo.

   MODELO   A Mark le gusta mucho Madonna.

Paso 3 Indica si te gustaría conocer a una de las personas mencionadas.

   MODELO   A mí me gustaría conocer a las Dixie Chicks.

ACTIVIDAD E ¿Cómo soy?

Paso 1 Utilizando las cualidades que has aprendido en esta lección y en la anterior, apunta las cualidades que tú crees que posees.

   Soy...

Paso 2 Ahora, explica si te gustaría tener otras cualidades.

   MODELO   Soy conformista pero me gustaría ser un poco más individualista. Me gustaría ser siempre como quiero ser sin pensar en lo que opinan de mí los demás.

Paso 3 Comparte lo que tienes con otras dos personas. ¿Están todos contentos o les gustaría cambiar alguna de sus cualidades?

⟨Quia⟩ ACTIVIDAD F Los hispanos hablan

Paso 1 Lee lo que dice Clara Burgo sobre cómo sería vivir en otra época.

Paso 2 Ahora mira el segmento sobre Clara y luego contesta las siguientes preguntas.

1. ¿Qué razón da Clara por no querer vivir en el pasado?
2. Por su tono y manera de hablar, ¿crees que Clara es optimista o pesimista en cuanto al futuro?
3. ¿Con cuál de las siguientes oraciones estás de acuerdo?

   ☐ **a.** Si pudiera, me gustaría pasar un día en el futuro.

   ☐ **b.** Si pudiera, me gustaría pasar un día en el pasado.

Paso 3 Ahora lee lo que dice Carlos Miguel Pueyo sobre qué persona famosa le gustaría conocer.

Paso 4 Mira el segmento sobre Carlos y contesta estas preguntas.

1. ¿Qué adjetivos usa Carlos para describir la primera etapa (*stage*) de la obra de Goya?
2. ¿Qué adjetivos usa para describir la segunda etapa?
3. ¿Qué artista te interesa más a ti? ¿Se le pueden aplicar algunos de los adjetivos de las preguntas 1 y 2 a la obra de tu artista favorita?

Los hispanos hablan

Si pudieras vivir en otra época, ¿cuál sería?

NOMBRE: Clara Burgo

EDAD: 26 años

PAÍS: España

«Me gustaría vivir en el futuro, por ejemplo en el siglo XXII por la curiosidad de saber qué inventos habrá[a] en aquella época y cómo cosas que para nosotros ahora son normales entonces habrán desaparecido[b] y qué nuevas cosas surgirán.[c] Y... »

---

[a]*there will be* [b]habrán... *will have disappeared* [c]*will surface*

¿A qué persona famosa te gustaría conocer?

NOMBRE: Carlos Miguel Pueyo

EDAD: 27 años

PAÍS: España

«La otra persona que me hubiera gustado[a] conocer es Francisco de Goya y Lucientes. Fue un pintor del siglo XVIII español que nació en Fuendetodos —es un pueblo en la provincia de Zaragoza de dónde yo soy— y me interesa mucho tanto su vida como su obra.[b] Su vida fue muy interesante por el momento histórico que le tocó vivir[c] porque se coordinó con los personajes más importantes políticos e históricos del momento. Y su pintura... »

---

[a]*me... I would have liked* [b]*work* [c]le... *he was chosen to live in*

OBSERVACIONES

◆ Se dice que muchas cualidades personales tienden a combinarse con otras. Es decir, si tienes una cualidad, la probabilidad de tener la otra es alta. Por ejemplo, las personas seductoras también tienden a ser encantadoras. ¿Es esa tu experiencia?

◆ ¿Has oído decir alguna vez que una persona «ha cambiado»? Según tu experiencia, ¿qué cualidades se pueden cambiar? ¿Pueden cambiar profundamente las personas? ¿Conoces a alguien cuya personalidad haya (*has*) cambiado totalmente?

¿A quién te gustaría conocer?

Propósito: comparar lo que dice un compañero (una compañera) con lo que tú piensas

Papeles: tres personas entrevistadas; el resto de la clase hace preguntas

Paso 1 Tres voluntarios deben pensar en la siguiente pregunta porque la clase los va a entrevistar en unos minutos: ¿A qué persona (viva o muerta) te gustaría conocer y por qué? Los demás deben pensar en otras preguntas para obtener información basada en las siguientes categorías.

1. cualidades de la persona famosa

2. cosas que la persona famosa ha hecho

3. lo que haría la persona entrevistada si conociera a la persona famosa (Por ejemplo, ¿qué podrían hacer juntas las dos?)

4. lo que haría la persona entrevistada si fuera la persona famosa por un día

Paso 2 Escucha las instrucciones de tu profesor(a).

Paso 3 Después, escoge *una* de las entrevistas para escribir una breve reacción (de 70 palabras como máximo) utilizando el siguiente modelo.

MODELOS   A mí también me gustaría conocer a _____. (Explica por qué y si tú harías las mismas cosas.)
o
A mí no me gustaría conocer a _____. (Explica por qué no y luego a quién te gustaría conocer y por qué.)

VOCABULARIO COMPRENSIVO

Las cualidades personales	Personal Qualities
aburrido/a (R)	boring
ambicioso/a	ambitious
apasionado/a	passionate
apático/a	apathetic
astuto/a	astute
cobarde	coward, cowardly
conformista	conformist
curioso/a	curious
determinado/a	determined
dócil	docile
encantador(a) (R)	charming
excéntrico/a	eccentric
frívolo/a	frivolous
incierto/a	uncertain

indiferente	indifferent
individualista	individualistic
justo/a	fair, just
luchador(a)	fighter
malévolo/a	evil
melancólico/a	melancholy, sad
práctico/a	practical
seductor(a)	seductive
serio/a	serious
soñador(a)	dreamer
superficial	superficial
tenaz	tenacious
tonto/a	foolish, dumb
valiente	courageous
visionario/a	visionary

LECCIÓN 15

Check out the following media resources to complement this lesson of *Vistazos:*

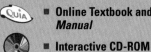

- **Online Textbook and *Manual***
- **Interactive CD-ROM**

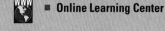

- **Online Learning Center**
- **Video on CD**

¿Por naturaleza o por crianza?

Muchos han opinado de que si el carácter de una persona es algo innato o si es producto del ambiente. ¿Qué crees tú? En esta lección vas a explorar este tema y vas a

- aprender a expresar relaciones espaciales usando preposiciones
- aprender a dar y seguir instrucciones para ir a un lugar
- aprender algo más sobre la preposición **por**
- usar **lo** + adjetivo para expresar tu opinión de algo
- leer información sobre la personalidad y la genética

 Before beginning this lesson, look over the **Situación** activity on page 305. This is the activity you will be working toward throughout the lesson.

Las cuatas Diego (*1980*), *por Cecilia Concepción Álvarez (norteamericana, 1950–)*

VOCABULARIO

¿Dónde está la biblioteca?

Telling Where Things Are

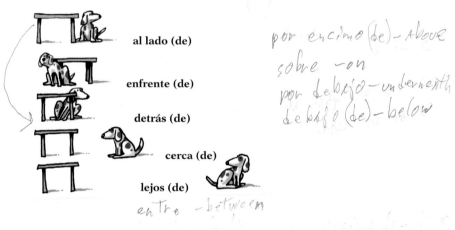

al lado (de)

enfrente (de)

detrás (de)

cerca (de)

lejos (de)

por encima (de) – Above
sobre – on
por debajo – underneath
debajo (de) – below

entre – between

When talking about location, **estar** is normally used.

El perro **está** al lado de la mesa.
—¿Dónde **estás**?
—**Estoy** cerca de la plaza.

Note that the preposition **de** is used with **al lado** (*next to, alongside*), **enfrente** (*in front*), **detrás** (*behind*), **cerca** (*near, close*), and **lejos** (*far*) when a point of reference is mentioned.

La biblioteca está **enfrente de** la cafetería.

You can omit **de** if a point of reference is not explicitly mentioned.

—¿Sabes dónde está la cafetería?
—Sí...
—Pues, la biblioteca está **al lado.**

ACTIVIDAD A ¿Sí o no?

Escucha lo que dice tu profesor(a). ¿Es cierto o falso?

1... 2... 3... 4... 5... etcétera

ACTIVIDAD B ¿Qué edificio es?

Escucha lo que dice tu profesor(a) y da la información que pide.

1... 2... 3... 4... 5... etcétera

ACTIVIDAD C Una prueba

Con un compañero (una compañera), inventa una prueba para dar a la clase.

Paso 1 Escojan un punto de referencia en el *campus* o en la ciudad. **¡OJO!** Recuerden que no todos los estudiantes conocen bien la ciudad.

Paso 2 Decidan dónde van a poner a la persona que contesta la pregunta —es decir, si va a estar enfrente, detrás, a la derecha, al norte (*north*), etcétera, de este punto de referencia.

Paso 3 Escriban cinco preguntas.

> MODELOS Estás enfrente de las residencias estudiantiles. ¿Qué edificio está detrás?
>
> Estás a la derecha del gimnasio. ¿Qué edificio queda más cerca de allí?

Paso 4 Den la prueba a la clase.

GRAMÁTICA

¿Por dónde?

c.5. pg. 188

Por and **para** Used with Spatial Relationships

Another distinction between **por** and **para** involves direction and space. In general, **para** is used to indicate a destination or goal. **Por** is used to indicate the space through which one travels or moves (the route). Compare the following sentences.

> Salgo **para** Tikal mañana.
> *I'm leaving for Tikal tomorrow. (Tikal is my destination.)*

> Para llegar a Tikal, tienes que pasar **por** la selva.
> *To get to Tikal, you have to go through the jungle.*

> Para ir a la biblioteca, tienes que pasar **por** enfrente de la cafetería.
> *To get to the library, you have to go past the front of the cafeteria.*

Although the English equivalent of **para** in these cases is generally *to*, the equivalent of **por** can be: *around, by way of, through,* and others.

—Tienes que pasar **por** enfrente del Palacio de la Ópera...

ACTIVIDAD D ¿Destino o ruta?

Paso 1 Indica si el lugar mencionado en cada oración es el destino o la ruta de la persona que habla.

	DESTINO	RUTA
1. «Vamos para Oz».	☐	☐
2. «Tendríamos que ir por los Alpes».	☐	☐
3. «Viajo por el océano en submarino».	☐	☐
4. «Salí para las Indias pero llegué a un territorio nuevo».	☐	☐
5. «Siempre bajo por la chimenea».	☐	☐

Así se dice

You may remember that another meaning of **por** is close to *because of.*

> Somos así **por** naturaleza.
> *We are as we are because of nature.*

Go back to the title of this lesson and look at the use of **por,** since this is its intended meaning. (The lesson title is hinting at something you will read about later!)

Paso 2 Ahora indica qué persona o personaje famoso podría decir cada oración.

COMUNICACIÓN

ACTIVIDAD E ¿Qué lugar es?

Paso 1 Escribe una oración sobre la universidad, la ciudad o algún lugar muy conocido, utilizando el siguiente modelo.

MODELO Para ir a _____, tienes que pasar por _____.

Paso 2 Ahora cada persona debe leer su oración en voz alta (*aloud*). ¿Pueden los demás adivinar el destino que describes?

[handwritten: Sal (salir)]
[handwritten: intersección (bocacalle)]
[handwritten: cruzar la calle — to cross the street]
[handwritten: puente, autopista, carretera — highway — road]

VISTAZOS II · Lo interesante

[handwritten: ordinal #s]
[handwritten: primera, segunda, tercera, cuarta, quinta]
[handwritten: calle, avenida, plaza / street / square]
[handwritten: torcer → tuerce / doblar → dobla]
[handwritten: izquierda / derecha]

VOCABULARIO

¿Cómo se llega al zoológico?

[handwritten: Sigue derecho / recto]

Giving and Receiving Directions

—Por favor, ¿**dónde queda** el parque zoológico?
—A ver… **Siga Ud. por esta calle** hasta que llegue a una **bocacalle** con **semáforo.** Luego **doble a la izquierda** y **siga derecho** por siete **cuadras.** Allí en la **esquina** verá la entrada al parque zoológico. Pero está cerrado hoy…

Here are some useful expressions for giving and following directions in Spanish.

[handwritten: opposite vowel (formal commands - present subjunctive)]

Siga (Ud.) por…	Continue . . . , Follow . . .
Siga derecho (recto*)…	Continue (Go) straight . . .
Doble a la derecha/izquierda.	Turn right/left.
Cruce la calle…	Cross . . . Street
una cuadra (manzana*)	block
la bocacalle	intersection
la esquina	corner
el semáforo	traffic light

[handwritten: seguir(se) / doblar(se) / cruzar(se) / conditional]

¿Me podría decir… ?	Could you tell me . . . ?
Perdón, ¿cómo se llega a… ?	Excuse me, how do you get to . . . ?
¿Dónde está (queda)… ?	Where is . . . ?

If you were giving directions to a friend or if a friend were giving directions to you, the familiar form of the commands would be used (**sigue, dobla,** and so forth).

[handwritten: same vowel]

ACTIVIDAD A ¿Adónde llegas?

Escucha las direcciones[†] que da tu profesor(a). ¿Adónde llegas?

1… 2… 3… 4… etcétera

Así se dice

Por can be used to mean *by way of, through,* or even *along* when talking about routes or movement.

Voy **por** tu barrio para llegar a mi casa.

Caminaba **por** la playa cuando…

***Recto** and **manzana** are dialectal variants used in some places, including Spain and Central America.
[†]Other dialectal variants used to express *directions* include **indicaciones** and **instrucciones**.

Paso 1 Escucha lo que dice tu profesor(a). Indica si cada oración se te aplica siempre, a veces o nunca.

1...   2...   3...   4...   5...   6...   7...

Paso 2 ¿Cuáles son tus reacciones hacia el **Paso 1,** y cómo te comparas con los demás miembros de la clase? ¿Es cierto que a los hombres no les gusta pedir direcciones y que a las mujeres no les importa?

ACTIVIDAD C ¿Lo pueden hacer?

Una persona voluntaria debe salir de la clase y esperar en el pasillo. Mientras tanto, la clase debe arreglar las sillas y mesas para formar una ruta que esa persona tendrá que (*will have to*) seguir según las direcciones que la clase le dará. Después de arreglar «la ruta», alguien debe salir al pasillo y vendarle los ojos (*blindfold*) al voluntario (a la voluntaria). Cuando vuelve a la clase, los demás deben darle direcciones para guiarlo/la por la ruta. ¿Lo pueden hacer sin que él (ella) se tropiece con (*bumps into*) una silla?

Vocabulario útil

el paso   step   **¡Cuidado!**   Watch out! Careful!

GRAMÁTICA

¿Qué es lo curioso de esto?

Lo + Adjective

Although in Spanish you can say **la cosa interesante es que...** there is another way to express "the . . . thing." Normally you can simply use **lo** (called the neuter article) with the adjective. Here are some examples.

> **Lo impresionante** de Juan es su gran honestidad.
> **Lo interesante** de María es que nunca se pierde en lugares desconocidos.
> **Lo curioso** del inglés es que no tiene muchas inflexiones.

Just about any adjective can be used in this manner as long as it makes sense to do so.

> **Lo bueno** de aprender español es que se habla en muchos lugares.
> **Lo difícil** de viajar a Europa es el cambio de hora.

—Y **lo bueno** de esto es que cuesta muy poco.

You may also use such phrases as superlatives to express "the most . . . thing" or "the . . . -est thing."

> **Lo más impresionante** de todo es el sistema eficiente del Metro.
> **Lo más sorprendente** del caso es que Roberto nunca se enteró (*found out*).

Notice that the adjective is always in the singular masculine form.

ⓆⓊⒾⒶ ACTIVIDAD D Lo interesante

Indica la frase que mejor complete la oración de una manera lógica.

1. (Sobre Arizona): Claro, _____ del estado es el Gran Cañón.

   a. lo más ridículo   **b.** lo más eficiente   **c.** lo más espectacular

2. (Sobre Stephen King): _____ de su carrera es el número de sus obras que ha sido base de películas.

   a. Lo ideal   **b.** Lo aburrido   **c.** Lo impresionante

3. (Para ir a Machu Picchu): _____ es subir las montañas donde se sitúa

   a. Lo bueno   **b.** Lo difícil   **c.** Lo curioso

4. (Sobre las estatuas de la Isla de Pascua [*Easter Island*]): _____ es que su origen es desconocido.

   a. Lo curioso   **b.** Lo cómico   **c.** Lo fácil

5. (Sobre los secretos): _____, claro, es nunca decir nada que no quieres que se repita (*that you don't want repeated*).

   a. Lo prudente   **b.** Lo triste   **c.** Lo interesante

ACTIVIDAD E ¿Qué dices tú?

Paso 1 Indica cuál te parece la mejor idea y luego comparte tus respuestas con otras dos personas. ¿Están de acuerdo contigo?

1. Si un amigo (una amiga) te dice una mentira, lo más prudente es...
   - ☐ **a.** ser tímido/a y no decirle nada.
   - ☐ **b.** ser agresivo/a y confrontarlo/la con la verdad.
   - ☐ **c.** ser retraído/a y no hablarle más y dejar de ser su amigo/a.
   - ☐ **d.** ¿ ?

2. Para impresionar a una persona en la primera cita, lo ideal sería...
   - ☐ **a.** ser sincero/a y actuar con naturalidad.
   - ☐ **b.** ser arriesgado/a y llevarle un regalito.
   - ☐ **c.** ser gregario/a y darle muchos cumplidos (*compliments*).
   - ☐ **d.** ¿ ?

3. Si tienes alguna cualidad que no te gusta, lo mejor sería...
   - ☐ **a.** ser reservado/a y observar en otros alguna buena cualidad y tratar de imitarla.
   - ☐ **b.** ser agresivo/a y buscar ayuda profesional.
   - ☐ **c.** ser honesto/a y aceptarla porque uno no puede ser lo que no es.
   - ☐ **d.** ¿ ?

Paso 2 En grupos de tres, inventen una situación dejando la conclusión en blanco. Luego preséntala a los demás para que decidan (*so that they decide*) cuál es la mejor solución.

> MODELO   Si alguien te dice algo negativo sobre tu mejor amigo/a, lo prudente sería...

ACTIVIDAD F ¿Sabías que... ?

Paso 1 Lee la selección **¿Sabías que... ?** Luego contesta las siguientes preguntas.

1. ¿A quiénes estudiaron en Minnesota, a los gemelos idénticos o a los fraternos?

2. ¿Cuál era la situación de los gemelos estudiados?

¿Sabías que... hay estudios sobre los gemelos que dan información sobre la cuestión de la personalidad y la herencia genética? En la Universidad de Minnesota, por ejemplo, se hizo un estudio de 71 parejas de gemelos, idénticos y fraternos, que fueron criados[a] por separado (es decir, fueron separados después del nacimiento[b] y fueron a vivir con familias distintas). El estudio reporta sorprendentes semejanzas en casi todas las características relacionadas con la personalidad de los gemelos idénticos, lo cual apoya[c] la teoría de que la herencia genética puede ser un factor importante en el desarrollo[d] de la personalidad del individuo. El estudio especifica que las siguientes características pueden ser hereditarias: el don de mando, la imaginación, la vulnerabilidad al estrés, el retraimiento y la tendencia a evitar riesgos. En cambio, según la conclusión de los investigadores, la agresividad, el afán de realización, la impulsividad y el espíritu gregario están más relacionados con el ambiente.

¿Qué rasgos de personalidad crees que comparten estas gemelas de México, D.F.?

[a]fueron... *were raised*   [b]*birth*   [c]lo... *which supports*   [d]*development*

Paso 2 Prepara dos listas de información, una sobre las características influidas por la herencia genética y otra sobre las características influidas por el ambiente.

Paso 3 Trabajen en grupos de tres para dar ejemplos personales sobre las características mencionadas en el **Paso 2.** Luego, compartan los resultados con el resto de la clase.

Paso 4 De las siguientes oraciones, ¿cuál capta mejor la conclusión del estudio? Explica tu respuesta. ¿Capta mejor la opinión de la clase también?

☐ **1.** La personalidad es producto del medio ambiente.

☐ **2.** La personalidad es producto de la herencia genética.

☐ **3.** La personalidad es producto de los dos factores: la herencia genética y el medio ambiente.

ACTIVIDAD G Los hispanos hablan

Paso 1 Lee lo que dice Diana González sobre cómo la genética y el ambiente influyen en nuestra personalidad. Luego contesta las siguientes preguntas.

1. ¿Son parecidas o distintas las dos hijas de Diana?

2. Cuando Diana empieza a explicar el posible origen de la personalidad de cada hija, ¿se refiere a factores ambientales o genéticos?

Los hispanos hablan

¿Cuál es más importante en el desarrollo de la personalidad: la genética o el ambiente?

NOMBRE: Diana González

EDAD: 37 años

PAÍS: Puerto Rico

«O.K. ¿Qué es más importante en el desarrollo de la personalidad? ¿La genética o el ambiente? No puedo escoger ni el uno ni el otro. Tengo que decir que ambos influyen creo que por igual en el desarrollo de la personalidad. Y lo digo porque tengo dos niñas, una de 12 años y una de 3. Y con la primera yo le dedicaba mucho mucho tiempo —le leía, me la llevaba a todos sitios. Con la pequeña le dedico menos tiempo y ambas han desarrollado una personalidad muy distinta. La primera es... »

Paso 2 Ahora mira el segmento completo. Luego contesta las siguientes preguntas.

Vocabulario útil

amoldar   to mold   **peleona**   combative

1. ¿Cuál de las dos niñas se parece más a Diana?

2. ¿A quién se parece la segunda niña?

3. Da unos adjetivos para describir a cada niña.

Paso 3 Algunos estudios sugieren que el orden de nacimiento influye en la personalidad de uno. Lee las siguientes tendencias reportadas en algunos estudios y contesta las preguntas que siguen.

◆ **El hijo mayor:** con afán de realización, agresivo, celoso, conservador, inquieto, organizado, responsable, serio

◆ **El del medio:** independiente y rebelde

◆ **El menor:** cariñoso, dependiente, divertido, relajado, sensible, tenaz, con tendencia a buscar la atención de otros

◆ **El hijo único:** criticón, organizado, perfeccionista

1. ¿Siguen las hijas de Diana estas tendencias?

2. En tu familia, ¿hay evidencia de estas tendencias?

Paso 1 Lee la siguiente situación y apunta algunas ideas.

Un amigo tuyo (Una amiga tuya) no quiere hacer nada. Prefiere quedarse en casa todo el tiempo. Tú crees que eso está mal, que él (ella) necesita salir, hacer más amigos y gozar de la vida. Cuando se lo dices, te contesta: «Lo siento pero así nací. Es mi naturaleza». ¿Aceptas esta respuesta? ¿Qué haces si la situación tiene que ver con otra cualidad con posibles efectos negativos?

Paso 2 Comparte tus ideas con dos compañeros de clase. Luego, presenten sus ideas y opiniones a la clase.

Vistazos culturales

El medio ambiente en el mundo hispano

¿Sabías que...

el medio ambiente es un tema de mucha importancia en la mayoría de los países hispanos? En cuanto al medio ambiente dos cosas que conciernen a los hispanos son los efectos de El Niño y el ecoturismo. El Niño es un fenómeno climático que afecta el clima de Sudamérica y otras partes del mundo. El ecoturismo se refiere al desarrollo de una industria turística lucrativa que se vale de[a] los hábitats naturales de un país. El ecoturismo tiene la doble meta de estimular la economía y proteger el medio ambiente, sobre todo a las especies en peligro de extinción.

[a]se... *makes use of*

El Niño es un fenómeno climático que ocurre cuando las aguas del Océano Pacífico cerca de las costas del Perú y el Ecuador se calientan.[a] El calentamiento provoca cambios climáticos drásticos por todo el mundo. Por lo general, el clima de la costa oeste de Sudamérica tiende a ser muy árido. Pero durante El Niño el tiempo es al revés: En Sudamérica hay lluvias torrenciales mientras que en la India, Asia y Sudáfrica, lugares que normalmente reciben mucha lluvia, se sufren sequías[b] fuertes.

[a]se... *warm up*   [b]*droughts*

Barco de pesca peruano

La economía de las costas del Perú y el Ecuador depende mucho de la industria pesquera.[a] Durante El Niño las aguas calientes en el Océano Pacífico matan los peces, causando problemas ecológicos y económicos. Además, los pájaros que se alimentan de[b] los peces también se mueren o se van a otros lugares. Esto perjudica[c] muchísimo la industria de fertilizantes que depende del guano de los pájaros.

[a]*fishing*   [b]se... *feed on*   [c]*jeopardizes*

En las Islas Galápagos cerca del Ecuador existen aves de varios tipos, incluyendo los piqueros de patas rojas o patas azules. *booby (Blue-footed baby)*

Dos piqueros de patas azules

La Reserva Biológica Limoncocha es un territorio protegido en la Amazonia ecuatoriana. Su principal atractivo son las 350 especies de aves. La reserva es también el hábitat principal de una especie de caimán[a] negro.

---
[a]*alligator*

El ecoturismo

En la costa de Oaxaca, México, más de 700.000 tortugas llegan a poner huevos[a] entre los meses de mayo y enero. La tortuga *olive ridley*, por ejemplo, es la única del mundo que no amenaza con extinguirse. Pero como el huevo de tortuga se considera una delicia[b] todavía, guardias armados patrullan por[c] la costa cuando las tortugas ponen huevos para evitar que la gente los coma[d] y para proteger la especie.

---
[a]*poner… lay eggs* [b]*delicacy* [c]*patrullan… patrol*
[d]*para… to keep people from eating them*

Las Naciones Unidas declararon al año 2002 como el Año Internacional del Ecoturismo. La propuesta[a] fomenta la protección del medio ambiente a través del desarrollo de un turismo sustentable.[b] Las metas principales son incrementar el potencial económico de los países involucrados[c] para mejorar[d] la calidad de vida de las comunidades y proteger el medio ambiente. A pesar de los beneficios mencionados, algunos críticos notan que el ecoturismo puede llegar a excesos, causando daños irreparables en la flora y fauna nativas.

---
[a]*proposal* [b]*sustainable* [c]*involved* [d]*improve*

En Costa Rica, el lugar de nacimiento del ecoturismo, hay aproximadamente 30 parques nacionales donde uno puede ver la flora y fauna nativas. En muchos casos las especies amenazan con extinguirse,[a] como es el caso de la rana flecha azul venenosa[b] en el Parque Braulio Carrillo.

---
[a]*amenazan… are threatened with extinction*
[b]*rana… poison blue dart frog*

Una rana flecha azul venenosa de Costa Rica

Vamos a ver

Now that you've completed **Unidad 5,** watch the corresponding **Vamos a ver** segment on the *Vistazos* Video to further explore the themes presented in this unit. There are related pre- and post-viewing activities on the *Vistazos* Online Learning Center **(www.mhhe.com/vistazos2).**

ACTIVIDAD ¿Qué recuerdas?

Empareja las frases de la columna A con una de las respuestas de la columna B.

A

1. __c__ celebración que fomenta el ecoturismo por todo el mundo
2. __e__ el hábitat principal del piquero de patas azules
3. __a__ se trata del calentamiento de las aguas del Océano Pacífico
4. __b__ lugar donde más de 700.000 tortugas ponen huevos al año
5. __d__ un plan de desarrollo económico sustentable que utiliza el medio ambiente

B

a. El Niño
b. Oaxaca, México
c. el Año Internacional del Ecoturismo
d. el ecoturismo
e. las Islas Galápagos

NAVEGANDO LA RED

Selecciona *uno* de estos proyectos y presenta tus resultados a la clase.

1. Busca información sobre las especies en peligro de extinción en el mundo hispano. Haz lo siguiente.

   a. Escoge un país hispano y menciona los nombres de tres especies de animales de este país que amenazan con extinguirse.

   b. Menciona las leyes (*laws*) o los esfuerzos que se hacen para proteger estas especies.

2. Busca información sobre las **maquiladoras** en la frontera entre los Estados Unidos y México. Haz lo siguiente.

   a. Define lo que es una maquiladora e indica cuántas hay.

   b. Menciona los problemas ambientales que han causado.

VOCABULARIO COMPRENSIVO

¿Dónde está... ?	Where Is . . . ?
el este, el oeste,	east, west,
el norte, el sur	north, south
al lado (de)	next to, alongside
cerca (de)	near, close
detrás (de)	behind
enfrente (de)	in front (of)
lejos (de)	far (from)
quedar	to be located
De aquí para allá	From Here to There
la bocacalle	intersection
la cuadra	block

la esquina	corner
la manzana	block
el semáforo	traffic light
Cruce la calle.	Cross the street.
Doble a la derecha/	Turn right/left.
izquierda.	
Siga derecho (recto).	Continue (Go) straight.
Siga (Ud.) por...	Continue . . . , Follow . . .
¿Dónde queda... ?	Where is . . . ?
¿Me podría decir... ?	Could you tell me . . . ?
Perdón, ¿cómo se	Excuse me, how do you
llega a... ?	get to . . . ?

GRAMMAR SUMMARY

UNIDAD CINCO: Lecciones 13–15

The Present Perfect

he
has
ha
ha   almorzado
          +   leído
hemos   salido
habéis
han
han

1. The present perfect corresponds roughly to
   English *have + past participle.*

   Ya he comido.
   I have eaten already.

   ¿Te has mirado?
   Have you looked at yourself?

2. There are no stem-vowel changes with past
   participles: **almorzar → almorzado, venir →
   venido,** and so forth.

3. A number of common verbs have irregular past
   participles that do not end in **-ado** or **-ido.**

   decir →   dicho
   escribir →   escrito
   hacer →   hecho
   morir →   muerto
   poner →   puesto
   ver →   visto

4. There are two instances in which the present
   perfect is used in English where it is not used
   in Spanish.

a. to have . . . for + *amount of time*

   ↓ present
   Hace varios minutos **que estoy** aquí.
   I have been here for a few minutes.

   ↓
   Hace dos años **que vivo** en Chicago.
   I have lived in Chicago for two years.

b. to have just (*done something*)

   ↓ present
   Acabo de limpiar eso. No lo toques.
   I have just cleaned that. Don't touch it.

   Acaber de

   ¿Acabas de llegar?
   ↓
   Have you just arrived? / *Did you just arrive?*

Verbs That Require a Reflexive Pronoun

Some verbs in Spanish require a reflexive pronoun.
Because these verbs are not true reflexives or
reciprocal reflexives, their English equivalents do
not use *-self, -selves,* or *each other.*

atreverse a + *inf.*	*to dare to* (*do something*)
burlarse (de)	*to make fun* (*of*)
comportarse	*to behave*
darse cuenta (de)	*to realize*
jactarse (de)	*to boast* (*about*)
portarse	*to behave*

Note that some of these verbs use prepositions
when followed by nouns or verbs.

   No me atreví.
   No me atreví **a decirlo.**

   No me di cuenta.
   No me di cuenta **de eso.**

Reflexives

Remember that with some verbs **se** is required.
With other verbs, **se** is used only when the
meaning is reflexive, that is, when the subject
and object of the verb are the same person or
thing.

   El perro **se** mira en el espejo.
   El perro mira al gato.

   Me hablo mucho porque vivo solo.
   No le hablo a Jorge mucho.

The Conditional Tense

tomaría	me atrevería	viviría
tomarías	te atreverías	vivirías
tomaría	se atrevería	viviría
tomaría	se atrevería	viviría
tomaríamos	nos atreveríamos	viviríamos
tomaríais	os atreveríais	viviríais
tomarían	se atreverían	vivirían
tomarían	se atreverían	vivirían

1. The conditional in Spanish is roughly equivalent to English *would + verb* when the latter expresses a hypothetical event.

> No **viviría** allí nunca.
> *I would never live there.*

> ¿**Te burlarías** de mí?
> *Would you make fun of me?*

2. Remember that *would + verb* in English can also refer to a repeated action in the past. In this situation, you would use the imperfect in Spanish and not the conditional.

> **Iba** y **venía** mucho.
> *He would come and go a lot* (in those days).

*"used to"
pg.139*

> **Nos comportábamos** bien.
> *We would behave* (when we were children).

3. A few common verbs have irregular stems in the conditional tense.

decir → dir-
hacer → har-
poder → podr-
salir → saldr-
tener → tendr-

haber → habría (*there would be*)

Estar + location

Estar, and not **ser,** is normally used to talk about location.

> Buenos Aires **está** en la Argentina.
> Ahora mi mamá **está** en México.
> ¿Dónde **está** la oficina del profesor?

Quedar can be used to talk about the location of immovable inanimate things like buildings and places.

> ¿Dónde **queda la oficina** del profesor?
> **México queda** al sur de los Estados Unidos.

Past Subjunctive

The past subjunctive is used to express hypothetical situations in conjunction with the conditional tense. It is formed using the **ellos** form of the preterite and all the irregularities found in the **ellos** preterite form are carried over to the past subjunctive forms. For example, with the verb **tener: tener → ellos tuvieron → tuv- → si yo tuviera, si tú tuvieras, si Ud. tuviera,** etc.

tomar ellos tomaron	tener ellos tuvieron	dormirse ellos se durmieron
tomara	tuviera	me durmiera
tomaras	tuvieras	te durmieras
tomara	tuviera	se durmiera
tomara	tuviera	se durmiera
tomáramos	tuviéramos	nos durmiéramos
tomarais	tuvierais	os durmierais
tomaran	tuvieran	se durmieran
tomaran	tuvieran	se durmieran

Lo + Adjective

You can use **lo** + adjective to express the concept of *the curious thing, the interesting thing,* and so on. The adjective always appears in the masculine singular form.

> **Lo curioso** de este caso...
> **Lo interesante** del estudio...

More on por and para *pg.205*

One use of **por** is to express direction through, around, and so on. **Para** expresses direction toward a goal or destination.

Voy **para** los Andes.	*I'm heading toward the Andes.*
Voy **por** los Andes.	*I'm going through the Andes (to get somewhere else).*

Review of the Object Marker **a**

When two nouns in a sentence are both capable of being a subject, the object of the verb is marked with **a.**

> Juan conoció **a** María.
> El perro quiere mucho **al** gato.

Review of **gustar**

Remember that in **gustar** constructions the subject (the action, person, or thing that is pleasing) is generally placed after the verb, whereas the object (the person to whom the subject is pleasing) usually precedes the verb.

> **A Juanita** le gustaría **ser actriz.**

For emphasis or contrast you can add **a mí, a ti, a nosotros/as,** or **a vosotros/as,** as appropriate.

> **A mí** me gustaría conocer a Jennifer López.

LECCIÓN
final

Check out the following media resources to complement this lesson of *Vistazos*:

- **Online Textbook and Manual**
- **Interactive CD-ROM**

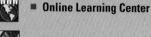
- **Online Learning Center**
- **Video on CD**

¿Adónde vamos?

En esta lección vas a

- ◆ aprender vocabulario relacionado con la ropa, los viajes, el trabajo y las profesiones
- ◆ hablar de tus preferencias en cuanto a viajar
- ◆ hablar de las cualidades necesarias para practicar ciertas profesiones
- ◆ aprender unos nuevos verbos reflexivos
- ◆ aprender a formar los mandatos formales

- ◆ aprender algo sobre los posibles avances científicos y tecnológicos
- ◆ aprender dos formas verbales: el subjuntivo y el futuro simple

 ALTO Before beginning this lesson, look over the **Intercambio** activity on page 331. This is the activity you will be working toward throughout the lesson.

En la Estación de Santa Justa (Sevilla, España)

VOCABULARIO

¿Cómo te vistes?

Talking About Clothing

Las prendas de vestir

la chaqueta

el sombrero

las medias

los zapatos

el vestido

El bufón llamado «Don Juan de Austria» (*1632–1633*) *y* La infanta Margarita de Austria (*1653*) *por Diego Velázquez (español, 1599–1660)*

la blusa de rayón

la camisa de algodón

la corbata de seda

el traje de lana

los pantalones

la falda

los calcetines

Lección final   ¿Adónde vamos?

trescientos trece   **313**

La ropa

el abrigo	overcoat	**llevar**	to wear
los *bluejeans*	jeans	**vestirse (i, i)**	to dress, get dressed
la camiseta	T-shirt		
el cuero	leather		
el diseño	design		
el jersey	pullover		
los pantalones cortos	shorts		
la sudadera	sweats, sweatpants		
el suéter	sweater		
el tacón (alto)	(high) heel		
el traje de baño	bathing suit		

Las telas de fibras naturales

el algodón	cotton
la lana	wool
la seda	silk

Las telas de fibras sintéticas

el poliéster	polyester
el rayón	rayon

barato/a	inexpensive
caro/a	expensive

guantes   *gloves*

ACTIVIDAD A ¿Con qué sexo asocias esta ropa?

Paso 1 El profesor (La profesora) va a mencionar algunas prendas de vestir. ¿Con quién asocias cada prenda, con los hombres, con las mujeres o con ambos?

MODELO una sudadera →
La asocio con ambos sexos.

1... 2... 3... 4... 5... 6... 7... 8... 9... 10...

Paso 2 Ahora, ¿qué opinas? ¿Quiénes tienen más opciones en cuanto a la ropa, los hombres o las mujeres?

ACTIVIDAD B ¿Quiénes son? ¿Adónde van?

Indica quiénes podrían ser las personas que se describen a continuación y adónde van. En algunos casos hay varias posibilidades.

1. un hombre de 25 años que lleva traje de lana gris con camisa blanca, corbata de seda conservadora y zapatos negros

2. una mujer de 62 años que lleva sombrero negro, vestido negro y largo y zapatos negros

3. una joven de 20 años que lleva blusa de seda, falda de cuero y zapatos de tacones altos

4. un joven de 18 años que lleva sudadera, camiseta y zapatos de tenis

5. una mujer de 35 años que lleva chaqueta de seda color melón, blusa de seda blanca, falda de color crema, zapatos de tacón bajo y medias

Así se dice

The verb **vestirse** is a true reflexive. When you say **Me visto** you are literally saying *I dress myself*. To talk about what you put on, you may use **vestirse**, or simply **ponerse**, which means literally *to put on one's self*.

¿Qué **te pones** para ir a clase?
Suelo **ponerme** pantalones cortos y camiseta.

ACTIVIDAD C De viaje°

De... *On a trip*

Paso 1 Imagina que este verano vas de viaje por un mes y piensas visitar España, Francia e Italia. ¿Qué prendas de ropa piensas llevar? ¿Cuántas maletas (*suitcases*) llevas? Haz una lista de todo lo que llevas en las maletas y explica por qué. No te olvides de incluir el número de pares de zapatos y de calcetines y otras prendas necesarias.

Paso 2 Intercambia tu lista con otras personas. ¿Se puede agrupar a las personas de la clase por lo que llevan para el viaje?

VOCABULARIO

¿Viajamos?

Talking About Trips and Traveling

¿En qué vamos?	*By what means are we traveling?*
el autobús	bus
el avión	airplane
el crucero	cruise ship
el tren	train
¿Dónde?	
el aeropuerto	airport
la estación	station
la sección de (no) fumar	(no) smoking section
al extranjero	abroad
¿Quiénes?	
el/la agente (de viajes)	(travel) agent
el/la asistente de vuelo	
el/la camarero/a	flight attendant
el/la pasajero/a	passenger
¿Qué hacemos?	
bajar de	to get off (*a bus, car, plane, etc.*)
facturar el equipaje	to check luggage
hacer cola	to stand in line
hacer escala	to make a stop (*flight*)
hacer la maleta	to pack one's suitcase
hacer un viaje	to take a trip
marearse	to get sick, become nauseated

bajar de

subir a	to get on/in (*a bus, car, plane, etc.*)
viajar	to travel
¿Qué más?	*What else?*
el asiento	seat
el boleto (billete*)	ticket
de ida	one-way
de ida y vuelta	round-trip
la clase turística	economy class
la demora	delay
el equipaje	luggage
la llegada	arrival
la primera clase	first class
la salida	departure
el vuelo	flight
El alojamiento	*Lodging*
la cama matrimonial	double bed
la cama sencilla	twin bed
la habitación	room
con baño (privado)	with a (private) bath
con ducha	with a shower
la pensión	boardinghouse, bed and breakfast
la recepción	front desk
el servicio de cuarto	room service
alojarse	to stay, lodge

facturar-check

***Boleto** is mostly used in Latin America; **billete** is used in Spain.

¿Sabes cuál de los pasajes es para viajar en autobús y cuál es para viajar en avión? ¿Puedes encontrar la hora de salida de cada viaje? ¿y el número del vuelo del viaje en avión?

ACTIVIDAD D Definiciones y descripciones

Escucha la definición o descripción que da el profesor (la profesora) y luego indica a cuál de las opciones se refiere.

1. **a.** el tren   **b.** el crucero   **c.** el avión
2. **a.** la pensión   **b.** el aeropuerto   **c.** la estación
3. **a.** el asiento   **b.** el agente de viajes   **c.** el pasajero
4. **a.** el asiento   **b.** la demora   **c.** el billete
5. **a.** hacer cola   **b.** hacer escala   **c.** hacer la maleta
6. **a.** bajar   **b.** marearse   **c.** facturar
7. **a.** el pasaje   **b.** la sala de espera   **c.** la demora
8. **a.** la pasajera   **b.** la agente de viajes   **c.** la asistente de vuelo

ACTIVIDAD E ¿En qué orden?

Cuando viajas en avión, ¿en qué orden haces las siguientes actividades? Compara tus resultados con los del resto de la clase.

_____ Facturo el equipaje.   _____ Compro el boleto.
_____ Hago cola.   _____ Hago la maleta.
_____ Le pido una almohada.   _____ Llego al aeropuerto.
    (*pillow*) al asistente de   _____ Subo al avión.
    vuelo.   _____ Tomo asiento.

COMUNICACIÓN

ACTIVIDAD F ¿Molestia o no?

Paso 1 Indica si las siguientes cosas te molestan o te molestarían en un viaje por avión.

5 = Me molesta mucho y de hecho me enfado.
3 = Me molesta.
0 = No me molesta. Así es la vida.

1. _____ Hay una demora de una hora.
2. _____ Hay una demora de dos horas o más.
3. _____ Tienes que hacer cola por más de 30 minutos para facturar el equipaje.
4. _____ La persona en el asiento a tu lado se marea y vomita.
5. _____ Según el itinerario, es necesario hacer tres escalas y cambiar de avión dos veces.
6. _____ Al llegar a tu destino, tus maletas no aparecen. Te dicen que no van a llegar hasta el día siguiente.

Paso 2 Ahora entrevista a un compañero (una compañera) de clase. Léele cada oración y pregúntale si le molesta o no (tu compañero/a no debe mirar su libro). Apunta sus respuestas, pero no le digas lo que has contestado tú en el **Paso 1.**

Paso 3 Al final, revela tus respuestas y compáralas con las de tu compañero/a. ¿A quién le molestan más esas situaciones? Entre todos, ¿han pensado en otras situaciones molestas?

ACTIVIDAD G El alojamiento en un hotel

Paso 1 Indica si las siguientes cosas son necesarias para ti o si sólo son preferibles cuando te alojas en un hotel. Si no tomas una cosa en consideración, indica eso.

	NECESARIO	PREFERIBLE	NO LA TOMO EN CONSIDERACIÓN.
1. una cama matrimonial en vez de una sencilla	☐	☐	☐
2. el desayuno incluido	☐	☐	☐
3. un baño privado	☐	☐	☐
4. un baño con ducha	☐	☐	☐
5. servicio de cuarto	☐	☐	☐
6. extras como televisión por cable	☐	☐	☐

Paso 2 ¿Cómo contestan las siguientes personas a cada número del **Paso 1**?

1. una persona de negocios que viaja frecuentemente y que normalmente se queda tres días en un hotel

2. dos jóvenes ricos y famosos que van a Colorado para esquiar

3. una persona que viaja en auto y que solamente pasa una noche en el hotel antes de continuar su viaje

4. dos personas jubiladas (*retired*) que pasan una semana en Florida

COMUNICACIÓN

Así se dice

Para can be used instead of **a** to indicate *to, toward, for,* or *in the direction of,* especially when travel or distance is involved.

> Mañana salgo **para** París.
> ¿Cuándo vienes **para** México?

For now you can use **a,** but look for uses of **para** with destination as you continue to learn Spanish.

Hay hoteles de todo tipo en el mundo hispano. ¿Qué tipo de hotel te gusta a ti, los hoteles de lujo (luxury) *modernos como este resort (1) cerca de San José del Cabo, México o prefieres los hoteles más tradicionales como este (2) de Andalucía, España?*

1.

2.

GRAMÁTICA

Firme aquí.

Telling Others What to Do: Formal Commands

12, pgs. 251–255   *informal pg. 251*

pg. 32   stem vowel change

In an earlier lesson, you learned about direct commands when you are talking to someone with whom you would use **tú**. Direct comments to persons with whom you would use **Ud.** or **Uds.** take a different form. The stem of both affirmative and negative formal command forms is usually the same as for the first-person singular (**yo**) present-tense form (e.g., **dormir** → **duermo** → **duerm-**; **poner** → **pongo** → **pong-**)

Firme aquí, por favor.	*Sign here, please.*
Salgan por aquí.	*Leave (you [all]) this way.*

pg. 76, 236

Verb stems that end in **-g** will add a **u** to keep the pronunciation of the hard **g** if followed by an **e**. The same is true for verb stems that end in **-c**; they will be spelled **qu** to maintain the hard **k** sound.

Saque su pasaporte, por favor.	*Take out your passport, please.*
¡No **lleguen** tarde!	*Don't arrive late!*

Reflexive and object pronouns are attached to the end of an affirmative command. With negative commands, the pronouns are placed in front.

Vístan**se** bien.	*Dress well.*
No **se** acueste muy tarde.	*Don't go to bed too late.*

Some common irregular commands are those in which the **yo** form ends in **-oy** in the present tense: **ir, ser, dar.**

No **vaya** muy lejos.	*Don't go far away.*
No **sea** ingrato.	*Don't be ungrateful.*
Déme dos boletos.	*Give me two tickets.*

(Quia) ACTIVIDAD H ¿Quién lo diría?

¿Quién diría cada oración? ¿El recepcionista de un hotel o un huésped?

	RECEPCIONISTA	HUÉSPED
1. Firme aquí, por favor.	☐	☐
2. Para hacer una llamada fuera del hotel, marque «9» primero.	☐	☐
3. Déme dos llaves, por favor.	☐	☐
4. Por favor, no me despierten antes de las 8.00 de la mañana.	☐	☐

ACTIVIDAD I En la habitación

¿Cuál de las siguientes oraciones esperarías encontrar en la habitación de un hotel?

☐ **1.** Ayúdenos a conservar el agua.

☐ **2.** Por favor, deje abierta la puerta para la mujer de la limpieza.

☐ **3.** En caso de incendio (*fire*), *no* use el ascensor.

☐ **4.** Si no encuentra todo a su satisfacción, escríbanos al volver a su casa.

ACTIVIDAD J Agencia de turismo

En grupos de tres, escojan un lugar en este país que puede ser un lugar de vacaciones o un lugar visitado por turistas. No les digan cuál es ese lugar a los demás miembros de la clase. Luego, formulen una serie de cinco oraciones basándose en el modelo sin indicar el lugar.

MODELOS Visite nuestras playas blancas.

Tome una bebida mirando la puesta del sol (*sunset*).

Después, cada grupo va a leer sus oraciones. ¿Puede el resto de la clase adivinar a qué lugar se refiere cada grupo?

VISTAZOS II · Las profesiones

VOCABULARIO

¿Qué profesión?

Talking About Professions

ªvos = *you* (*fam., sing.*), *used in Argentina and other Latin American countries*   ᵇapechugar... *put up with*

Campos	Profesiones	Campos	Profesiones
la agricultura	el granjero (la granjera)	el derecho[b]	el abogado (la abogada)
la arquitectura	el arquitecto (la arquitecta)	la enseñanza	el profesor (la profesora)
			el maestro (la maestra)
el arte	el pintor (la pintora)	la farmacia	el farmacéutico (la farmacéutica)
	el escultor (la escultora)		
la asistencia social	el trabajador (la trabajadora) social	el gobierno la política	el político (la política)
			el senador (la senadora)
la ciencia	el científico (la científica)		el/la representante
	el biólogo (la bióloga)		el presidente (la presidenta)
	el físico (la física)	la ingeniería	el ingeniero (la ingeniera)
	el químico (la química)		
	el astrónomo (la astrónoma)	la medicina	el médico (la médica)
			el enfermero (la enfermera)
el cine la televisión el teatro	el director (la directora)		el veterinario (la veterinaria)
	el fotógrafo (la fotógrafa)	la moda[c]	el diseñador (la diseñadora)
	el productor (la productora)	la música	el/la músico
	el actor (la actriz)	los negocios	el hombre (la mujer) de negocios
la computación	el programador (la programadora)	el periodismo	el/la periodista
	el/la técnico	la psicología	el psicólogo (la psicóloga)
la contabilidad[a]	el contador (la contadora)	la terapia física	el/la terapeuta
los deportes	el/la atleta		
	el jugador (la jugadora) de...		

[a]accounting [b]law [c]fashion

Vocabulario útil

el/la asesor(a)	consultant
el/la ayudante	assistant
el/la especialista (*en algo*)	specialist (in something)
el/la gerente	manager
el/la jefe/a	boss
consultar	to consult

ACTIVIDAD A Asociaciones

Paso 1 El profesor (La profesora) va a mencionar una profesión. Indica el nombre que se asocia con cada profesión.

1. **a.** Lois Lane **b.** Amelia Earhart **c.** Bette Midler
2. **a.** Bill Cosby **b.** Sandra Day O'Connor **c.** Barbara Walters
3. **a.** Oprah Winfrey **b.** Donald Trump **c.** Michael Douglas
4. **a.** Sammy Sosa **b.** Julio Iglesias **c.** Juan Valdés
5. **a.** Ann Landers **b.** Mr. Rogers **c.** Giorgio Armani
6. **a.** Fidel Castro **b.** Benicio del Toro **c.** Isabel Allende
7. **a.** Johnson y Johnson **b.** Sara Lee **c.** Federico García Lorca
8. **a.** Bill Clinton **b.** Jaime Escalante **c.** Jane Fonda

Paso 2 Indica lo que asocias con cada profesión que se menciona.

1. **a.** la máquina de escribir **b.** la ropa especial **c.** los animales
2. **a.** los pacientes **b.** el transporte **c.** la clase
3. **a.** los contratos **b.** el béisbol **c.** las revistas
4. **a.** el laboratorio **b.** el piano **c.** el dinero
5. **a.** la aspirina **b.** el congreso **c.** los dibujos

Paso 3 Indica el lugar que asocias con cada profesión que se menciona.

1. **a.** la corte **b.** la clase **c.** la universidad
2. **a.** la playa **b.** la escuela **c.** el restaurante
3. **a.** el campo **b.** la ciudad **c.** el espacio
4. **a.** la clínica **b.** la casa **c.** el parque
5. **a.** el hospital **b.** el océano **c.** el estudio

Así se dice

Don't be fooled by professions that end in **-ista**: these can be either masculine or feminine.

Mi **padre** es **dentista**.
Mi **madre** es **dentista**.
Mi **hermano** es **periodista**.
Mi **hermana** es **periodista**.

ACTIVIDAD B ¿Cuánto prestigio?

Algunas profesiones tienen más prestigio que otras. ¿Cómo calificas tú las siguientes profesiones?

Paso 1 Pon al lado de cada profesión el número que indique el prestigio que tú crees que tiene en la sociedad.

1 = poco prestigio
2 = algún prestigio
3 = mucho prestigio

___ trabajador(a) social
___ abogado/a
___ maestro/a de secundaria
___ enfermero/a
___ piloto
___ director(a) de cine
___ policía

___ veterinario/a
___ hombre (mujer) de negocios
___ contador(a)
___ asistente de vuelo
___ granjero/a
___ taxista

Paso 2 Compara lo que escribiste con lo que escribieron otros dos compañeros de clase. ¿Tienen opiniones diferentes? ¿En qué basaron sus respuestas?

Así se dice

Spanish does not use the indefinite articles **un** or **una** with the verb **ser** when talking about professions.

> Quiero **ser abogado.**
> Ella **es arquitecta.**

Un and **una** *are* used, however, when professions are modified in some way.

> Quiero ser **un** abogado **famoso.**
> Ella es **una** arquitecta bastante **conocida.**

ACTIVIDAD C De niño/a

Muchas personas tienen aspiraciones profesionales cuando son muy jóvenes. ¿Qué pensabas ser tú?

Paso 1 Completa la siguiente oración.

> Recuerdo que de niño/a quería ser _____.

Paso 2 ¿Han cambiado tus deseos? ¿Qué quieres ser ahora?

> Ahora quiero ser _____.

Paso 3 ¿Cuántas personas en la clase han cambiado de idea también? Comparte tus oraciones con la clase. Apunta lo que dicen tus compañeros. Determina...

1. si algunos de los estudiantes respondieron de una manera semejante.

2. si la mayoría ha cambiado de idea o no.

VOCABULARIO

¿Qué características y habilidades se necesitan?

Talking About Traits Needed for Particular Professions

—Bueno, quieren saber qué **habilidades** especiales tengo. Voy a poner que **hablo varios idiomas**... y que **sé usar una computadora**...

Below is a list of qualities and skills (or abilities) that are useful for talking about particular professions. Some of these expressions you already know.

Cualidades

pensar de una manera directa
ser carismático/a
ser compasivo/a (*compassionate*)
ser compulsivo/a
ser emprendedor(a) (*aggressive, enterprising*)
ser físicamente fuerte
ser hábil para las matemáticas

ser honesto/a
ser íntegro/a (*honorable*)
ser listo/a (*clever, smart*)
ser mayor
ser organizado/a
ser paciente
tener don de gentes

also pg. 266

Habilidades

hablar otro idioma	**saber mandar** (*to know*
saber dibujar	*how to direct others*)
saber escribir bien	**saber usar una**
saber escuchar	**computadora**
saber expresarse claramente	**tener habilidad manual**
	(para trabajar con las manos)

Note that **saber** + *infinitive* means *to know how to do something* or *to be able to do something*. Spanish does not normally use **poder** + *infinitive* to talk about being able to do something that is related to talent or knowledge.

Sé escribir bien. *I know how to write well.*

María **sabe escuchar.** *María knows how to listen.*

but

María **puede levantar** cien *María can lift a hundred*
libras fácilmente. *pounds easily.*

 ACTIVIDAD D ¿Qué profesional?

La clase entera debe determinar qué profesionales deben tener las siguientes cualidades.

1. Deben pensar de una manera directa.
2. Deben ser emprendedores.
3. Necesitan ser pacientes.
4. Deben ser físicamente fuertes.
5. Necesitan ser hábiles para las matemáticas.
6. Deben ser carismáticos.
7. Deben tener don de gentes.

ACTIVIDAD E Definiciones

El profesor (La profesora) va a dar unas definiciones. ¿De qué cualidad se habla en cada caso?

1... 2... 3... 4... 5...

ACTIVIDAD F ¿Qué cualidades?

COMUNICACIÓN

Paso 1 La clase debe dividirse en grupos de tres. A cada grupo se le va a asignar una profesión.

Paso 2 Cada grupo debe pensar en por lo menos tres de las cualidades que se requieren para practicar esa profesión. Luego, debe llenar el siguiente párrafo.

La profesión de que hablamos es _____. En primer lugar, para practicar esta profesión, una persona tiene que _____. También debe _____. Y es muy bueno _____.

Paso 3 Cada grupo va a leer su párrafo a la clase. ¿Están los otros grupos de acuerdo con sus opiniones?

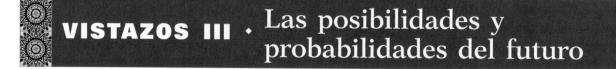

GRAMÁTICA

¿Cómo será nuestra vida?

Introduction to the Simple Future Tense

—Creo que en el siglo XXI **habrá** avances médicos muy importantes. **Tendremos** nuevos métodos científicos y una tecnología capaz de tratar enfermedades muy graves.

You already know several ways to express future intent in Spanish.

Muchos estudiantes **piensan especializarse** en las ciencias computacionales.

La mayoría de la gente **espera llevar** una vida mejor dentro de unos años.

El mundo **va a ser** muy diferente en el próximo siglo.

Spanish also has a simple future tense, equivalent to English *will + verb*.

—¿Qué lenguas **serán** importantes en los negocios del siglo XXI?
—Bueno, el japonés **será** importante.

The future tense is formed by adding the endings **-é, -ás, -á, -á, -emos, -éis, -án, -án** to the infinitive of a verb.

cambiar + é = cambiaré (*I will change*)
ver + ás = verás (*you* [tú] *will see*)
vivir + á = vivirá (*he/she/you* [Ud.] *will live*)
ser + emos = seremos (*we will be*)
estudiar + éis = estudiaréis (*you* [vosotros/as] *will study*)
trabajar + án = trabajarán (*they/you* [Uds.] *will work*)

The endings are the same regardless of whether the infinitive ends in **-ar, -er,** or **-ir.** A small number of frequently used verbs have irregular future stems. Among them are

decir → **dir-**	diré, dirás, dirá, dirá, diremos, diréis, dirán, dirán
hacer → **har-**	haré, harás, hará, hará, haremos, haréis, harán, harán
poder → **podr-**	podré, podrás, podrá, podrá, podremos, podréis, podrán, podrán
salir → **saldr-**	saldré, saldrás, saldrá, saldrá, saldremos, saldréis, saldrán, saldrán
tener → **tendr-**	tendré, tendrás, tendrá, tendrá, tendremos, tendréis, tendrán, tendrán
haber → **habr-**	habrá (*there will be*)

[handwritten: stem same as conditional pg. 286]

ACTIVIDAD A ¿Qué predices?° What do you predict?

Paso 1 A continuación hay una lista de predicciones sobre lo que ocurrirá en los próximos diez años. Indica si estás de acuerdo o no.

	ESTOY DE ACUERDO.	NO ESTOY DE ACUERDO.
1. Habrá la posibilidad de seleccionar un «hijo perfecto» por medio de los avances en la genética.	☐	☑
2. No se podrá encontrar comidas con conservantes artificiales, pues estos serán prohibidos definitivamente.	☐	☑
3. Una mujer será presidenta de los Estados Unidos.	☑	☐
4. Desarrollarán una vacuna contra el SIDA.	☑	☐
5. Encontrarán el remedio para el cáncer.	☐	☑
6. Se resolverá el problema del efecto invernadero (*greenhouse effect*).	☐	☑
7. El español llegará a ser* la lengua mundial, reemplazando al inglés como la lengua de los negocios y la tecnología.	☐	☑
8. La ropa será aun más unisexo. Por eso, empezarán a desaparecer las secciones separadas para hombres y mujeres en los almacenes (*department stores*).	☐	☑

Paso 2 Usando las ideas del **Paso 1,** averigua las opiniones de tus compañeros de clase.

MODELO E1: ¿Crees que una mujer será presidenta de los Estados Unidos?
E2: Creo que sí. (No, no creo eso.)
E1: Bien. ¿Y crees que... ?

***Llegar a ser** means *to become*, in the sense of a process of evolution, promotion, or change over time.

Mercedes **llegó a ser** jefa después de mucho trabajo.
Buenos Aires **llegó a ser** la ciudad más importante de la Argentina.

Lección final   ¿Adónde vamos?

(Quia) ACTIVIDAD B ¿Sabías que... ?

Paso 1 Lee la selección **¿Sabías que... ?** Luego contesta las preguntas.

1. ¿Cuál es el estereotipo de la mujer hispana según la selección?

2. Describe con tus propias palabras lo que está pasando en los países hispanos según lo que has leído y escuchado.

Paso 2 ¿Es la situación en este país igual o diferente a la que se describe en la selección? Los hombres en la clase deben entrevistar a las mujeres usando las siguientes ideas para formular sus preguntas.

1. la carrera que estudia

2. sus aspiraciones con relación al trabajo y la vida personal y familiar

Paso 3 Ahora las mujeres deben entrevistar a los hombres usando las mismas ideas del **Paso 2.** ¿Hay muchas diferencias entre las respuestas de las personas de cada sexo? Después la clase debe comentar lo siguiente y escribir la información en la pizarra.

1. las futuras carreras de los dos sexos

2. planes para el matrimonio u otro tipo de relaciones permanentes con otra persona

3. planes para tener hijos

¿Sabías que...

en muchos países de habla española el futuro está en manos de las mujeres? La imagen estereotípica que se tiene de los países hispanohablantes es que son sociedades «machistas», donde el hombre ocupa todas las posiciones importantes y la mujer queda relegada a hacer los trabajos domésticos y a criar los hijos. Sin embargo, si analizamos las estadísticas de empleo más recientes, todo parece indicar que este estereotipo está muy lejos de ser realidad. Según algunos, las mujeres en el mundo hispano están consiguiendo nuevos puestos a un ritmo tres veces mayor que los hombres. Además, cada día más mujeres ocupan puestos administrativos y técnicos en los campos que eran territorio de los hombres.

Una foto de un folleto distribuido por el Ministerio de Asuntos Sociales de España. ¿Por qué carga tantos sombreros esta mujer? ¿Qué representan?

Parece que esta es una tendencia que continuará en las próximas décadas en todo el mundo hispano. En España, México, Costa Rica, Panamá, el Perú, la Argentina y otros países, las mujeres hispanas están entrando en grandes números en los campos de administración de empresas, derecho, medicina, ingeniería y ciencias. Los investigadores predicen que para el año 2010, el número de mujeres profesionales empleadas será mayor que el número de hombres.

GRAMÁTICA

¿Es probable? ¿Es posible?

(No) Es probable que	
(No) Es posible que	
No es cierto que	
Es dudoso que	+ subjuntivo
Dudo que	
No creo que	

—...y **es poco probable que encontremos** una vacuna contra esta enfermedad en los próximos cinco años, pero hay esperanzas para el futuro lejano.

Often we express belief and affirm ideas by using phrases such as "I believe that . . . " and "It's true that . . . ", among others.

> *I believe that a woman will be president in ten years.*
> *It's true that we have never had a woman president.*

We can also express the opposite, namely disbelief, doubt, and probability, by using phrases such as "I don't think that . . . ", "It's doubtful that . . . ", "It's possible or probable that . . . ", and so on. When we use such expressions in Spanish, the verb in the second part of the sentence appears in a form called the *subjunctive*. Negation can affect the use of the subjunctive with expressions of doubt, disbelief, and uncertainty.

SUBJUNCTIVE REQUIRED	INDICATIVE REQUIRED
Es dudoso que...	No es dudoso que...
No es cierto que...	Es cierto que...
No creo que...	Creo que...
Dudo que...	No dudo que...

The forms of the present subjunctive are based on the **yo** form of the present indicative (the present tense verb forms with which you have been working).

tomar → **tomo** → tom-
conocer → **conozco** → conozc-   1st person
tener → **tengo** → teng-

What makes the subjunctive different from the indicative is that verbs in the subjunctive use the "opposite vowel" in their endings: **-ar** verbs use an **-e-** and **-er/-ir** verbs use an **-a-.** Here are some examples in the third-person singular and plural.

-ar (→ -e)	-er (→ -a)	-ir (→ -a)
tom**e**, tom**en**	com**a**, com**an**	viv**a**, viv**an**
llegu**e**, llegu**en**	teng**a**, teng**an**	salg**a**, salg**an**
pagu**e**, pagu**en**	entiend**a**, entiend**an**	sirv**a**, sirv**an**

Así se dice

Spelling changes in the subjunctive serve to maintain the pronunciation of certain consonants. Remember that to maintain the hard "**g**" of **pagar, llegar, entregar,** and other verbs, a **u** is added to the stem before the vowel **e.** To maintain the hard "**c**" of **buscar, indicar,** and other verbs, the **c** is dropped from the stem and **qu** is added before the vowel **e.**

Indicative	Subjunctive
entrego	entre**gue**
pago	pa**gue**
busco	bus**que**
indico	indi**que**

subjunctive = used for formal commands (Ud.)

Así se dice

You may already have inferred this from its use throughout *Vistazos,* but to express *by* or *for a certain time,* use **para** and not **por.**

Para el año 2020, todos viviremos en casas «inteligentes».
¿Estarás listo **para mañana?**
Hay que entregar la tarea **para el lunes.**

A few verbs in the present subjunctive have irregular forms. Here are the third-person singular and plural forms of some of these verbs.

dar	**dé, den**	ir	**vaya, vayan**
estar	**esté, estén**	saber	**sepa, sepan**
haber	**haya, hayan**	ser	**sea, sean**

ACTIVIDAD C ¿Estás de acuerdo?

Algunas personas dudan de muchas cosas, no sólo de lo que puede (o no puede) ocurrir en el futuro sino también del estado de ciertas cosas en el presente. Indica si estás de acuerdo con lo siguiente o no. ¿Y qué piensan tus compañeros?

	ESTOY DE ACUERDO.	NO ESTOY DE ACUERDO
1. Es dudoso que para el año 2010 les encontremos solución a los problemas del medio ambiente.	☐	☐
2. No es muy cierto que en diez años se pueda seleccionar el sexo de los hijos.	☐	☐
3. Es dudoso que en diez años Quebec sea independiente del resto del Canadá.	☐	☐
4. No es cierto que todas las escuelas públicas sean tan malas como lo dicen las noticias.	☐	☐
5. Es muy dudoso que en este momento el gobierno comprenda los problemas de los que no tienen vivienda.	☐	☐

ACTIVIDAD D ¿Qué es probable que ocurra para el año 2020?

Usando la siguiente «escala de probabilidades» y el subjuntivo, forma una nueva oración para indicar lo que opinas sobre cada idea.

ESCALA DE PROBABILIDADES

$\longleftrightarrow$

| No es probable. | Es poco probable. | Es probable. | Es muy probable. |

MODELO   Los carros dejarán de contaminar el ambiente para el año 2020. →
Es poco probable que los carros dejen de contaminar el ambiente para el año 2020.

1. Cada estudiante universitario en este país tendrá una computadora personal.

2. Con la eficiencia de la tecnología, el ser humano será más perezoso.

3. Todos usaremos teléfonos celulares.

4. No existirá la institución de la Seguridad Social en los Estados Unidos.

5. México mostrará evidencia de transformarse en el poder económico más importante de Latinoamérica.

6. Todos haremos las compras por la Red.

ACTIVIDAD E ¿Dudas?

En la actividad previa, indicaste la probabilidad de ciertos acontecimientos del futuro. En esta actividad, vas a expresar tus dudas aun más.

Paso 1 Con un compañero (una compañera), indica si las expresiones a continuación implican que se tiene una gran duda, una ligera duda o ninguna duda.

1. Dudo...   4. Estoy seguro/a...

2. No creo...   5. No estoy seguro/a de...

3. Creo...   6. No me parece...

Paso 2 Refiriéndote al año 2020, combina las siguientes oraciones con una de las expresiones del **Paso 1.**

> MODELO   Creo... / No se venderán libros, sólo vídeos. →
> Creo que no se venderán libros, sólo vídeos.

1. La energía solar será más común que la energía nuclear.

2. Los carros funcionarán con electricidad y no con gasolina.

3. La temperatura global subirá de forma permanente debido al efecto invernadero.

4. Habrá una guerra en el espacio.

5. Los hispanos llegarán a ser el grupo minoritario mayor de este país.

6. El español será considerado idioma oficial en California, Florida y otros estados de los Estados Unidos.

7. (Inventa tú una oración relacionada con la condición política o social de este país o con la vida de todos los días.)

Paso 3 Usando la expresión **¿Crees que... ?,** pregúntales a dos compañeros de clase lo que opinan de las afirmaciones anteriores. Apunta sus respuestas.

Nota comunicativa

Here are some ways you can express your doubt about or rejection of an idea expressed by someone else.

No lo creo.
I don't think so.

¿Hablas en serio?
Are you serious?

¡No puede ser!
That can't be!

A otro perro con ese hueso.
Peddle that story somewhere else.

Sí. Y yo soy el Papa.
Sure. And I'm the Pope.

ACTIVIDAD F Los hispanos hablan

Paso 1 Lee lo que dicen Giuli Dussias y Montserrat Oliveras sobre el futuro del español. ¿Están las dos de acuerdo en cuanto al futuro de la lengua española?

Los hispanos hablan

¿Cómo ves el futuro de la lengua española?

NOMBRE: Giuli Dussias

EDAD: 35 años

PAÍS: Venezuela

«El futuro del español en mi opinión es brillante. En realidad es un idioma que se habla en más de veinte países en todo el mundo y es el idioma que más se estudia, uno de los idiomas más estudiados del mundo y de hecho el idioma que más se estudia aquí en los Estados Unidos. Por lo cual,... »

NOMBRE: Montserrat Oliveras

EDAD: 33 años

PAÍS: España

«Eh, si me preguntas qué opino sobre el futuro del español, tengo que decirte que es un futuro muy optimista... »

Paso 2 Ahora mira los segmentos completos. Luego indica quién menciona cada tema a continuación, Giuli, Montserrat o las dos.

1. Hablar español es una ventaja.

2. Se habla español cada vez más y mejor en los Estados Unidos.

3. El contacto con otras lenguas hace que el español tenga influencias externas.

Paso 3 Comenta el futuro del español en tu propia vida. ¿Piensas seguir estudiando español? ¿Hasta cuándo? ¿Piensas que tendrá un papel importante en tu vida?

Recomendaciones para elegir una profesión

Propósito: hacer una recomendación de trabajo o profesión basada en una entrevista.

Papeles: una persona entrevistadora y otra persona entrevistada.

Paso 1 Vas a escribirle unas recomendaciones a un compañero (una compañera) de clase con referencia a la profesión que debe seguir. Primero, lee el siguiente párrafo y piensa en los datos que necesitas obtener para hacer las recomendaciones.

> Según nuestra conversación, veo que tú _____. También he observado que _____. Dices que tus metas personales son _____. Entonces, creo que puedes trabajar en los siguientes campos: _____. Una profesión ideal para ti sería _____.

Paso 2 Vas a entrevistar a una persona en la clase sobre la siguiente lista de temas. Lee la lista y escribe preguntas para cada tema que te ayudarán (*will help*) a obtener los datos que deseas sobre esa persona. Tus preguntas deben ayudarte a saber algo sobre la persona sin hacerle preguntas directas sobre su vida privada.

- ☐ la personalidad de la persona
- ☐ las metas de la persona
- ☐ cómo la persona se relaciona con los demás
- ☐ sus intereses
- ☐ sus aptitudes o habilidades especiales
- ☐ ¿ ?

Paso 3 Ahora, entrevista a esa persona y apunta sus respuestas mientras habla. Pide aclaraciones cuando sea necesario.

Paso 4 Completa el párrafo del **Paso 1** con los datos que obtuviste. Agrega otras ideas según tus apuntes de la entrevista. Antes de entregarle tu párrafo al profesor (a la profesora), muéstraselo a la persona que entrevistaste. ¿Qué piensa de lo que escribiste? ¿Dice que le interesa el campo o profesión que le sugeriste?

Vistazos culturales

El futuro del español en los Estados Unidos

¿Sabías que... el español es uno de los idiomas más hablados en los Estados Unidos? Los datos del Censo 2000 revelan que actualmente hay más de 28,1 millones de norteamericanos que hablan español en casa. Además, el número de personas bilingües que hablan español e inglés casi se ha triplicado desde los años 1980. El español también ha recibido mucha atención por estudiantes que quieren aprender otra lengua. Por lo general, hay más inscripciones[a] en los cursos de español que para cualquier otro idioma. El futuro del español en los Estados Unidos es brillante.

[a]*enrollments*

EL CENSO 2000						
NÚMERO DE HISPANOHABLANTES EN CASA Y SU PROFICIENCIA (AUTOREPORTADA) EN INGLÉS RESIDENTES DE 5 AÑOS DE EDAD EN ADELANTE						
	1980	**%**	**1990**	**%**	**2000**	**%**
Hispanohablantes en casa	11.116.194	100	17.339.172	100	28.101.052	100
Hablan inglés muy bien	5.534.875	49,8	9.033.407	52,1	14.349.796	51,1
Hablan inglés con dificultad	5.581.319	50,2	8.305.765	47,9	13.751.256	48,9

El cuadro indica que el número de hispanos norteamericanos bilingües ha aumentado de 5,5 millones en 1980 a 14,3 millones en 2000. Sin embargo, hoy día hay un gran debate sobre la necesidad de ofrecer la educación bilingüe en los Estados Unidos. Varias propuestas se han formulado en el suroeste del país que fomentan el uso exclusivo del inglés en las escuelas públicas.

En 1998 los votantes del estado de California aprobaron la Propuesta 227, así obligando el uso del inglés en las escuelas públicas. A pesar de[a] esta legislatura, la educación bilingüe continúa en muchas partes del estado.

[a]*A... In spite of*

En el año 2000 los votantes del estado de Arizona aprobaron la Propuesta 203, una propuesta modelada según la Propuesta 227 de California. La 203, sin embargo, es aun más restrictiva que la de California.

En el año 2000 la Corte Suprema del estado de Colorado anuló[a] una propuesta abogando[b] el uso exclusivo del inglés en las escuelas públicas de ese estado.

[a]*overturned*
[b]*advocating*

You can investigate these cultural topics in more detail on the *Vistazos* Online Learning Center: **www.mhhe.com/vistazos2**.

A pesar de las propuestas para terminar con la educación bilingüe, el número de estudiantes en los Estados Unidos interesados en aprender el español como segunda lengua ha aumentado muchísimo en las últimas décadas. En el año 2000 el *American Council on the Teaching of Foreign Languages* (ACTFL) publicó los resultados de una encuesta sobre las inscripciones en lenguas extranjeras en las escuelas secundarias públicas del país. Como se ve en el cuadro, los estudiantes de las escuelas secundarias se inscriben más en los cursos de español que en los de cualquier otro idioma.

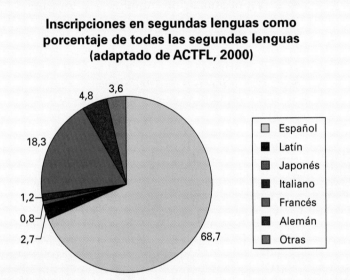

Inscripciones en segundas lenguas como porcentaje de todas las segundas lenguas (adaptado de ACTFL, 2000)

- Español
- Latín
- Japonés
- Italiano
- Francés
- Alemán
- Otras

El Instituto Cervantes es una organización que se dedica a la difusión mundial de la lengua española y que tiene sucursales[a] en una variedad de países. En el Instituto Cervantes se puede tomar cursos de español y cultura, tener acceso a una biblioteca de recursos sobre el mundo hispano y participar en varias actividades culturales. Según el director del Instituto Cervantes en Chicago, Francisco Moreno, la comunicación del futuro en los Estados Unidos será fundamentalmente en inglés, pero el español ocupará cada vez más dominios públicos. Es muy probable que el bilingüismo (español/inglés) se convierta en un hecho característico de diversos ámbitos[b] geográficos del país.

Una celebración mexicana en los Estados Unidos: el Cinco de Mayo en Austin, Texas

[a]*branches* [b]*boundaries*

QUIA ACTIVIDAD ¿Qué recuerdas?

Empareja cada descripción de la columna A con una de las respuestas de la columna B.

A

1. _____: iniciativa para terminar con la educación bilingüe en el estado de California
2. _____: número de personas que hablan español en casa en el país
3. _____: idioma que más se estudia como segunda lengua en las escuelas secundarias del país
4. _____: organización mundial que fomenta la difusión de la lengua española
5. _____: iniciativa para el uso exclusivo del inglés en las escuelas públicas de Arizona
6. _____: número de norteamericanos que son bilingües (español/inglés)

B

a. Propuesta 203
b. 28,1 millones
c. el español
d. Propuesta 227
e. Instituto Cervantes
f. 14,3 millones

NAVEGANDO LA RED

Escoge *uno* de los siguientes proyectos. Luego presenta tus resultados a la clase.

1. La habilidad de hablar y escribir bien el español es una destreza (*skill*) cada día más estimada por las empresas (*businesses*) norte-americanas. Busca anuncios de puestos para profesionales en este país que requieren buen dominio (*proficiency*) del español. Haz lo siguiente.

   a. Menciona tres campos o puestos en los que es necesario saber español y el nivel de dominio que se pide para cada uno.
   b. Indica si los empleados bilingües en español e inglés ganan más que los que sólo hablan inglés.
   c. Basándote en la información que encuentres, da tu opinión sobre el futuro del español en este país.

2. Busca información sobre una escuela que se dedique a enseñar español en este país o en algún país hispano. Haz lo siguiente.

   a. Apunta los datos básicos de la escuela (nombre, dirección, teléfono, etcétera).
   b. Indica los tipos de curso que se ofrecen (cultura, lengua, español para negocios, etcétera), los horarios de clases y los costos (por curso, de inscripción, etcétera).
   c. Menciona otros detalles que te parezcan interesantes.

Vamos a ver

Now that you've completed the **Lección final,** watch the corresponding **Vamos a ver** segment on the *Vistazos* Video to further explore the themes presented in this unit. There are related pre- and post-viewing activities on the *Vistazos* Online Learning Center (**www.mhhe.com/ vistazos2).**

Las prendas de vestir — Articles of Clothing

el abrigo	overcoat
los *bluejeans*	jeans
la blusa	blouse
los calcetines	socks
la camisa	shirt
la camiseta	T-shirt
la chaqueta	jacket
la corbata	tie
la falda	skirt
el jersey	pullover
las medias	stockings
los pantalones	pants
los pantalones cortos	shorts
el sombrero	hat
la sudadera	sweats, sweatpants
el suéter	sweater
el traje	suit
el traje de baño	bathing suit
el vestido	dress
los zapatos	shoes
los zapatos de tacón alto	high-heel shoes

llevar	to wear
ponerse (*irreg.*)	to put on (*clothing*)
vestir (i, i)	to wear
vestirse (i, i) (R)	to dress, get dressed

Las telas y materiales — Fabrics and Materials

el algodón	cotton
el cuero	leather
la lana	wool
el poliéster	polyester
el rayón	rayon
la seda	silk

Palabras útiles

el diseño	design
barato/a	inexpensive
caro/a	expensive

De viaje — On a Trip

el aeropuerto	airport
el/la agente de viajes	travel agent
el/la asistente de vuelo	flight attendant
el autobús	bus
el avión	airplane
el/la camarero/a	flight attendant
el crucero	cruise ship
la estación	station
el/la pasajero/a	passenger
la sección de (no) fumar	(no) smoking section
el tren	train
bajar de	to get off (*a bus, car, plane, etc.*)
facturar el equipaje	to check luggage
hacer cola	to stand in line
hacer escala	to make a stop (*flight*)
hacer la maleta	to pack one's suitcase
hacer un viaje	to take a trip
marearse	to get sick (nauseated)
subir a	to get on/in (*a bus, car, plane, etc.*)
viajar	to travel
al extranjero	abroad

Palabras útiles para los viajes — Useful Words for Trips

el asiento	seat
el boleto (el billete)	ticket
de ida	one-way ticket
de ida y vuelta	round-trip ticket
la clase turística	economy class
la demora	delay
el equipaje	luggage
la llegada	arrival
la primera clase	first class
la salida	departure
el vuelo	flight

El alojamiento — Lodging

la cama	bed
matrimonial	double bed
sencilla	twin bed
la habitación	room
con baño (privado)	with a (private) bath
con ducha	with a shower
la pensión	boardinghouse, bed and breakfast
la recepción	front desk
el servicio de cuarto	room service
alojarse	to stay, lodge

Campos — Fields

la arquitectura	architecture
la asistencia social	social work
la contabilidad	accounting

el derecho	law	el/la terapeuta	therapist
la enseñanza	teaching	el/la trabajador(a)	social worker
la farmacia	pharmacy	social	
el gobierno	government	el/la veterinario/a	veterinarian
la medicina	medicine		
la moda	fashion	consultar	to consult
los negocios	business	dedicarse a	to dedicate oneself to
la política	politics		
la terapia física	physical therapy		

Repaso: la agricultura, el arte, la ciencia, el cine, la computación, los deportes, la ingeniería, la música, el periodismo, la psicología, el teatro, la televisión

Cualidades y habilidades — Qualities and Abilities

hablar otro idioma	to speak another language
pensar de una manera directa	to think in a direct (*linear*) manner
saber	to know how
dibujar	to draw
escribir (R) bien	to write well
escuchar (R)	to listen
expresarse claramente	to express oneself clearly
mandar	to direct others
usar una computadora	to use a computer
ser	to be
carismático/a	charismatic
compasivo/a	compassionate
compulsivo/a	compulsive
emprendedor(a)	enterprising, aggressive
físicamente fuerte	physically strong
hábil para las matemáticas	good at math
honesto/a (R)	honest
íntegro/a	honorable
listo/a	clever, smart
mayor (R)	older
organizado/a	organized
paciente (R)	patient
tener	to have
don de gentes	a way with people
habilidad manual	the ability to work with one's hands

Profesiones — Professions

el/la abogado/a	lawyer
el actor (la actriz)	actor (actress)
el/la arquitecto/a	architect
el/la asesor(a)	consultant
el/la astrónomo/a	astronomer
el/la atleta	athlete
el/la ayudante	assistant
el/la biólogo/a	biologist
el/la científico/a	scientist
el/la contador(a)	accountant
el/la director(a)	director
el/la diseñador(a)	designer
el/la enfermero/a	nurse
el/la escultor(a)	sculptor
el/la especialista	specialist
el/la farmacéutico/a	pharmacist
el/la físico/a	physicist
el/la fotógrafo/a	photographer
el/la gerente	manager
el/la granjero/a	farmer
el hombre (la mujer) de negocios	businessman (businesswoman)
el/la ingeniero/a	engineer
el/la jefe/a	boss
el/la jugador(a) de...	... player (*sports*)
el/la maestro/a	teacher (*elementary school*)
el/la médico/a	doctor
el/la músico	musician
el/la periodista	journalist
el/la pintor(a)	painter
el/la político/a	politician
el/la presidente/a	president
el/la productor(a)	producer
el/la profesional	professional
el/la profesor(a) (R)	professor; teacher
el/la programador(a)	programmer
el/la psicólogo/a	psychologist
el/la químico/a	chemist
el/la representante	representative
el/la senador(a)	senator
el/la técnico	technician

Las posibilidades y probabilidades del futuro — Future Possibilities and Probabilities

la duda	doubt
dudar	to doubt
(no) creo que...	I (don't) think that . . .
(no) es cierto que...	it's (not) certain that . . .
es dudoso que...	it's doubtful that . . .
(no) es posible que...	it's (not) possible that . . .
(no) es probable que...	it's (not) probable that . . .

GRAMMAR SUMMARY

LECCIÓN FINAL

Formal Commands

1. Singular and plural formal commands use the **Ud.** and **Uds.** forms of the present subjunctive, respectively. See the FORMS subsection in the section entitled "The Subjunctive" in this grammar summary. *below*

2. Remember that direct and indirect object pronouns and reflexive pronouns are attached to the end of affirmative commands and precede negative commands.

> —Profesora, ¿le entregamos la tarea ahora?
> *Professor, should we turn in the homework now?*
>
> —No, **no me la entreguen** ahora. **Entréguenmela** al final de la hora.
> *No, don't turn it in now. Turn it in at the end of the hour.*

The Subjunctive

USES

The subjunctive has a variety of uses in Spanish; in *Vistazos* you have focused on the subjunctive with expressions of uncertainty.

dudar que	(no) es probable que
es dudoso que	no creer que
(no) es posible que	no es cierto que

No creo que tengas más días de vacaciones que yo.
Dudamos que ella **salga** esta noche.
Es probable que ellos **sepan** llegar a este lugar.

Note that if **dudar** and **es dudoso** are negated, then these become expressions of certainty and the subjunctive is not used.

No dudo que tu hermana **es** la mejor cantante de todas.

FORMS

Like **Ud.** commands, the subjunctive stem is the same as that of the **yo** form of the present indicative. The **nosotros/as** and **vosotros/as** forms of most stem-changing verbs do not have a stem-vowel change.

1. Subjunctive endings take on the "opposite vowel": **-ar** verbs have an **-e-** in the endings and **-er/-ir** verbs have an **-a-**. Spelling changes also appear in the subjunctive in order to maintain pronunciation of certain consonants in the stem (**g → gu, c → qu, z → c**).

	-ar	-er	-ir
(yo)	almuerce	tenga	viva
(tú)	almuerces	tengas	vivas
(Ud.)	almuerce	tenga	viva
(él/ella)	almuerce	tenga	viva
(nosotros/as)	almorcemos	tengamos	vivamos
(vosotros/as)	almorcéis	tengáis	viváis
(Uds.)	almuercen	tengan	vivan
(ellos/ellas)	almuercen	tengan	vivan

2. Verbs with **-ir** endings that have a stem-vowel change in the third-person preterite have that same stem-vowel change in the **nosotros/as** and **vosotros/as** forms of the present subjunctive.

(yo)	me sienta	duerma
(tú)	te sientas	duermas
(Ud.)	se sienta	duerma
(él/ella)	se sienta	duerma
(nosotros/as)	nos sintamos	durmamos
(vosotros/as)	os sintáis	durmáis
(Uds.)	se sientan	duerman
(ellos/ellas)	se sientan	duerman

3. The following verbs have irregular subjunctive stems.

dar	**dé** (but: **des, den,** and so forth)
estar	**esté**
haber	**haya**
ir	**vaya**
saber	**sepa**
ser	**sea**

The Future Tense

1. The Spanish and English future tenses have essentially the same function—to express events that will occur sometime in the future.

> Creo que **estaré** contento.
> *I think I will be happy.*

> Algún día una mujer **será** presidenta de los Estados Unidos.
> *Someday a woman will be president of the United States.*

> ¿**Habrá** clase mañana?
> *Will there be classes tomorrow?*

2. The future is formed like the conditional. The infinitive is used as the stem and the endings shown at the right are added.

infinitive + ending

different from conditional

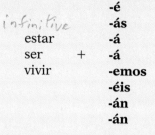

infinitive	**-é**
estar	**-ás**
ser +	**-á**
vivir	**-á**
	-emos
	-éis
	-án
	-án

3. Irregular conditional verb stems are irregular in the future tense as well.

decir →	**dir-**
hacer →	**har-**
poder →	**podr-**
salir →	**saldr-**
tener →	**tendr-**
haber →	**habrá** *(there will be)*

APPENDIX · Verbs

A. Regular Verbs: Simple Tenses

INFINITIVE PRESENT PARTICIPLE PAST PARTICIPLE	INDICATIVE					SUBJUNCTIVE		IMPERATIVE
	PRESENT	IMPERFECT	PRETERITE	FUTURE	CONDITIONAL	PRESENT	IMPERFECT	
hablar hablando hablado	hablo hablas habla hablamos habláis hablan	hablaba hablabas hablaba hablábamos hablabais hablaban	hablé hablaste habló hablamos hablasteis hablaron	hablaré hablarás hablará hablaremos hablaréis hablarán	hablaría hablarías hablaría hablaríamos hablaríais hablarían	hable hables hable hablemos habléis hablen	hablara hablaras hablara habláramos hablarais hablaran	habla / no hables hable hablemos hablad / no habléis hablen
comer comiendo comido	como comes come comemos coméis comen	comía comías comía comíamos comíais comían	comí comiste comió comimos comisteis comieron	comeré comerás comerá comeremos comeréis comerán	comería comerías comería comeríamos comeríais comerían	coma comas coma comamos comáis coman	comiera comieras comiera comiéramos comierais comieran	come / no comas coma comamos comed / no comáis coman
vivir viviendo vivido	vivo vives vive vivimos vivís viven	vivía vivías vivía vivíamos vivíais vivían	viví viviste vivió vivimos vivisteis vivieron	viviré vivirás vivirá viviremos viviréis vivirán	viviría vivirías viviría viviríamos viviríais vivirían	viva vivas viva vivamos viváis vivan	viviera vivieras viviera viviéramos vivierais vivieran	vive / no vivas viva vivamos vivid / no viváis vivan

B. Regular Verbs: Perfect Tenses

INDICATIVE										SUBJUNCTIVE			
PRESENT PERFECT		PAST PERFECT		PRETERITE PERFECT		FUTURE PERFECT		CONDITIONAL PERFECT		PRESENT PERFECT		PAST PERFECT	
he has ha hemos habéis han	hablado comido vivido	había habías había habíamos habíais habían	hablado comido vivido	hube hubiste hubo hubimos hubisteis hubieron	hablado comido vivido	habré habrás habrá habremos habréis habrán	hablado comido vivido	habría habrías habría habríamos habríais habrían	hablado comido vivido	haya hayas haya hayamos hayáis hayan	hablado comido vivido	hubiera hubieras hubiera hubiéramos hubierais hubieran	hablado comido vivido

C. Irregular Verbs

INFINITIVE / PRESENT PARTICIPLE / PAST PARTICIPLE	INDICATIVE					SUBJUNCTIVE		IMPERATIVE
	PRESENT	IMPERFECT	PRETERITE	FUTURE	CONDITIONAL	PRESENT	IMPERFECT	
andar andando andado	ando andas anda andamos andáis andan	andaba andabas andaba andábamos andabais andaban	anduve anduviste anduvo anduvimos anduvisteis anduvieron	andaré andarás andará andaremos andaréis andarán	andaría andarías andaría andaríamos andaríais andarían	ande andes ande andemos andéis anden	anduviera anduvieras anduviera anduviéramos anduvierais anduvieran	anda / no andes ande andemos andad / no andéis anden
caer cayendo caído	caigo caes cae caemos caéis caen	caía caías caía caíamos caíais caían	caí caíste cayó caímos caísteis cayeron	caeré caerás caerá caeremos caeréis caerán	caería caerías caería caeríamos caeríais caerían	caiga caigas caiga caigamos caigáis caigan	cayera cayeras cayera cayéramos cayerais cayeran	cae / no caigas caiga caigamos caed / no caigáis caigan
dar dando dado	doy das da damos dais dan	daba dabas daba dábamos dabais daban	di diste dio dimos disteis dieron	daré darás dará daremos daréis darán	daría darías daría daríamos daríais darían	dé des dé demos deis den	diera dieras diera diéramos dierais dieran	da / no des dé demos dad / no deis den
decir diciendo dicho	digo dices dice decimos decís dicen	decía decías decía decíamos decíais decían	dije dijiste dijo dijimos dijisteis dijeron	diré dirás dirá diremos diréis dirán	diría dirías diría diríamos diríais dirían	diga digas diga digamos digáis digan	dijera dijeras dijera dijéramos dijerais dijeran	di / no digas diga digamos decid / no digáis digan
estar estando estado	estoy estás está estamos estáis están	estaba estabas estaba estábamos estabais estaban	estuve estuviste estuvo estuvimos estuvisteis estuvieron	estaré estarás estará estaremos estaréis estarán	estaría estarías estaría estaríamos estaríais estarían	esté estés esté estemos estéis estén	estuviera estuvieras estuviera estuviéramos estuvierais estuviera	está / no estés esté estemos estad / no estéis estén
haber habiendo habido	he has ha hemos habéis han	había habías había habíamos habíais habían	hube hubiste hubo hubimos hubisteis hubieron	habré habrás habrá habremos habréis habrán	habría habrías habría habríamos habríais habrían	haya hayas haya hayamos hayáis hayan	hubiera hubieras hubiera hubiéramos hubierais hubieran	
hacer haciendo hecho	hago haces hace hacemos hacéis hacen	hacía hacías hacía hacíamos hacíais hacían	hice hiciste hizo hicimos hicisteis hicieron	haré harás hará haremos haréis harán	haría harías haría haríamos haríais harían	haga hagas haga hagamos hagáis hagan	hiciera hicieras hiciera hiciéramos hicierais hicieran	haz / no hagas haga hagamos haced / no hagáis hagan

C. Irregular Verbs (continued)

INFINITIVE PRESENT PARTICIPLE PAST PARTICIPLE	INDICATIVE PRESENT	IMPERFECT	PRETERITE	FUTURE	CONDITIONAL	SUBJUNCTIVE PRESENT	IMPERFECT	IMPERATIVE
ir yendo ido	voy vas va vamos vais van	iba ibas iba íbamos ibais iban	fui fuiste fue fuimos fuisteis fueron	iré irás irá iremos iréis irán	iría irías iría iríamos iríais irían	vaya vayas vaya vayamos vayáis vayan	fuera fueras fuera fuéramos fuerais fueran	ve / no vayas vaya vamos / no vayamos id / no vayáis vayan
oír oyendo oído	oigo oyes oye oímos oís oyen	oía oías oía oíamos oíais oían	oí oíste oyó oímos oísteis oyeron	oiré oirás oirá oiremos oiréis oirán	oiría oirías oiría oiríamos oiríais oirían	oiga oigas oiga oigamos oigáis oigan	oyera oyeras oyera oyéramos oyerais oyeran	oye / no oigas oiga oigamos oíd / no oigáis oigan
poder pudiendo podido	puedo puedes puede podemos podéis pueden	podía podías podía podíamos podíais podían	pude pudiste pudo pudimos pudisteis pudieron	podré podrás podrá podremos podréis podrán	podría podrías podría podríamos podríais podrían	pueda puedas pueda podamos podáis puedan	pudiera pudieras pudiera pudiéramos pudierais pudieran	
poner poniendo puesto	pongo pones pone ponemos ponéis ponen	ponía ponías ponía poníamos poníais ponían	puse pusiste puso pusimos pusisteis pusieron	pondré pondrás pondrá pondremos pondréis pondrán	pondría pondrías pondría pondríamos pondríais pondrían	ponga pongas ponga pongamos pongáis pongan	pusiera pusieras pusiera pusiéramos pusierais pusieran	pon / no pongas ponga pongamos poned / no pongáis pongan
querer queriendo querido	quiero quieres quiere queremos queréis quieren	quería querías quería queríamos queríais querían	quise quisiste quiso quisimos quisisteis quisieron	querré querrás querrá querremos querréis querrán	querría querrías querría querríamos querríais querrían	quiera quieras quiera queramos queráis quieran	quisiera quisieras quisiera quisiéramos quisierais quisieran	quiere / no quieras quiera queramos quered / no queráis quieran
saber sabiendo sabido	sé sabes sabe sabemos sabéis saben	sabía sabías sabía sabíamos sabíais sabían	supe supiste supo supimos supisteis supieron	sabré sabrás sabrá sabremos sabréis sabrán	sabría sabrías sabría sabríamos sabríais sabrían	sepa sepas sepa sepamos sepáis sepan	supiera supieras supiera supiéramos supierais supieran	sabe / no sepas sepa sepamos sabed / no sepáis sepan
salir saliendo salido	salgo sales sale salimos salís salen	salía salías salía salíamos salíais salían	salí saliste salió salimos salisteis salieron	saldré saldrás saldrá saldremos saldréis saldrán	saldría saldrías saldría saldríamos saldríais saldrían	salga salgas salga salgamos salgáis salgan	saliera salieras saliera saliéramos salierais salieran	sal / no salgas salga salgamos salid / no salgáis salgan

C. Irregular Verbs (*continued*)

Infinitive / Present Participle / Past Participle	Indicative Present	Imperfect	Preterite	Future	Conditional	Subjunctive Present	Imperfect	Imperative
ser / siendo / sido	soy	era	fui	seré	sería	sea	fuera	
	eres	eras	fuiste	serás	serías	seas	fueras	sé / no seas
	es	era	fue	será	sería	sea	fuera	sea
	somos	éramos	fuimos	seremos	seríamos	seamos	fuéramos	seamos
	sois	erais	fuisteis	seréis	seríais	seáis	fuerais	sed / no seáis
	son	eran	fueron	serán	serían	sean	fueran	sean
tener / teniendo / tenido	tengo	tenía	tuve	tendré	tendría	tenga	tuviera	
	tienes	tenías	tuviste	tendrás	tendrías	tengas	tuvieras	ten / no tengas
	tiene	tenía	tuvo	tendrá	tendría	tenga	tuviera	tenga
	tenemos	teníamos	tuvimos	tendremos	tendríamos	tengamos	tuviéramos	tengamos
	tenéis	teníais	tuvisteis	tendréis	tendríais	tengáis	tuvierais	tened / no tengáis
	tienen	tenían	tuvieron	tendrán	tendrían	tengan	tuvieran	tengan
traer / trayendo / traído	traigo	traía	traje	traeré	traería	traiga	trajera	
	traes	traías	trajiste	traerás	traerías	traigas	trajeras	trae / no traigas
	trae	traía	trajo	traerá	traería	traiga	trajera	traiga
	traemos	traíamos	trajimos	traeremos	traeríamos	traigamos	trajéramos	traigamos
	traéis	traíais	trajisteis	traeréis	traeríais	traigáis	trajerais	traed / no traigáis
	traen	traían	trajeron	traerán	traerían	traigan	trajeran	traigan
venir / viniendo / venido	vengo	venía	vine	vendré	vendría	venga	viniera	
	vienes	venías	viniste	vendrás	vendrías	vengas	vinieras	ven / no vengas
	viene	venía	vino	vendrá	vendría	venga	viniera	venga
	venimos	veníamos	vinimos	vendremos	vendríamos	vengamos	viniéramos	vengamos
	venís	veníais	vinisteis	vendréis	vendríais	vengáis	vinierais	venid / no vengáis
	vienen	venían	vinieron	vendrán	vendrían	vengan	vinieran	vengan
ver / viendo / visto	veo	veía	vi	veré	vería	vea	viera	
	ves	veías	viste	verás	verías	veas	vieras	ve / no veas
	ve	veía	vio	verá	vería	vea	viera	vea
	vemos	veíamos	vimos	veremos	veríamos	veamos	viéramos	veamos
	veis	veíais	visteis	veréis	veríais	veáis	vierais	ved / no veáis
	ven	veían	vieron	verán	verían	vean	vieran	vean

D. Stem-Changing and Spelling Change Verbs

Infinitive / Present Participle / Past Participle	Indicative Present	Imperfect	Preterite	Future	Conditional	Subjunctive Present	Imperfect	Imperative
construir (y) / construyendo / construido	construyo	construía	construí	construiré	construiría	construya	construyera	
	construyes	construías	construiste	construirás	construirías	construyas	construyeras	construye / no construyas
	construye	construía	construyó	construirá	construiría	construya	construyera	construya
	construimos	construíamos	construimos	construiremos	construiríamos	construyamos	construyéramos	construyamos
	construís	construíais	construisteis	construiréis	construiríais	construyáis	construyerais	construid / no construyáis
	construyen	construían	construyeron	construirán	construirían	construyan	construyeran	construyan
dormir (ue, u) / durmiendo / dormido	duermo	dormía	dormí	dormiré	dormiría	duerma	durmiera	
	duermes	dormías	dormiste	dormirás	dormirías	duermas	durmieras	duerme / no duermas
	duerme	dormía	durmió	dormirá	dormiría	duerma	durmiera	duerma
	dormimos	dormíamos	dormimos	dormiremos	dormiríamos	durmamos	durmiéramos	durmamos
	dormís	dormíais	dormisteis	dormiréis	dormiríais	durmáis	durmierais	dormid / no durmáis
	duermen	dormían	durmieron	dormirán	dormirían	duerman	durmieran	duerman

D. Stem-Changing and Spelling Change Verbs (continued)

INFINITIVE PRESENT PARTICIPLE PAST PARTICIPLE	INDICATIVE					SUBJUNCTIVE		IMPERATIVE
	PRESENT	IMPERFECT	PRETERITE	FUTURE	CONDITIONAL	PRESENT	IMPERFECT	
pedir (i, i) pidiendo pedido	pido pides pide pedimos pedís piden	pedía pedías pedía pedíamos pedíais pedían	pedí pediste pidió pedimos pedisteis pidieron	pediré pedirás pedirá pediremos pediréis pedirán	pediría pedirías pediría pediríamos pediríais pedirían	pida pidas pida pidamos pidáis pidan	pidiera pidieras pidiera pidiéramos pidierais pidieran	pide / no pidas pida pidamos pedid / no pidáis pidan
pensar (ie) pensando pensado	pienso piensas piensa pensamos pensáis piensan	pensaba pensabas pensaba pensábamos pensabais pensaban	pensé pensaste pensó pensamos pensasteis pensaron	pensaré pensarás pensará pensaremos pensaréis pensarán	pensaría pensarías pensaría pensaríamos pensaríais pensarían	piense pienses piense pensemos penséis piensen	pensara pensaras pensara pensáramos pensarais pensaran	piensa / no pienses piense pensemos pensad / no penséis piensen
producir (zc) produciendo producido	produzco produces produce producimos producís producen	producía producías producía producíamos producíais producían	produje produjiste produjo produjimos produjisteis produjeron	produciré producirás producirá produciremos produciréis producirán	produciría producirías produciría produciríamos produciríais producirían	produzca produzcas produzca produzcamos produzcáis produzcan	produjera produjeras produjera produjéramos produjerais produjeran	produce / no produzcas produzca produzcamos producid / no produzcáis produzcan
reír (i, i) riendo reído	río ríes ríe reímos reís ríen	reía reías reía reíamos reíais reían	reí reíste rió reímos reísteis rieron	reiré reirás reirá reiremos reiréis reirán	reiría reirías reiría reiríamos reiríais reirían	ría rías ría riamos riáis rían	riera rieras riera riéramos rierais rieran	ríe / no rías ría riamos reíd / no riáis rían
seguir (i, i) (g) siguiendo seguido	sigo sigues sigue seguimos seguís siguen	seguía seguías seguía seguíamos seguíais seguían	seguí seguiste siguió seguimos seguisteis siguieron	seguiré seguirás seguirá seguiremos seguiréis seguirán	seguiría seguirías seguiría seguiríamos seguiríais seguirían	siga sigas siga sigamos sigáis sigan	siguiera siguieras siguiera siguiéramos siguierais siguieran	sigue / no sigas siga sigamos seguid / no sigáis sigan
sentir (ie, i) sintiendo sentido	siento sientes siente sentimos sentís sienten	sentía sentías sentía sentíamos sentíais sentían	sentí sentiste sintió sentimos sentisteis sintieron	sentiré sentirás sentirá sentiremos sentiréis sentirán	sentiría sentirías sentiría sentiríamos sentiríais sentirían	sienta sientas sienta sintamos sintáis sientan	sintiera sintieras sintiera sintiéramos sintierais sintieran	siente / no sientas sienta sintamos sentid / no sintáis sientan
volver (ue) volviendo vuelto	vuelvo vuelves vuelve volvemos volvéis vuelven	volvía volvías volvía volvíamos volvíais volvían	volví volviste volvió volvimos volvisteis volvieron	volveré volverás volverá volveremos volveréis volverán	volvería volverías volvería volveríamos volveríais volverían	vuelva vuelvas vuelva volvamos volváis vuelvan	volviera volvieras volviera volviéramos volvierais volvieran	vuelve / no vuelvas vuelva volvamos volved / no volváis vuelvan

The Spanish-English Vocabulary contains all the words that appear in the text, with the following exceptions: (1) most identical cognates that do not appear in the chapter vocabulary lists; (2) verb forms; (3) diminutives in **-ito/a;** (4) absolute superlatives in **-ísimo/a;** and (5) most adverbs in **-mente.** Active vocabulary is indicated by the number of the chapter in which a word or given meaning is first listed (P = **Lección preliminar**). Vocabulary that is glossed in the text is not considered to be active vocabulary, and no chapter number is indicated for it. Only meanings that are used in this text are given. The English-Spanish Vocabulary includes all words and expressions in the end-of-chapter vocabulary lists.

Gender is indicated except for masculine nouns ending in **-o,** feminine nouns ending in **-a,** and invariable adjectives. Stem changes and spelling changes are indicated for verbs: **dormir (ue, u); llegar (gu).**

Because **ch** and **ll** are no longer considered separate letters, words with **ch** and **ll** are alphabetized as they would be in English. The letter **ñ** follows the letter **n: añadir** follows **anuncio,** for example.

The following abbreviations are used:

adj.	adjective		*m.*	masculine
adv.	adverb		*Mex.*	Mexico
Arg.	Argentina		*n.*	noun
aux.	auxiliary		*obj.*	object
conj.	conjunction		*p.p.*	past participle
d.o.	direct object		*pl.*	plural
f.	feminine		*poss.*	possessive
fam.	familiar or colloquial		*prep.*	preposition
form.	formal		*pron.*	pronoun
gram.	grammatical term		*refl.*	reflexive
inf.	infinitive		*rel. pron.*	relative pronoun
inv.	invariable		*s.*	singular
i.o.	indirect object		*Sp.*	Spain
irreg.	irregular		*sub. pron.*	subject pronoun
Lat. Am.	Latin America		*v.*	verb

Spanish-English Vocabulary

A

a to; at (*with time*) (1)
abajo *adv.* below, underneath
abalorio bead
abarcar (qu) to encompass
abeja bee
abierto/a *p.p.* open
abjurar de to renounce
abogado/a lawyer (F)
abogar (gu) to advocate
abrazar (c) to hug (5)
abrigo overcoat (F)
abril *m.* April (2)

abrir (*p.p.* **abierto/a**) to open
absolutamente absolutely
abuelo/a grandfather/grandmother (4)
aburrido/a boring (P); **estar** *irreg.*
  aburrido/a to be bored (10)
aburrirse *refl.* to get bored (10)
abusar de to abuse (12)
abuso abuse (12)
acabar to complete, finish, end;
  acabar de + *inf.* to have just
  (*done something*)
academia academy
académico/a academic

acampar to go camping (11)
acaso: por si acaso just in case
acceso access
accidente *m.* accident
acción *f.* action
acecho *m.* watching, observation
aceite *m.* oil; **aceite de maíz** corn oil
  (7); **aceite de oliva** olive oil (7)
aceleración *f.* acceleration
aceptable acceptable
aceptar to accept
acerca de *prep.* about, on, concerning
ácido *n.* acid; **ácido nucléico** nucleic acid

aclaración *f.* clarification
aclarar to clarify
acomodado/a affluent
acompañar to accompany
acondicionado/a conditioned; **aire** *m.* **acondicionado** air conditioning
acontecimiento event
acordeón *m.* accordion
acortar to shorten
acostar (ue) to put to bed; **acostarse** *refl.* to go to bed (1)
acostumbrado/a accustomed to
acostumbrar to be accustomed (used) to; **acostumbrarse** *refl.* **a** to get accustomed to; to be (get) used to
actitud *f.* attitude
actividad *f.* activity
activo/a active
acto *m.* act
actor *m.* actor (F)
actriz *f.* actress (F)
actual actual; current
actuar (actúo) to act; to behave; **actuar con naturalidad** to act naturally
acuático/a aquatic
acuerdo agreement; **de acuerdo** in agreement, agreed; **estar** *irreg.* **de acuerdo** to agree; **ponerse** *irreg.* **de acuerdo** to come to an agreement
adaptable adaptable
adaptar to adapt, adjust (5)
adecuado/a adequate; appropriate
adelante *adv.* ahead
ademán *m.* gesture
además *adv.* besides, also; **además de** *prep.* besides, in addition to
adicción *f.* addiction (12); **salir** *irreg.* **de una adicción** to overcome an addiction (12)
adicional additional
adicto/a *n.* addict; **convertirse (ie, i) en adicto/a** to become addicted (12); *adj.* addicted; **ser** *irreg.* **adicto/a** to be addicted (12)
adiós good-bye (P)
aditivo additive
adivinar to guess; to predict
adjetivo adjective; **adjetivo de posesión** possessive adjective
administración *f.* **de empresas** business administration (P)
administrativo/a administrative
admiración *f.* admiration
admirar to admire
admitir to admit
adolescente adolescent
adonde *adv., conj.* where
¿adónde? (to) where?
adoptado/a adopted
adoptar to adopt
adoptivo/a: hijo/a adoptivo/a adopted child
adorar to adore, love

adquirir (ie) to acquire
adquisición *f.* acquisition
aduana *s.* customs
adueñarse de to seize, take possession of
adulto adult
adverbio adverb
aeróbico/a aerobic; **hacer** *irreg.* **ejercicio aeróbico** to do aerobics (1)
aeropuerto airport (F)
afán *m.* preoccupation; urge; enthusiasm; **afán de realización** eagerness to get things done (13)
afectar to affect
afeitar(se) to shave (5)
afeminado/a effeminate
aficionado/a fan
afirmación *f.* affirmation, statement
afirmativo/a affirmative
África Africa
africano/a African
afrocaribeño/a Afro-Caribbean
agalla gill
agave *m.* agave, century plant
agencia agency; **agencia de turismo** travel agency
agente *m., f.* agent; **agente de viajes** travel agent (F)
agobiante *adj.* exhausting
agosto *m.* August (2)
agradar to please
agradecido/a thankful
agrario/a agrarian
agregar (gu) to add (7)
agresividad *f.* aggressivity
agresivo/a aggressive
agrícola *adj. m., f.* agricultural
agricultura agriculture (P)
agrio/a sour (7)
agronomía agriculture (P)
agrupar to group, assemble
agua *f.* (*but* **el agua**) water (7); **agua mineral** mineral water; **esquiar (esquío) en el agua** to water ski (11)
aguacate *m.* avocado (7)
aguantar to bear, put up with, stand
águila *f.* (*but* **el águila**) eagle
ahí *adv.* there
ahogar(se) (gu) to drown
ahora *adv.* now
ahorrar to save
aire *m.* air; **aire acondicionado** air conditioning; **al aire libre** outdoors
aislado/a isolated
ajedrez *m.* chess
ajeno/a of another, belonging to someone else (13)
ajillo: al ajillo cooked in garlic sauce
ajo garlic
al (*contraction of* **a** + **el**) to the; **al** + *inf.* upon, while, when + *verb form*; **al (mes, año)** per (month, year)
alcanzar (c) to reach; to get, obtain; to be sufficient

alcohol *m.* alcohol
alcohólico/a *n., adj.* alcoholic; **bebida alcohólica** alcoholic beverage (9)
alcoholismo alcoholism (12)
alegrar to make happy; **alegrarse** *refl.* to get happy
alegre happy; **sentirse (ie, i) alegre** to feel happy (10)
alegría happiness
alejarse *refl.* to move away; to go far (away)
alemán *m.* German (*language*) (P)
alemán, alemana *n., adj.* German
Alemania Germany
alerta *inv.* alert
alfarería pottery
álgebra *m.* algebra
algo something
algodón *m.* cotton (F)
alguien someone
algún, alguno/a some, any (P); **algunas veces** sometimes
aliento breath
alimentar to feed
alimenticio/a nutritional; **pasta alimenticia** pasta (7)
alimento food; **alimento básico** basic food (7)
alistar to enlist
aliviar to relieve; to lessen
allá *adv.* there; **de aquí para allá** from here to there (15)
allí *adv.* there
almacén *n.* department store; warehouse
almohada pillow
almorzar (ue) (c) to have lunch (1)
almuerzo lunch (7)
alojamiento lodging (F)
alojarse *refl.* to stay, lodge (F)
Alpes *m. pl.* Alps
alpino/a alpine
alquilar to rent
alrededor de *prep.* around
alrededores *n. m. pl.* surroundings
alto/a tall; high; **el/la más alto/a (de)** the tallest (5); **en voz alta** aloud; **más alto/a (que)** taller (than) (5); **zapato de tacón alto** high-heeled shoe (F)
aludir to allude
alumno/a student
amante *m., f.* lover
amar to love (13)
amargo/a bitter (7)
amarillo/a yellow (7)
Amazonia *f.* Amazon region
ambicioso/a ambitious (14)
ambiental environmental
ambiente *m.* surroundings, environment; **medio ambiente** environment, surroundings
ámbito environment
ambos/as *adj.* both

amenazar (c) to threaten
América del Norte North America
América del Sur South America
americano/a American; **fútbol** *m.* **americano** football; **jugar (ue) (gu) al fútbol americano** to play football (2)
amigo/a friend (P)
amistad *f.* friendship
amoldar to mold
amor *m.* love
análisis *m.* analysis
analizar (c) to analyze
anaranjado/a *adj.* orange
ancas *f. pl.* **de rana** frog's legs
ancho/a wide
andaluz(a) *n., adj.* Andalusian
andar *irreg.* to walk (3); to go; **andar en bicicleta** to ride a bicycle (11); **andar en monopatín** to ride a scooter, skateboard (11); **andar en patineta** to skateboard (11)
andino/a *n., adj.* Andean
ángel *m.* angel
anglosajón, anglosajona Anglo-Saxon
animado/a: dibujo animado cartoon
animal *m.* animal; **animal doméstico** domestic animal, pet
animar to vitalize; **animarse** *refl.* to come to life
ánimo spirit; **estado de ánimo** state of mind (10)
anoche *adv.* last night (3)
ansiedad *f.* anxiety
ansioso/a anxious
antepasado ancestor
anterior previous
antes *adv.* before; **antes (de) que** *prep.* before
anticipación *f.*: **con anticipación** in advance; **reservar con (un mes de) anticipación** to reserve (a month) in advance
antiestético/a unaesthetic
antiguamente long ago; formerly
antigüedad *f.* antique
antiguo/a old; ancient
antihéroe *m.* antihero
antónimo *m.* antonym
antropología anthropology (P)
anual *adj.* annual
anular to overturn
anunciar to announce
anuncio advertisement; **anuncio comercial** commercial (ad)
añadir to add
año year; **hace unos años** a few years ago; **los años 20** the twenties (6); **tener** *irreg.* _____ **años** to be _____ years old (4)
aparato apparatus, device, appliance
aparecer (zc) to appear
apariencia appearance

apartamento apartment; **limpiar el apartamento** to clean the apartment (2)
apasionado/a passionate (14)
apático/a apathetic (14)
apechugar (gu) con to put up with
apellido last name (4)
aperitivo appetizer; aperitif
apertura opening
apetecer (zc) to be appetizing (7), to appeal, to be appealing (*food*) (7); **no me apetece** it doesn't appeal to me
aplicado/a *adj.* devoted; *p.p.* applied
aplicar (qu) to apply
apocalipsis *m.* Apocalypse
aportar to bring
apoyar to rest, lean; to support (*emotionally*) (5)
apoyo support
apreciar to esteem; to appreciate
aprender to learn
aprendizaje *m.* learning period
apretar (ie) to tighten; **apretar un botón** to push a button
aprobar (ue) to pass; to approve
aprobatorio/a passing; **calificación** *f.* **mínima aprobatoria** minimum passing grade
apropiado/a appropriate
aprovechar to take advantage of
aproximado/a approximate
aptitud *f.* aptitude, ability
apuntar to jot down
apuntes *m. pl.* notes; **tomar apuntes** to take notes
aquel, aquella *adj.* that; *pron.* that one
aquí *adv.* here (P); **de aquí para allá** from here to there (15)
árabe *adj.* Arab
árbol *m.* tree; **árbol genealógico** family tree
área *f.* (*but* **el área**) area
argentino/a Argentine
argumento argument; plot
árido/a arid
arma *f.* (*but* **el arma**) weapon
armado/a armed; **fuerzas armadas** armed forces
armario closet
aroma *m.* aroma
aromaterapia *f.* aromatherapy; **utilizar (c) la aromaterapia** to use aromatherapy (11)
arquitecto/a architect (F)
arquitectura architecture (F)
arrabales *m. pl.* slums
arrancar (qu) to rip out
arreglar to arrange; to fix
arrepentir (ie, i): más vale prevenir que arrepentir an ounce of prevention is worth a pound of cure
arriba *adv.* up above

arriesgado/a daring (13)
arrogante arrogant
arroz *m.* rice (7)
arte *m.* art; **objeto de arte** work of art (P)
artesanía *s.* crafts
artesano/a *n.* artisan
artículo article
artificial artificial
artista *m., f.* artist
artístico/a artistic
artritis *f.* arthritis
arvejas *Sp.* peas
asado/a roast(ed) (7); **(medio) pollo asado** (half a) roasted chicken (7)
ascendencia ancestry
ascensor *m.* elevator
asco: dar *irreg.* **asco** to disgust
asegurar to assure (5)
asentamiento: lugares *m.* **de asentamiento** settling places
asentar (ie) to settle
asesinar to assassinate
asesor(a) consultant (F)
así *adv.* thus, so
Asia Asia
asiático/a Asiatic
asiento seat (F); **tomar asiento** to take a seat
asignar to assign
asignatura subject
asistencia social social work (F)
asistente *m., f.* **asistente de vuelo** flight attendant (F); **asistente social** social worker
asistir (a) to attend (1); to assist
asociación *f.* association
asociar(se) to associate
asombrar to surprise; to astonish
aspecto aspect; appearance
aspiración *f.* aspiration
aspirina aspirin
asqueroso/a disgusting
astilla chip, splinter; **de tal palo, tal astilla** a chip off the old block
astronomía astronomy (P)
astronómico/a astronomical
astrónomo/a astronomer (F)
astuto/a astute (14)
asunto topic, matter
asustado/a afraid (10); **estar** *irreg.* **asustado/a** to be afraid (10)
asustar to frighten (10)
ataque *m.* attack; **ataque cardíaco** heart attack
atención *f.* attention; **llamar la atención** to attract attention; **prestar atención** to pay attention
atender (ie) to wait on (*a customer*) (8)
atentamente attentively
atleta *m., f.* athlete (F)
atmosférico/a: presión *f.* **atmosférica** atmospheric pressure

atractivo/a attractive (P)
atraer (*like* **traer**) to attract
atreverse (a) to dare (to) (13)
atribuir (y) to attribute
atributo attribute
atrocidad *f.* atrocity
atún *m.* tuna (7)
aumentar to increase
aumento *m.* increase
aun *adv.* even
aún *adv.* still, yet
aunque even though
ausente absent
auténtico/a authentic
auto car
autobús *m.* bus (F)
autoestima self-esteem (12)
automático/a automatic; **vendedora automática** vending machine
automóvil *m.* automobile
automovilístico/a *adj.* automobile
autor(a) author
autoreportado/a self-reported
autoritario/a authoritarian
autostop *m.:* **hacer** *irreg.* **autostop** to hitchhike
auxiliar auxiliary
avance *m.* advance
avanzado/a advanced
avanzar (c) to advance
ave *f.* (*but* **el ave**) bird; *pl.* poultry (7)
avena *s.* oats
avenida avenue
aventura adventure
aventurero/a adventurous (5)
avergonzado/a ashamed, embarrassed (10); **sentirse (ie, i) avergonzado/a** to feel ashamed, embarrassed (10)
averiguar (güe) to find out
avión *m.* airplane (F)
ayer *adv.* yesterday (3); **ayer por la mañana/tarde/noche** yesterday morning/afternoon; last night
ayuda help; *pl.* aids
ayudante assistant (F)
ayudar to help
ayuntamiento city hall
azafrán *m.* saffron
azteca *n., adj. m., f.* Aztec
azúcar *m.* sugar (7)
azul blue; **ojos azules** blue eyes (5)

B

bailador(a) dancer
bailar to dance (2)
baile *m.* dance
bajar to lower; to go down; **bajar de** to get off (*a bus, car, plane*) (F)
bajo *prep.* under
bajo/a short (*height*) (5)
balanceado/a balanced
baleares: Islas Baleares Balearic Islands
baloncesto *Sp.* basketball

banana banana (7)
bancario/a banker
banco bank
bandera flag
banquete *m.* banquet
bañar to bathe (*someone or something*) (5); **bañarse** *refl.* to bathe oneself; **bañarse en un jacuzzi** to bathe in a jacuzzi (11)
bañera bathtub
baño bathroom; **habitación** *f.* **con baño privado** room with a private bath (F); **traje** *m.* **de baño** bathing suit (F)
bar *m.* bar
barato/a inexpensive (6)
barbacoa barbecue
barbilla chin
barco boat; **navegar (gu) en un barco** to sail (11)
barra bar
barrer to sweep
barrio neighborhood
barrita small loaf (*bread*)
basar to base; **basarse en** to base one's opinions on
base *f.* base; **a base de** on the basis of
básico/a basic; **alimento básico** basic food
basquetbol *m.* basketball; **jugar (ue) (gu) al basquetbol** to play basketball (10)
bastante *adj., adv.* enough
bastar to be enough
batalla battle
bebé *m., f.* baby
beber to drink (9)
bebida drink, beverage (9); **bebida alcohólica** alcoholic beverage (9)
béisbol *m.* baseball; **jugar (ue) (gu) al béisbol** to play baseball (10)
beisbolista *m., f.* baseball player
Bélgica Belgium
bello/a beautiful
beneficio benefit
beneficioso/a beneficial
benjamín *m.* youngest son/child
besar to kiss (5)
beso kiss
biblioteca library (1)
bicicleta bicycle; **andar** *irreg.* **en bicicleta** to ride a bicycle (11); **montar en bicicleta** to ride a bicycle
bien *adv.* well; **bien frío** very cold (9); **caer** *irreg.* **bien** to make a good impression (7); to agree with (*food*) (7); **llevarse bien** to get along well (5); **para sentirse (ie, i) bien** to feel well (10); **pasarlo bien** to have a good time; **verse** *irreg.* **bien** to look good
bienes *m. pl.* goods, possessions
bienestar *m.* well-being

bife *m. Arg.* steak
bilingüe bilingual
bilingüismo bilingualism
billete *m.* ticket; **billete de ida** one-way ticket (F); **billete de ida y vuelta** round-trip ticket (F)
biográfico/a biographical
biología biology (P)
biológico/a biological
biólogo/a biologist (F)
biosíntesis *f.* biosynthesis
bistec *m.* steak (7)
Blancanieves Snow White
blanco/a *adj.* white (7); **pan** *m.* **blanco** white bread (7); **vino blanco** white wine (9)
blando/a soft
bluejeans *m. pl.* jeans (F)
blusa blouse (F)
boca mouth (8)
bocacalle *f.* intersection (15)
boda wedding
boga: en boga in vogue, in style
boletín *m.* news bulletin
boleto ticket; **boleto de ida** one-way ticket (F); **boleto de ida y vuelta** round-trip ticket (F)
boliche *m.:* **jugar (ue) (gu) al boliche** to bowl (10)
bollería assorted breads and rolls (7)
bollo roll (7)
bolsa bag; sack; purse; stock market
bolsillo pocket
bolsita para llevar doggie bag (7)
bombilla *small pipe for drinking mate*
bonito/a pretty (P)
bordado/a embroidered
bordo: a bordo on board
borrador *m.* rough draft
bosque *m.* forest (11)
bosquejo outline
botella bottle
botón *m.* button; **apretar (ie) un botón** to push a button
botones *m. s., pl.* bellhop
boxeo boxing
bracero laborer
Brasil: el Brasil Brazil
brazo arm (8)
breve brief
brillante brilliant
bruja witch
brújula compass
bruto: producto nacional bruto Gross National Product
bucear to dive (11)
buen, bueno/a good (P); **buen provecho** enjoy your meal; **(muy) buena idea** a (very) good idea (8); **buenas noches** good evening (P); **buenas tardes** good afternoon (P); **buenos días** good morning (P); **buenos**
(*continued*)

buen, bueno/a (*continued*)
modales good manners (8); **estar** *irreg.* **de buen humor** to be in a good mood (10); **hace buen tiempo** the weather's good (2); **sacar (qu) una buena nota** to get a good grade (10); **tener** *irreg.* **buena educación** to be well-mannered (8)

buey *m.* ox

bufón, bufona buffoon

búho owl

burdel *m.* brothel

Burdeos Bordeaux

burlarse (de) to make fun (of), laugh (at) (13)

buscar (qu) to look for

C

caballería knighthood; **novelas de caballería** novels about chivalry

caballero gentleman

caballo horse

cabeza head; (**tener** *irreg.*) **dolor de cabeza** (to have a) headache (10)

cabezón, cabezona stubborn (13)

cabina cabin

cable *m.* cable; **televisión** *f.* **por cable** cable television

cabo end; cape; **al fin y al cabo** in the end, when all is said and done; **llevar a cabo** to carry out

cabra goat

cacahuete *m.*: **mantequilla de cacahuete** peanut butter (7)

cada *inv.* each (2); every

cadena chain; channel (*television*)

caer *irreg.* to fall (down); **caer bien/mal** to make a good/bad impression (7); to (dis)agree with (*food*) (7)

café *m.* coffee (7); **café con leche** coffee with milk (7); **café descafeinado** decaffeinated coffee (9); **color** *m.* **café** brown; **tomar un café** to drink a cup of coffee (2)

cafeína caffeine (9)

cafetería cafeteria

caimán *m.* alligator

calcetín *m.* sock (F)

calcio calcium (7)

calcular to calculate

cálculo calculus (P); calculation

calendario calendar

calentamiento heating, warming

calentar (ie) to warm up

calidad *f.* quality

caliente hot; **bien caliente** very hot (9); **perrito caliente** hot dog

calificación *f.* rating; assessment; grade; **calificación mínima aprobatoria** minimum passing grade

calificar (qu) to rate; to assess

callado/a quiet; **permanecer (zc) callado** to keep quiet (10)

calle *f.* street; **cruce la calle** cross the street (15)

calmado/a calm (13)

calmar to soothe

calor *m.* heat; warmth; **hace (mucho) calor** it's (very) hot (*weather*) (2); **tener** *irreg.* **calor** to be (feel) hot (person)

caloría calorie

calórico/a caloric

calvo/a bald (5)

cama bed (F); **hacer** *irreg.* **la cama** to make the bed; **cama matrimonial** double bed (F); **cama sencilla** twin bed (F)

cámara camera; chamber; **Cámara de representantes** House of Representatives

camarero/a waiter, waitress (8); flight attendant (F)

camarón *m. Lat. Am.* shrimp (7)

cambiar to change; **cambiar de idea/opinión** to change one's mind

cambio change; **en cambio** on the other hand

caminar to walk (10)

camino road, path

camión *m.* truck; *Mex.* bus

camisa shirt (F)

camiseta T-shirt (F)

campeonato championship

camping: hacer *irreg.* **camping** to go camping (11)

campo country(side); field (F)

Canadá: el Canadá Canada

canadiense *n., adj.* Canadian

canal *m.* channel

cancelar to cancel; to strike out

cáncer *m.* cancer

canción *f.* song

canoso/a gray (hair)

cansado/a tired (10); **estar** *irreg.* **cansado/a** to be tired (10)

cansarse *refl.* to get tired (10)

cantante *m., f.* singer

cantar to sing (10)

cantidad *f.* quantity; **de cantidad** *adj.* quantifying (P)

cantina canteen

caña cane; **caña de azúcar** sugar cane

cañaveral *m.* sugar cane field

caótico/a chaotic (13)

capa cape; layer; **capa de ozono** ozone layer

capacidad *f.* ability; capacity; **capacidad para** ability to

capaz (*pl.* **capaces**) capable; **capaz de dirigir a otros** able to direct others (13)

capital *f.* capital (*city*)

capítulo chapter

captar to capture; to understand

cara face (5)

caracol *m.* snail

carácter *m.* (*pl.* **caracteres**) character

característico/a characteristic; **característica de la personalidad** personality trait (5); **característica física** physical characteristic, trait (5)

caracterizar (c) to characterize

carbohidrato carbohydrate

carcajadas: reír(se) (i, i) a carcajadas to laugh loudly (11)

cardíaco/a cardiac; **ataque** *m.* **cardíaco** heart attack

cardo thistle

cargar (gu) to carry

Caribe *m.* Caribbean (Sea)

caribeño/a *adj.* Caribbean

cariñoso/a affectionate

carismático/a charismatic (F); **ser carismático/a** to be charismatic

carne *f.* meat (7); flesh; **carne de res** beef (7); **carne roja** red meat

carnicería meat, butcher shop

carnívoro/a carnivorous

caro/a expensive (F)

carrera major (P); career; race; **¿qué carrera haces?** what's your major? (P)

carretera highway

carro car

carta letter

cartero/a mail carrier

casa house; home; **quedarse en casa** to stay at home (2); **limpiar la casa** to clean the house (2)

casado/a married (4)

casarse *refl.* to get married

cascabel *f.*: **serpiente** *f.* **de cascabel** rattlesnake

casco helmet

casero/a homemade; domestic

casi *adv.* almost

caso case

castaño/a brown (5); **ojos castaños** brown eyes (5)

castigar (gu) to punish (9)

castigo físico corporal punishment

castillo castle

catalán, catalana *n., adj.* Catalan

Cataluña Catalonia

catastrófico/a catastrophic

categoría category; class

categorizar (c) to categorize

catolicismo Catholicism

católico/a Catholic

catorce fourteen (P)

causa cause; **a cause de** because of

causar to cause; **causar risa** to cause laughter, make laugh (11)

caviar *m.* caviar

cazar (c) to hunt

cebolla onion

ceder to yield

ceja eyebrow
celebración f. celebration
célebre famous
celos: tener irreg. celos to be jealous
celoso/a jealous (13)
celular: (teléfono) celular cell phone
cementerio cemetery
cena dinner (7); preparar la cena to prepare dinner (3)
cenar to have dinner (1)
censo census
centavo cent
centígrado/a adj. centigrade
centro center; centro comercial shopping mall
Centroamérica Central America
centroamericano/a n., adj. Central American
cerca (de) near, close (15)
cerdo: chuleta de cerdo pork chop (7)
cereal m. cereal, grain (7)
cerebro brain
ceremonia ceremony
cero zero (P)
cerrado/a closed
cerrar (ie) to close
certeza certainty
cerveza beer (9)
champán m. champagne
champiñón m. mushroom
champú m. shampoo
chapulín m. Mex. grasshopper
charla n. conversation, chat; sala de charla chat room
charlar to chat (2)
chau ciao (P)
Checoslovaquia Czechoslovakia
cheque m. check
chicle m. gum
chico/a boy, girl (P); adj. small
chile m. pepper
chileno/a n., adj. Chilean
chimenea chimney
chimpancé m. chimpanzee
chino/a Chinese; horóscopo chino Chinese horoscope
chisme m. rumor; gossip
chismoso/a gossipy (13)
chiste m. joke; contar (ue) un chiste to tell a joke (10); chiste verde off-color joke
chistoso/a funny (11)
chocolate m. chocolate
chófer m. driver
chorizo sausage
chuleta de cerdo pork chop (7)
churro type of fried dough (7)
ciberadicción f. addiction to the Internet
cibercompra online shopping
cibernauta m., f. person who spends a lot of time on line surfing the Net

cien(to) one hundred (6); por ciento percent
ciencia science; ciencia ficción science fiction; ciencias pl. naturales natural sciences (P); ciencias pl. políticas political science (P); ciencias pl. sociales social sciences (P)
científico/a n. scientist (F); adj. scientific
cierto/a true; certain (5); (no) es cierto que _____ it's (not) certain that _____ (F)
cifra number (6); figure
cinco five (P)
cincuenta fifty (6)
cine m. movie theater; ir irreg. al cine to go to the movies (2)
circular to circulate; to move
círculo circle
circunstancia circumstance
cita appointment, date
ciudad f. city
ciudadano/a citizen
civil civil; guerra civil civil war
civilización f. civilization
claramente clearly; expresarse refl. claramente to express oneself clearly (F)
clarificación f. clarification
clarificar (qu) to clarify
claro adv. clearly; claro que sí of course; está claro it's clear (5)
claro/a adj. clear; light
clase f. class (P); type, kind; clase turística economy class (F); compañero/a de clase classmate (P); primera clase first class (F)
clásico/a classic
clasificación f. classification
clasificar (qu) to classify
claustrofobia claustrophobia
clave n. f.; adj. inv. key
cliente m., f. customer (8)
clima m. climate
climático/a climatic
clínica clinic
club m. club
cobarde cowardly (14)
cobija blanket
cocaína cocaine
coche m. car
cocido/a cooked
cocina kitchen; cuisine
cocinado/a cooked (7)
cocinar to cook
cocinero/a chef, cook (8)
coco coconut
cóctel m. cocktail
codo elbow (8)
cognado cognate
cognitivo/a cognitive
coherente coherent
coincidencia coincidence
coincidir to coincide

cola tail; line; hacer irreg. cola to stand in line (F)
colaborar to collaborate
colapso collapse
colectivo/a collective
colega m., f. colleague
colesterol m. cholesterol
colgar (ue) (gu) to hang (up)
colmena beehive
colocar (qu) to place, arrange
colombiano/a n., adj. Colombian
colonia neighborhood; colony
color m. color (5); color café brown; ¿de qué color es/son _____? what color is/are _____? (5)
columna column
comandante m. commander
combatible combative
combatir to fight
combinación f. combination
combinar to combine
comentar to comment on
comentario commentary
comenzar (ie) (c) to begin; comenzar a + inf. to begin to (do something)
comer to eat (1); comerse refl. las uñas to bite one's nails (10); dar irreg. de comer to feed; hábito de comer eating habit (7)
comercial: anuncio comercial commercial (ad); centro comercial shopping mall
comercio commerce
comestible(s) m. food
cometer to commit
cómico/a comic(al), funny (P); tira cómica comic strip
comida meal (7); food (7); comida para llevar food to go (8); comida rápida fast food
comienzo beginning
comino: importar un comino not to matter at all
como prep. like; tal como just as; tan _____ como as _____ as (6); tanto/a _____ como as much _____ as (6); tantos/as _____ como as many _____ as (6)
¿cómo? adv. how?; pardon me? (P); ¿cómo te llamas / se llama usted? what's your name? (P) ¿cómo te sientes how do you feel? (10); perdón, ¿cómo se llega a _____? excuse me, how do you get to _____? (15)
comodidad f. convenience, amenity
cómodo/a comfortable
comoquiera adv. however
compacto/a: disco compacto compact disc
compañero/a companion; compañero/a de clase classmate (P); compañero/a de cuarto roommate (P)

compañía company; **hacer** *irreg.* **compañía** to keep company
comparación *f.* comparison (6)
comparado/a (con) compared (with)
comparar to compare
compartir to share
compasivo/a compassionate (F)
competitivo/a competitive
compilar to compile
complejo/a complex
completamente completely
completar to complete
completo/a complete; full, no vacancy; **pensión** *f.* **completa** room and full board
complexión *f.* complexion
complicado/a complicated
comportamiento behavior
comportarse *refl.* to behave (13)
composición *f.* composition; writing (P)
compra *n.* buying; shopping; purchase; **hacer** *irreg.* **las compras** to go shopping; **ir** *irreg.* **de compras** to go shopping (1)
comprar to buy
comprender to understand (5); **no comprendo** I don't understand (P)
comprensivo/a understanding
comprobar (ue) to verify, check; to prove
compuesto/a *p.p.* composed
compulsivo/a compulsive (F)
computación *f.* computer science (P)
computadora computer; **usar una computadora** to use a computer (F)
común common
comunicación *f.* communication; **medios de comunicación** means of communication
comunicarse (qu) *refl.* to communicate
comunicativo/a communicative
comunidad *f.* community
comunista *m., f.* communist
con with (1); **con frecuencia** often (1); **con hielo** with ice (9); **¿con qué frecuencia?** how often? (1); **con quien** with whom
concentrar to concentrate; **concentrarse** *refl.* to be focused
concepto concept
concernir (ie) to concern
concierto concert
concluir (y) to conclude
conclusión *f.* conclusion
concordancia concordance, agreement
concordar (ue) to agree
condensación *f.* condensation
condición *f.* condition
condicional *m. gram.* conditional (*tense*)
condimento condiment (7)
cóndor *m.* condor
conducir *irreg.* to drive (1)
conejo rabbit

conferencia lecture
confesar (ie) to confess
confianza trust; confidence
confidente trustworthy (13)
confirmar to confirm
conflicto conflict
conformidad *f.* conformity
conformista *m., f.* conformist (14)
confrontar to confront
confundir to mix up; to confuse; to mistake
confusión *f.* confusion
congelado/a frozen
congreso congress
conjugar (gu) to conjugate
conmigo with me
connotación *f.* connotation
conocer (zc) to meet; to know (someone) (1)
conocido/a (well-)known
conocimiento knowledge
conquistador(a) conqueror
consecuencia consequence
conseguir (i, i) (g) to get, obtain
consejo advice
conservador(a) conservative (13)
conservar to maintain
consideración *f.* consideration
considerar to consider
consistir en to consist of (12)
consonante *f.* consonant
constantemente constantly
construcción *f.* construction
construir (y) to construct
consultar to consult (F)
consumir to consume
consumo consumption
contabilidad *f.* accounting (P)
contacto contact
contador(a) accountant (F)
contagiado/a contagious; infected
contaminar to contaminate, pollute
contar (ue) to count; to tell; **contar con** to count on; **contar un chiste** to tell a joke (10)
contemporáneo/a contemporary
contenido content
contento/a happy (10); content; **ponerse** *irreg.* **contento/a** to be (get) happy (10)
contestar to answer, reply
contigo with you (*fam.*)
continuación *f.*: **a continuación** following
continuar (continúo) to continue
continuo/a continuous
contra *prep.* against
contrario/a *adj.* contrary; opposite; **al contrario** on the contrary
contrastar to contrast
contraste *m.* contrast; **en contraste** in contrast
contrato contract

contribución *f.* contribution
contribuir (y) to contribute
control *m.* control
controlar to control
controversia controversy
convencer (zc) to convince
conversación *f.* conversation
conversar to converse, chat
convertir (ie, i) to convert; **convertirse** *refl.* to become, turn into; **convertirse en adicto/a** to become addicted (12)
convivir to get together; to live together; to coexist
coordinar to coordinate
copa cup; (wine) glass (8); drink
copia copy
copiar to copy
corazón *m.* heart
corbata tie (F)
cordillera mountain range
corona crown
coronel *m.* colonel
corrección *f.* correction
correcto/a correct
corredor(a) runner, jogger
corregir (i, i,) (j) to correct
correo mail; **correo electrónico** e-mail (1)
correr to run (2); **zapato de correr** running shoe
correspondencia correspondence
corresponder to belong to; to correspond
corrido *Mex.* ballad
corriente *f.* current; *adj. m., f.* current, present; ordinary
corrupción *f.* corruption
corrupto/a corrupt
cortar to cut (8); to cut down; to clip
corte *f.* court; **corte suprema** Supreme Court; *m.* cut, cutting
cortés *inv.* polite
cortesía courtesy
corto/a short; **pantalones** *m. pl.* **cortos** shorts (F)
cosa thing; **es cosa sabida** it is a known fact (5)
coser to sew
cosmopolita *adj. m., f.* cosmopolitan (P)
costa coast
costar (ue) to cost; to be difficult
costumbre *f.* custom, habit (8)
cotidiano/a daily
creación *f.* creation
crear to create
creatividad *f.* creativity
creativo/a creative (13)
crecer (zc) to grow (up)
creciente *adj.* growing
crédito credit; **tarjeta de crédito** credit card
creer (y) to believe (5); **(no) creer que _____** I (don't) think that _____ (F); **creo que sí** I think so

cretáceo/a Cretaceous

crianza nurturing; breeding

criar (crío) to raise

criminal: justicia criminal criminal justice (P)

criollo/a Creole

crisis f. crisis

crítica criticism

criticar (qu) to criticize

crítico/a critical

cromosoma chromosome

cronológico/a chronological

croqueta croquette, fritter

cruce m. crossing

crucero cruise ship (F)

crudo/a raw (7)

cruz f. cross

cruzar (c) to cross; cruce la calle cross the street (15)

cuadra block (of houses) (15)

cuadro painting; square; table

cual rel. pron. which; who

¿cuál? which? (4); what? (4); ¿cuál es tu nombre? what's your (fam.) name? (P)

cualidad f. quality (F)

cualquier adj. any

cuando when; de vez en cuando from time to time (1)

¿cuándo? when? (1)

cuanto adv. as much as; en cuanto as soon as; en cuanto a as for; as to

cuanto/a: unos/as cuantos/as a few

¿cuánto/a? how much?

¿cuántos/as? how many? (P)

cuarenta forty (6)

cuarto room (1); compañero/a de cuarto roommate (P); encerrarse (ie) refl. (en su cuarto) to shut oneself up (in one's room) (10); menos cuarto quarter to (1); servicio de cuarto room service (F); y cuarto quarter past (1)

cuarto/a fourth

cuatro four (P); hotel m. de cuatro estrellas four-star hotel

cuatrocientos four hundred (6)

cubano/a Cuban

cubiertos pl. silverware (8)

cubrir (p.p. cubierto/a) to cover

cucaracha cockroach

cuchara spoon (8)

cuchillo knife (8)

cuello neck

cuenco (earthenware) bowl (8)

cuenta bill, check (8); count; darse irreg. cuenta (de) to realize (something); pagar (gu) la cuenta to pay the bill (3); tomar en cuenta to take into account

cuento story; cuento de hadas fairy tale

cuerda: saltar a la cuerda to jump rope (11)

cuerno horn; ¿para qué cuernos? why the heck?

cuero leather (F)

cuerpo body

cuestión f. question

cuestionario questionnaire

cuidado care; ¡cuidado! watch out!, careful!; tener irreg. cuidado to be careful (12)

cuidar to take care of

cuido care, minding

culona: hormiga culona fat-bottomed ant

cultivar to cultivate

cultivo cultivation

cultura culture

cumpleaños m. s. birthday

cumplido compliment

cuñado/a brother-in-law, sister-in-law (4)

curación f. treatment; recovery; cure

curar to cure

curiosidad f. curiosity

curioso/a curious (14), strange

curso course (of study); cursos electivos elective courses

cuy m. Andean guinea pig

cuyo/a whose

D

dado/a que given that

dama lady; primera dama First Lady

danza dance

dañino/a harmful (12)

daño danger; daño físico physical injuries (12); hacer irreg. daño to hurt

dar irreg. to give (3); dar asco to disgust; dar de comer to feed; dar una fiesta to throw (have) a party (11); dar hambre/sed to make hungry/thirsty; dar igual to be all the same to (someone), not to care; dar la mano to shake hands; dar miedo to frighten; dar pena to sadden; dar un paseo to take a walk (2); dar un paso to take a step; dar vuelta to turn; darse cuenta (de) to realize (something)

datar de to date from

dato fact; pl. data

de prep. of, from (P)

debajo (de) prep. below; por debajo adv. underneath

debate m. debate

deber v. + inf. should, must, ought to (do something) (1); deberse a to be due to; n. m. obligation

debido a due to, because of

debilitar to weaken

década decade (6)

decapitar to decapitate

decidido/a decisive, decided (13)

decidir to decide

decir irreg. (p.p. dicho/a) to say; to tell (3); es decir that is; ¿me podría decir _____? could you tell me _____? (15)

decisión f. decision

declaración f. declaration

declarar to declare; declararse refl. to declare oneself

decorativo/a decorative

dedicación f. dedication

dedicar (qu) to dedicate; dedicarse a refl. to dedicate oneself to (F)

dedo finger

deducir (like conducir) to deduce

defecto defect

defender (ie) to defend

definición f. definition

definido/a defined; artículo definido gram. definite

definir to define

definitivo/a definitive; en definitiva once and for all

dejar to leave; dejar de + inf. to stop (doing something); dejar propina to leave a tip (8)

del (contraction of de + el) of, from the

delante de adv. in front of

delfín m. dolphin

delgado/a thin

delicia delicacy

delicioso/a delicious

demanda demand

demás: los/las demás the others

demasiado/a adv. too much

demonio: ¿qué demonios? what the heck?

demora delay (F)

demostrar (ue) to demonstrate, show

demostrativo/a demonstrative

dentista m., f. dentist

dentro de adv. inside; in; within

denunciar to denounce

depender (de) to depend (on)

dependiente adj. dependent

deporte m. sport; practicar (qu) un deporte to practice, play a sport (2)

depreciarse to depreciate

depresión f. depression

deprimido/a depressed (10); sentirse (ie, i) deprimido/a to feel depressed

derecha right (8); a la derecha to the right

derecho n. law (F); right; adv. straight; siga derecho continue (go) straight (15); adj. derecho/a right

derramar to spill (8)

derrocar (qu) to defeat

desagradable disagreeable, unpleasant

desamparado/a homeless

desaparecer (zc) to disappear

desarrollar to develop

desarrollo development

desayunar to have breakfast (1)

desayuno breakfast (7)

descafeinado/a decaffeinated; **café descafeinado** decaffeinated coffee (9)

descansar to rest (1)

descanso rest

descender (ie) to go down, descend

descomponer (*like* **poner**) to break down

desconectar to disconnect

desconfiado/a distrusting

desconocido *n.* stranger; **desconocido/a** *adj.* unknown

descremado/a skim, lowfat

describir (*p.p.* **descrito**) to describe

descripción *f.* description

descriptivo/a descriptive

descubrimiento discovery

descubrir (*p.p.* **descubierto**) to discover

desde *prep.* since; from

desear to desire

desempeñar to fulfill, carry out

desempleo unemployment; **tasa de desempleo** unemployment rate

deseo desire

desierto desert (11)

desnacionalizar (c) to denationalize, privatize

desnatado/a skim, lowfat

desocupado/a vacant, unoccupied

despedida leave-taking (P)

despedir(se) (i, i) to say good-bye (5)

despejado/a clear; **está despejado** it's clear (*weather*) (2)

despertador *m.* alarm clock

despertar (ie) (*p.p.* **despierto/a**) to wake; **despertarse** *refl.* to wake up (1)

despierto/a *p.p.* awake; **soñar (ue) despierto/a** to daydream

después *adv.* after, afterward (2)

destacable notable

destacar (qu) to stand out

destino destination

destreza skill, ability

destrucción *f.* destruction

desventaja disadvantage

detalle *m.* detail

detective *m., f.* detective

detergente *m.* detergent

determinado/a definite, specific (14)

determinar to determine

detestar to detest, hate

detrás (de) *adv.* behind (15)

detrimento detriment

deuda debt

devolver (ue) to return (*something*)

día *m.* day; **buenos días** good morning (P); **todo el día** all day; **todos los días** every day (1); **día de fiesta** holiday (11); **día laboral** workday (1); **hoy (en) día** nowadays, today; **menú** *m.* **del día** daily menu (7); **plato del día** daily special (8); **¿qué día es hoy?** what day is today? (1)

diagnóstico diagnosis

diagnóstico/a *adj.* diagnostic

dialectal dialectical

dialecto dialect

diario/a daily

dibujar to draw (11)

dibujo drawing; **dibujo animado** cartoon

diccionario dictionary

diciembre *m.* December (2)

dictador *m.* dictator

diecinueve nineteen

dieciocho eighteen

dieciséis sixteen

diecisiete seventeen

dieta diet

dietético/a *adj.* diet

diez ten

diferencia difference; **a diferencia de** in contrast to

diferente (de) different (from)

difícil difficult

dificultad *f.* difficulty

difundir to diffuse

dinero money; **gastar dinero** to spend money (2)

dinosaurio dinosaur

dios(a) god(dess); **Dios mío** my goodness; **gracias a Dios** thank God

diploma *m.* diploma

dirección *f.* address; direction

directo/a direct; **pensar (ie) de una manera directa** to think in a direct (linear) manner (F)

director(a) director (F)

dirigir (j) to direct; to manage; **capaz de dirigir a otros** able to direct others (13); **dirigirse** *refl.* to address, speak

disciplinado/a disciplined

disco record; **disco compacto** compact disc

discoteca discotheque (2)

discrepancia discrepancy

discreto/a discreet (13)

disculpar to excuse, pardon

discusión *f.* discussion; argument

diseñador(a) designer (F)

diseñar to design

diseño design (F)

disfrutar to enjoy

disgusto disagreement

disminución *f.* decrease

disminuir (y) to decrease

disparate *m.* foolish, senseless act

disparo shot

disponer (*like* **poner**) to have available

disponible available

disposición *f.* disposition

distancia distance

distinción *f.* distinction

distinguir (g) to distinguish

distinto/a distinct, different

distraer (*like* **traer**) to distract

distribución *f.* distribution

diversión *f.* diversion, entertainment

divertido/a fun-loving (13); fun

divertir(se) (ie, i) *refl.* to have fun

dividir(se) to divide

divorciado/a divorced

divorciarse to divorce

divorcio divorce

doblar to turn; **doble a la izquierda** turn left (15)

doble double

doce twelve (P)

dócil docile (14)

doctor(a) doctor

doctrina doctrine

documental *m.* documentary (*film*)

dólar *m.* dollar

dolor *m.* pain, ache; (**tener** *irreg.*) **dolor de cabeza** (to have a) headache; (**tener** *irreg.*) **dolor de estómago** (to have a) stomachache

doméstico/a domestic; household; **animal** *m.* **doméstico** domestic animal, pet; **quehacer** *m.* **doméstico** household chore; **tarea doméstica** household chore

domicilio home; **servicio a domicilio** home delivery (8)

dominar to dominate

domingo Sunday (1); **domingo pasado** last Sunday

dominicano/a *n., adj. n.* Dominican; **República Dominicana** Dominican Republic

dominio dominion

don *m.* title of respect before a man's first name; talent; **tener** *irreg.* **don de gentes** to have a way with people (F); **don de mando** talent for leadership (13)

donativo *m.* donation

donde where

¿dónde? where?; **¿de dónde eres tú / es usted?** where are you from? (P); **¿dónde queda _____?** where is _____? (15)

donjuan *m.* libertine man

dorado/a golden

dormir (ue, u) to sleep (1); **dormirse** *refl.* to fall asleep (3)

dormitorio bedroom

dos two (P); **a las dos** at two o'clock (1); **dos veces** twice; **son las dos** it's two o'clock (1); **los/las dos** *pron.* both

doscientos two hundred (6)

dragón *m.* dragon

drama *m.* drama

dramático/a dramatic

drástico/a drastic

droga drug

ducha shower; **con ducha** with a shower (F)

ducharse *refl.* to shower, take a shower
duda doubt (F); **sin duda** without a doubt
dudar to doubt (F)
dudoso/a doubtful; **es dudoso que...** it's doubtful that (F)
dulce *n. m.* candy (7); *adj.* sweet (7)
duplicar (qu) to duplicate
durante during (1)
durar to last
duro/a hard

E

e and (*used instead of* **y** *before words beginning with* **i** *or* **hi**)
echar to throw; **echar de menos** to miss (*someone, something*)
ecológico/a ecological
economía *s.* economics (P); economy
económico/a economic; inexpensive
ecoturismo ecotourism
ecuación *f.* equation
ecuatoriano/a Ecuadorean
edad *f.* age (6); **la Edad Media** Middle Ages
edición *f.* edition
edificio building
educación *f.* education; **educación física** physical education (P); **tener** *irreg.* **buena educación** to be well-mannered (8)
educado/a educated; well-mannered, polite (8)
educar (qu) to educate
educativo/a educational
EE.UU. (Estados Unidos) United States
efecto effect; **efecto invernadero** greenhouse effect
efectuar (efectúo) to carry out
eficiencia efficiency
eficiente efficient
egocéntrico/a egocentric
egoísta egotistical, self-centered (13)
ejemplo example; **por ejemplo** for example
ejercer (z) to exercise (*one's rights*); to practice (*a profession*)
ejercicio exercise; **hacer** *irreg.* **ejercicio** to exercise (1); **hacer ejercicio aeróbico** to do aerobics (1)
ejército army; **EZLN: Ejército Zapatista de Liberación Nacional** Zapatista National Liberation Army
el *m. s.* the (P)
él *m. sub. pron.* he (P); *obj. of prep.* him
elaboración *f.* production
elaborar to produce
elástico/a flexible
elección *f.* election; choice
electivo: cursos electivos elective courses
electricidad *f.* electricity

electrónico/a electronic; **correo electrónico** e-mail (1)
elegancia elegance
elegante elegant
elegir (i, i) (j) to elect; to choose
elemento element
eliminar to eliminate
ella *f. sub. pron.* she (P); *obj. of prep.* her
ello *neuter pron.* it
ellos/as *sub. pron.* they; *obj. of prep.* them
elogiado/a praised
embargo: sin embargo however, nevertheless
embarque *m.*: **tarjeta de embarque** boarding pass
emborracharse *refl.* to get drunk
embriagado/a intoxicated, drunk
embrión *m.* embryo
emigración *f.* emigration
emigrar to emigrate
emitir to emit
emoción *f.* emotion
emocional emotional
emparejar to match
emperador *m.* swordfish (7)
empezar (ie) (c) to begin (3)
empleado/a *n.* employee; *adj.* employed
emplear to employ, to use
empleo employment, job
emprendedor(a) enterprising, aggressive (F)
empresa company; **administración** *f.* **de empresas** business administration (P)
empujar to push
encantador(a) charming (13)
encantar to delight, to be extremely pleasing (7); **me encanta(n)** I love
encerrarse (ie) to shut or lock in; **encerrarse** *refl.* **(en su cuarto)** to shut oneself up (in one's room) (10)
enciclopedia encyclopedia
encima: por encima on top
encontrar (ue) to find; to meet
encuesta survey; poll
enemigo/a *n., adj.* enemy
energía energy; **energía nuclear** nuclear energy; **energía solar** solar energy
enérgico/a energetic
enero January (2)
enfadado/a angry (10); **ponerse** *irreg.* **enfadado/a** to be (get) angry (10)
enfadar to anger; **enfadarse** *refl.* to get angry
énfasis *m.* emphasis; **poner** *irreg.* **énfasis** to emphasize
enfermedad *f.* illness
enfermería nursing (P)
enfermero/a nurse (F)
enfermo/a ill, sick
enfocarse (qu) to focus

enfoque *m.* focus
enfrentar to confront, face
enfrente (de) in front of (15)
engañar to deceive
engordar to be fattening
enlatado/a canned
enmohecido/a mildewed
enojado/a angry (10); **estar** *irreg.* **enojado/a** to be angry (10)
enojarse *refl.* to get angry (10)
enojo anger
enorme enormous
ensalada salad (7); **ensalada mixta** mixed, tossed salad
ensayar to try
ensayista *m., f.* essayist
ensayo essay
enseñanza teaching
enseñar to teach
ensimismado/a lost in thought
entender (ie) to understand (1); **no entiendo** I don't understand (P)
entero/a entire, whole
entidad *f.* entity
entomología entomology
entonces *adv.* then, next (*in a series*)
entrada entrance
entrar to enter
entre *prep.* between, among
entregar (gu) to give, hand over; **entregarse** *refl.* **(a)** to devote oneself (to)
entrenamiento training
entrenar(se) to train
entrevista interview
entrevistado/a person interviewed
entrevistador(a) interviewer
entrevistar to interview
entusiasmarse *refl.* to be enthused
enviar (envío) to send (1)
envidia: tener *irreg.* **envidia** to be envious
época epoch; age; time (*period*) (6)
equilibrado/a balanced (13)
equipaje *m.* luggage (F); **facturar el equipaje** to check the luggage (F)
equipo team; equipment
equivalencia *n.* equivalent
equivocarse (qu) to make a mistake; to be wrong
error *m.* error, mistake
escala scale; **hacer** *irreg.* **escala** to make a stop (*on a flight*) (F)
escalar montañas to mountain climb (11)
escapar to escape
escarabajo beetle
escaso/a scarce
escena scene
esclavo/a slave
escoger (j) to choose
escolar *adj.* school
esconder to hide

escribir (*p.p.* **escrito/a**) to write (1); **escribir a máquina** to type; **escribir la tarea** to write the assignment; **máquina de escribir** typewriter

escrito/a *p.p.* written

escritor(a) writer

escrupuloso/a scrupulous, particular

escuadrón *m.* squadron; **escuadrón de la muerte** death squad

escuchar to listen (to) (1); **escuchar la radio** to listen to the radio

escuela school; **escuela secundaria** secondary school, high school

escultor(a) sculptor (F)

escultura sculpture

ese/a *adj.* that (P)

ese/a *pron.* that one

esfuerzo effort

eso that, that thing, that fact; **por eso** therefore, that's why

esos/as *adj.* those (P)

esos/as *pron.* those ones

espacial spatial

espacio space, blank

espaguetis *m. pl.* spaghetti (7)

espantoso/a scary (P)

España Spain

español *m.* Spanish (*language*); **hablar español** to speak Spanish (P)

español(a) *n.* Spaniard; *adj.* Spanish; **de habla española** Spanish-speaking

especial special; **en especial** especially

especialidad *f.* specialty

especialización *f.* major (P)

especializarse (c) (en) to specialize (in); to major (in)

especie *f.* species

específico/a specific

espectacular spectacular

espejo mirror

espera: sala de espera waiting room

esperanza hope; **esperanza de vida** life expectancy

esperar to expect; to hope; to wait (for)

espinacas *f. pl.* spinach (7)

espíritu *m.* spirit

espiritual spiritual

espléndido/a splendid

esposo/a husband, wife (4); **esposos** *m. pl.* married couple (4)

esquema *m.* chart, outline

esquí *m.* skiing

esquiar (esquío) to ski (11); **esquiar en el agua** to water ski (11); **esquiar en las montañas** to snow ski (11)

estable *adj.* stable

establecer (zc) to establish

establecimiento establishment; settling place

estación *f.* season (2); station (F)

estadio stadium

estadística statistic; statistics

estado state; **estado de ánimo** state of mind (10)

Estados Unidos United States

estadounidense *n. m., f.* American; *adj. of or from the United States*

estanco monopoly

estándar (*or* **estándard**) standard

estar *irreg.* to be (3); **está claro** it's clear (5); **está despejado** it's clear (*weather*) (2); **está lloviendo** it's raining (2); **está nevando** it's snowing; **está nublado** it's cloudy (2); **estar aburrido/a / asustado/a / cansado/a / enojado/a / nervioso/a / tenso/a** to be bored/afraid/tired/angry/nervous/tense (10); **estar de acuerdo** to agree; **estar de buen/mal humor** to be in a good/bad mood (10); **estar listo/a (para)** to be ready (for); **estar de vacaciones** to be on vacation

estatua statue

estatura height (5); **de estatura mediana** of medium height (5); **¿qué estatura es?** how tall is he/she/you (*form.*)? (5)

estatus status

este *m.* east (15)

este/a *adj.* this (P); **esta noche** tonight

este/a *pron.* this one

estereotípico/a stereotypical

estereotipo stereotype

estilo style

estimado/a esteemed

estimarse *refl.* to have a high opinion of oneself

estimular to stimulate

esto this, this thing, this matter

estofado/a stewed

estómago stomach; **tener** *irreg.* **dolor de estómago** to have a stomachache

estornudar to sneeze

estrella star; **hotel** *m.* **de cuatro estrellas** four-star hotel

estrés *m.* stress

estructura structure

estructurado/a structured

estructural structural

estudiante *m., f.* student (P); **soy estudiante de _____** I am a(n) _____ student

estudiantil *adj.* student; **residencia estudiantil** student dormitory

estudiar to study (1); **estudio _____** I am studying _____ (P); **¿qué estudias?** what are you studying? (P)

estudio *n.* study

estudioso/a studious

etapa stage

etimología etymology

étnico/a ethnic

Europa Europe

europeo/a *n., adj.* European

evaluar (evalúo) to evaluate

evento event

evidencia evidence

evidente evident (5)

evitar to avoid; **tendencia a evitar riesgos** tendency to avoid risks (13)

exacerbar to exacerbate

exacto/a *adj.* exact; *adv.* exactly

exagerado/a exaggerated

examen *n.* test (P); **tener** *irreg.* **un examen** to take a test (3)

examinar to examine

excelente excellent

excéntrico/a eccentric

excepción *f.* exception

excepcional exceptional

excepto *adv.* except

exceso excess

exclamar to exclaim

excluir (y) to exclude

exclusivo/a exclusive

excusa excuse

exhibición *f.* exhibition

exiliado/a *n., adj.* exiled

existencia existence

éxito success; **tener** *irreg.* **éxito** to be successful

exótico/a exotic

expediente transcript

experiencia experience

experimental experimental

experimentar to experience; to experiment

experimento experiment

experto/a *n., adj.* expert

explicación *f.* explanation

explicar (qu) to explain

exploración *f.* exploration

explorar to explore

explosivo/a explosive

exportación *f.* exportation

exportar to export

exposición *f.* exposition

expresar to express; **expresarse** *refl.* **claramente** to express oneself clearly (F)

expresión *f.* expression (P)

expropiado/a expropriated

extendido/a extended; **familia extendida** extended family (4)

extensión *f.* extension

extenuar (extenúo) to tire

externo/a external

extinción *f.* extinction

extinguirse (g) to become extinct

extra *inv.* extra

extracción *f.* extraction

extraer (*like* **traer**) to extract

extranjero abroad (F); **extranjero/a** *n.* foreigner; *adj.* foreign; **idioma** *m.* **extranjero** foreign language (P); **lengua extranjera** foreign language (P)

extraño/a strange
extraordinario/a extraordinary
extravagante extravagant
extroversión *f.* extroversion
extrovertido/a extroverted (5)
EZLN: Ejército Zapatista de Liberación Nacional Zapatista National Liberation Army

F

fábrica factory
fabricación *f.* manufacture
fabricar (qu) to manufacture, make
fabuloso/a fabulous
fachada facade
fácil easy
factor *m.* factor
facturar el equipaje to check the luggage (F)
falda skirt (F)
falso/a false
falta lack
faltar to be missing, lacking (10); to be absent; faltar a to miss, not go to
fama fame; tener *irreg.* fama de to have a reputation for
familia family; familia extendida extended family (4); familia nuclear nuclear family (4)
familiar *n. m.* relative; *adj.* familiar, pertaining to a family
famoso/a famous (P)
fanático/a fan; fanatic
fantástico/a fantastic
farmacéutico/a pharmacist (F)
farmacia pharmacy (F)
fascinante fascinating
fascinar to fascinate
fatal fatal; awful
fauna fauna
favor *m.* favor; a favor de in favor of; por favor please (P)
favorito/a favorite (P)
faxear to send a fax
febrero February (2)
fecha (*calendar*) date
fechoría villainy, misdeed
fecundación *f.* fertilization
feliz (*pl.* felices) happy (5)
femenino/a feminine
fenómeno phenomenon
feo/a ugly (5)
fermentación *f.* fermentation
feroz (*pl.* feroces) ferocious
ferroníquel *m.* ferronickel
fertilizante *m.* fertilizer
festival *m.* festival
festividades *pl.* festivities
fibra fiber; telas de fibras naturales natural fabrics (F)
ficción *f.* fiction; ciencia ficción science fiction
ficticio/a ficticious

fideo noodle
fiesta party (2); dar *irreg.* / hacer *irreg.* una fiesta to throw (have) a party (11); día *m.* de fiesta holiday (11)
figura figure
figurar to figure, appear
figurativo/a figurative
figurilla figurine
figurina figurine
fijarse to notice
fijo/a fixed
Filipinas Philippines
filosofía philosophy (P)
filosófico/a philosophical
fin *m.* end; al fin y al cabo in the end, when all is said and done; en fin finally; fin de semana weekend (1); fin de semana pasado last weekend (3); por fin finally
final *m.* end; al final (de) at the end (of); *adj.* final
finalista *m., f.* finalist
financiar to finance
financiero/a financial
fino/a fine
firma signature
firmar to sign
firmeza firmness, stability
física physics (P)
físicamente fuerte physically strong (F)
físico/a *n.* physicist (F); *adj.* physical; característica física physical characteristic, trait (5); castigo físico corporal punishment; daño físico physical injuries (12); educación *f.* física physical education (P); rasgo físico physical trait; terapia física physical therapy (F)
fisiología physiology
flamenco *a musical and dance form from the region of Andalusia in Spain*
flan *m.* baked custard (7)
flexibilidad *f.* flexibility
flexible flexible
flor *f.* flower
flora flora
fobia phobia
folclor *m.* folklore
folklórico/a folkloric
folleto pamphlet
fomentar to encourage
forma form; way; de todas formas in any case; en forma in shape
formación *f.* formation; training, education
formal formal
formar to form
fórmula formula
formular to formulate
formulario form
foro forum
fósil *m.* fossil

foto(grafía) *f.* photo(graph); sacar (qu) fotos to take pictures
fotógrafo/a photographer (F)
fracaso failure
fragmento fragment
francés *m.* French (*language*) (P)
francés, francesa *n.* Frenchman, Frenchwoman; *adj.* French
Francia France
franquicia exemption
frase *f.* phrase; sentence
frecuencia frequency; con frecuencia often (1); ¿con qué frecuencia? how often? (1)
frecuentar to frequent
frecuente frequent
frecuentemente frequently (1)
freír (i, i) to fry
frente *prep.* in front of; frente a facing; compared with
fresa strawberry (7)
fresco/a fresh (7); cool; hace fresco it's cool (*weather*) (2)
frijol *m.* bean (7)
frío cold (9); bien frío very cold (9); hace (mucho) frío it's (very) cold (*weather*) (2)
frito/a *p.p.* fried; huevo frito fried egg (7); papas fritas *Lat. Am.* potato chips (7); French fries; patatas fritas *Sp.* potato chips (7); French fries
frívolo/a frivolous (14)
frontera border
frustrar to frustrate
fruta fruit (7)
fuente *f.* source; fountain
fuera (de) *adv.* outside (of)
fuerte strong; físicamente fuerte physically strong (F); licor *m.* fuerte hard alcohol (9)
fuerza strength; force; fuerzas armadas armed forces
fumar to smoke (9); sección *f.* de (no) fumar (no) smoking section (F)
función *f.* function
funcionamiento *n.* functioning, operation
funcionar to function, work
fundamento foundation
funeral *m.* funeral
furioso/a furious
fútbol *m.* soccer; fútbol americano football; jugar (ue) (gu) al fútbol to play soccer (2); jugar (ue) (gu) al fútbol americano to play football (2)
futuro *n.* future
futuro/a *adj.* future

G

Galápagos: Islas Galápagos Galapagos Islands
Galicia *region in northwest Spain*
gallego *m.* Galician (*language*)
gallego/a *n., adj.* Galician

galleta cookie (7)

gallina hen

gallo rooster

gamba *Sp.* shrimp

gana desire, wish; **tener** *irreg.* **ganas de** + *inf.* to feel like (*doing something*)

ganar to earn; to win; **ganar peso** to gain weight; **ganarse la vida** to support oneself (*financially*)

garantía guarantee

gasolina gasoline

gastar (dinero) to spend (money) (2)

gasto expense

gastronomía gastronomy

gastronómico/a gastronomical

gato/a cat

gaucho *cowboy of the pampas in Argentina*

gelatina gelatin

gemelo/a *n., adj.* twin (4)

gen *m.* gene

genealógico: árbol *m.* **genealógico** family tree

generación *f.* generation

general general; **en general** in general; **por lo general** generally

generalizar (c) to generalize

generalmente generally (1)

género gender; genre

genética *n.* genetics

genético/a genetic; **herencia genética** genetic inheritance

genio temper; mood; **tener** *irreg.* **mal genio** to have a bad temper

gente *f. s.* people (6); **tener** *irreg.* **don de gentes** to have a way with people (F)

geografía geography (P)

geográfico/a geographical

geométrico/a geometric

gerente *m., f.* manager (F)

gerundio gerund

gesto gesture

gigante *n. m.* giant; *adj.* gigantic, huge

gimnasio gymnasium

gitano/a *n., adj.* Gypsy

glamoroso/a glamorous

globalización *f.* globalization

gnomo gnome

gobernado/a governed

gobernador(a) governor

gobernar to govern

gobierno government (F)

golf *m.* golf; **jugar (ue) (gu) al golf** to golf (11)

golondrina swallow

golpe *m.* blow

gordo/a fat (5)

gorila *m.* gorilla

gótico/a Gothic

gozar (c) to enjoy, have

gracia humor; **hacerle** *irreg.* **gracia a uno** to strike someone as funny (11); **tener** *irreg.* **gracia** to be funny, charming (11)

gracias thank you, thanks (P); **gracias a Dios** thank God

gracioso/a funny, amusing (11)

grado grade, degree

graduado/a: recién graduado recent graduate

graduarse *refl.* **(me gradúo) (de)** to graduate (from)

gráfico *n.* graphic

gráfico/a *adj.* graphic

gramática grammar

gramatical grammatical

gran, grande big (5); impressive, great; **el/la menos grande** the smallest (5); **menos grande (que)** smaller (than) (5)

granja farm

granjero/a farmer (F)

grasa fat (7)

gratis *inv.* free

grave serious (12)

Grecia Greece

gregario/a gregarious (5)

griego *n.* Greek (*language*)

griego/a Greek (*person*)

grifo faucet

gringo/a *n., adj.* American (*often pejorative*)

gris gray

gritar to shout (10)

grupo group

gua gua *f.* baby (*male or female*)

guano fertilizer

guapo/a handsome, pretty

guaraní *m.* Guarani (*an indigenous language*)

guardar to keep; **guardar silencio** to keep quiet

guardia guard

guatemalteco/a *n., adj.* Guatemalan

guerra war; **guerra civil** civil war

guerrero/a warrior

guerrillero/a guerilla

guiado/a guided

guiarse *refl.* **(me guío)** to be guided

guisante *m.* pea (7)

guitarra guitar; **tocar (qu) la guitarra** to play the guitar (1)

gusano worm   *To please 9;55*

gustar to be pleasing; **no me gusta(n)** _____ I don't like _____ (P); **sí, me gusta(n)** _____ yes, I like _____ (P); **¿te gusta(n)** _____? do you like _____? (P); **no, no me gusta(n) para nada** no, I don't like it (them) at all (P)

gusto taste, preference (7); **al gusto** according to taste; **mucho gusto** pleased to meet you (P)

H

ha (*aux.*) has/have + *p.p.*

haber *irreg.* to have (*aux.*)

hábil para las matemáticas good at math (F)

habilidad *f.* ability (F); **habilidad manual** ability to work with one's hands (F)

habitación *f.* room (F); **habitación con baño privado** room with a private bath (F); **habitación con ducha** room with a shower (F)

habitante *m., f.* inhabitant

habitar to inhabit; to live

hábitat *m.* (*pl.* **hábitats**) habitat

hábito habit; **hábito de comer** eating habit (7)

habitué *n. m., f.* regular; habitual customer

habla *n. f.* (*but* **el habla**) language; **de habla española** Spanish-speaking

hablador(a) talkative (13)

hablante *m., f.* speaker

hablar to speak (1); **hablar español** to speak Spanish (P); **hablar otro idioma** to speak another language (F); **hablar por teléfono** to talk on the telephone (1)

hacendado landed property owner

hacer *irreg.* (*p.p.* **hecho/a**) to do (1); to make (1); **hace** + *time* _____ ago (3); *To be pg. 61* **hace buen/mal tiempo** the weather's good/bad (2); **hace (mucho) calor/frío** it's (very) hot/cold (*weather*) (2); **hace fresco** it's cool (*weather*) (2); **hace sol** it's sunny (2); **hace unos años** a few years ago; **hace varios meses** several months ago; **hace viento** it's windy (2); **hacer autostop** to hitchhike; **hacer camping** to go camping (11); **hacer cola** to stand in line (F); **hacer compañía** to keep company; **hacer daño** to hurt; **hacer ejercicio** to exercise (1); **hacer ejercicio aeróbico** to do aerobics (1); **hacer escala** to make a stop (*on a flight*) (F); **hacer la cama** to make the bed; **hacer la maleta** to pack one's suitcase (F); **hacer la tarea** to do the homework/assignment; **hacer las compras** to go shopping; **hacer memoria** to try to remember; **hacer preguntas** to ask questions (4); **hacer reír** to make laugh (11); **hacer ruido** to make noise (10); **hacer un viaje** to take a trip (F); **hacer una fiesta** to throw (have) a party; **hacer yoga** to do yoga (11); **hacerle gracia a uno** to strike someone as funny (11); **no hacer nada** to do nothing (2); **¿qué carrera haces?** what's your major? (P); **¿qué tiempo hace?** what's the weather like? (2)   *To go*

hacia *prep.* toward

hada *f.* (*but* **el hada**) fairy; **cuento de hadas** fairy tale hamaca hammock

hambre f. (but el hambre) hunger; dar irreg. hambre to make hungry; tener irreg. hambre to be hungry (7)

hamburguesa hamburger (7)

han (aux.) have + p.p.

hasta adv. even; prep. until; hasta mañana see you tomorrow (P); hasta pronto see you soon (P); hasta que until; hasta (muy) tarde until (very) late (2)

hay there is, there are (P); hay que it's necessary to (8)

hazaña deed

hecho fact; deed; reason; de hecho in fact

hecho/a p.p. made, done

helado ice cream (7)

helado/a p.p. frozen; iced; té m. helado iced tea (9)

hemisferio hemisphere

hemofilia hemophilia

herbívoro herbivore

heredar to inherit

hereditario/a hereditary

herencia inheritance; herencia genética genetic inheritance

herida wound, injury (12)

herir (ie, i) to wound (12)

hermanastro/a stepbrother, stepsister (4)

hermano/a brother, sister (4); pl. brothers and sisters, siblings (4); medio/a hermano/a half brother, half sister (4)

hidalgo nobleman

hielo ice; con hielo with ice (9); sin hielo without ice (9)

hierba herb; té m. de hierbas herbal tea (9)

hígado liver

hijo/a son, daughter (4); pl. children; hijo/a único/a only child; hijo/a adoptivo/a adopted child

hilaza yarn

himno nacional national anthem

hipotético/a hypothetical

hispánico/a Hispanic

hispano/a Hispanic

Hispanoamérica Latin America

hispanoamericano/a n., adj. Latin American

hispanohablante m., f. Spanish speaker; adj. Spanish-speaking

historia history (P); story

histórico/a historical

hogar m. home

hoja sheet (of paper); leaf

hola hello (P)

hombre m. man; hombre de negocios businessman (F)

honestidad f. honorableness, honesty

honesto/a upright, honorable, honest

honorable honorable, honest

hora hour; time; ¿a qué hora? at what time? (1); hora límite time limit; ¿qué hora es? what time is it? (1)

horario schedule

hormiga ant; hormiga culona fat-bottomed ant

hormona hormone

horno: al horno baked (7)

horóscopo horoscope; horóscopo chino Chinese horoscope

hospital m. hospital

hotel m. hotel; hotel de cuatro estrellas four-star hotel; hotel de lujo luxury hotel

hoy adv. today (1); hoy (en) día nowadays, today; hoy es _____ today is _____ (1); ¿qué día es hoy? what day is today? (1)

huele a it smells like

hueso bone

huésped(a) guest

huevo egg (7); huevo frito fried egg (7); huevo revuelto scrambled egg (7)

huir (y) to flee

humanidad f. humanity; pl. humanities (P)

humano/a human; raza humana human race; ser m. humano human being

humedad f. humidity

húmedo/a humid

humilde humble (13)

humor m. humor; mood; estar irreg. de buen/mal humor to be in a good/bad mood (10)

I

ida: boleto/billete m. de ida one-way ticket (F); boleto/billete m. de ida y vuelta round-trip ticket (F)

idea idea; (muy) buena idea a (very) good idea (8); cambiar de idea to change one's mind

ideal n. m. ideal; adj. m., f. ideal

idealista n. m., f. idealist; adj. m., f. idealistic

idéntico/a identical

identidad f. identity

identificar (qu) to identify

ideología ideology

idioma m. language (P); hablar otro idioma to speak another language (F); idioma extranjero foreign language (P)

iglesia church; ir irreg. a la iglesia to go to church (2)

igual equal, same; dar irreg. igual to be all the same to (someone), not to care; por igual equally, the same (P)

igualmente likewise (P)

ilógico/a illogical

iluminación f. illumination

imagen f. image

imaginación f. imagination

imaginar to imagine

imaginativo/a imaginative

imitar to imitate

impaciente impatient

impacto impact

imperfecto gram. imperfect (tense)

imperio empire

impersonal impersonal

impetuoso/a impetuous

implicar (qu) to implicate

imponer (like poner) to impose (5)

importación f. importation

importancia importance

importante important

importar to be important (7); to matter (7); to import; importar un comino not to matter at all

imposible impossible

imprescindible essential (8)

impresión f. impression

impresionante impressive

impresionar to impress

imprimir to print

impuesto tax

impulsividad f. impulsiveness

impulsivo/a impulsive

impulso impulse

inapropiado/a inappropriate

inca n. m., f. Inca; adj. Incan

incendio fire

incesante incessant

incidencia incidence

incierto/a uncertain (14)

inclinación f. inclination

inclinado/a inclined

incluir (y) to include

inclusive including

incluso adv. even

inconformidad f. nonconformity

incontrolable uncontrollable

incorporar to incorporate; incorporarse refl. to join

incorrecto/a incorrect

incrementar to increase

indeciso/a indecisive (13)

indefinido/a indefinite

independencia independence

independiente independent

independizarse (c) refl. to become independent

India India

indicación f. indication

indicar (qu) to indicate

indicativo gram. indicative (mood)

indiferente indifferent (14)

indígena n. m., f. indigenous person; adj. m., f. indigenous

indirecto/a indirect

indispensable indispensable, essential

individual adj. individual

individualista individualistic (14)

individuo n. individual

indudable without a doubt (5)
indumentaria apparel
industria industry
inesperado/a unexpected
inestabilidad *f.* instability
inevitable unavoidable
infancia infancy; childhood
infante/a *any son or daughter of a king of Spain or Portugal, except the eldest*
infierno hell
infinitivo *gram.* infinitive
inflado/a inflated
influencia influence
influido/a influenced
influir (y) to influence
información *f.* information
informar to inform
informática computer science (P)
informe *m.* report
ingeniería engineering (P)
ingeniero/a engineer (F)
ingenioso/a ingenious, clever
ingenuo/a naive (13)
ingerir (ie, i) to ingest, eat
Inglaterra England
inglés *m.* English (*language*) (P)
inglés, inglesa *adj.* English
ingrato/a ungrateful
ingrediente *m.* ingredient
ingreso income
iniciar to initiate
iniciativa initiative
injusticia injustice
inmediato/a immediate
inmenso/a immense
inmigración *f.* immigration
inmigrante *m., f.* immigrant
inmigrar to immigrate
inmortalidad *f.* immortality
inmunología immunology
innato/a innate
innecesario/a unnecessary
inocente innocent
inquieto/a restless (13)
insatisfacción *f.* dissatisfaction
inscribir (*p. p.* **inscrito/a**) to enroll in
inscripción *f.* enrollment
insecto insect
inseguro/a insecure (13)
insensible insensitive (13)
insincero/a insincere (P)
insistir to insist
insomnio insomnia
inspeccionar to inspect
inspirar to inspire
instantánea *n.* snapshot
instante *m.* instant
instintivo/a instinctive
instinto instinct
institución *f.* institution
instituto institute
instrucción *f.* instruction; *pl.* directions

instrumento instrument
insultar to insult
integral: pan *m.* **integral** whole-wheat bread (7)
integrar to integrate
íntegro/a honorable (F)
intelectual intellectual
inteligencia intelligence
inteligente intelligent (P)
intención *f.* intention
intensidad *f.* intensity
intenso/a intense
intentar to try, attempt
intento attempt
interacción *f.* interaction
intercambiar to exchange
intercambio exchange
interés *m.* interest
interesante interesting (P)
interesar to interest, be interesting (7)
internacional international
interno/a internal
interpretación *f.* interpretation
interrumpir to interrupt
íntimo/a close
intricado/a intricate
introducción *f.* introduction
introducir (*like* **conducir**) to introduce, bring in; to put (into)
introvertido/a introverted
inundación *f.* flood
inventar to invent
invento invention
invernadero: efecto invernadero greenhouse effect
invernal *adj.* winter; **síndrome** *m.* **invernal** winter syndrome (*depression*)
inversión *f.* investment
inversionista *m., f.* investor
invertido/a invested
investigación *f.* investigation
investigador(a) investigator
investigar (gu) to investigate
invierno winter
invitado/a *n.* guest
invitar to invite; to treat (pay) (8)
involucrado/a involved
involuntariamente involuntarily
ir *irreg.* to go; **ir a la iglesia** to go to church (2); **ir al cine** to go to the movies; **ir al teatro** to go to the theater (11); **ir de compras** to go shopping (1)
irritado/a irritated
irritarse to be (get) irritated (10)
isla island; **Islas Baleares** Balearic Islands; **Islas Galápagos** Galapagos Islands
Italia Italy
italiano *n.* Italian (*language*) (P)
italiano/a *n., adj.* Italian
itinerario itinerary

izquierda *f.* left; **doble a la izquierda** turn left (15)
izquierdo/a left (8)

J

¡ja! ha!
jabón *m.* soap
jactarse (de) *refl.* to boast, brag (about)
jacuzzi *m.* jacuzzi; **bañarse** *refl.* **en un jacuzzi** to bathe in a jacuzzi (11)
jaguar *m.* jaguar
jamás never (2)
jamón *m.* ham (7); **jamón serrano** *cured Spanish ham*
Jánuca *m.* Hanukkah
Japón *m.* Japan
japonés *m.* Japanese (*language*) (P)
japonés, japonesa *n., adj.* Japanese
jardín *m.* garden; yard; **trabajar en el jardín** to garden (11)
jarra pitcher (8)
jefe/a boss (F)
jerarquía hierarchy
jerez *m.* (*pl.* **jereces**) sherry
jirafa giraffe
jitomate *m. Mex.* tomato
joven *n. m., f.* young person; *adj.* young (5)
joyería jewelry store
jubilado/a retired
jubilarse *refl.* to retire
judía bean; **judía verde** green bean (7)
juego game
jueves Thursday (1)
jugador(a) player (F)
jugar (ue) (gu) to play (*sports*) (1); **jugar a los naipes** to play cards (11); **jugar a los videojuegos** to play video games (3); **jugar al basquetbol** to play basketball (10); **jugar al béisbol** to play baseball (10); **jugar al boliche** to bowl (10); **jugar al fútbol** to play soccer (2); **jugar al fútbol americano** to play football (2); **jugar al golf** to golf (11); **jugar al tenis** to play tennis (10); **jugar al voleibol** to play volleyball (11)
jugo juice (7); **jugo de limón** lemon juice; **jugo de manzana** apple juice (9); **jugo de naranja** orange juice (7); **jugo de tomate** tomato juice (9); **jugo de toronja** grapefruit juice
juicio judgment, sanity: **perder el juicio** to lose one's mind; **recobrar el juicio** to recover one's sanity
julio July (2)
junio June (2)
junto *adv.* near; **junto con** together with
junto/a *adj.* together

justicia justice; **justicia criminal** criminal justice (P)

justo/a just, fair (14)

juzgar (gu) to judge

K

kilo kilogram

kilómetro kilometer

L

la *f. s.* the; *d.o. f. s.* you (*form.*); her; it

labio lip

laboral *adj.* labor; work; **día laboral** workday (1)

laboratorio laboratory (1)

labrar to work

lacio/a straight (*hair*) (5)

lácteo/a: producto lácteo dairy product (7)

lado side; **al lado (de)** next to, alongside (15); **por otro lado** on the other hand; **por un lado** on the one hand

ladrar to bark

lago lake (11)

lágrima tear

lámpara lamp

lana wool (F)

las *f. pl.* the; *d.o. f. pl.* you (*form.*); them

latino/a Hispanic; Latin

Latinoamérica Latin America

latinoamericano/a *n., adj.* Latin American

lavabo bathroom sink

lavar to wash; **lavar la ropa** to wash clothes (2); **lavar los platos** to wash the dishes (8)

lazo tie (*link*)

le *i.o. s.* to/for him, her, it, you (*form.*)

leal loyal (13)

lección *f.* lesson

leche *f.* milk (7); **café** *m.* **con leche** coffee with milk (7); **leche semi-descremada** 2% milk

lechuga lettuce (7)

lector(a) reader (*person*)

lectura *n.* reading

leer (y) to read (1)

legalización *f.* legalization

legalizar (c) to legalize

legislatura legislature

legumbre *f.* vegetable

lejano/a faraway; remote, distant

lejos (de) far away (from) (15)

lengua tongue; language; **lengua extranjera** foreign language (P)

lenguado sole (*fish*)

lenguaje *m.* language

lentamente *adv.* slowly

lenteja lentil (7)

león, leona lion, lioness

les *i.o. pl.* to/for you (*form.*); them

lesión *f.* wound, injury (12)

letargo lethargy

letra letter; handwriting; lyrics; *pl.* letters (*humanities*) (P)

levantamiento de pesas weightlifting

levantar to raise; to lift; **levantar la mesa** to clear the table (8); **levantar pesas** to lift weights (10); **levantarse** *refl.* to get up (1)

léxico/a lexical

ley *f.* law

leyenda legend

liberación *f.* liberation

libertad *f.* liberty

libertino/a libertine

libra pound

libre free; **al aire libre** outdoors; **tiempo libre** free (spare) time (11)

librería bookstore

libro book (P)

licencia license; **licencia de manejar** driver's license

licenciatura bachelor's degree

licor *m.* liquor; **licor fuerte** hard alcohol (9)

líder *m.* leader

liga league

ligero/a light

lima lime

limitar(se) to limit (oneself)

límite *m.* limit; boundary; **hora límite** time limit

limón *m.* lemon (7); **jugo de limón** lemon juice

limonada lemonade

limosidad *f.* muddiness, sliminess

limoso/a muddy, slimy

limpiar to clean; **limpiar la casa / el apartamento** to clean the house/apartment (2)

limpieza: mujer *f.* **de limpieza** cleaning lady

limpio/a clean

lindo/a pretty

línea line; **patinar en línea** to inline skate (11)

lingüístico/a linguistic

líquido liquid

lista list

listo/a clever; smart (F); **estar** *irreg.* **listo/a (para)** to be ready (for)

literario/a literary

literatura literature; **literatura mágico realista** magic realist literature

litro liter

llamada call; **llamada telefónica** telephone call

llamar to call; **¿cómo se llama usted?** what's your (*form.*) name? (P); **¿cómo te llamas?** what's your (*fam.*) name? (P); **llamar la atención** to attract attention; **llamar por teléfono** to call on the phone (3); **llamarse** *refl.*

to be called, named; **me llamo** my name is (P); **se llama** his, her name is (P)

llave *f.* key

llegada arrival (F)

llegar (gu) to arrive (3); to reach; **llegar a ser** to become; **perdón, ¿cómo se llega a _____?** excuse me, how do you get to _____? (15)

llenar to fill; to fill out

llevar to carry (5); to keep; to wear (F); **bolsita para llevar** doggie bag (7); **comida para llevar** food to go (8); **llevar a cabo** to carry out; **llevar una vida** to lead a life; **llevarse bien/mal** to get along well/poorly (5)

llorar to cry (10)

llover (ue) to rain; **llueve** it's raining (2); **está lloviendo** it's raining (2)

lluvia rain

lo *d.o. m. s.* you (*form.*); him; it; **por lo general** generally; **por lo menos** at least; **por lo tanto** therefore

lobo wolf

loco/a *n.* crazy person; *adj.* crazy

locura crazy, insane action

lodo mud

lógico/a logical

lograr to attain, achieve

lomo back (*of an animal*)

Londres *m.* London

los *m. pl.* the; *d.o. m. pl.* you (*form.*); them

lotería lottery

lucha fight

luchador(a) fighter (14)

luchar to fight, struggle

lucrativo/a lucrative

luego then, therefore (2)

lugar *m.* place (11); **en primer lugar** in the first place; **lugares de asentamiento** settling places

lujo luxury; **hotel** *m.* **de lujo** luxury hotel

luna moon

lunes *m.* Monday (1)

luz *f.* (*pl.* **luces**) light

M

madera wood

madrastra stepmother (4)

madre *f.* mother (4); **madre soltera** single mother (4)

madrugada dawn; early morning

maestro/a teacher (*elementary or secondary school*) (F); master

mágico/a magical

mágico realista: literatura mágico realista magic realist literature

magnífico/a magnificent

magnitud *f.* magnitude

maíz *m.* corn (7); **aceite** *m.* **de maíz** corn oil (7)

mal *n. m.* evil; damage; *adv.* badly

mal, malo/a *adj.* bad (P); **caer** *irreg.* **mal** to make a bad impression (7); to disagree with (*food*) (7); **estar** *irreg.* **de mal humor** to be in a bad mood (10); **hace mal tiempo** the weather's bad (2); **llevarse mal** to get along poorly (5); **pasarlo (muy) mal** to have a (very) bad time (10); **sacar (qu) una mala nota** to get a bad grade (10)

malestar *m.* malaise, indisposition

maleta suitcase; **hacer** *irreg.* **la maleta** to pack one's suitcase (F)

maletero porter; skycap

malévolo/a evil (14)

malicioso/a malicious

mamá mom, mother

manada herd, pack

mandar to send (1); to direct others (F); to lead, command

mandato order; command

mando command, leadership; control, order (13); **don** *m.* **de mando** talent for leadership (13)

manejar to drive (1); to manage; **licencia de manejar** driver's license

manera manner; way; **de tal manera** in such a manner; **pensar (ie) de una manera directa** to think in a direct (linear) manner (F)

manga sleeve

manifestar (ie) to manifest, show

manipular to manipulate

mano *f.* hand (8); **dar** *irreg.* **la mano** to shake hands

manta blanket

mantel *m.* tablecloth (8)

mantener (*like* **tener**) to maintain; to support (*financially*) (5); **mantenerse** *refl.* to support oneself

mantequilla butter (7); **mantequilla de cacahuete** peanut butter (7)

manual *n. m.* manual; *adj. m., f.* manual; **habilidad** *f.* **manual** ability to work with one's hands (F)

manzana apple (7); block (*of houses*) (15); **jugo de manzana** apple juice (9)

mañana morning; tomorrow (1); **ayer por la mañana** yesterday morning; **hasta mañana** see you tomorrow (P); **mañana es** _____ tomorrow is _____ (1); **por la mañana** in the morning (1); **todas las mañanas** every morning (1)

mapa *m.* mapa

maquiladora *U.S.-owned factory in Mexico along the border between Mexico and the United States*

maquillarse to make oneself up (*with makeup*)

máquina machine; **escribir a máquina** to type; **máquina de escribir**

typewriter; **máquina vendedora** vending machine (7)

mar *m.* sea (11)

marca brand; mark

marcado/a marked

marcar (qu) to mark

marchar to go, proceed; **marcharse** *refl.* to leave

marearse *refl.* to get dizzy, sick, nauseated

margen *m.* margin

marido husband (4)

marihuana marijuana

mariposa butterfly

marisco shellfish (7)

marrón (dark) brown (7)

Marte *m.* Mars

martes *m.* Tuesday (1)

marzo March (2)

más more (1); **el/la más alto/a (de)** the tallest (5); **más alto/a (que)** taller (than) (5); **más o menos** more or less; **más tarde** later; **más vale prevenir que arrepentir** an ounce of prevention is worth a pound of cure; **es más** what's more, moreover

mascota pet

masculino/a masculine

masticar (qu) to chew

matar to kill

mate *m. an herbal tea typical of Argentina*

matemáticas *pl.* mathematics (P); **hábil para las matemáticas** good at math (F)

materia subject (P); material

material *m.* material (F)

materno/a maternal

matrimonial: cama matrimonial double bed (8)

matrimonio marriage; married couple

máximo *n.* maximum

máximo/a *adj.* maximum

maya *n. m.* Mayan (*language*); *n., adj. m., f.* Mayan

mayo May (2)

mayonesa mayonnaise (7)

mayor older (4); greater; main; **el/la mayor** the older, oldest (4); **la mayor parte** majority

mayoría majority

me *d.o.* me; *i.o.* to/for me; *refl. pron.* myself

media: _____ **y media** half past (1)

mediano/a *adj.* medium; middle; **de estatura mediana** of medium height (5)

medianoche *f.* midnight

mediante by means of, through

medias *pl.* stockings (7)

medicina medicine (F)

médico/a *n.* doctor (F); *adj.* medical

medida measure, measurement; **a medida que** as

medieval medieval, about the Middle Ages

medio *n.* half; *pl.* means; resources; **medio ambiente** environment, surroundings; **medios de comunicación** means of communication; **por medio de** by means of

medio/a *adj.* half; **la Edad Media** Middle Ages; **media pensión** room and breakfast (*often with one other meal*); **medio pollo asado** half a roasted chicken (7)

meditar to meditate

mediterráneo/a Mediterranean

mejilla cheek (5)

mejillón *m.* mussel

mejor better; **el/la mejor** the best

mejorana marjoram

mejorar to improve

melón *m.* melon

memoria memory; **hacer** *irreg.* **memoria** to try to remember

memorizar (c) to memorize

mencionar to mention

menos less (1); least; **al menos** at least **echar de menos** to miss (*someone, something*); **el/la menos grande** the smallest (5); **más o menos** more or less; **menos cuarto** quarter to (1); **menos grande (que)** smaller (than) (5); **por lo menos** at least

mensaje *m.* message (1)

mente *f.*: **tener** *irreg.* **en mente** to keep in mind

mentir (ie, i) to lie

mentira lie

mentón *m.* chin (5)

menú *m.* menu; **menú del día** daily menu (7)

menudo: a menudo often

mercadeo marketing (P)

mercado market

merendar (ie) to snack (on) (7); **¿qué meriendas?** what do you snack on? (7)

merienda snack (7)

mermelada jam, marmalade (7)

mes *m.* month (2); **hace varios meses** several months ago

mesa table (8); **levantar la mesa** to clear the table (8); **poner** *irreg.* **la mesa** to set the table (8)

mesero/a waiter, waitress (8)

mestizaje the mixing of races

meta goal

metabolismo metabolism

meter to put; **meterse** *refl.* to involve oneself; **meterse en lo suyo** to do one's own thing

metereológico/a meteorological

metódico/a methodical

metro subway; meter

mexicano/a *n., adj.* Mexican

México Mexico
mezcla mixture
mí *obj. of prep.* me
mi(s) *poss.* my (P)
microondas *m. s.* microwave oven
miedo fear; **dar** *irreg.* **miedo** to frighten; **tener** *irreg.* **miedo** to be afraid (10)
miel *f.* honey
miembro member
mientras *adv.* while; **mientras tanto** meanwhile
miércoles *m.* Wednesday (1)
mil one thousand (6)
militar *m.* soldier; *adj.* military; **servicio militar** military service
milla mile
millón *m.* million
mina mine
mineral: agua *f.* (*but* **el agua**) **mineral** mineral water
minería *n.* mining
minero/a *adj.* mining
mínimo *m.* minimum
mínimo/a *adj.* minimum; **calificación** *f.* **mínima aprobatoria** minimum passing grade
ministerio ministry (*government*)
minoría minority
minoritario/a *adj.* minority
minuto *n.* minute
mío/a *poss.* mine, of mine; **Dios mío** my goodness
mirar to look, look at, watch; **mirar la televisión** to look at, watch TV (1); **mirar un vídeo** to watch a video; **mirar una película** to watch a movie; **mirarse** *refl.* to look at oneself
misa mass (*religious*)
misión *f.* mission
mismo/a same
misterio mystery
mitad *f.* half
mito myth
mixto/a mixed; **ensalada mixta** mixed, tossed salad
moda fashion (F)
modales *m. pl.* manners (8); **buenos modales** good manners (8)
modelado/a modeled
modelo *m.* model; *m., f.* fashion model
moderación *f.* moderation
moderado/a moderate
modernismo modernism
modernista modernist
modernización *f.* modernization
moderno/a modern
modificación *f.* modification
modificar (qu) to modify
modismo slang
modo manner
molestar to bother, annoy
molino windmill
momento moment

moneda coin; **moneda nacional** national currency
mono monkey
monopatín scooter; skateboard (11); **andar** *irreg.* **en monopatín** to ride a scooter, skateboard (11)
monopolio monopoly
monotonía monotony
monótono/a monotonous
montaña mountain (11); **escalar montañas** to mountain climb (11); **esquiar (esquío) en las montañas** to snow ski (11)
montar to ride; **montar en bicicleta/ motocicleta** to ride a bicycle/ motorcycle
monumento monument
morado/a purple
moraleja moral (*of a story*)
morder (ue) to bite
moreno/a dark (5); dark-haired (5); dark-skinned (5)
morir (ue, u) (*p.p.* **muerto/a**) to die; **ya murió** he (she) already died (4)
moro Moor
mostaza mustard (7)
mostrar (ue) to show
motel *m.* motel
motivo motive, reason
motocicleta motorcycle; **montar en motocicleta** to ride a motorcycle
moverse to move
movimiento movement
mozo bellhop
mucho *adv.* a lot (P)
mucho/a much (P); **mucho gusto** pleased to meet you (P)
mudarme to move
muerte *f.* death; **escuadrón** *m.* **de la muerte** death squad
muerto/a *p.p.* dead (4); died
muestra indication
mujer *f.* woman; wife (4); **mujer de limpieza** cleaning lady; **mujer de negocios** businesswoman (F); **mujer policía** female police officer; **mujer político** female politician; **mujer soldado** female soldier
multinacional multinational
multiplicarse (qu) to multiply
mundial *adj.* world
mundo *n.* world
muñeca doll; wrist
muñeco stuffed animal
museo museum
música music (P)
músico/a *n.* musician (F)
muy very (P); **muy tarde** very late (1); **muy temprano** very early (1)

N
nacer (zc) to be born
nacido/a *p.p.* born

nacimiento birth
nación *f.* nation
nacional national; **himno nacional** national anthem; **moneda nacional** national currency; **vuelo nacional** domestic flight
nacionalista *m., f.* nationalist
nacionalización *f.* nationalization
nada nothing, not anything (2); **no hacer nada** to do nothing (2); **no, no me gusta(n) para nada** no, I don't like it (them) at all (P)
nadar to swim (2)
nadie no one, not anyone (5)
naipe *m.* playing card; **jugar (ue) (gu) a los naipes** to play cards (11)
naranja *n.* orange (7); **jugo de naranja** orange juice (7)
narcisista *adj. m., f.* narcissistic
narcotraficante *m., f.* drug dealer
nariz *f.* (*pl.* **narices**) nose (5)
narración *f.* narration, story
narrar to tell, recount
narrativa narrative
nata whipped cream
natación *f.* swimming
nativo/a native
natural natural; plain; **ciencias naturales** natural sciences (P); **telas de fibras naturales** natural fabrics (F)
naturaleza nature
naturalidad: actuar (actúo) con naturalidad to act naturally
navegar (gu) to navigate; **navegar en un barco** to sail (11); **navegar la Red** to surf the Web (World Wide Web) / net (Internet) (1)
Navidad *f.* Christmas
navideño/a *adj.* Christmas
necesario/a necessary (8); **es necesario** it's necessary (8)
necesidad *f.* necessity
necesitar to need
negación *f.* negation (2)
negativo/a negative
negocio business (F); **hombre** *m.*, **mujer** *f.* **de negocios** businessman, businesswoman (F)
negro/a black (5)
nene/a baby; small child
nervioso/a nervous (10); **estar** *irreg.* **nervioso/a** to be nervous (10)
nevar (ie) to snow; **está nevando** it's snowing (2); **nieva** it's snowing (2)
ni neither; nor
nicaragüense *n., adj. m., f.* Nicaraguan
nieto/a grandson, granddaughter (4); *m. pl.* grandchildren (4)
ningún, ninguno/a none, not any (2); **ninguna parte** nowhere
niñez *f.* childhood
niño/a boy, girl, child
nivel *m.* level

no no, not (P)

nobleza nobility

noche *f.* night; **ayer por la noche** last night; **buenas noches** good evening (P); **esta noche** tonight; **por la noche** in the evening, at night (1); **todas las noches** every night (1)

nocturno/a nocturnal

nombrar to name

nombre *m.* name; **¿cuál es tu nombre?** what's your (*fam.*) name? (P); **mi nombre es _____** my name is _____ (P); **su nombre es _____** his (her) name is _____ (P)

nórdico/a Nordic

noreste *m.* northeast (1)

norte *m.* north (15); **América del Norte** North America

Norteamérica North America

norteamericano/a *n., adj.* North American

nos *d.o.* us; *i.o.* to/for us; *refl. pron.* ourselves; **nos vemos** we'll be seeing each other (P)

nosotros/as we (P)

nota note; grade; **sacar (qu) una buena (mala) nota** to get a good (bad) grade (10)

notar to notice; to jot down

noticia(s) news

novecientos/as nine hundred (6)

novela *n.* novel; **novelas de caballería** novels about chivalry

noventa ninety (6)

noviembre *m.* November (2)

novio/a boyfriend, girlfriend

nublado/a cloudy; **está nublado** it's cloudy (2)

nuclear: energía nuclear nuclear energy; **familia nuclear** nuclear family (4)

nucléico/a: ácido nucléico nucleic acid

nuestro/a *poss.* our

nueve nine (P)

nuez *f.* (*pl.* **nueces**) nut (7)

numérico/a numerical

número number; **número de teléfono** telephone number

numeroso/a numerous

nunca never (1)

nutricionista *m., f.* nutritionist

nutritivo/a nutritious

Ñ

ñoquis *m. pl.* gnocchi

O

o or (P)

obedecer (zc) to obey

objetivo objective

objeto object; **objeto de arte** work of art (P)

obligación *f.* obligation

obligar (gu) to obligate

obligatorio/a obligatory

obra work; **obra de teatro** play

observación *f.* observation

observador(a) *n.* observer; *adj.* observant

observar to observe

obsesión *f.* obsession

obsesionarse *refl.* to be obsessed

obstante: no obstante nevertheless

obtener (*like* **tener**) to obtain

obvio/a obvious

ocasión *f.* occasion

occidental western

océano ocean (11)

ochenta eighty (6)

ochocientos eight hundred (6)

ocio leisure; leisure time

octubre October (2)

ocupación *f.* occupation

ocupar to occupy; **ocuparse de** to take charge of

ocurrencia occurrence

ocurrir(se) to occur

odiar to hate

oeste *m.* west (15)

ofenderse *refl.* to be (get) offended (10)

oficina office; **oficina de turismo** tourism office

oficio job

ofrecer (zc) to offer

oír *irreg.* to hear

ojo eye; **¡ojo!** careful!, watch out!; **ojos azules/castaños/verdes** blue/brown/green eyes (5)

oliva olive; **aceite** *m.* **de oliva** olive oil (7)

olor *m.* smell, odor

oloroso/a odorous

olvidar to forget

once eleven (P)

onza ounce

opción *f.* option

ópera opera

opinar to think, have the opinion (5)

opinión *f.* opinion; **cambiar de opinión** to change one's mind

oponente *m., f.* opponent

oportunidad *f.* opportunity

opresión *f.* oppression

optar to choose

optativo/a optional

optimista *m., f.* optimistic (P)

opuesto/a opposite

oración *f.* sentence

oratoria speech (*school subject*) (P)

orden *m.* order

ordenado/a orderly, tidy

ordenador *m. Sp.* computer

ordenar to order (8); to put in order

orégano oregano

oreja ear (5)

orfebrería goldsmithery, silversmithing

organismo organism

organización *f.* organization

organizado/a organized (F)

organizar (c) to organize

órgano organ

orgulloso/a proud (10); **sentirse (ie, i) orgulloso/a** to feel proud (10)

orientación *f.* orientation, direction

oriental eastern, from the Orient

orientar to orientate; **orientarse** *refl.* to get one's bearings; to stay on course

oriente *m.* east

origen *m.* origin

originarse originate

oro gold

os *d.o. pl. Sp.* you (*fam.*); *i.o. pl. Sp.* to/for you (*fam.*); *refl. pron. pl. Sp.* yourselves (*fam.*)

oscuro/a dark

oso bear

ostra oyster

otoño fall, autumn (2)

otro/a other; another; **capaz** (*pl.* **capaces**) **de dirigir a otros** able to direct others (13); **hablar otro idioma** to speak another language (F); **otra parte** somewhere else; **otra vez, por favor** again, please (P); **por otra parte / otro lado** on the other hand; **el/la uno/a al / a la otro/a** each other

oveja sheep

ozono ozone; **capa de ozono** ozone layer

P

paciencia patience

paciente *n., adj. m., f.* patient (F)

pacífico/a peaceful, pacific

padecer (zc) to suffer

padrastro stepfather (4)

padre *m.* father (4); *pl.* parents (4); **padre soltero** single father (4)

paella *Valencian rice dish with meat, fish, or shellfish and vegetables*

pagar (gu) to pay (3); **pagar la cuenta** to pay the bill (3)

página page

país *m.* country (P)

pájaro bird

palabra word (P); **palabras útiles** useful words

palacio palace

paleontología paleontology

palo stick; **de tal palo, tal astilla** a chip off the old block

paloma pigeon, dove

palomitas *pl.* popcorn (7)

pampa grassy plain

pan *m.* bread; **pan blanco** white bread (7); **pan integral** whole-wheat bread (7); **pan tostado** toast (7)

panqueque *m.* pancake (7)

pantalones *m. pl.* pants (F); **pantalones cortos** shorts (F)

papa *Lat. Am.* potato (7); **papas fritas** *Lat. Am.* potato chips (7); French fries (7); **puré** *m.* **de papas** mashed potatoes (7)

papá *m. fam.* Dad

papalote *m. Mex.* kite

papel *m.* paper; role

par *m.* pair; couple

para *prep.* for (1); in order to; **bolsita para llevar** doggie bag (8); **capacidad** *f.* **para** ability to; **comida para llevar** food to go (8); **de aquí para allá** from here to there (15); **hábil para las matemáticas** good at math (F); **no, no me gusta(n) para nada** no, I don't like it (them) at all (P); **para que** so that; **¿para qué cuernos?** Why the heck?; **¿y para tomar?** and to drink? (7)

paracaídas *m. s.* parachute

paracaidismo *n.* skydiving

parador *m.* inn

paraguas *m. s.* umbrella

paramilitar paramilitary

parar to stop

parcialmente partially

parecer (zc) to seem, appear (5); **parecerse** *refl.* to resemble, look alike

parecido/a similar (5)

pared *f.* wall

pareja couple (4); partner (4)

pariente *m.* relative (4)

parmesano/a Parmesan (cheese)

parque *m.* park (11); **parque zoológico** zoo

párrafo paragraph

parrillada *Arg.* mixed grill

parte *f.* part; **la mayor parte** majority; **ninguna parte** nowhere; **otra parte** somewhere else; **por otra parte** on the other hand; **por todas partes** everywhere

participante *n. m., f.* participant

participar to participate

partícula particle

particular personal; private; particular

partido game; **partido político** political party

pasado/a *adj.* last; past; spoiled, old (7); **fin** *m.* **de semana pasado** last weekend (3); **sábado (domingo) pasado** last Saturday (Sunday) (11); **semana pasada** last week (3); **siglo pasado** last century (6)

pasaje *m.* ticket, passage

pasajero/a passenger (F)

pasar to spend (time) (1); to happen; to pass; **pasar tiempo** to spend time; **pasarlo bien** to have a good time; **pasarlo (muy) mal** to have a (very) bad time (10); **¿qué te pasa?** what's the matter? (10)

pasatiempo pastime, hobby (2)

paseo walk; avenue; **dar** *irreg.* **un paseo** to take a walk (2)

pasillo hallway

pasivo/a passive

paso step; passage (*time*); **dar** *irreg.* **un paso** to take a step

pasta alimenticia pasta (7)

pastel *m.* pastry (7); pie

pastilla pill

pata paw; leg (*of an animal*)

patata *Sp.* potato (7); **patatas fritas** *Sp.* potato chips (7); French fries (7)

paterno/a paternal

patín *m.* skate

patinar to skate; **patinar en línea** to inline skate (11)

patineta skateboard; **andar** *irreg.* **en patineta** to skateboard (11)

paulatinamente slowly

pavo turkey; teetotaler

paz *f.* (*pl.* **paces**) peace

peca freckle (5)

pedalear to pedal (*a bike*)

pedaleo *n.* pedaling

pedir (i, i) to ask for; request (1); to order (8)

peinar to comb; **peinarse** *refl.* to comb one's hair; to do up one's hair

peleón, peleona quarrelsome

película film, movie; **mirar una película** to watch a movie

peligro danger (12)

peligroso/a dangerous (12)

pelirrojo/a redheaded (5)

pelo hair (5); **tomarle el pelo a uno** to pull someone's leg

pelota ball

pena: dar *irreg.* **pena** to sadden

pensamiento thought

pensar (ie) (en) to think (about) (1); **pensar de una manera directa** to think in a direct (linear) manner (F)

pensión *f.* boardinghouse, bed and breakfast (F); **media pensión** room and breakfast (*often with one other meal*); **pensión completa** room and full board

peor worse; **lo peor** the worst thing

pequeño/a small (4)

perder (ie) to lose; **perder el juicio** to lose one's mind; **perderse** *refl.* to get lost

perdón *m.* pardon; excuse me; **perdón, ¿cómo se llega a _____?** excuse me, how do you get to _____? (15)

perezoso/a lazy

perfección *f.* perfection

perfeccionista *n., adj. m., f.* perfectionist

perfecto/a perfect

perfil *m.* profile

periódico newspaper (1)

periodismo journalism (P)

periodista *m., f.* journalist (F)

período period

perjudicar (qu) to jeopardize

permanecer (zc) to stay, remain; **permanecer callado/a** to keep quiet (10)

permanente permanent

permisivo/a permissive

permitir to permit, allow (9)

pero *conj.* but (1)

perplejo/a perplexed

perrito caliente hot dog

perro/a dog (4)

persecución *f.* persecution

perseguir (i, i) (g) to pursue; to chase

persistente persistent

persona person

personaje *m.* character

personalidad *f.* personality; **característica de la personalidad** personality trait (5)

pertenecer (zc) to belong

peruano/a *n., adj.* Peruvian

pesa weight; **levantamiento de pesas** weightlifting; **levantar pesas** to lift weights (10)

pesar to weigh; **a pesar de** in spite of

pescado fish (*food*) (7)

pescar (qu) to fish (11)

pesimista *n., adj. m., f.* pessimist (P)

peso weight; burden; **ganar peso** to gain weight

pesquero/a *adj.* fishing

petróleo petroleum, oil

pez *m.* (*pl.* **peces**) fish (*alive*)

picante spicy, hot

picar (qu) to nibble

pie *m.* foot

piedad *f.* pity, compassion

piel *f.* skin

pierna leg

pilotar to pilot

piloto *m., f.* pilot

pimentero pepper shaker (8)

pimienta pepper (7)

pintar to paint (10)

pintor(a) painter (F)

pintura *n.* paint; painting

pionero/a pioneer

piscina swimming pool

piso apartment; floor

pistola pistol

pizarra chalkboard

pizzería pizza parlor

placer *m.* pleasure

plan *m.* plan

plancha: a la plancha grilled

planeta *m.* planet

plano city map

plano/a *adj.* plain

planta plant

plata silver

plátano banana; plantain

platillo saucer (8)

plato plate (8); dish; **lavar los platos** to wash the dishes (8); **plato de sopa** soup bowl (8); **plato del día** daily special (8); **plato principal** main dish (8); **primer (segundo, tercer) plato** the first (second, third) course (7)

playa beach

plaza plaza, square

población f. population

pobre n. m. poor person; adj. poor

pobrecito/a poor thing

pobreza poverty

poco/a little (P); **pocas veces** rarely (2)

poder v. irreg. to be able, can (1); **¿me podría decir _____?** could you tell me _____? (15); **¿me podría traer _____?** could you bring me _____? (8); **no se puede _____ sin _____** you (one) can't _____ without _____ (8)

poema m. poem

poesía poetry

poeta m., f. poet

policía f. the police

policía m., **mujer** f. **policía** female police officer

poliéster m. polyester (F)

política s. politics (F)

político m., **una mujer** f. **político** female politician (F)

político/a political; **ciencias** pl. **políticas** political science (P); **partido político** political party

pollo chicken (7); **(medio) pollo asado** (half a) roasted chicken (7)

Polonia Poland

polvo: en polvo powdered

pomelo grapefruit

poner irreg. to put, place (7); **poner el televisor** to turn on the TV; **poner énfasis** to emphasize; **poner la mesa** to set the table (8); **ponerse** refl. to put on (clothing) (F); **ponerse contento/a / enfadado/a / triste** to be (get) happy/angry/sad (10); **ponerse de acuerdo** to come to an agreement; **ponerse rojo/a** to blush (10)

poniente m. west

popular popular

popularidad f. popularity

popularizar (c) to popularize

por prep. for (1); by; through; during (1); on account of; per; **ayer por la mañana/tarde/noche** yesterday morning/afternoon; last night; **otra vez, por favor** again, please (P); **por ciento** percent; **por ejemplo** for example; **por encima** on top; **por eso** therefore, that's why; **por favor** please (P); **por fin** finally; **por igual** equally, the same (P); **por la mañana/tarde/noche** in the morning

/ afternoon / evening, night (1); **por lo general** generally; **por lo menos** at least; **por lo tanto** therefore; **por medio de** by means of; **por otra parte / otro lado** on the other hand; **por primera vez** for the first time; **¿por qué?** why?; **por supuesto** of course; **por todas partes** everywhere; **por última vez** for the last time; **por último** finally; **por un lado** on the one hand; **repita, por favor** repeat, please (P); **siga (Ud.) por** continue, follow (15); **tengo una pregunta, por favor** I have a question, please (P)

porcentaje m. percentage

porción f. portion

porque because (1)

portarse to behave (13)

portugués m. Portuguese (language) (P)

poseer (y) to possess

posesión f.: **adjetivo de posesión** possessive adjective (P)

posesivo/a possessive

posibilidad f. possibility

posible possible; **(no) es posible que _____** it's (not) possible that _____ (F)

posición f. position

positivo/a positive

postre m. dessert (7)

postura posture

pozole Mexican dish made of hominy and pork

práctica n. practice

practicar (qu) to practice; **practicar un deporte** to practice, play a sport (2)

práctico/a practical (14)

precaución f. precaution

preceder to precede

preciado/a esteemed

precio price

precioso/a precious

preciso/a necessary (8); **es preciso** it's necessary (8)

precolombino/a pre-Columbian

predecir irreg. to predict

predeterminado/a predetermined

predicción f. prediction

predominar to predominate

preferencia preference

preferentemente preferably

preferible preferable

preferido/a favorite

preferir (ie, i) to prefer (1)

pregunta question; **hacer** irreg. **preguntas** to ask questions (4); **tengo una pregunta, por favor** I have a question, please (P)

preguntar to ask a question (1)

prehispánico/a prehispanic (before the arrival of the Spanish in the New World)

prehispano/a prehispanic (before the arrival of the Spanish in the New World)

prehistórico/a prehistoric

preliminar adj. preliminary

premio prize

prenda garment; **prenda de ropa** article of clothing; **prenda de vestir** article of clothing (F)

prender to turn on (switch, light)

preocupación f. worry; preoccupation

preocupado/a worried

preocuparse refl. to worry, get worried (10)

preparación f. preparation

preparado/a prepared

preparar to prepare; **preparar la cena** to prepare dinner (3)

preparatoria high school

preposición f. preposition

presencia presence

presentación f. presentation

presentar to present, to introduce

presente n. m.; adj. m., f. present

presidente/a president (F)

presión f. pressure; **presión atmosférica** atmospheric pressure

presionar to press, push

prestar to lend; to render; **prestar atención** to pay attention

prestigio prestige

prestigioso/a prestigious

pretérito gram. preterite, past (tense)

prevenir (like **venir**): **más vale prevenir que arrepentir** an ounce of prevention is worth a pound of cure

previo/a previous

primaria primary (school)

primavera spring (2)

primer, primero/a first; **en primer lugar** in the first place; **por primera vez** for the first time; **primer plato** first course (7); **primera clase** first class (F); **primera dama** First Lady

primitivo/a primitive

primo/a cousin (4)

principal main, principal; **plato principal** main dish (8)

principalmente mainly

príncipe m. prince

principio n. beginning; principle

privado/a private; **con baño privado** with a private bath (F); **vida privada** privacy

privilegio privilege

probabilidad f. probability

probable probable; **(no) es probable que _____** it is (not) probable that _____ (F)

probar (ue) to try, taste (8); **probarse** refl. to try on (clothes)

problema m. problem

problemático/a problematic

proceso process
producción *f.* production
producir (*like* **conducir**) to produce
productivo/a productive
producto product; **producto lácteo** dairy product (7)
productor(a) producer (F)
profecía prophecy
profesión *f.* profession (F)
profesional *n., adj. m., f.* professional (F)
profesor(a) professor (P)
proficiencia proficiency
profundo/a profound; deep
programa *m.* program
programador(a) programmer (F)
progresista *adj. m., f.* progressive
progreso progress
prohibición *f.* prohibition
prohibir (**prohíbo**) to prohibit (9)
promedio average (6); **tamaño promedio** average size
prometer to promise
promiscuo/a promiscuous
pronombre *m.* pronoun (P)
pronóstico prediction; **pronóstico del tiempo** weather forecast
pronto soon; **hasta pronto** see you soon (P); **tan pronto como** as soon as
pronunciar to pronounce
propina tip (8); **dejar propina** to leave a tip (8)
propio/a *adj.* own
proponer (*like* **poner**) to propose
propósito purpose; **a propósito** on purpose; by the way
propuesta *n.* proposal
propuesto/a (*p.p. of* **proponer**) *adj.* proposed
prórroga extension
prosa prose
próspero/a prosperous
prospectivista *m., f.* futurist
protección *f.* protection
proteger (**j**) to protect
protegido/a protected
proteína protein (7)
protestar to protest
provecho: buen provecho enjoy your meal
provenir (*like* **venir**) to originate
proverbio proverb
provincia province
provocar (**qu**) to provoke; to cause
próximo/a next
proyecto project
prudente prudent
prueba proof; test, quiz; **prueba de sorpresa** pop quiz
psicoanálisis *m.* psychoanalysis
psicología psychology (P)
psicológico/a psychological
psicólogo/a psychologist (F)

psiquiatra *m., f.* psychiatrist
psiquiatría psychiatry
publicación *f.* publication
publicado/a published
publicar (**qu**) to publish
publicidad *f.* publicity
público *n.* public
público/a public; **transporte** *m.* **público** public transportation
pueblo town; people
puerco pig
puerta door
puerto port
puertorriqueño/a *n., adj.* Puerto Rican
pues... well . . .
puesta de sol sunset
puesto position, job
pulgada inch
pulpo octopus
punto point; period; **punto de vista** point of view
puré *m.* **de papas** mashed potatoes (7)
puro/a pure
púrpura purple

Q

que *rel. pron.* that, which (P); *conj.* that; **hay que** it's necessary to (8)
¿qué? what? (P); which? **¿a qué hora?** at what time? (1); **¿con qué frecuencia?** how often? (2); **¿de qué color es/son _____?** what color is/are _____? (5) **¿por qué?** why?; **¿qué carrera haces?** what's your major? (P); **¿qué demonios?** what the heck?; **¿qué día es hoy?** what day is today? (1); **¿qué estatura es?** how tall is he/she/you (*form.*)? (5); **¿qué hora es?** what time is it? (1); **¿qué meriendas?** what do you (*fam.*) snack on? (7); **¿qué tal?** what's up? (P); **¿qué te pasa?** what's the matter? (10); **¿qué tiempo hace?** what's the weather like? (2)
quedar to be remaining (10); to be located (15); **¿dónde queda _____?** where is _____? (15); **quedarse** *refl.* to stay (2); **quedarse en casa** to stay at home (2)
quehacer *m.* **doméstico** household chore
quejarse (de) *refl.* to complain (about) (10)
querer *irreg.* to want (1); to like, love
queso cheese (7)
quien *rel. pron.* who, whom; **con quien** with whom; **¿quién(es)?** who?, whom? (P); **¿a quién?** to whom?
química chemistry (P)
químico/a chemist (F); *adj.* chemical
quince fifteen (P)
quinientos/as five hundred (6)

quitar to remove, take away (7); **quitarse** *refl.* to take off
quizás perhaps

R

rábano radish
radio *f.* radio (*broadcasting*); *m.* radio (*set*); **escuchar la radio** to listen to the radio
radio *m.* radius
raíz *f.* (*pl.* **raíces**) root
rana frog; **ancas** *pl.* **de rana** frog's legs
ranchero/a *n.* rancher; *adj.* ranch
rango rank
rápido rapid, fast; **comida rápida** fast food
raqueta racket
raquetbol *m.* racquetball
raro/a strange (P); **raras veces** rarely (1)
rasgo trait (5); **rasgo físico** physical trait
rata rat
rato little while, short time (3)
rayón *m.* rayon (F)
raza breed, race; **raza humana** human race
razón *f.:* **tener** *irreg.* **razón** to be right
razonable reasonable
reacción *f.* reaction (10)
reaccionar to react
real real; royal
realidad *f.* reality; **en realidad** in fact, actually
realismo *m.* realism
realista *n. m., f.* realist; *adj. m., f.* realistic (P)
realización *f.:* **afán** *m.* **de realización** eagerness to get things done (13)
realizar (**c**) to carry out; to achieve; **realizarse** *refl.* to happen; to take place
realmente really
rebanada slice
rebelarse *refl.* to rebel
rebelde rebellious (13)
rebelión *f.* rebellion
recepción *f.* front desk (F)
recepcionista *m., f.* receptionist
recesión *f.* recession
receta recipe
rechazar (**c**) to refuse
recibir to receive (1)
recién *adv.* recently; **recién graduado** recent graduate
reciente recent
recíproco/a reciprocal
recobrar to recover; **recobrar el juicio** to recover one's sanity
recoger (**j**) to pick up; to retrieve
recomendación *f.* recommendation
recomendar (**ie**) to recommend
reconocido/a recognized
récord *m.* record (*sports*)
recordar (**ue**) to remember (3)

recorrido journey

recto: siga recto continue (go) straight (15)

recuerdo souvenir; memory

recuperar to regain; **recuperarse** *refl.* to recover

recurrir to resort to

recurso resource

red *f.* network; net; World Wide Web, Internet; **navegar (gu) la Red** to surf the Web (World Wide Web) / Net (Internet) (1)

redacción *f.* writing; editing, revising

reducir (*like* **conducir**) to reduce

reemplazar (c) to replace

reescribir (*like* **escribir**) to rewrite

referencia reference

referéndum *m.* referendum

referirse (ie, i) a *refl.* to refer to

reflejar to reflect

reflexivo/a *gram.* reflexive

reforma reform

refresco soft drink (7)

refrigerador *m.* refrigerator

refugiado/a refugee

refutar to refute

regalo gift

regazo lap

régimen *m.* regime

región *f.* region

regla rule

regresar to return (*to a place*) (1)

regular to regulate

regularmente regularly; usually (1)

rehabilitación *f.* rehabilitation

reina queen

reinterpretación *f.* reinterpretation

reír(se) (i, i) to laugh (10); **hacer** *irreg.* **reír** to make laugh (11); **reír(se) a caracajadas** to laugh loudly (11)

relación *f.* relation; relationship

relacionar to relate; to associate

relajación *f.* relaxation

relajado/a relaxed (10); **sentirse (ie, i) relajado** to feel relaxed (10)

relajarse *refl.* to relax (10)

relativo/a *adj.* relative

relato story

relegado/a relegated

relevante relevant

religión *f.* religion (P)

religioso/a religious

relleno/a stuffed; filled

reloj *m.* clock; watch

remedio cure

remolacha sugar beet

remontar a to date back to

renegado/a renegade

repasar to review

repaso review

repente: de repente suddenly

repetir (i, i) to repeat; **repita, por favor** repeat, please (P)

repetitivo/a repetitive

réplica replica

reponerse (*like* **poner**) to recover

reportado/a reported

reportar to report

reportero/a reporter

reposo rest

representación *f.* representation

representante *m., f.* representative (F); **Cámara de representantes** House of Representatives

representar to represent

reptil *m.* reptile

república republic; **República Dominicana** Dominican Republic

republicano/a republican

repugnante disgusting

requerir (ie, i) to require

requisito requirement

res *f.*: **carne** *f.* **de res** beef (7)

reseña review (*restaurant, book, etc.*)

reserva reservation

reservación *f.* reservation

reservado/a reserved (5)

reservar to reserve; **reservar con (un mes de) anticipación** to reserve (a month) in advance

resfriado *n.* cold (*illness*)

residencia residency; dormitory; **residencia estudiantil** student dormitory

resignar to resign; **resignarse** *refl.* **a** to resign oneself to

resistir to be able to withstand

resolver (ue) (*p.p.* **resuelto/a**) to resolve

respectivo/a respective

respecto: al respecto about the matter; **(con) respecto a** with respect to, concerning

respetar to respect

respetuoso/a respectful

responder to respond

responsabilidad *f.* responsibility

responsable responsible

respuesta answer

restaurante *m.* restaurant

resto rest, remainder

restricción *f.* restriction

restrictivo/a restrictive

resultado result

resultar to result; to turn out

resumen *m.* summary

resumir to summarize

retirar to remove, withdraw; **retirarse** *refl.* to leave

retórica rhetoric

retraído/a solitary, reclusive (13)

retraimiento reclusiveness

reunir (reúno) to assemble, unite

revelado/a revealed

revelar to reveal

revisar to review

revisión *f.* revision

revista magazine

revolución *f.* revolution

revolucionario/a revolutionary

revuelto: huevo revuelto scrambled egg (7)

rey *m.* king

rezar (c) to pray

rico/a rich; delicious

ricurita *fam.* beautiful girl

ridículo/a ridiculous

riesgo: tendencia a evitar riesgos tendency to avoid risks (13)

rifle *m.* rifle

río river (11)

risa laugh, laughter (11); **causar risa** to cause laughter, make laugh (11)

rítmico/a rhythmical

ritmo rhythm

rizado/a curly (5)

robótica *s.* robotics

roca rock

rocín *m.* nag, old workhorse

rodear to surround

rojo/a red (7); **carne** *f.* **roja** red meat; **ponerse** *irreg.* **rojo/a** to blush (10)

romano/a Roman

romántico/a romantic

ron *m.* rum

ropa clothes; **lavar la ropa** to wash clothes (2); **prenda de ropa** article of clothing

rosado/a pink (7)

rosbif *m.* roast beef

rosquilla donut

roto/a *p.p.* broken

rueda wheel

ruido noise; **hacer** *irreg.* **ruido** to make noise (10)

ruina ruin

rusia Russia

ruta route

rutina routine (11)

S

sábado Saturday (1); **sábado pasado** last Saturday (11)

sábana sheet (*bed*)

saber *irreg.* to know (*facts, information*) (3); **no lo sé todavía** I don't know yet (P); **no sé** I don't know (P); **que yo sepa** as far as I know; **sabe a _____** it tastes like (7); **saber expresarse** *refl.* **claramente** to know how to express oneself clearly (F); **saber + inf.** to know how (*to do something*) (F); **supe que _____** I found out that _____

sabido/a: es cosa sabida it is a known fact (5)

sabio/a wise

sabor *m.* taste, flavor (7)

sabroso/a tasty, delicious

acar (qu) to take out; to rent (2); **sacar fotos** to take pictures; **sacar una buena (mala) nota** to get a good (bad) grade (10); **sacar vídeos** to rent videos

acerdote *m.* priest

acrificarse (qu) *refl.* to sacrifice oneself

agrado/a sacred

al *f.* salt (7)

ala room; **sala de charla** chat room; **sala de espera** waiting room

alado/a salty

alamandra salamander

alchicha sausage (7)

aldo balance (*of money*)

alero salt shaker (8)

alida departure (F); exit

salir *irreg.* to go out, leave (1); to come out; **salir de una adicción** to overcome an addiction (12)

salsa sauce; salsa (*music*); **salsa de tomate** ketchup (7)

saltar to jump; to spring; **saltar a la cuerda** to jump rope (11)

salud *f.* health

saludable healthy

saludar to greet (5)

saludo greeting (P)

salvar to save

san *apocopated form of* **Santo**

sándwich *m.* sandwich (7)

sangre *f.* blood

santo/a saint

satélite *m.* satellite

satira satire

satisfacción *f.* satisfaction

satisfecho/a *p.p.* satisfied

se *refl. pron.* yourself (*form.*); himself, herself, yourselves (*form.*); themselves; (*impersonal*) one

sección *f.* section; **sección de (no) fumar** (no) smoking section (F)

secretario/a secretary

secreto *n.* secret

secreto/a *adj.* secret

secuencia: en secuencia in sequence

secuestro kidnapping

secundaria secondary; **escuela secundaria** secondary school, high school

sed *f.* thirst; (**dar** *irreg.* **sed** to make thirsty; **tener** *irreg.* **sed** to be thirsty (9)

seda silk (F)

sedentario/a sedentary

seductor(a) seductive (14)

sefardí, sefardita *adj.* Sephardic

segmento segment

seguido/a followed; **en seguida** right away

seguir (i, i) (g) to follow; to continue; **siga (Ud.) por _____** continue, follow _____ (15); **siga derecho (recto)** continue (go) straight (15)

según according to

segundo *n.* second

segundo/a *adj.* second; **segundo plato** second course (7)

seguro/a sure, secure (13)

seis six (P)

seiscientos six hundred (6)

selección *f.* selection

seleccionar to select, choose

semáforo traffic light (15)

semana week; **fin** *m.* **de semana** weekend (1); **fin** *m.* **de semana pasado** last weekend (3); **semana pasada** last week (3)

semanal weekly

semejante similar

semejanza similarity

semestre *m.* semester

semidescremado/a: leche *f.* **semidescremada** 2% milk

senador(a) senator (F)

sencillo/a simple; **cama sencilla** twin bed (F)

sensible sensitive (13)

sentarse (ie) *refl.* to sit down

sentido sense

sentimiento feeling

sentir (ie, i) to feel; to feel sorry; **sentirse** *refl.* to feel (10); **¿cómo te sientes?** how do you feel? (10); **para sentirse bien** to feel well (10); **sentirse alegre / avergonzado/a / deprimido/a / orgulloso/a / relajado/a** to feel happy/ashamed, embarrassed/depressed/proud/relaxed (10)

señor *m.* sir, Mr.; man

señora ma'am, Mrs.; woman

separado/a separated

separar to separate

septiembre *m.* September (2)

sequía drought

ser *irreg.* to be (P); **¿de dónde eres tú / es usted?** where are you from? (P); **¿de qué color es/son _____?** what color is/are _____? (5); **es decir** that is; **es la una** it's one o'clock (1); **es más** what's more, moreover; **llegar (gu) a ser** to become; **o sea** that is to say; **¿qué estatura es?** how tall is he/she/you (*form.*)? (5); **sea lo que sea** be that as it may; **ser adicto/a** to be addicted (12); **ser carismático/a** to be charismatic (F); **si no fuera por** if it weren't for; **son las dos (tres)** it's two (three) o'clock (1); **soy** I am (P); **soy de** I'm from (P); **soy estudiante de _____** I am a(n) _____ student (P)

ser *n. m.* being; **ser humano** human being

serie *f.* series

serio/a serious (P); **en serio** seriously

serpiente *f.* snake; **serpiente de cascabel** rattlesnake

serrano/a *adj.* mountain; **jamón** *m.* **serrano** *cured Spanish ham*

servicio service; **servicio a domicilio** home delivery (8); **servicio de cuarto** room service (F); **servicio militar** military service

servilleta napkin (8)

servir (i, i) to serve

sesenta sixty (6)

setecientos seven hundred (6)

setenta seventy (6)

sexo sex

si if

sí yes (P); **claro que sí** of course; **creo que sí** I think so

SIDA *m.* AIDS

siempre always (1)

siete seven (P)

siglo century; **siglo pasado** last century (6)

significado meaning

significar (qu) to mean

signo sign

siguiente following, next

silbar to whistle (10)

silencio silence; **guardar silencio** to keep quiet

silla chair

símbolo symbol

simpatía congeniality, friendliness

simpático/a nice, pleasant (4)

simplemente simply; merely

sin *prep.* without; **no se puede _____ sin _____** you (one) can't _____ without _____ (8); **sin duda** without a doubt; **sin embargo** however, nevertheless; **sin hielo** without ice (9)

sincero/a sincere (P)

sincretismo synthesis

síndrome *m.* syndrome; **síndrome invernal** winter syndrome (*depression*)

sinfonía symphony

sino *conj.* but, instead

sinónimo synonym

síntesis synthesis

sintético/a synthetic

síntoma *m.* symptom

siquiera *adv.* even; **ni siquiera** not even

sirviente/a servant

sistema *m.* system

sitio place

situación *f.* situation

situarse *refl.* to be located

sobras *pl.* leftovers

sobre *prep.* about; on; **sobre todo** above all

sobreevaluado/a overvalued

sobresaliente outstanding

sobrevalorado/a overvalued

sobrino/a nephew, niece (4)

social social; **asistencia social** social work (F); **asistente social** social worker; **ciencias** pl. **sociales** social sciences (P); **trabajador(a) social** social worker (F)

socialista m., f. socialist

socializar (c) to socialize

sociedad f. society

sociología sociology (P)

sociológico/a sociological

sol m. sun; **hace sol** it's sunny (2); **puesta de sol** sunset; **tomar el sol** to sunbathe

solamente only

solar: energía solar solar energy

soldado / mujer f. **soldado** female soldier

soleado/a sunny

soler (ue) + inf. to be in the habit of (doing something) (1)

solicitante m., f. person surveyed (opinion poll)

solitario/a solitary

sólo adv. only

solo/a alone; single, sole; **a solas** alone

soltero/a adj. single (4); **madre** f. **soltera** single mother (4); **padre** m. **soltero** single father (4)

solución f. solution

sombrero hat (F)

sonar (ue) to sound; to ring

sonido sound

sonreír (i, i) to smile (10)

sonrojarse refl. to blush (10)

soñador(a) n., adj. dreamer (14)

soñar (ue) to dream; **soñar despierto/a** to daydream

sopa soup; **plato de sopa** soup bowl (8)

sorber to taste

sorprendente surprising

sorprender to surprise

sorpresa surprise; **prueba de sorpresa** pop quiz

sospechar to suspect

sostener (like **tener**) to sustain, hold up

su(s) poss. his, her, its, your (form. pl., s.), their (P)

suave soft

subir to go up; to lift up; **subir a** to get on/in (a bus, car, plane, etc.)

subjuntivo gram. subjunctive

sublevar to stir up; to incite to anger or rebellion; **sublevarse** refl. to rise up, rebel

subproducto byproduct

subrayar to underline

subsección f. subsection

sucio/a dirty

sudadera s. sweats (clothing) (F)

Sudamérica South America

sudamericano/a n., adj. South American

sudar to sweat

suegro/a father-in-law, mother-in-law (4); m. pl. in-laws (4)

sueldo salary

suelo ground; floor

sueño dream

suerte f. luck; **tener** irreg. **suerte** to be lucky

suéter m. sweater (F)

suficiente sufficient

sufijo gram. suffix

sufrir to suffer (12); to experience (12)

sugerencia suggestion

sugerir (ie, i) to suggest

sujeto subject

superficial superficial (13)

superfluo/a superfluous, unnecessarily excessive

supermercado supermarket

supremo/a supreme; **corte** f. **suprema** Supreme Court

supuesto: por supuesto of course

sur m. south (15); **América del Sur** South America

Suráfrica South Africa

Suramérica South America

suramericano/a n., adj. South American

surgir (j) to spring up, present itself

suroeste m. southwest

suspender to suspend; to fail (an exam)

suspenso suspense

sustantivo gram. noun

sustituir (y) to substitute

suyo/a your, yours (form. pl., s.); his, of his, her, of hers; its; their, of theirs; **meterse en lo suyo** to do one's own thing

T

tabaco tobacco

tabernero/a tavern keeper

tabla table

tacaño/a stingy (13)

tacón m. heel; **zapato de tacón alto** high-heeled shoe (F)

tal such; **de tal manera** in such a manner; **de tal palo, tal astilla** a chip off the old block; **¿qué tal?** what's up (P); **tal como** just as; **tal vez** perhaps

talento talent

tamaño size (6); **tamaño promedio** average size

tampoco neither; not either (2)

tan as, so; **tan _____ como _____** as _____ as (6);

tanto/a as much, so much; **mientras tanto** meanwhile; **por lo tanto** therefore; **tanto/a _____ como** as much _____ as (6)

tantos/as as many; so many; **tantos/as _____ como** as many _____ as (6)

tapa Sp. snack, appetizer

tapiz m. (pl. **tapices**) tapestries

tardar to take a long time

tarde n. f. afternoon; adv. late; **ayer por la tarde** yesterday afternoon; **buenas tardes** good afternoon (P); **hasta (muy) tarde** until (very) late (2); **más tarde** later; **(muy) tarde** (very) late (1); **por la tarde** in the afternoon (1); **todas las tardes** every afternoon (1)

tarea homework (1); **escribir la tarea** to write the assignment; **hacer** irreg. **la tarea** to do the homework/assignment; **tarea doméstica** household chore

tarjeta card; **tarjeta de embarque** boarding pass; **tarjeta de crédito** credit card

tarta pie (7)

tasa rate; **tasa de desempleo** unemployment rate

taxi m. taxi

taxista m., f. taxi driver

taza cup (8)

te d.o. you (fam. s.); i.o. for you (fam. s.); refl. pron. yourself (fam. s.)

té m. tea (7); **té de hierbas** herbal tea (9); **té helado** iced tea (9)

teatral theatrical

teatro theater (P); **ir** irreg. **al teatro** to go to the theater (11); **obra de teatro** play

técnica technique

técnico/a n. technician (F); adj. technical

tecnología technology

tecnólogo/a technologist

tejano/a n., adj. Texan

tejido fabric

tela fabric (F); **telas de fibras naturales** natural fabrics (F)

tele f. (colloquial) TV

telefónico/a: llamada telefónica telephone call

teléfono telephone; **hablar por teléfono** to talk on the phone (1); **llamar por teléfono** to call on the phone (3); **número de teléfono** telephone number; **teléfono celular** cell phone

telenovela soap opera; **ver** irreg. **una telenovela** to watch a soap opera (3)

telescopio telescope

televidente m., f. television viewer

televisión f. television; **mirar la televisión** to look at, watch TV (1); **televisión por cable** cable TV; **ver** irreg. **la televisión** to watch television (2)

televisor m. television (set); **poner** irreg. **el televisor** to turn on the TV

tema m. topic, theme

temperamento temperament

temperatura temperature (2)

templo temple

temporada season

temprano/a early (1); **(muy) temprano** (very) early (1)

tenaz (*pl.* **tenaces**) tenacious (14)

tendencia tendency; **tendencia a evitar riesgos** tendency to avoid risks (13)

tenedor *m.* fork (8)

tener *irreg.* to have (1); **tener _____ años** to be _____ years old (4); **tener buena educación** to be well-mannered (8); **tener calor** to be (feel) hot (*person*); **tener celos** to be jealous; **tener cuidado** to be careful (12); **tener dolor de cabeza** to have a headache (10); **tener dolor de estómago** to have a stomachache; **tener don de gentes** to have a way with people (F); **tener en mente** to keep in mind; **tener envidia** to be envious; **tener éxito** to be successful; **tener fama de** to have a reputation for; **tener ganas de** + *inf.* to feel like (*doing something*); **tener gracia** to be funny, charming (11); **tener habilidad manual** to have the ability to work with one's hands (F); **tener hambre** to be hungry (7); **tener mal genio** to have a bad temper; **tener miedo** to be afraid (10); **tener que** + *inf.* to have to (*do something*) (1); **tener que ver con** to have to do with; to concern; **tener razón** to be right; **tener sed** to be thirsty (9); **tener suerte** to be lucky; **tener un examen** to take a test (3); **tener vergüenza** to be ashamed, embarrassed (10); **tener vista** to have a view; **tengo** I have (P); **tengo una pregunta, por favor** I have a question, please (P); **tienes** you have (P)

tenis *m.* tennis; **jugar (ue) (gu) al tenis** to play tennis (10); **zapato de tenis** tennis shoe

tenista *m., f.* tennis player

tensión *f.* tension

tenso/a tense (10); **estar tenso/a** to be tense (10)

tentación *f.* temptation

tentativo/a tentative

tequila *m.* tequila

terapeuta *m., f.* therapist (F)

terapia therapy; **terapia física** physical therapy (F)

tercer, tercero/a third; **tercer plato** third course (8)

terminar to finish, end

término term; end

ternera veal (7)

terraza terrace

terremoto earthquake

territorio territory

terrorista *m., f.* terrorist

tesis *f.* thesis

tesoro treasure

textiles *pl.* textiles

texto text

textura texture

tez *f.* (*pl.* **teces**) complexion

ti *obj. of prep.* you (*fam. s.*)

tiburón *m.* shark

tiempo time; weather; tense; **hace buen/mal tiempo** the weather's good/bad (2); **pasar tiempo** to spend time; **pronóstico del tiempo** weather forecast; **¿qué tiempo hace?** what's the weather like? (2); **tiempo libre** free (spare) time (11)

tienda store

tierra land; earth; *pl.* lands

tigre *m.* tiger

timidez *f.* timidity

tímido/a timid, shy (5)

tinto/a: **vino tinto** red wine (9)

tío/a uncle, aunt (4); *pl.* aunts and uncles (4)

típico/a typical

tipo type

tira cómica comic strip

titulado/a titled

título title

toalla towel (F)

tobillo ankle

tocar (qu) to touch; to play; to knock; to toll; **tocar la guitarra** to play the guitar (1); **tocarle a uno** to be one's turn

tocino bacon (7)

todavía *adv.* yet, still; **no lo sé todavía** I don't know yet (P)

todo all, every; **de todas formas** in any case; **por todas partes** everywhere; **sobre todo** above all; **todo el día** all day; **todos los días** every day (1); **todas las mañanas/tardes/noches** every morning/afternoon/night (1)

tolerancia tolerance

tomar to take; to drink (7); **tomar apuntes** to take notes; **tomar asiento** to take a seat; **tomar el sol** to sunbathe; **tomar en cuenta** to take into account; **tomar un café** to drink a cup of coffee (2); **tomar unas vacaciones** to take a vacation; **tomarle el pelo a uno** to pull someone's leg; **¿y para tomar?** and to drink? (7)

tomate *m.* tomato (7); **jugo de tomate** tomato juice (9); **salsa de tomate** ketchup (7)

tonelada ton

tono tone

tonto/a foolish (P)

tormenta storm

torneo tournament

toronja: **jugo de toronja** grapefruit juice

torpe clumsy

torrencial torrential

torta cake

tortilla *Lat. Am.* tortilla; *Sp.* omelette (7)

tortuga turtle

tostada toast (7)

tostado/a toasted; **pan *m.* tostado** toast (7)

total *m.* total

trabajador(a) worker; **trabajador(a) social** social worker (F)

trabajar to work (1); **trabajar en el jardín** to garden (11)

trabajo work; job

tradición *f.* tradition

tradicional traditional

traducir (*like* **conducir**) to translate; to express

traer *irreg.* to bring (8); **¿me podría traer _____?** could you bring me _____? (8); **¿qué trae _____?** what does _____ come with? (8)

tráfico traffic

tragar (gu) to swallow

trágico/a tragic

trago drink

traje *m.* suit (F); costume; **traje de baño** bathing suit (F)

tranquilidad *f.* tranquility

tranquilizante *m.* tranquilizer

tranquilo/a tranquil, calm

transformarse *refl.* to become transformed

transición *f.* transition

transmitir to transmit

transporte *m.* transport, transportation; **transporte público** public transportation

tratamiento treatment

tratar to treat; to discuss; **tratar de** to try; to speak about

trato treatment

través: **a través de** through

trece thirteen (P)

treinta thirty (6)

tremendo/a tremendous

tren *m.* train (F)

tres three (P)

trescientos/as three hundred (6)

tribu *f.* tribe

trimestre *m.* trimester

triste sad (10); **ponerse *irreg.* triste** to be (get) sad (10)

tristeza sadness

triunfar to be successful

triunfo triumph

trompeta trumpet

tropas *pl.* troops

tropezarse (ie) (c) con *refl.* to trip over

trucha trout

truco trick

túnel *m.* tunnel

turismo: agencia de turismo travel agency; **oficina de turismo** tourism office

turista *n. m., f.* tourist

turístico/a: clase *f.* **turística** economy class (F)

tutear *to address with the familiar form* **tú**

tuyo/a *poss.* your, of yours (*fam. s.*)

U

u or (*used instead of* **o** *before words beginning with* **o** *or* **ho**)

Ud. *form. s.* you (P)

Uds. *form. pl.* you (P)

último/a last; highest; **por último** finally; **por última vez** for the last time (3)

un, uno/a one, an (P); **a la una** at one o'clock (1); **es la una** it's one o'clock (1); **el/la uno/a al / a la otro/a** each other

único/a only; unique; **hijo/a único/a** only child

unidad *f.* unit

unido/a united, close-knit; **Estados Unidos** United States

uniforme *m.* uniform

unisexo unisex

universidad *f.* university

universitario/a *n.* university student; *adj.* university

unos/as some (P); **unos/as cuantos/as** a few

uña fingernail; **comerse** *refl.* **las uñas** to bite one's nails (10)

urbano/a urban

usar to use; **usar una computadora** to use a computer (F)

uso use

usuario/a user

útil useful; **palabras útiles** useful words

utilizar (c) to use; **utilizar la aromaterapia** to use aromatherapy (11)

uva grape (7)

V

vacaciones *f. pl.* vacation; **estar** *irreg.* **de vacaciones** to be on vacation; **tomar unas vacaciones** to take a vacation

vacilón, vacilona funny

vacuna vaccine

valer *irreg.* to be worth; **más vale prevenir que arrepentir** an ounce of prevention is worth a pound of cure

valle *m.* valley

valor *m.* value; courage

vanidoso/a vain

vapor *m.*: **al vapor** steamed (7)

variación *f.* variation

variado/a varied

variar (varío) to vary

variedad *f.* variety

varios/as *pl.* various, several; **hace varios meses** several months ago

vasco/a *n., adj. m., f.* Basque; *m.* Basque (*language*); **País Vasco** Basque Provinces

vaso (water) glass (8)

vasto/a vast

vecino/a neighbor

vegetariano/a *n., adj.* vegetarian

veinte twenty (P)

veinticinco twenty-five (P)

veinticuatro twenty-four (P)

veintidós twenty-two (P)

veintinueve twenty-nine (P)

veintiocho twenty-eight (P)

veintiséis twenty-six (P)

veintisiete twenty-seven (P)

veintitrés twenty-three (P)

veintiún, veintiuno/a twenty-one (P)

vendedor(a) salesperson; **máquina vendedora** vending machine (7); **vendedora automática** vending machine

vender to sell

venir *irreg.* to come (1)

venta sale

ventaja advantage

ventana window

ver *irreg.* (*p.p.* **visto/a**) to see; **verse** *refl.* **(bien)** to look (good); **a ver** let's see; **nos vemos** we'll be seeing each other (P); **ver la televisión** to watch television (2); **ver una telenovela** to watch a soap opera (3); **tener** *irreg.* **que ver con** to have to do with; to concern

verano summer (2)

veras: de veras truly, really

verbo verb (P)

verdad *f.* truth

verdadero/a true

verde green; **chiste verde** off-color joke; **judía verde** green bean (7); **ojos verdes** green eyes (5)

verdeo: de verdeo unripened

verdura vegetable (7)

vergonzoso/a shameful

vergüenza: tener *irreg.* **vergüenza** to be ashamed, embarrassed (10)

verídico/a true

verificar (qu) to verify; to check

versión *f.* version

vestido dress (F)

vestimenta apparel

vestir (i, i) to wear (F); **prenda de vestir** article of clothing (F); **vestirse** *refl.* to dress, get dressed

veterinario/a veterinarian (F)

vez *f.* (*pl.* **veces**) time; **a veces** sometimes; **a la vez** at the same time;

algunas veces sometimes; **de vez en cuando** from time to time (P); **en vez de** instead of; **otra vez, por favor** again, please (P); **pocas (raras) veces** rarely; **tal vez** perhaps; **última vez** last time (3); **una vez** once (3)

viajar to travel (F)

viaje *m.* trip (F); **agente** *m., f.* **de viajes** travel agent (F); **hacer** *irreg.* **un viaje** to take a trip (F)

vicepresidente/a vice president

viceversa vice versa

vicio vice, bad habit

víctima *m., f.* victim

vida life; **esperanza de vida** life expectancy; **ganarse la vida** to support oneself (*financially*); **llevar una vida** to lead a life; **vida privada** privacy

vídeo video; **mirar un vídeo** to watch a video; **sacar (qu) vídeos** to rent videos

videocasetera videocassette recorder (VCR)

videoclub *m.* video rental store

videojuego video game; **jugar (ue) (gu) a los videojuegos** to play video games (3)

viejo/a *n.* old person; *adj.* old (6)

viento wind; **hace viento** it's windy (2)

vientre *m.* belly

viernes *m.* Friday (1)

villa municipality

vinagre *m.* vinegar

vinculado/a connected

vino wine (7); **vino blanco** white wine (9); **vino tinto** red wine (9)

violencia violence

violento/a violent

violín *m.* violin

virreinato viceroyalty

viruela smallpox

virus *m. pl., s.* virus(es)

visibilidad *f.* visibility

visita visit

visitar to visit

vista view; **punto de vista** point of view; **tener** *irreg.* **vista** to have a view

vistazo glance

vitamina vitamin (7)

viudo/a widower; widow (4)

vivienda housing; house

vivo/a alive (4); vivid

vocabulario vocabulary

voleibol *m.* volleyball; **jugar (ue) (gu) al voleibol** to play volleyball (11)

volumen *m.* volume; size

voluminoso/a voluminous

voluntario/a *n.* volunteer; *adj.* voluntary

volver (ue) to return (*to a place*) (1); **volver a** + *inf.* to do (*something*)

again; **volverse** *refl.* to become; to turn
vomitar to vomit
vos *s. fam.* you (*used instead of* **tú** *in certain countries of Central and South America*)
vosotros/as *pl. fam.* you *Sp.* (P)
votar to vote
voto vote
voz *f.* (*pl.* **voces**) voice; **en voz alta** aloud
vudú *m.* voodoo
vuelo flight (F); **asistente** *m., f.* **de vuelo** flight attendant (F); **vuelo nacional** domestic flight

vuelta turn; return; **boleto/billete** *m.* **de ida y vuelta** round-trip ticket (F); **dar** *irreg.* **vuelta** to turn
vulnerabilidad *f.* vulnerability

Y

y and (P); **y cuarto/media** quarter/half past (1); **¿y tú/usted?** and you? (P)
ya now, already; **ya murió** he (she) already died (4)
yo *sub. pron.* I (P)
yoga *m.* yoga; **hacer** *irreg.* **yoga** to do yoga
yogur *m.* yogurt (7)

Z

zanahoria carrot (7)
Zapatista: EZLN: Ejército Zapatista de Liberación Nacional Zapatista National Liberation Movement
zapato shoe (F); **zapato de correr** running shoe; **zapato de tacón alto** high-heeled shoe (F); **zapato de tenis** tennis shoe
zona zone
zoológico zoo; **parque** *m.* **zoológico** zoo

English-Spanish Vocabulary

A

a **un(a)** (P)
ability to work with one's hands **habilidad** *f.* **manual** (F)
able **capaz** (*pl.* **capaces**); able to direct (others) **capaz de dirigir (a otros)** (13); to be able **poder** *irreg.* (1)
about **sobre** (P)
abroad **extranjero** (F)
abuse *n.* **abuso** (12); *v.* **abusar de** (12); drug abuse **abuso de las drogas** (12)
accountant **contador(a)** (F)
accounting **contabilidad** *f.* (P) (F)
actor **actor** *m.* (F)
actress **actriz** *f.* (F)
adapt **adaptar** (5)
add **agregar** (7)
addicted: to be addicted **ser** *irreg.* **adicto/a** (12); to become addicted **convertirse (ie, i) en adicto/a** (12)
addiction **adicción** (12); to overcome an addiction **salir** *irreg.* **de una adicción** (12)
adjective **adjetivo** (P); demonstrative adjective **adjetivo demostrativo** (P); descriptive adjective **adjetivo descriptivo** (P); possessive adjective **adjetivo de posesión** (P); quantifying adjective **adjetivo de cantidad** (P)
adjust **adaptar** (5)
adventurous **aventurero/a** (5)
aerobic **aeróbico;** to do aerobics **hacer** *irreg.* **ejercicio aeróbico** (1)
afraid: to be afraid **estar** *irreg.* **asustado/a** (10); **tener** *irreg.* **miedo** (10)
after *adv.* **después** (P)
afternoon **tarde** *f.* (1); every afternoon **todas las tardes** (1); good afternoon **buenas tardes** (P); in the afternoon **por la tarde** (10)
again **otra vez** (P); again, please **otra vez, por favor** (P)
age **edad** *f.* (F)

agent **agente** *m., f.* (F); travel agent **agente de viajes** (F)
ago: _____ ago **hace** + *time* (3)
agriculture **agricultura** (P), **agronomía** (P)
airplane **avión** *m.* (F)
airport **aeropuerto** (F)
alcohol: hard alcohol **licor** *m.* **fuerte** (9)
alcoholism **alcoholismo** (12)
alive **vivo/a** (4)
alongside **al lado (de)** (15)
also **también** (2)
always **siempre** (1)
ambicious **ambicioso/a** (14)
an **un(a)** (P)
and **y** (P); and you? **¿y tú?** (P); and you? **¿y usted?** (P)
angry **enojado/a** (10), **enfadado/a** (10); to be angry **estar** *irreg.* **enojado** (10), **ponerse** *irreg.* **enfadado/a** (10); to get angry **enojarse** (10)
another: to speak another language **hablar otro idioma** *m.* (F)
anthropology **antropología** (P)
any: not any **ninguno/a** (2)
anyone: not anyone **nadie** (2)
anything: not anything **nada** (2)
apartment **apartamento** (2)
apathetic **apático/a** (14)
to be appetizing (*appealing*) **apetecer (zc)** (7)
apple **manzana** (7); apple juice **jugo de manzana** (9)
April **abril** (2)
architecture **arquitectura** (F)
arm **brazo** (8)
aromatherapy **aromaterapia** (11); to use aromatherapy **utilizar (c) la aromaterapia** (11)
arquitect **arquitecto/a** (F)
arrival **llegada** (F)
arrive **llegar (gu)** (3)
art **arte** *m.* (P)

article **artículo** (P); article of clothing **prenda de vestir** (F); definite article **artículo definido** (P); indefinite article **artículo indefinido** (P)
as . . . as **tan... como** (6); as many . . . as **tantos/as... como** (6); as much . . . as **tanto/a... como** (6)
ashamed: to be ashamed **tener** *irreg.* **vergüenza** (10); to feel ashamed **sentirse (ie, i) avergonzado/a** (10)
ask (*a question*) **preguntar** (1); to ask a question **hacer** *irreg.* **una pregunta** (4); to ask for **pedir (i, i)** (1)
asleep: to fall asleep **dormirse (ue, u)** (3)
assistant **ayudante** *m., f.* (F)
astronomer **astrónomo/a** (F)
astronomy **astronomía** (P)
astute **astutuo/a** (14)
at **en** (1); at home **en casa** (1); at night **por la noche** (1); at one o'clock **a la una** (1); at three o'clock **a las tres** (1); at two o'clock **a las dos** (1); at what time? **¿a qué hora?** (1)
athlete **atleta** *m., f.* (F)
attend **asistir (a)** (1)
attendant: flight attendant **asistente** *m., f.* **de vuelo** (F), **camarero/a** (F)
attractive **atractivo/a** (P)
August **agosto** (2)
aunt **tía** (4); aunts and uncles **tíos** (4)
autumn **otoño** (2)
average **promedio** (6)
avocado **aguacate** *m.* (7)
away: to take away **quitar** (7)

B

bacon **tocino** (7)
bad **malo/a** (P); to be in a bad mood **estar** *irreg.* **de mal humor** *m.* (10); to get a bad grade **sacar (qu) una mala nota** (10); to have a bad time **pasarlo mal** (10); to make a bad impression **caer** *irreg.* **mal** (7)

baked **al horno** (7); baked custard **flan** *m.* (7)

balanced **equilibrado/a** (13)

bald **calvo/a** (5)

banana **banana** (7)

baseball **béisbol** *m.* (10); to play baseball **jugar (ue) (gu) al béisbol** (10)

basic **básico/a** (7)

basketball **basquetbol** *m.* (10); to play basketball **jugar (ue) (gu) al basquetbol** *m.* (10)

bathe (*someone or something*) **bañar** (5); to bathe oneself **bañarse** (11); to bathe in a jacuzzi **bañarse en el jacuzzi** (11)

bathing suit **traje** *m.* **de baño** (F)

bathroom **baño** (F); room with a private bath **habitación** *f.* **con baño privado** (16)

be **ser** *irreg.* (P); **estar** *irreg.* (3); to be able **poder** *irreg.* (1); to be addicted **ser** *irreg.* **adicto/a** (12); to be afraid **estar** *irreg.* **asustado/a** (10), **tener** *irreg.* **miedo** (10); to be angry **estar** *irreg.* **enojado/a** (10), **ponerse** *irreg.* **enfadado/a** (10); to be appetizing/appealing **apetecer (zc)** (7); to be ashamed of **tener** *irreg.* **vergüenza** (10); to be bored **estar** *irreg.* **aburrido** (10); to be careful **tener** *irreg.* **cuidado** (12); to be charming **tener** *irreg.* **gracia** (11); to be embarrassed **tener** *irreg.* **vergüenza** (10); to be happy **ponerse** *irreg.* **contento/a** (10); to be hungry **tener** *irreg.* **hambre** *f.* (7); to be important **importar** (7); to be in a good (bad) mood **estar** *irreg.* **de buen (mal) humor** *m.* (10); to be interesting **interesar** (7); to be in the habit of (*doing something*) **soler (ue)** (+ *inf.*) (1); to be irritated **irritarse** (10); to be located **quedar** (15); to be missing/lacking **faltar** (10); to be nervous **estar** *irreg.* **nervioso/a** (10); to be offended **ofenderse** (10); to be remaining **quedar** (10); to be sad **ponerse** *irreg.* **triste** (10); to be tense **estar** *irreg.* **tenso/a** (10); to be thirsty **tener** *irreg.* **sed** *f.* (9); to be tired **estar** *irreg.* **cansado/a** (10); to be very/extremely pleasing **encantar** (7); to be well-mannered **tener** *irreg.* **buena educación** (8); to be _____ years old **tener** *irreg.* _____ **años** (4)

bean **frijol** *m.* (7); green bean **judía verde** (7)

because **porque** (1)

become addicted **convertirse (ie, i) en adicto/a** (12); to become nauseated **marearse** (F)

bed **cama** (F); bed and breakfast **pensión** *f.* (F); double bed **cama matrimonial** (F); to go to bed **acostarse (ue)** (1); twin bed **cama sencilla** (F)

beef **carne** *f.* **de res** (7)

beer **cerveza** (7)

begin **empezar (ie) (c)** (3)

behave **comportarse** (13), **portarse** (13)

behind **detrás (de)** (15)

believe **creer (y)** (5)

beverage **bebida** (9); alcoholic beverage **bebida alcohólica** (9)

bicycle: to ride a bicycle **andar** *irreg.* **en bicicleta** (11)

big **grande** (5)

bill **cuenta** (3); to pay the bill **pagar (gu) la cuenta** (3)

biologist **biólogo/a** (F)

biology **biología** (P)

bite one's fingernails **comerse las uñas** (10)

bitter **amargo/a** (7)

black **negro/a** (5); black hair **pelo negro**

block (*of houses*) **cuadra, manzana** *Sp., Central America* (15)

blond hair **rubio/a** (5)

blouse **blusa** (F)

blue **azul** (5)

blush *v.* **ponerse** *irreg.* **rojo/a** (10), **sonrojarse** (10)

boardinghouse **pensión** *f.* (F)

boast (about) **jactarse (de)** (13)

bold **arriesgado/a** (13)

book **libro** (P)

bored: to be bored **estar** *irreg.* **aburrido/a;** to get bored **aburrirse** (10)

boring **aburrido/a** (P) (14)

boss **jefe/a** (F)

bowl *v.* **jugar (ue) (gu) al boliche** (10); *n.* (earthenware) **cuenco** (8)

boy **chico** (P)

brag (about) **jactarse (de)** (13)

bread: assorted breads and rolls **bollería** (7); white bread **pan** *m.* **blanco** (7); whole-wheat bread **pan** *m.* **integral** (7)

breakfast **desayuno** (7); bed and breakfast **pensión** *f.* (F); to have breakfast **desayunar** (1)

bring **traer** *irreg.* (8); could you bring me _____? **¿me podría traer... ?** (8)

brother **hermano** (4); brothers and sisters, siblings **hermanos** (4); half brother **medio hermano** (4)

brother-in-law **cuñado** (4)

brown **castaño/a** (5); brown eyes **ojos castaños** (5); dark brown **marrón** (7)

bus **autobús** *m.* (F)

business **negocios** (F); business administration **administración** *f.* **de empresas** (P)

businessman **hombre** *m.* **de negocios** (F)

businesswoman **mujer** *f.* **de negocios** (F)

but **pero** (1)

butter **mantequilla** (7); peanut butter **mantequilla de cacahuete** (7)

C

caffeine **cafeína** (9)

calcium **calcio** (7)

calculus **cálculo** (P)

call **llamar** (3); to call on the phone **llamar por teléfono** (3)

calm **calmado/a** (13)

camping: to go camping **acampar** (11), **hacer** *irreg.* **camping** (11)

can *v.:* one/you (*impersonal*) can't _____ without _____ **no se puede** _____ **sin** _____ (8)

candy **dulce** *m.* (7)

carbohydrate **carbohidrato** (7)

card (*playing*) **naipe** *m.* (11); to play cards **jugar (ue) (gu) a los naipes** (11)

careful: to be careful **tener** *irreg.* **cuidado** (12)

carrot **zanahoria** (7)

carry **llevar** (5)

cause laughter **causar risa** (11)

century **siglo**; last century **siglo pasado** (6)

cereal **cereal** *m.* (7)

certain **cierto/a** (5); it's (not) certain that **(no) es cierto que** (F)

charismatic **carismático/a** (F)

charming **encantador(a)** (13); to be charming **tener** *irreg.* **gracia** (11)

chat **charlar** (2)

check *n.* (*restaurant*) **cuenta** (8); *v.* to check luggage **facturar el equipaje** (F)

cheek **mejilla** (5)

cheese **queso** (7)

chef **cocinero/a** (8)

chemist **químico/a** (F)

chemistry **química** (P)

chicken **pollo** (7); (half a) roasted chicken **(medio) pollo asado** (7)

children **hijos** (4)

chin **mentón** *m.* (5)

chips: potato chips **papas fritas** *Lat. Am.* (7), **patatas fritas** *Sp.* (7)

chop: pork chop **chuleta de cerdo** (7)

church **iglesia**; to go to church **ir** *irreg.* **a la iglesia** (2)

ciao **chau** (P)

class **clase** *f.* (P); economy class **clase turística** (F); first class **primera clase** (F); in class **en la clase** (P)

classmate **compañero/a de clase** (P)

clean (the apartment) **limpiar (el apartamento)** (2)

clear *v.:* to clear the table **levantar la mesa** (8); *adj.* it's clear (*obvious*) **está claro** (5); (*weather*) **está despejado** (2)

clever **listo/a** (F)

climb: to mountain climb **escalar montañas** (11)

close **cerca (de)** (15)

clothes: to wash clothes **lavar la ropa** (2)

clothing: article of clothing **prenda de vestir** (F)

coffee **café** *m.* (2); coffee with milk **café con leche** (7); decaffeinated coffee **café descafeinado** (9)

cognate **cognado** (P)

cold **frío** (9); it's cold (*weather*) **hace frío** (2); very cold **bien frío** (9)

color **color** *m.* (5); what color is/are _____? **¿de qué color es/son _____?** (5)

come **venir** *irreg.* (1); what does _____ come with? **¿qué trae _____?** (8)

comic(al) **cómico/a** (P)

communications **comunicaciones** *f.* (P)

compassionate **compasivo/a** (F)

complain (about) **quejarse (de)** (10)

compulsive **compulsivo/a** (F)

computer: computer science **computación** *f.* (P), **informática** (P); to use a computer **usar una computadora** (F)

conformist **conformista** (14)

consequence **consecuencia** (12)

conservative **conservador(a)** (13)

consist of **consistir en** (12)

consult **consultar** (F)

consultant **asesor(a)** (F)

continue: continue _____ **siga (Ud.) por _____** (15); continue straight **siga derecho/recto** (15)

cook *n.* **cocinero/a** (8)

cooked **cocinado/a** (7)

cookie **galleta** (7)

cool: it's cool (*weather*) **hace fresco** (2)

corn **maíz** *m.* (7); corn oil **aceite** *m.* **de maíz** (7)

corner **esquina** (15)

cosmopolitan **cosmopolita** (P)

cotton **algodón** *m.* (F)

could: could you bring me . . . ? **¿me podría traer... ?** (8); could you tell me _____? **¿me podría decir _____?** (15)

country **país** (P)

couple **pareja** (4); married couple **esposos** (4)

courageous **valiente** (14)

course (*meal*) **plato** (7); first/second/third course **primer/segundo/tercer plato** (7)

cousin **primo/a** (4)

coward, cowardly **cobarde** (14)

cream: ice cream **helado** (7)

creative **creativo/a** (13)

criminal justice **justicia criminal** (P)

cross the street **cruce la calle** (15)

cruise ship **crucero** (F)

cry *v.* **llorar** (10)

cup **taza** (8)

curious **curioso/a** (14)

curly hair **pelo rizado/a** (5)

custard: baked custard **flan** *m.* (7)

custom **costumbre** *f.* (8)

customer **cliente** *m., f.* (8)

cut *v.* **cortar** (8)

D

daily: daily menu **menú** *m.* **del día** (7); daily special **plato del día** (8)

dairy product **producto lácteo** (7)

dance **bailar** (2)

danger **peligro** (12)

dangerous **peligroso/a** (12)

dare (to) (*do something*) **atreverse (a) + inf.** (13)

daring **arriesgado/a** (13)

dark: dark brown **marrón** (7); dark-haired **moreno/a** (5); dark-skinned **moreno/a** (5)

day **día** *m.* (1); good morning, good day **buenos días** (P); every day **todos los días** (1); what day is it today? **¿qué día es hoy?** (1)

dead **muerto/a** (4)

decade **década** (6)

decaffeinated **descafeinado** (9); decaffeinated coffee **café** *m.* **descafeinado** (9)

December **diciembre** (2)

decided; decisive **decidido/a** (13)

dedicate oneself to **dedicarse (qu) a** (13)

definite article **artículo definido** (P)

delay *n.* **demora** (F)

delight *v.* **encantar** (7)

delivery: home delivery **servicio a domicilio** (8)

depressed **deprimido/a** (10); to feel depressed **sentirse (ie, i) deprimido/a** (10)

describe **describir** (5)

descriptive adjective **adjetivo descriptivo** (P)

desert **desierto** (11)

design **diseño** (F)

designer **diseñador(a)** (F)

desk: front desk **recepción** *f.* (F)

dessert **postre** *m.* (7)

determined **determinado/a** (14)

died: he/she already died **ya murió** (4)

dinner **cena** (3); to have dinner **cenar** (1); to prepare dinner **preparar la cena** (3)

direct: to be able to direct (others) **capaz de dirigir (a otros)** (13)

director **director(a)** (F)

disagree: to disagree with (*food*) **caer** *irreg.* **mal** (7)

discotheque **discoteca** (2)

discreet **discreto/a** (13)

dish **plato** (8); main dish **plato principal** (8); to wash the dishes **lavar los platos** (8)

dive (*scuba*) *v.* **bucear** (11)

divorced: he/she is divorced **está divorciado/a** (4)

do **hacer** *irreg.* (1); to do aerobics **hacer ejercicio aeróbico** (1); to do nothing **no hacer nada** (2); do yoga **hacer yoga** (11); do you like _____? **¿te gusta(n) _____?** (P)

docile **dócil** (14)

doctor **médico/a** (F)

dog **perro** (4)

doggie bag **bolsita para llevar** (8)

double bed **cama matrimonial** (F)

doubt *n.* **duda** (F); *v.* **dudar** (F); it is without a doubt **es indudable** (5)

doubtful: it's doubtful that _____ **es dudoso que _____** (F)

dough: *type of fried dough* **churro** (7)

draw **dibujar** (11)

dreamer **soñador(a)** (14)

dress *n.* **vestido** (16); *v.* **vestirse (i, i)** (1); to get dressed **vestirse (i, i)** (1)

drink *n.* soft drink **refresco** (7); *v.* **tomar** (2), **beber** (9); to drink a cup of coffee **tomar un café** (2); and to drink? **¿y para tomar?** (7)

drive **conducir** *irreg. Sp.* (1), **manejar** (1)

during **por** (1)

E

each **cada** (2); we'll be seeing each other **nos vemos** (P)

eagerness to get things done **afán** *m.* **de realización** (13)

ear **oreja** (5)

early **temprano** (1); very early **muy temprano** (1)

east **este** *m.* (15)

eat **comer** (1); to eat breakfast **desayunar** (1)

eating habit **hábito de comer** (7)

eccentric **excéntrico/a** (14)

economics **economía** (P)

economy class **clase** *f.* **turística** (F)

education: physical education **educación** *f.* **física** (P)

egg **huevo** (7); fried egg **huevo frito** (7); scrambled egg **huevo revuelto** (7)

egotistical **egoísta** (13)

eight **ocho** (P)

eight hundred **ochocientos** (6)

eighteen **dieciocho** (P)

eighty **ochenta** (6)

either: not either **tampoco** (2)

elbow **codo** (8)

eleven **once** (P)

embarrassed: to be embarrassed **tener** *irreg.* **vergüenza** (10); to feel embarrassed **sentirse (ie, i) avergonzado/a** (10)

embarrassment **vergüenza** (10)

engineer **ingeniero/a** (F)

engineering **ingeniería** (P)

English (*language*) **inglés** (P)

enterprising **emprendedor(a)** (F)

essential: it's essential **es impres-cindible** (8)

evening: good evening **buenas noches** (P); in the evening **por la noche** (1)

every: every afternoon **todas las tardes** (1); every morning **todas las mañanas** (1); every night **todas las noches** (1)

everyday life **la vida de todos los días** (1)

everything: is everything OK? **¿está todo bien?** (8)

evident: it is evident **es evidente** (5)

evil **malévolo/a** (14)

excuse: excuse me, how do you get to . . . ? **perdón, ¿cómo se llega a... ?** (15)

exercise *v.* **hacer** *irreg.* **ejercicio** (1); to do aerobics **hacer** *irreg.* **ejercicio aeróbico** (1)

exit **salida** (F)

expensive **caro/a** (F)

experience *v.* **sufrir** (12)

express oneself clearly **expresarse claramente** (F)

expression **expresión** *f.* (P)

extroverted **extrovertido/a** (5)

eye **ojo** (5); blue/brown/green eyes **ojos azules/castaños/verdes** (5)

F

fabric **tela** (F)

face **cara** (5)

fact: it's a known fact **es cosa sabida** (5)

fair **justo/a** (14)

fall *n.* (*season*) **otoño** (2); *v.* to fall asleep **dormirse (ue, u)** (3)

family **familia** (4); extended family **familia extendida** (4); nuclear family **familia nuclear** (4)

famous **famoso/a** (P)

far (from) **lejos (de)** (15)

farmer **granjero/a** (F)

fashion **moda** (F)

fat *adj.* **gordo/a** (5); *n.* **grasa** (7)

father **padre** *m.* (4)

father-in-law **suegro** (4)

favorite **favorito/a** (P)

fear **miedo** (10)

February **febrero** (2)

feel **sentirse (ie, i)** (10); how do you feel? **¿cómo te sientes?** (10); to feel ashamed (depressed, embarrassed, happy, proud, relaxed) **sentirse**

(ie, i) **avergonzado/a (deprimido/a, avergonzado/a, alegre, orgulloso/a, relajado/a)** (10); to feel like (*doing something*) **tener** *irreg.* **ganas de (+ inf.)** (10); to feel well **para sentirse (ie, i) bien** (10)

few **pocos/as** (P)

fiber **fibra** (7)

field **campo** (F)

fifteen **quince** (P)

fifty **cincuenta** (6)

fighter **luchador(a)** (14)

film **cine** *m.* (F)

fingernails **uñas** (10); to bite one's nails **comerse las uñas** (10)

first **primero/a (primer)** (7); first class **primera clase** *f.* (F); first course **primer plato** (7)

fish *n.* **pescado** (*food*) (7); *v.* **pescar (qu)** (11)

five **cinco** (P)

five hundred **quinientos** (6)

flavor **sabor** *m.* (7)

flight **vuelo** (F); flight attendant **asistente** *m., f.* **de vuelo** (F), **camarero/a** (F)

follow _____ **siga (Ud.) por** _____ (15)

food **alimento** (7); food to go **comida para llevar** (8)

foolish **tonto/a** (P)

football **fútbol** *m.* **americano** (2); to play football **jugar (ue) (gu) al fútbol americano** (2)

for **para** (1); **por** (1)

foreign language **lengua extranjera** (P)

forest **bosque** *m.* (11)

fork **tenedor** *m.* (8)

forty **cuarenta** (6)

four **cuatro** (P)

four hundred **cuatrocientos** (6)

fourteen **catorce** (P)

freckle **peca** (5)

French (*language*) **francés** *m.* (P)

French fries **papas fritas** *Lat. Am.* (7); **patatas fritas** *Sp.* (7)

frequently **con frecuencia** (1), **frequentemente** (1)

fresh **fresco/a** (7)

Friday **viernes** *m.* (1)

fried egg **huevo frito** (7)

friend **amigo/a** (P); to go out with friends **salir** *irreg.* **con los amigos** (10)

fries: French fries **papas fritas** *Lat. Am.* (7); **patatas fritas** *Sp.* (7)

frighten **asustar** (10)

frivolous **frívolo/a** (14)

from **de** (P); from here to there **de aquí para allá** (15); I'm from _____ **soy de** _____ (P); where are you from? **¿de dónde eres?** (P), **¿de dónde es usted?** (P)

front: front desk **recepción** *f.* (F); in front (of) **enfrente (de)** (15)

fruit **fruta** (7)

fun: to make fun (of) **burlarse (de)** (13); fun-loving **divertido/a** (13)

funny **chistoso/a** (11); **cómico/a** (P); **gracioso/a** (11); to be funny **tener** *irreg.* **gracia** (11); to strike someone as funny **hacerle** *irreg.* **gracia a uno** (11)

future **futuro** (F)

G

garden **trabajar en el jardín** (11)

generally **generalmente** (1)

geography **geografía** (P)

German (*language*) **alemán** *m.* (P)

get: to get a good (bad) grade **sacar (qu) una buena (mala) nota** (10); to get along well (poorly) **llevarse bien (mal)** (5); to get angry **enojarse** (10); to get bored **aburrirse** (10); to get dressed **vestirse (i, i)** (1); to get happy **alegrarse** (10), **ponerse** *irreg.* **contento/a** (10); to get mad **ponerse** *irreg.* **enfadado/a** (10); to get nauseated **marearse** (F); to get off / out of (*a bus, car, plane, etc.*) **bajar de** (F); to get on/in (*a bus, car, plane, etc.*) **subir a** (F); to get sad **ponerse** *irreg.* **triste** (10); to get sick **marearse** (F); to get tired **cansarse** (10); to get up **levantarse** (1)

girl **chica** (P)

give **dar** *irreg.* (3); to give opinions **para dar opiniones** (5)

glass: water glass **vaso** (8); wine glass **copa** (8)

go **ir** *irreg.* (1); food to go **comida para llevar** (8); go straight **siga derecho/recto** (11); to go camping **acampar** (11), **hacer** *irreg.* **camping** (11); to go out (with friends) **salir** *irreg.* **(con los amigos)** (1); to go shopping **ir de compras** (1); to go to bed **acostarse (ue)** (1); to go to church **ir a la iglesia** (2); to go to the movies **ir al cine** (2); to go to the theater **ir al teatro** (2)

golf: to play golf **jugar (ue) (gu) al golf** (11)

good **bueno/a (buen)** (P); good afternoon **buenas tardes** (P); good at math **hábil para las matemáticas** (F); good-bye **adiós** (P); good evening **buenas noches** (P); good manners **buenos modales** (8); good morning **buenos días** (P); it's a good idea **es buena idea** (8); to be in a good mood **estar** *irreg.* **de buen humor** (10); to get a good grade **sacar (qu) una buena nota** (10); to make a good impression **caer** *irreg.* **bien** (7); to say good-bye **despedir (i, i) (de)** (5)

good-bye **adiós** (P)

good-looking **guapo/a** (5)
gossipy **chismoso/a** (13)
government **gobierno** (F)
grade **nota** (10); to get a good (bad) grade **sacar (qu) una buena (mala) nota** (10)
grains **cereales** *m.* (7)
grandchildren **nietos** (4)
granddaughter **nieta** (4)
grandfather **abuelo** (4)
grandmother **abuela** (4)
grandparents **abuelos** (4)
grandson **nieto** (4)
grape **uva** (7)
grapefruit **toronja** (7)
gray hair **canoso/a** (5)
green (*color*) **verde** (5); green bean **judía verde** (7); green eyes **ojos verdes** (5)
greet **saludar** (5)
greetings **saludos** (P)
gregarious **gregario/a** (5)
guitar: to play the guitar **tocar (qu) la guitarra** (1)

H

habit **costumbre** *f.* (8); eating habit **hábito de comer** (7); to be in the habit of (*doing something*) **soler (ue)** (+ *inf.*) (1)
hair **pelo** (5); straight/curly hair **pelo lacio/rizado** (5); gray/dark/black/blond hair **pelo canoso/moreno/negro/rubio** (5)
half: half a roasted chicken **medio pollo asado** (7); half brother / half sister **medio/a hermano/a** (4); half past **y media** (1)
ham **jamón** *m.* (7)
hamburger **hamburguesa** (7)
hand **mano** *f.* (8); ability to work with one's hands **habilidad** *f.* **manual** (F)
happy **alegre** (10), **contento/a** (10), **feliz** (*pl.* **felices**) (5); to be happy **ponerse** *irreg.* **contento/a** (10); to feel happy **sentirse (ie, i) alegre** (10); to get happy **alegrarse** (10), **ponerse** *irreg.* **contento/a** (10)
hard alcohol **licor** *m.* **fuerte** (9)
hard-working **trabajador(a)** (13)
harmful **dañino/a** (12)
hat **sombrero** (F)
have **tener** *irreg.* (1); I have a question, please **tengo una pregunta, por favor** (P); to have a bad time **pasarlo mal** (10); to have a headache **tener dolor de cabeza** (10); to have a party **dar** *irreg.* **una fiesta** (11); to have a picnic **tener un picnic** (11); to have a way with people **tener don de gentes** (F); to have breakfast **desayunar** (1); to have dinner **cenar** (1); to have just (*done something*)

acabar de (+ *inf.*) (10); to have lunch **almorzar (ue) (c)** (1); to have the opinion **opinar** (5); to have to (*do something*) **tener que** (+ *inf.*) (1)
he **él** (P)
headache **dolor** *m.* **de cabeza** (10); to have a headache **tener** *irreg.* **dolor de cabeza** (10)
heel **tacón** *m.* (F); high heel **tacón alto** (F)
height **estatura** (5)
her *poss.* **su(s)** (P)
herbal tea **té** *m.* **de hierbas** (9)
here **aquí** (P); from here to there **de aquí para allá** (15)
his *poss.* **su(s)** (P)
history **historia** (P)
home: at home **en casa** (2); home delivery **servicio a domicilio** (8); to stay at home **quedarse en casa** (2)
homework **tarea** (1)
honest **honesto/a** (F)
honorable **íntegro/a** (F)
hot **caliente** (9); it's (very) hot (*weather*) **hace (mucho) calor** (2); very hot **bien caliente** (9)
house **casa** (2); boardinghouse **pensión** *f.* (F)
how **¿cómo?** (4); how are you? **¿qué tal?** (P); how do you feel? **¿cómo te sientes?** (10); how do you get to _____? **¿cómo se llega a _____?** (15); how do you say _____ in Spanish? **¿cómo se dice _____ en español?** (P); how many? **¿cuántos/as?** (P); how often? **¿con qué frecuencia?** (1); how's it going? **¿qué tal?** (P)
hug *v.* **abrazar (c)** (5)
humanities **humanidades** *f.* (P)
humble **humilde** (13)
hungry: to be hungry **tener** *irreg.* **hambre** *f.* (7)
husband **esposo** (4), **marido** (4)

I

I **yo** (P)
ice **hielo** (9); ice cream **helado** (7); iced tea **té** *m.* **helado** (9); with ice **con hielo** (9); without ice **sin hielo** (9)
iced tea **té** *m.* **helado** (9)
idea: it's a good idea **es buena idea** (8)
important: to be important **importar** (7)
impose **imponer** (*like* **poner**) (5)
impression: to make a good impression **caer** *irreg.* **bien** (7)
in **en** (1); in class **en la clase** *f.* (P); in front (of) **enfrente (de)** (15); in the morning/afternoon/evening **por la mañana/tarde/noche** (1)
indecisive **indeciso/a** (13)
indefinite article **artículo indefinido** (P)
indifferent **indiferente** (14)

individualistic **individualista** (14)
inexpensive **barato/a** (F)
injury **herida** (12), **lesión** *f.* (12); **daño físico** (12)
in-laws **suegros** (4)
inline skate *v.* **patinar en línea** (11); *n. pl.* **patines en línea** (11)
insecure **inseguro/a** (13)
insensitive **insensible** (13)
insincere **insincero/a** (P)
intelligent **inteligente** (P)
interesting **interesante** (P); to be interesting (*to someone*) **interesarle (a alguien)** (7)
intersection **bocacalle** *f.* (15)
invite (to treat, pay) **invitar** (8)
irritated: to be (get) irritated **irritarse** (10)
Italian (*language*) **italiano** (P)

J

jacket **chaqueta** (F)
jacuzzi **jacuzzi** *m.* (11); to bathe in a jacuzzi **bañarse en el jacuzzi** (11)
jam **mermelada** (7)
January **enero** (2)
Japanese (*language*) **japonés** *m.* (P)
jealous **celoso/a** (13)
jeans *bluejeans* *m. pl.* (F)
joke **chiste** *m.* (10); to tell a joke **contar (ue) un chiste** (10)
journalism **periodismo** (P)
journalist **periodista** *m., f.* (F)
juice **jugo** (7); apple juice **jugo de manzana** (9); orange juice **jugo de naranja** (7); tomato juice **jugo de tomate** (9)
July **julio** (2)
jump *v.* **saltar** (11); to jump rope **saltar a la cuerda** (11)
June **junio** (2)
just: to have just (*done something*) **acabar de** (+ *inf.*) (10)

K

keep quiet **permanecer (zc) callado/a** (10)
ketchup **salsa de tomate** (7)
kiss *v.* **besar** (5)
knife **cuchillo** (8)
know (*facts, information*) **saber** *irreg.* (3); it is a known fact **es cosa sabida** (5); to know (*someone*) **conocer (zc)**

L

laboratory **laboratorio** (1)
lacking: to be lacking **faltar** (10)
lake **lago** (11)
language **idioma** *m.* (P); foreign language **lengua extranjera** (P); to speak another language **hablar otro idioma** *m.* (F)

last: last century **siglo pasado** (6); last name **apellido** (4); last night **anoche** (3); last time **última vez** (3); last week **semana pasada** (3); last weekend **fin** *m.* **de semana pasado** (3)

late **tarde** (1); until (very) late **hasta (muy) tarde** (2); very late **muy tarde**

laugh *n.* **risa** (11); *v.* **reírse (i, i)** (10); to laugh (at) **burlarse (de)** (13); to laugh loudly **reírse (i, i) a carcajadas** (11); to make laugh **causar risa** (11), **hacer** *irreg.* **reír** (11)

laughter **risa** (11); to cause laughter **causar risa** (11)

law **derecho** (F)

lawyer **abogado/a** (F)

leadership: talent for leadership **don** *m.* **de mando** (13)

leather **cuero** (F)

leave **salir** *irreg.* (1); to leave a tip **dejar propina** (8); leave-takings **despedidas** (P)

left *adj.* **izquierdo/a** (8); turn left **doble a la izquierda** (15)

lemon **limón** *m.* (7)

lentils **lentejas** (7)

less **menos** (1)

letters **letras** (P)

lettuce **lechuga** (7)

life: everyday life **la vida de todos los días** (1)

lift weights **levantar pesas** (10)

like: do you like _____? **¿te gusta(n) _____?** (P); I don't like it (them) at all **no me gusta(n) para nada** (P); to look like **parecerse (zc)** (5); to feel like (*doing something*) **tener** *irreg.* **ganas de** (+ *inf.*) (10); what are you like? **¿cómo eres?** (13)

likewise **igualmente** (P)

line: to stand in line **hacer** *irreg.* **cola** (F)

linear: to think in a linear (direct) manner **pensar (ie) de una manera directa** (F)

listen (to) **escuchar** (1)

literature **literatura** (P)

little **poco/a** (P); little while **un rato** (3)

located: to be located **quedar** (15)

lodge *v.* **alojarse** (F)

lodging **alojamiento** (F)

look: to look at **mirar** (1); to look for **buscar (qu)** (3); to look like **parecerse (zc)** (5); what does he/she look like? **¿cómo es?** (5)

lot: a lot **mucho** (P)

loudly: to laugh loudly **reírse (ie, i) a carcajadas** (11)

loyal **leal** (13)

luggage **equipaje** *m.* (F); to check luggage **facturar el equipaje** (F)

lunch *n.* **almuerzo** (7); to have lunch **almorzar (ue) (c)** (1)

M

machine: vending machine **máquina vendedora** (7)

main dish **plato principal** (8)

major **carrera** (P), **especialización** (P); what is your major? **¿qué carrera haces?** (P)

make **hacer** *irreg.* to make a good (bad) impression **caer** *irreg.* **bien (mal)** (7); to make a stop (*on a flight*) **hacer escala** (F); to make fun (of) **burlarse (de)** (13); to make laugh **causar risa** (11), **hacer reír** (11); to make noise **hacer ruido** (10)

manager **gerente** *m., f.* (F)

manner: good manners **buenos modales** (8); to think in a direct (linear) manner **pensar (ie) de una manera directa** (F)

manual: ability to work with one's hands **habilidad** *f.* **manual** (F)

many **muchos/as** (P); how many? **¿cuántos/as?** (P)

March **marzo** (2)

marketing **mercadeo** (P)

marmalade **mermelada** (7)

married: he/she is married **está casado/a** (4); married couple **esposos** (4)

material **material** *m.* (4)

math(ematics) **matemáticas** (P); good at math **hábil para las matemáticas** (F)

matter *v.* **importar** (7); what's the matter (with you)? **¿qué te pasa?** (10)

May **mayo** (2)

mayonnaise **mayonesa** (7)

meal **comida** (7)

meat **carne** *f.* (7)

medicine **medicina** (F)

meditate **meditar** (11)

medium: of medium height **de estatura mediana** (5)

meet: pleased to meet you **encantado/a** (P), **mucho gusto** (P)

melancholy **melancólico/a** (14)

menu **menú** *m.* (7); daily menu **menú del día** (7)

messy **caótico/a** (13)

methodical **metódico/a** (13)

milk **leche** (7)

mind: state of mind **estado de ánimo** (10)

missing: to be missing (*lacking*) **faltar** (10)

Monday **lunes** *m.* (1)

month **mes** *m.* (2)

mood: to be in a good (bad) mood **estar** *irreg.* **de buen (mal) humor** *m.* (10)

more **más** (1)

morning: **mañana** (1); every morning **todas las mañanas** (1); good morning **buenos días** (P); in the morning **por la mañana** (1)

mother **madre** *f.* (4); single mother **madre soltera** (4)

mother-in-law **suegra** (4)

mountain **montaña** (11); to mountain climb **escalar montañas** (11)

mouth **boca** (8)

movie **cine** *m.* (2); to go to the movies **ir** *irreg.* **al cine** (2)

much **mucho/a** (P); very much **mucho** (P)

museum **museo** (11)

music **música** (P)

musician **músico** *m., f.* (F)

mustard **mostaza** (7)

my *poss.* **mi(s)** (P)

N

nails: to bite one's nails **comerse la uñas** (10)

naive **ingenuo/a** (13)

name **nombre** *m.* (P); his/her name is _____ **se llama _____** (P), **su nombre es _____** (P); last name **apellido** (4); my name is _____ **me llamo** (P), **mi nombre es _____** (P); what's your name? **¿cómo te llamas?** (P), **¿como se llama usted?** (P), **¿cuál es tu/su nombre?** (P)

napkin **servilleta** (8)

natural fabric **tela de fibras naturales** (F)

natural sciences **ciencias naturales** (P)

nauseated: to get nauseated **marearse** (F)

near **cerca (de)** (15)

necessary **necesario/a** (8); it's necessary **es necesario** (8), **es preciso** (8); **hay que** (8)

need *v.* **necesitar** (1)

negation: word of negation **palabra de negación** (2)

neither **tampoco** (2)

nephew **sobrino** (4)

nervous **nervioso/a** (10); to be nervous **estar** *irreg.* **nervioso/a** (10)

net **red** *f.* (1)

never **jamás** (2), **nunca** (2)

new **nuevo/a** (4)

newspaper **periódico** (1)

next **luego** (2); next to **al lado (de)** (15)

niece **sobrina** (4)

night: at night **por la noche** (1); every night **todas las noches** (1); last night **anoche** (3)

nine **nueve** (P)

nine hundred **novecientos** (6)

nineteen **diecinueve** (P)

ninety **noventa** (6)

no **no** (P); no one **nadie** (2)

noise **ruido** (10); to make noise **hacer** *irreg.* **ruido** (10)

one, not any **ninguno/a** (2)

normally **normalmente** (1)

north **norte** *m.* (15)

nose **nariz** *f.* (5)

nothing **nada** (2)

November **noviembre** (2)

number **cifra** (6), **número** (P)

nurse **enfermero/a** (F)

nursing **enfermería** (P)

nut **nuez** *f.* (*pl.* **nueces**) (7)

O

obligation **obligación** *f.* (8); impersonal obligation **obligación impersonal** (8)

obvious: it is obvious **es obvio** (5)

ocean **océano** (11)

o'clock: at one o'clock **a la una** (10); at two (three) o'clock **a las dos (tres)** (1); it's one o'clock **es la una** (1); it's two (three) o'clock **son las dos (tres)** (1)

October **octubre** (2)

of **de** (1); of medium height **de estatura mediana** (5)

off: to get off (*a bus, car, plane, etc.*) **bajar de** (F); to take off (*clothing*) **quitarse** (F)

offended: to be (get) offended **ofenderse** (10)

often **con frecuencia** (1); how often? **¿con qué frecuencia?** (1)

oil **aceite** *m.* (7); corn oil **aceite de maíz** (7); olive oil **aceite de oliva** (7)

OK: is everything OK? **¿está todo bien?** (8)

old **viejo/a** (5); to be _____ years old **tener** *irreg.* _____ **años** (4)

older **mayor** (4)

oldest **el/la mayor** (4)

olive oil **aceite** *m.* **de oliva** (7)

omelette *Sp.* **tortilla** (7)

on: to get on (*a bus, car, plane, etc.*) **subir a** (F); to put on (*clothing*) **ponerse** *irreg.* (F)

once **una vez** (3)

one **uno** (P); at one o'clock **a la una** (1); it's one o'clock **es la una** (1)

one hundred **cien(to)** (6)

one thousand **mil** (6)

one-way ticket *Lat. Am.* **boleto de ida** (F), *Sp.* **billete** *m.* **de ida** (F)

opera: soap opera **telenovela** (3)

opinion **opinión** *f.* (5); to give opinions **para dar opiniones** (5); to have the opinion **opinar** (5)

optimistic **optimista** (P)

or **o** (P)

orange **naranja** (7); orange juice **jugo de naranja** (7)

order (*in a restaurant*) **ordenar** (8), **pedir (i, i)** (8)

organized **organizado/a** (F)

other **otro** (P)

ought to (*do something*) **deber** (+ *inf.*) (1)

overcoat **abrigo** (F)

overcome an addiction **salir** *irreg.* **de una adicción** (12)

P

pack one's suitcase **hacer** *irreg.* **la maleta** (F)

paint *v.* **pintar** (10)

painter **pintor(a)** (F)

pancake **panqueque** *m.* (7)

pants **pantalones** *m.* (F)

pardon me? **¿cómo?** (P)

parents **padres** (4)

park **parque** *m.* (11)

partner **pareja** (4)

party **fiesta** (2); to throw/have a party **dar** *irreg.* **una fiesta** (11)

passenger **pasajero/a** (F)

passionate **apasionado/a** (14)

past: half past **y media** (1); quarter past **y cuarto** (1)

pasta **pasta alimenticia** (7)

pastry **pastel** *m.* (7)

patient **paciente** (F)

pay **pagar (gu)** (3); to pay the bill **pagar la cuenta** (3)

peanut butter **mantequilla de cacahuete** (7)

peas **guisantes** *m.* (7)

people **gente** *f.* (6); to have a way with people **tener** *irreg.* **don de gentes** (F)

pepper **pimienta** *m.* (7)

pepper shaker **pimentero** (8)

permit **permitir** (9)

personality **personalidad** *f.* (5); personality trait **característica de la personalidad** (5)

pesimistic **pesimista** (P)

pharmacist **farmacéutico/a** (F)

pharmacy **farmacia** (F)

philosophy **filosofía** (F)

phone: to call on the phone **llamar por teléfono** (3)

photographer **fotógrafo/a** (F)

physical **físico/a;** physical characteristic **característica física** (5); physical education **educación** *f.* **física** (P); physical injury **daño físico** (12); physical therapy **terapia física** (F)

physically strong **físicamente fuerte** (F)

physicist **físico/a** (F)

physics **física** (P)

picnic: to have a picnic **tener** *irreg.* **un picnic** (11)

pie **tarta** (7)

pink **rosado/a** (7)

pitcher **jarra** (8)

place **lugar** *m.* (11); *v.* **poner** *irreg.* (7)

plate **plato** (8)

play (*sports*) **jugar (ue) (gu)** (1), **practicar (qu);** (*an instrument*) **tocar (qu)** (1); to play basketball/baseball/ golf/soccer/volleyball **jugar al basquetbol** (10) / **béisbol** (10) / **golf** (11) / **fútbol** (2) / **voleibol** (11); to play cards **jugar a los naipes** (11); to play football **jugar al fútbol americano** (2); to play the guitar **tocar (qu) la guitarra** (1); to play video games **jugar a los videojuegos** (3)

player: _____ player **jugador(a) de...** (F)

pleasant **simpático/a** (4)

please *v.* **agradar** (7); *adv.* **por favor** (P); again, please **otra vez, por favor** (P); I have a question, please **tengo una pregunta, por favor** (P); repeat, please **repita, por favor** (P)

pleased to meet you **encantado/a** (P), **mucho gusto** (P)

pleasing: to be very/extremely pleasing **encantar** (7)

polite **educado/a** (8)

political science **ciencias políticas** *pl.* (P)

politician **político/a** (F)

politics **política** (F)

polyester **poliéster** *m.* (F)

poorly **mal** (5); to get along poorly **llevarse mal** (5)

popcorn **palomitas** (7)

pork chop **chuleta de cerdo** (7)

Portuguese (*language*) **portugués** *m.* (P)

possessive adjective **adjetivo de posesión** (P)

possibility **posibilidad** *f.* (F)

possible: it's (not) possible that _____ **(no) es posible que** _____ (F)

potato **papa** *Lat. Am.* (7), **patata** (7) *Sp.;* French fries (*potatoes*) **papas fritas** *Lat. Am.* (7), **patatas fritas** *Sp.* (7); mashed potatoes **puré** *m.* **de papas** (7); potato chips **papas fritas** *Lat. Am.* (7), **patatas fritas** *Sp.* (F)

poultry **aves** *f. pl.* (7)

practical **práctico/a** (14)

practice **practicar (qu)** (2); to practice (*play*) (*a sport*) **practicar (qu) un deporte** (2)

prefer **preferir (ie, i)** (1)

preferences **preferencias** (P)

prepare **preparar;** to prepare dinner **preparar la cena** (3)

president **presidente/a** (F)

pretty **bonito/a** (P)

private: room with a private bath **habitación** *f.* **con baño privado** (F)

probability **probabilidad** *f.* (F)

probable: it's (not) probable that _____ **(no) es probable que** _____ (F)

producer **productor(a)** (F)

professor **profesor(a)** (P)
profession **profesión** f. (F)
professional **profesional** m., f. (F)
programmer **programador(a)** (F)
prohibit **prohibir (prohíbo)** (9)
pronoun **pronombre** m. (P); subject
  pronoun **pronombre de sujeto** (P)
proteins **proteínas** (7)
proud **orgulloso/a** (10); to feel proud
  sentirse (ie, i) orgulloso/a (10)
psychologist **psicólogo/a** (F)
psychology **psicología** (P)
pullover **jersey** m. (F)
punish **castigar (gu)** (9)
put **poner** (7); to put on (clothing)
  ponerse irreg. (F)

Q

quality **qualidad** f. (F)
quantifying adjective **adjetivo de
  cantidad** (P)
quarter: quarter to **menos cuarto** (1);
  quarter past **y cuarto** (1)
question: I have a question, please
  tengo una pregunta, por favor (P);
  to ask a question **hacer** irreg. **una
  pregunta** (4)
quiet: to keep quiet **permanecer (zc)
  callado/a** (10)

R

rain v.: it's raining **llueve** (2), **está
  lloviendo** (2)
rare **raro/a** (P)
rarely **pocas veces** (1), **raras veces** (1)
raw **crudo/a** (7)
rayon **rayón** m. (F)
read **leer (y)** (1)
realistic **realista** (P)
realize (something) **darse** irreg. **cuenta
  (de)** (13)
rebellious **rebelde** (13)
receive **recibir** (1)
red **rojo/a** (7); red wine **vino tinto** (9)
redheaded **pelirrojo/a** (5)
regularly **regularmente** (1)
related (to) **relacionado/a (con)** (9)
relative **pariente** (4)
relax **relajarse** (10); to feel relaxed
  sentirse (ie, i) relajado/a (10)
religion **religión** f. (P)
remaining: to be remaining
  quedar (10)
remember **recordar (ue)** (3)
remove **quitar** (7)
rent videos **sacar (qu) vídeos** (2)
repeat, please **repita, por favor** (P)
representative n. **representante**
  m., f. (F)
request v. **pedir (i, i)** (1)
resemble **parecerse (zc)** (5)
reserved **reservado/a** (5)
rest v. **descansar** (1)

restaurant **restaurante** m. (8)
restless **inquieto/a** (13)
return (to a place) **regresar** (1), **volver
  (ue)** (1)
rice **arroz** m. (7)
ride: to ride a bicycle **andar** irreg. **en
  bicicleta** (11); to ride a skateboard
  andar irreg. **en patineta** (11); to
  ride a scooter, skateboard **andar**
  irreg. **en monopatín** (11)
right (direction) adj. **derecho/a** (8); turn
  right **doble a la derecha** (15)
risk: tendency to avoid risks **tendencia
  a evitar riesgos** (13)
river **río** (11)
roast(ed) **asado/a** (7); (half a) roasted
  chicken **(medio) pollo asado** (7)
roll **bollo** (7); assorted breads and rolls
  bollería (7)
room **cuarto** (1), **habitación** f. (F); room
  service **servicio de cuarto** (F); room
  with a (private) bath **habitación con
  baño (privado)** (F); room with a
  shower **habitación con ducha** (F);
  shut oneself up in one's room **encerrarse (ie) en su cuarto** (10)
roommate **compañero/a de cuarto** (P)
rope: to jump rope **saltar a la
  cuerda** (11)
round-trip ticket **boleto de ida y vuelta**
  Lat. Am. (F); **billete** m. **de ida y
  vuelta** Sp. (F)
routine **rutina** (1)
run **correr** (2)

S

sad **triste** (5); to be (get) sad **ponerse**
  irreg. **triste** (10)
sail v. **navegar (gu) en un barco** (11)
salad **ensalada** (7)
salt **sal** f. (7)
salt shaker **salero** (8)
sandwich **sándwich** m. (7)
Saturday **sábado** (1)
saucer **platillo** (8)
sausage **salchicha** (7)
say **decir** irreg. (3); to say good-bye
  despedirse (i, i) (de) (5); how do
  you say _____ in Spanish? **¿cómo
  se dice _____ en español?** (P);
  what did you say? **¿cómo dice?** (P)
scary **espantoso/a** (P)
science **ciencia** (P); computer science
  computación f. (P), **informática**
  (P); natural sciences **ciencias naturales** (P); political science **ciencias
  políticas** pl. (P); social sciences
  ciencias sociales (P)
scientist **científico/a** (F)
scooter **monopatín** m. (11); to
  ride a scooter **andar** irreg. **en
  monopatín** (11)
scrambled egg **huevo revuelto** (7)

sculptor **escultor(a)** (F)
sea **mar** m. (11)
season (of the year) **estación** f. (2)
seat **asiento** (F)
second course **segundo plato** (7)
section: (no) smoking section **sección f
  de (no) fumar** (F)
secure **seguro/a** (13)
seductive **seductor(a)** (14)
see **ver** irreg. (2); see you soon **hasta
  pronto** (P); see you tomorrow **hasta
  mañana** (P); we'll be seeing each
  other **nos vemos** (P)
seem **parecer (zc)** (5)
self-centered **egoísta** (13)
self-esteem **autoestima** (12)
senator **senador(a)** (F)
send **enviar (envío)** (1), **mandar** (1)
sensitive **sensible** (13)
September **septiembre** (2)
serious (person) **serio/a** (P); (situation)
  grave (12)
service: room service **servicio de
  cuarto** (F)
set the table **poner** irreg. **la mesa** (8)
seven **siete** (P)
seven hundred **setecientos** (6)
seventeen **diecisiete** (P)
seventy **setenta** (6)
shaker: pepper shaker **pimentero** (8);
  salt shaker **salero** (8)
shame **vergüenza** (10)
shave (someone) **afeitar** (5)
she pron. **ella** (P)
shellfish **mariscos** m. pl. (7)
ship: cruise ship **crucero** (F)
shirt **camisa** (F)
shoe **zapato** (F); high-heeled shoe
  zapato de tacón alto (F)
shopping: to go shopping **ir** irreg. **de
  compras** (1)
short **bajo/a** (5); short time **un
  rato** (3)
shorts **pantalones cortos** (F)
should (do something) **deber** (+ inf.)
  (1); one/you (impersonal) should **se
  debe** (8)
shout v. **gritar** (10)
shower: room with a shower
  habitación f. **con ducha** (F)
shrimp **camarones** m. pl. (7)
shut oneself up in one's room **encerrars
  (ie) en su cuarto** (10)
shy **tímido/a** (13)
sick: to get sick (nauseated) **marearse (F
silk **seda** (F)
silverware **cubiertos** pl. (8)
similar **parecido/a** (5)
sincere **sincero/a** (P)
sing **cantar** (10)
single: he/she is single **es soltero/a** (4);
  single father **padre** m. **soltero** (4);
  single mother **madre** f. **soltera** (4)

sister **hermana** (4); half sister **media hermana** (4); sisters and brothers, siblings **hermanos** (4)
sister-in-law **cuñada** (4)
six **seis** (P)
six hundred **seiscientos** (6)
sixteen **dieciséis** (P)
sixty **sesenta** (6)
size **tamaño** (6)
skate **patín** *m.* (*pl.* **patines**) (11); inline skates **patines en línea;** *v.* **patinar;** to inline skate **patinar en línea** (11)
skateboard *n.* **patineta** (11); *v.* **andar** *irreg.* **en patineta/monopatín** (11)
ski: to snow ski **esquiar (esquío) en las montañas** (11); to water ski **esquiar en el agua** (11)
skin **pelo;** dark-skinned **moreno/a** (5)
skirt **falda** (F)
sleep **dormir (ue, u)** (1)
small **pequeño/a** (4)
smaller (than) **menos grande (que)** (5)
smart **listo/a** (4)
smile *v.* **sonreír (i, i)** (10)
smoke **fumar** (9)
smoking: (no) smoking section **sección** *f.* **de (no) fumar** (F)
snack *n.* **merienda** (7); *v.* to snack on **merendar (ie)** (7)
snow: *v.* it's snowing **nieva** (2), **está nevando** (2); to snow ski **esquiar (esquío) en las montañas** (11)
soap opera **telenovela** (3); to watch a soap opera **ver** *irreg.* **una telenovela** (3)
soccer **fútbol** *m.* (2); to play soccer **jugar (ue) (gu) al fútbol** (2)
social **social** (P); social sciences **ciencias sociales** (P); social work **asistencia social** (F); social worker **trabajador(a) social** (F)
sociology **sociología** (P)
sock (*for foot*) **calcetín** *m.* (*pl.* **calcetines**) (F)
soft drink **refresco** (7)
solitary **retraído/a** (5)
some **algunos/as** (P), **unos/as** (P)
sometimes **a veces** (1)
son **hijo** (4)
soon: see you soon **hasta pronto** (P)
soup bowl **plato de sopa** (8)
sour **agrio/a**
south **sur** *m.* (15)
spaghetti **espaguetis** *pl.* (7)
Spanish (*language*) **español** *m.* (P); how do you say _____ in Spanish? **¿cómo se dice _____ en español?** (P)
speak **hablar** (1); to speak another language **hablar otro idioma** *m.* (F)
special: daily special **plato del día** (8)
specialist (*in something*) **especialista** *m., f.* **(en algo)** (F)
speech (*school subject*) **oratoria** (P)

spend (*money*) **gastar** (2); (*time*) **pasar** (1)
spill **derramar** (8)
spinach **espinacas** *pl.* (7)
spoiled **pasado/a** (7)
spoon **cuchara** (8)
sport **deporte** *m.;* to play/practice a sport **jugar (ue) (gu) un deporte** (1), **practicar (qu) un deporte** (2)
spring (*season*) **primavera** (2)
stand in line **hacer** *irreg.* **cola** (F)
state of mind **estado de ánimo** (10)
station **estación** *f.* (F)
stay **quedarse** (2); (*in a hotel or boardinghouse*) **alojarse** (F); to stay at home **quedarse en casa** (2)
steak **bistec** *m.* (7)
steamed **al vapor** (7)
stepbrother **hermanastro** (4)
stepfather **padrastro** (4)
stepmother **madrastra** (4)
stepsister **hermanastra** (4)
stingy **tacaño/a** (13)
stockings **medias** (F)
stop: to make a stop (*on a flight*) **hacer** *irreg.* **escala** (F)
straight **derecho** (15), **recto** (15); continue/go straight **siga derecho/ recto** (15); straight hair **pelo lacio** (5)
strange **raro/a** (P)
strawberry **fresa** (7)
street **calle** *f.* (15); cross the street **cruce la calle** (15)
strike someone as funny **hacerle** *irreg.* **gracia a uno** (11)
strong **fuerte** (17); physically strong **físicamente fuerte** (F)
stubborn **cabezón, cabezona** (13)
student **estudiante** *m., f.* (P); I am a(n) _____ student **soy estudiante de _____** (P)
study **estudiar** (1); I'm studying _____ **estudio _____** (P); what are you studying? **¿qué estudias?** (P)
subject (*class*) **materia** (P); subject pronoun **pronombre** *m.* **de sujeto** (P)
suffer (*experience*) **sufrir** (12)
sugar **azúcar** *m.* (7)
suit **traje** *m.* (F); bathing suit **traje de baño** (F)
suitcase **maleta** (F); to pack one's suitcase **hacer** *irreg.* **la maleta** (F)
summer **verano** (2)
Sunday **domingo** (1)
superficial **superficial** (14)
support *v.* (*emotionally*) **apoyar** (5); (*financially*) **mantener** (*like* **tener**) (5)
surf the Web (*Internet*) **navegar (gu) la Red** (1)
sweater **suéter** *m.* (F)
sweats, sweat pants **sudadera** (F)
sweet *adj.* **dulce** (7)
swim **nadar** (2)

swordfish **emperador** *m.* (7)
synthetic fabric **tela de fibras sintéticas** (F)

T

table **mesa** (8); to clear the table **levantar la mesa** (8); to set the table **poner** *irreg.* **la mesa** (8)
tablecloth **mantel** *m.* (8)
take: to take a test **tener** *irreg.* **un examen** (3); to take a trip **hacer** *irreg.* **un viaje** (F); to take a walk **dar** *irreg.* **un paseo** (2); to take away **quitar** (7)
talent for leadership **don** *m.* **de mando** (13)
talk *v.* **hablar;** to talk on the phone **hablar por teléfono** (1)
talkative **hablador(a)** (13)
tall **alto/a** (5)
taller (than) **más alto/a (que)** (5)
tallest **el/la más alto/a (de)** (5)
taste *n.* (*flavor*) **sabor** *m.* (7); (*preference*) **gusto** (5)
taste *v.* (*sample, try*) **probar (ue)** (8); it tastes like _____ **sabe a _____** (7)
tea **té** *m.* (7); herbal tea **té de hierbas** (9); iced tea **té helado** (9)
teacher (*elementary school*) **maestro/a** (F)
teaching (*profession*) **enseñanza** (F)
technician **técnico** *m., f.* (F)
telephone **teléfono** (3); to talk on the phone **hablar por teléfono** (1)
television **televisión** *f.* (1)
tell **decir** *irreg.* (3); to tell a joke **contar (ue) un chiste** (10); could you tell me _____? **¿me podría decir _____?** (15)
temperature **temperatura** (2)
ten **diez** (P)
tenacious **tenaz** (14)
tendency to avoid risks **tendencia a evitar riesgos** (13)
tennis **tenis** *m.* (10); to play tennis **jugar (ue) (gu) al tenis** (10)
tense **tenso/a** (10); to be tense **estar** *irreg.* **tenso/a** (10)
test **examen** *m.* (*pl.* **exámenes**) (P); to take a test **tener** *irreg.* **un examen** (3)
thank you, thanks **gracias** (P)
that **ese/a** *adj.* (P); **que** *conj.* (P)
the **el** *m. s.* (P); **la** *f. s.* (P); **los** *m. pl.* (P); **las** *f. pl.* (P)
theater (*school subject*) **teatro** (P); to go to the theater **ir** *irreg.* **al teatro** (11)
their *poss.* **su(s)** (P)
then **luego** (2)
therapist **terapeuta** *m., f.* (F)
there: from here to there **de aquí para allá** (15); there is, there are **hay** (P)
these **estos/as** *adj.* (P)
they *pron.* **ellos/as** (P)

thin **delgado/a** (5)

thing **cosa** (5)

think **pensar (ie)** (1); (*have the opinion*) **opinar** (5); to think about **pensar (ie) en** (1); to think in a direct (linear) manner **pensar (ie) de una manera directa** (F); I (don't) think that _____ **(no) creo que** _____ (F)

third course **tercer plato** (7)

thirsty: to be thirsty **tener** *irreg.* **sed** *f.* (9)

thirteen **trece** (P)

thirty **treinta** (P)

this **este/a** *adj.* (P)

those **esos/as** *adj.* (P)

three **tres** (P); at three o'clock **a las tres** (1); it's three o'clock **son las tres** (1)

three hundred **trescientos** (6)

throw (have) a party **dar** *irreg.* **una fiesta** (11)

Thursday **jueves** *m.* (1)

ticket **billete** *m. Sp.* (F), **boleto** *Lat. Am.* (F); one-way ticket **billete/boleto de ida** (F); round-trip ticket **billete/boleto de ida y vuelta** (F)

tie **corbata** (F)

time: at what time? **¿a qué hora?** (1); from time to time **de vez en cuando** (2); last time **última vez** (3); short time **un rato** (3); time period **época** (6); to have a (very) bad time **pasarlo (muy) mal** (10); what time is it? **¿qué hora es?** (1)

timid **tímido/a** (5)

tip *n.* **propina** (8); to leave a tip **dejar propina** (8)

tired **cansado/a** (10); to be tired **estar** *irreg.* **cansado/a** (10); to get tired **cansarse** (10)

toast **pan** *m.* **tostado** (7), **tostada** (7)

today **hoy** (1); today is _____ **hoy es** _____ (1)

tomato **tomate** *m.* (7); tomato juice **jugo de tomate** (9)

tomorrow **mañana** (1); see you tomorrow **hasta mañana** (P); tomorrow is _____ **mañana es** _____ (1)

traffic light **semáforo** (15)

train **tren** *m.* (F)

trait **característica** (5), (*usually facial features*) **rasgo** (5); personality trait **característica de la personalidad** (5); physical characteristic **característica física** (5)

travel **viajar** (F)

travel agent **agente** *m., f.* **de viajes** (F)

treat *v.* (*pay for someone*) **invitar** (8)

trip *n.* **viaje** *m.* (F); on a trip **de viaje** (F); to take a trip **hacer** *irreg.* **un viaje** (F)

trustworthy **confidente** (13)

try (*taste*) **probar (ue)** (8)

T-shirt **camiseta** (F)

Tuesday **martes** *m.* (1)

tuna **atún** *m.* (7)

turn right/left **doble a la derecha/izquierda** (15)

twelve **doce** (P)

twenties **los años 20** (6)

twenty **veinte** (P)

twenty-eight **veintiocho** (P)

twenty-five **veinticinco** (P)

twenty-four **veinticuatro** (P)

twenty-nine **veintinueve** (P)

twenty-one *m.* **veintiún** (P), **veintiuno** (P); *f.* **veintiuna** (P)

twenty-seven **veintisiete** (P)

twenty-six **veintiséis** (P)

twenty-three **veintitrés** (P)

twenty-two **veintidós** (P)

twin **gemelo/a** (4); twin bed **cama sencilla** (F)

two **dos** (P); at two o'clock **a las dos** (1); it's two o'clock **son las dos** (1)

two hundred **doscientos** (6)

U

ugly **feo/a** (5)

uncertain **incierto/a** (14)

uncle/aunt **tío/a** (4)

understand **comprender** (5), **entender (ie)** (1); I don't understand **no comprendo** (P), **no entiendo** (P)

until (very) late **hasta (muy) tarde** (2)

up: to get up **levantarse** (1) what's up? **¿qué tal?** (P)

use: to use a computer **usar una computadora** (F); to use aromatherapy **utilizar (c) la aromaterapia** (11)

V

vacancy: no vacancy **completo/a** (F)

veal **ternera** (7)

vegetable **verdura** (7)

vending machine **máquina vendedora** (7)

verb **verbo** (P)

very **muy** (P); very cold **bien frío/a** (9); very hot **bien caliente** (9)

veterinarian **veterinario/a** (F)

video **vídeo** (2); to rent videos **sacar (qu) vídeos** (2)

video game **videojuego** (3); to play video games **jugar (ue) (gu) a los videojuegos** (3)

visionary **visionario/a** (14)

vitamin **vitamina** (7)

vocabulary **vocabulario** (P)

volleyball: to play volleyball **jugar (ue) (gu) al voleibol** (11)

W

wait on (*a customer*) **atender (ie)** (8)

waiter **camarero** (8), **mesero** (8)

waitress **camarera** (8), **mesera** (8)

wake up **despertarse (ie)** (1)

walk **andar** *irreg.* (3), **caminar** (10); to take a walk **dar** *irreg.* **un paseo** (2)

want *v.* **querer** *irreg.* (1)

wash *v.:* to wash clothes **lavar la ropa** (2); to wash the dishes **lavar los platos** (8)

watch *v.* **mirar** (1), **ver** *irreg.* (2); to watch a soap opera **ver** *irreg.* **una telenovela** (3); to watch television **mirar la televisión** (1), **ver** *irreg.* **la televisión** (2)

water **agua** *f.* (*but* **el agua**) (7); to water ski **esquiar (esquío) en el agua** (11); water glass **vaso** (8)

way: one-way ticket **billete** *m.***/boleto de ida** (F); to have a way with people **tener** *irreg.* **don de gentes** (F)

we *pron.* **nosotros/as** (P); we'll be seeing each other **nos vemos** (P)

wear **llevar** (F), **vestir (i, i)** (F)

weather **tiempo** (2); the weather's bad **hace mal tiempo** (2); the weather's good **hace buen tiempo** (2); what's the weather like? **¿qué tiempo hace?** (2)

Wednesday **miércoles** (1)

week **semana** (3); last week **semana pasada** (3)

weekend **fin** *m.* **de semana** (1); last weekend **fin de semana pasado** (3); weekend activities **actividades** *f.* **para el fin de semana** (2)

weights: to lift weights **levantar pesas** (10)

well **bien** (5); to feel well **para sentirse (ie, i) bien** (10); to get along well **llevarse bien** (5)

well-mannered **educado** (8); to be well-mannered **tener** *irreg.* **buena educación** (8)

west **oeste** *m.* (15)

what? **¿qué?** (P); **¿cuál(es)?** (4); what are you like? **¿cómo eres?** (13); what are you studying? **¿qué estudias?** (P); what color is/are _____? **¿de qué color es/son** _____? (5); what did you say? **¿cómo dice?** (P); what does _____ come with? **¿qué trae** _____? (8); what does he/she look like? **¿cómo es?** (5); what height is he/she? **¿de qué estatura es?** (5); what is your major? **¿qué carrera haces?** (P); what time is it? **¿qué hora es?** (1); what's on the table? **¿qué hay en la mesa?** (8); what's the matter with you? **¿qué te pasa?** (10); what's up? **¿qué tal?** (P); what's your name? **¿cómo te llamas?** (P), **¿cómo se llama usted?** (P), **¿cuál es tu/su nombre?** (P); what time is it? **¿qué hora es?** (1)

wheat: whole-wheat bread **pan** *m.* **integral** (7)

when? **¿cuándo?** (1); **¿a qué hora?** (1)

where? **¿dónde?** (1); where are you from? **¿de dónde eres?** (P), **¿de dónde es usted?** (P); where is _____? **¿dónde está _____?** (15), **¿dónde queda _____?** (15)

which? **¿cuál(es)?** (4); **¿qué?** (4)

while: little while **un rato** (3)

whistle *v.* **silbar** (10)

white **blanco/a** (7); white bread **pan** *m.* **blanco** (7); white wine **vino blanco** (9)

who/whom **¿quién(es)?** (P)

whole-wheat bread **pan** *m.* **integral** (7)

widow: she is a widow **es viuda** (4)

widower: he is a widower **es viudo** (4)

wife **esposa** (4), **mujer** *f.* (4)

windy: it's windy **hace viento** (2)

wine **vino** (7); red/white wine **vino tinto/blanco** (9); wine glass **copa** (8)

winter **invierno** (2)

wise **sabio/a** (13)

with **con** (1); with ice **con hielo** (9)

without **sin** (9); without a doubt **indudable** (5); one/you (*impersonal*) can't _____ without _____ **no se puede _____ sin _____** (8); without ice **sin hielo** (9)

wool **lana** (F)

word **palabra** (P)

work *v.* **trabajar** (1); ability to work with one's hands **habilidad** *f.* **manual** (F); *n.* social work **asistencia social** (F)

workday **día** *m.* **de trabajo** (1), **día laboral** (1)

worry *v.* **preocuparse (por)** (10)

wound *n.* **herida** (12), **lesión** (12); *v.* **herir (ie, i)** (12)

write **escribir** (1)

writing *n.* **composición** *f.* (P)

Y

year **año** (2); to be _____ years old **tener** *irreg.* _____ **años** (4)

yellow **amarillo/a** (7)

yes **sí** (P)

yesterday **ayer** (3)

yoga **yoga** (11); to do/practice yoga **hacer** *irreg.* **yoga** (11)

yogurt **yogur** *m.* (7)

you *pron.* **tú** *fam. s.* (P), **usted (Ud.)** *form. s.* (P), **ustedes (Uds.)** *form. pl.*, **vosotros/as** *fam. pl. Sp.;* and you? **¿y tú?** (P), **¿y usted?** (P)

young **joven** *m., f.* (*pl.* **jóvenes**) (6)

younger **menor** (4)

youngest **el/la menor** (4)

your (*form. s., pl.*) his, her, their **su(s)** (P)

your **tu(s)** *fam. poss.* (P), **su(s)** *form. s., pl. poss.* (P)

Z

zero **cero** (P)

INDEX

This index is divided into two parts: Part I (Grammar) covers topics in grammar, structure, and usage. Part II (Topics) lists cultural topics, everyday language (functional topics), maps, reading strategies, and vocabulary topics treated in the text. Topics in Part II appear as groups; they are not cross-referenced.

Part I: Grammar

Index **A45**

A48 Index

Part II: Topics

CREDITS

Photos:

Page 1: Rhoda Sidney/Stock Boston; **19**: Doug Meneuz/PhotoDisc/Getty Images; **26**: (*top*) © Banco de México Trust. The Bus (El Camión), 1929. Oil on canvas, 26 × 55 cm. Fundación Dolores Olmedo, Mexico City, Mexico, (*bottom*) Frerck/Odyssey/Chicago; **27**: Frerck/Odyssey/Chicago; **39**: PhotoDisc/Getty Images; **49**: Frerck/Odyssey/Chicago; **69**: Kristi J. Black/Corbis; **84**: Bob Daemmrich/Stock Boston; **92**: (*top*) Ariel Skelley/Corbis, (*bottom*) Bonnie Kamin; **93, 98**: Ulrike Welsch; **107**: Art Resource; **114**: Courtesy of Marlborough Gallery; **116**: (*left to right*) Jeremy Horner/Corbis, David Simson/Stock Boston; **117**: (*left to right*) LWA-Sharie Kennedy/Corbis, Jan Butchofsky-Houser/Corbis; **118**: (*left to right*) Nick Stockbridge/Camera Press/Retna, Sainlouis/Retna; **127**: Beryl Goldberg; **131**: David Wells/The Image Works; **132**: Stuart Cohen; **133**: Frerck/Odyssey/Chicago; **145**: (*clockwise from top left*) Frerck/Odyssey/Chicago, Dave Houser/Corbis, Ulrike Welsch/Stock Boston, Bob Krist/Corbis; **150**: (*top*) Diana Bryer, (*bottom*) Owen Franken/Corbis; **151**: Nik Wheeler/Corbis; **165**: Reg Charity/Corbis **167**: Dennis Gottlieb/FoodPix; **171**: Jack Kurtz/The Image Works; **176**: Robert Frerck/Woodfin Camp; **185**: Comstock; **186**: Stuart Cohen; **192**: DDB Stock Photo; **196**: Beryl Goldberg; **198**: Douglas Peebles/Corbis **200**: (*top to bottom*) John Burwell/FoodPix, Ben Fink/FoodPix, Wolfgang Kaehler/Corbis; **201**: (*top*) AFP/Corbis, (*bottom*) Jan Butchofsky-Houser/Corbis; **206**: (*top*) David Madison/Getty Images, (*bottom*) Courtesy of Ramón Lombarte; **207**: Frerck/Odyssey/Chicago **216**: Stuart Cohen; **228**: David Stoecklein/Corbis; **233**: Reuters NewMedia/Corbis; **242**: (*bottom*) Frerck/Odyssey/Chicago; **243**: PhotoDisc/Getty Images; **245**: José Luis Peláez/Corbis; **250**: Peter Menzel/Stock Boston; **255**: Keith Brofsky/Getty Images; **256**: Timothy Ross/The Image Works; **257**: (*top to bottom*) Courtesy of Marlborough Gallery, Diana Bryer, Courtesy of Ramón Lombarte; **264**: (*top*) Diana Bryer, (*bottom*) Cecilia Concepción Álvarez; **265**: José Luis Peláez Inc./Corbis; **277**: DDB Stock Photo; **282**: Collection Kipa/Corbis; **285**: Swim Ink/Corbis; **297**: Cecilia Concepción Álvarez; **303**: Courtesy of Pedro Alfonso Ochoa Ledesma; **306**: Bates Littlehales/Corbis; **307**: (*top*) Wolfgang Kaehler/Corbis, (*bottom*) Kevin Schafer/Corbis; **312**: Fernando Alda/Corbis; **313**: (*clockwise from top left*) Corbis, Institut Amatller d'Art Hispanic, Erich Lessing/Art Resource, Sergio Carmona/Corbis, Will and Deni McIntyre/Photo Researchers Inc., Rob Lewine/Corbis; **317**: (*left to right*) Buddy Mays/Corbis, Michael Busselle/Corbis; **333**: Bob Daemmrich/Stock Boston

Realia:

Page 119: (*margin*) *Miami Mensual*; **156–157**: © *Noticias*, Editorial Perfil, Argentina; **161**: Reprinted with permission of The Quaker Oats Company; **119**: (*bottom*) *Tú*; **183**: *Tú*; **208**: *Muy Interesante*, No. 104, January 1990, p. 116; **249**: Quino/Quipos; **252**: *Tú*; **254**: Reprinted with permission of International Editors; **319**: © Quino/Quipos; **326**: Ministerio de Asuntos Sociales, Instituto de la Mujer.

ABOUT THE AUTHORS

BILL VANPATTEN is Professor of Spanish and Second Language Acquisition at the University of Illinois at Chicago where he is also the Director of Spanish Basic Language. His areas of research are input and input processing in second language acquisition and the effects of formal instruction on acquisitional processes. He has published widely in the fields of second language acquisition and language teaching and is a frequent conference speaker and presenter. In addition to *Vistazos* and *¿Sabías que... ?*, he is also the lead author and designer of *Destinos* and co-author with James F. Lee of *Making Communicative Language Teaching Happen*, Second Edition (2003, McGraw-Hill), now in its second edition. He is the author of *Input Processing and Grammar Instruction: Theory and Research* (1996, Ablex/Greenwood) and *From Input to Output: A Teacher's Guide to Second Language Acquisition* (2003, McGraw-Hill), and he is the editor of *Processing Instruction* (2004, Erlbaum) and co-editor of *Form-Meaning Connections in Second Language Acquisition* (2004, Erlbaum). He is also the co-writer of the movie *Sol y viento* (2005, McGraw-Hill) and the lead author on the accompanying textbook materials. When not engaged in academic pursuits, Bill writes fiction and performs standup comedy.

JAMES F. LEE is a member of the faculty of the Department of Spanish and Latin American Studies at the University of New South Wales, Sydney, Australia. His research interests are in the areas of second language reading comprehension, input processing, and exploring the relationship between the two. His research has appeared in a number of scholarly journals and publications. His previous publications include the book *Tasks and Communicating in Language Classrooms* (2000, McGraw-Hill) and the co-authored book *Making Communicative Language Teaching Happen*, Second Edition (2003, McGraw-Hill). He has also co-authored several textbooks with McGraw-Hill, including *¿Sabías que... ? Beginning Spanish*, Fourth Edition (2004) and *Ideas: Lecturas, estrategias, actividades y composiciones* (1994). He and Bill VanPatten are series editors for the McGraw-Hill Second Language Professional Series.

TERRY L. BALLMAN is Professor of Spanish and founding faculty member in Spanish/Languages, and Chair of Multiple Programs at California State University, Channel Islands. Her teaching experience includes Spanish language and linguistics courses as well as methods courses for foreign language, ESL, and bilingual teachers. She has also coordinated lower-division language programs and supervised student teachers. A recipient of several teaching awards, Dr. Ballman is a frequent presenter of workshops and papers. She has published articles in research volumes and journals. She is a co-author of *¿Sabías que... ?* (2004, McGraw-Hill), as well as project leader and co-author of *The Communicative Classroom* (2001, Heinle), a volume of the American Association of Teachers of Spanish and Portuguese Professional Development Series for K-16 Teachers.